이 시대에 다시 만난 여성 신비가들

국립중앙도서관 출판예정도서목록(CIP)

이 시대에 다시 만난 여성 신비가들 / 지은이: 강영옥, 강운자, 김혜경, 박경미, 안은경, 유정원, 윤석인, 이명인, 정인숙, 최우혁, 최혜영, 허귀희 ; 엮은이: 가톨릭여성신학회. -- 서울 : 동연, 2018
  p. ; cm

ISBN 978-89-6447-424-2 03200 : ₩16000

가톨릭 교회[--敎會]
여성 전기[女性傳記]

230.99-KDC6
230.092-DDC23   CIP2018022426

이 도서는 한국출판문화산업진흥원의 출판콘텐츠 창작 자금 지원 사업의 일환으로 국민체육진흥기금의 지원을 받아 제작되었습니다.

이 시대에
다시 만난
여성 신비가들

Women Mystics
We Meet Again in This Age

가톨릭여성신학회 엮음

강영옥 강운자 김혜경
박경미 안은경 유정원
윤석인 이명인 정인숙
최우혁 최혜영 허귀희
함께 씀

여 는 글

이 시대에 다시 만나는 여성 신비가들 앞에서…

그 옛날 예수님의 머리에 값비싼 나르드 향유를 부었던 여인의 행동은 오롯한 사랑으로 충동된 용감한 예언 그 자체였습니다. 그 때문에 그녀는 다분히 계산적이고 무정했던 뭇 남자들의 질타를 받았으나, 예수님만은 그 여인의 무조건적인 사랑의 행동을 인정해주시고 복음과 함께 길이 기억될 것을 예언하십니다. "온 세상 어디든지 복음이 선포되는 곳마다, 이 여자가 한 일도 전해져서 이 여자를 기억하게 될 것이다"(마르 14,9).

일찍이 강력한 가부장적인 제도권의 교회 안에서 여성의 자리는 없었습니다. 그런데 신비하게도 제도권이 강화되면 강화될수록, 예수님께서는 더 은밀한 방식으로 자리 없는 여성들을 찾아가시어 내통하셨고, 그들의 내밀하고도 신비한 활동에 힘을 더해 주셨습니다. 그렇게 교회에서는 보이지 않는 내밀한 사랑의 자리가 지켜져 왔고, 교회에 생명을 주는 심장의 박동은 그 맥을 유지할 수 있었습니다. 사랑은 언제나 가실 줄을 모르기 때문입니다.

그렇게 긴 교회의 역사 안에서 기억되지 않았던 얼굴 없는 여성들은 은밀한 방식으로 주님과의 친교를 이루면서 그 시대 그 세상에서 그들만이 채울 수 있었던 사랑의 영적인 사명을 온전히 수행했습니다. 오늘 우리는 그렇게 얼굴 없이 활동했던 여성 신비가들의 얼굴을 드러내고자 합니다.

그 어느 때보다도 갖가지 폭력과 테러, 불안과 미래에 대한 불확실, 질병, 인간성 상실과 가정 파괴, 생명경시와 가치관의 부재, 집단적인 정신분열증, 제4차 산업혁명의 도전들과 천재가 아닌 인재와 자연의 복수로 다가오는 섬뜩한 재해들 앞에서 위협 받고 방황하는 21세기의 사람들 앞에, 하느님께서 본래 창조하셨던 아름다움을 잃어버리고 지쳐있는 지구촌의 사람들에게, 생수와 같은 이 여성 신비가들의 아름다운 희생과 영적인 삶의 지혜를 소개하고 싶습니다.

그래서 오늘의 이 시대를 살아가는 우리들 각자 안에서도 시대의 표징들에 용감하게 응답했던 그들의 생생한 믿음과 희망과 사랑의 넋이 온전히 살아 이어지기를 간절히 기원합니다.

성모 마리아와 함께 이 길을 걸으며, 빛을 보기까지 사랑의 인내로 고뇌와 해산의 아픔을 겪어주신 우리 모든 회원들께 감사와 칭송을 드리고, 성부와 성자와 성령께는 영광을 올립니다.

감사의 마음 기도로 대신하며 모두에게 주님의 축복을 빕니다.

가톨릭여성신학회

회장 강운자 루실라 수녀

차 례

여는 글 | 이 시대에 다시 만나는 여성 신비가들 앞에서… / 4
    강운자

교회와 여성상의 모델로서 마리아 ― 여성신학 관점에서   9
    예수의 어머니 마리아 _ 박경미

빙엔의 힐데가르트와 푸르름의 영성   37
    힐데가르트(1098-1179) _ 유정원

빛으로 세상을 밝힌 여성, 아시시의 성 클라라   63
    클라라(1194-1253) _ 허귀희

"괜찮아, 모든 것이 잘 될거야!" 어머니 예수님 안에서, 노르위치의 줄리안   103
    줄리안(1342-1416) _ 안은경

불의 여인 시에나의 카타리나   141
    카타리나(1347-1380) _ 강운자

열정의 사도 예수의 성녀 데레사   191
    데레사(1515-1582) _ 이명인

온유함으로 세상의 고통에 맞서 희망을 일군 여인, 마들렌 소피 바라   223
    소피 바라(1779-1865) _ 최혜영

갈바리아 영성, 메리 포터   249
    메리 포터(1847-1913) _ 강영옥

작은 사랑의 용광로, 성녀 소화 데레사 277
데레사(1873-1897) _ 정인숙

십자가의 불꽃으로 타오른 화해의 성녀, 에디트 슈타인 301
에디트 슈타인(1891-1942) _ 최우혁

땅 끝까지 복음을 증거한 이본 퐁슬레와 AFI(국제가톨릭형제회) 327
이본 퐁슬레(1906-1955) _ 윤석인

일상을 거룩하게 산 평신도 여성, 잔나 베레타 몰라 363
베레타 몰라(1922-1962) _ 김혜경

글쓴이 알림 / 395

교회와 여성상의 모델로서 마리아
— 여성신학 관점에서

박경미 마리 소피아
노틀담수녀회

Blessed Virgin Mary, Mother of Jesus

들어가면서

신학함이란 단지 하느님에 관해 숙고하는 것이 아니라 지금 그리고 여기에서 하느님의 온전성이 인간 안에서 실현되는 것을 의미한다. 현대의 신학함에 대해 몰트만(J. Moltman)은 "현대 신학은 현재의 신학이어야 한다"라고 말하고 있다.1 이것은 전통 신학을 현재의 언어로 번역해 내는 것뿐만 아니라 이 시대의 고통에 대한 참여와 그 고통의 원인에 비판적 언어를 내어줄 수 있는 것도 포함하는 것이다. 우리가 살아가고 있는 현실은 무한 경쟁 발전에 따른 인간성의 상실, 왜곡된 가치와 사회구조에 따른 억압과 차별의 부정의, 그리고 물질 만능과 이기심의 만연으로 세상 곳곳이 상처를 받고 있다. 이러한 세상에 화해와 치유, 그리고 인간성의 회복을 위해서는 교회의 역할과 소명이 더욱 요청된다. 그것은 권위와 지시보다는 배려와 보살핌과 같은 '여성성과 모성의 역할'이다. 우리는 이러한 여성성과 어머니적인 모습을 마리아 안에서 발견할 수 있다. 제2차 바티칸 공의회는 복되신 동정 마리아에 관한 가장 의미 있고 체계적인 교리 문헌인 「교회 헌장」을 반포하면서 마리아를 교회의 전형이요 모델로 규정하고 있다. 따라서 이 시대에 교회가 보여주어야 할 모습을 마리아를 통해서 살펴보고자 한다.

그러나 가톨릭 전통 신학의 마리아론은 가부장적, 남성 중심적 가치체계 속에서 여성억압의 기제로 작용하는 요소가 있었다. 이는 근본적으로 이천년 전 유대 그리스도교 전통의 가부장적 신학 안에 자

---

1 J. Moltman/차옥숭 옮김, 『오늘의 신학 무엇인가?』 (서울: 한국신학연구소, 1989), 8-9.

리매김하고 있기 때문이다. 또한 우리나라에서는 유교 전통의 가부장 문화와 만남으로써 더욱 마리아의 겸손과 순명이 미덕의 요인으로 강화되는 배경이 되었다. 따라서 여성신학 관점에서 마리아론을 새롭게 조명해 보면서 여기에서 제시될 수 있는 긍정적인 요소들을 찾아보고자 한다.

한편 21세기에 간과할 수 없는 신학의 방향은 일치의 영성을 지향하는 에큐메니칼 패러다임[2]이다. 여성신학에서는 그동안 교회 간에 분열의 요소로 작용하였던 마리아에 대한 재해석을 시도하면서 교회 일치의 가교적인 움직임을 보이고 있다. 제2차 바티칸 공의회도 '교회의 현대화'(aggiornamento)라는 표어로 변화하는 현대 세계에 교회의 탄력적인 적응의 모습을 보여 주고자 했다. 이러한 맥락에서 그동안 교회 간에 분열의 요소로 작용하였던 마리아론을 매개로 하여 교회가 나아가야 할 방향을 살펴본다는 것은 의미 있는 일이라 여겨진다. 특별히 성모 마리아가 지녔던 영성은 이 책에서 소개하고자 하는 많은 여성신비가들에 우선하는 탁월함으로 볼 수 있겠다. 다양성과 다원화, 그리고 세계화라는 시대의 흐름 속에서 정의와 일치를 이루어 갈 수 있는 '교회론의 현재화'를 마리아를 통해 전망해 보고자 한다.

---

2 한스 큉은 그리스도교의 전 역사를 6가지 패러다임으로 나눈다: 1. 초대교회의 묵시적 패러다임 2. 교부시대의 헬레니즘 패러다임 3. 중세 로마 가톨릭 패러다임 4. 개신교(종교개혁) 패러다임 5. 근대 계몽주의 패러다임 6. 에큐메니칼 패러다임. 한스 큉/박재순 옮김, 『현대신학은 어디로 가고 있는가』(한국신학연구소, 1989), 28-29.

I. 교회와 마리아에 대한 이해

'교회론의 현재화'를 전망해 보기 위해 먼저 교회에 대한 이해를 가질 필요가 있다. 또한 교회의 전형이요 모델로 규정하고 있는 마리아의 탁월하고 독자적인 동정성과 모성이 교회 안에서 어떻게 실현되고 있으며 그 신학적 의미는 무엇인지 고찰할 필요가 있겠다.

1. 교회의 본질 및 발전 과정

교회라는 실재는 그리스도교 신앙이 형성되던 때부터 있어 왔으나 '교회'에 관한 체계적인 논의는 중세 후반에 와서 처음 있게 되었다. 사도시대의 교회는 자신을 예수 그리스도 안에서 거룩하게 된 작은 집단의 공동체로 인식하였다. 그러던 중 로마제국 황제 콘스탄티누스의 개종으로 교회는 소집단에서 탈피하여 제국종교로 변모하게 되었고 이때부터 교회는 교황을 정점으로 한 제국주의 구조를 중세기에 이르기까지 정착하게 된다.3 교부시대 초기에 이르자 만연했던 이단들로부터 교회의 위협을 방어하기 위해서 아우구스티누스를 비롯한 교부들이 호교론을 전개하였다. 381년 니케아-콘스탄티노플 신경은 참된 교회를 '단일성(unity), 거룩성(holiness), 보편성(catholicity), 사도성(apostolicity)'이라는 네 가지 속성으로 규정한다.4 이것은 참된 교회와 거짓된 교회를 구별하는 기준이 되었다. 이후 종교개혁에 대응하기 위해서 교회론이 체계화될 때까지 교회에 관한 신학적 사유는 거

---

3 심상태, "교회헌장에서의 교회본질", 「사목」 52 (1977), 55-56.
4 강영옥, "어머니 교회", 『열린교회를 꿈꾸며』, 2004, 152.

매듭을 푸시는 성모님

의 없었다. 중세 후기부터, 특히 종교개혁으로 인한 서방 그리스도 교회의 결정적인 분열을 통하여 비로소 교회 자체가 사유의 대상이 되기 시작하였다. 그 당시 신학자들과 교회법 학자들은 교황직과 성직주의에 대한 공격에 응답하면서 반대자들이 거부하는 바를 강력히 옹호하였다. 예수회 회원이며 추기경이었던 벨라르미노(R. Bellar mino)는 그 대표적 신학자로서 제도주의적 교회관 정립에 크게 기여하게 된다.

그러나 계몽시대에 접어들면서 교회의 본질은 제도나 조직이 아니라 공동체라는 주장이 일어나기 시작했다. 계몽시대 교회론의 첫 막을 열었던 슐라이에르마허(F. Schleiermacher)는 교회의 기원을 '성령의 통교'에다 두면서 동시에 교회를 역사적 실재로서 '믿는 이들의 친교'임을 인정하였다. 도미니코회 회원인 콩가르(Y. Congar)와 해머(J.

Hamer)는 공동체/친교라는 두 가지 측면이 다 교회의 본질적인 것이라고 주장하면서 교회론을 발전시켰다.5 이로써 제2차 바티칸 공의회에서 다시 교회론이 논의의 대상으로 떠올랐다. 공의회는 시대적 징표를 포착하고 '교회의 현대화'(aggiornamento)를 지향하면서 시대적 요청에 부응한 교회쇄신을 꾀하게 된다. 제2차 바티칸 공의회의 신학에 극적인 변화를 낳게 하는데 공헌을 한 사람은 칼 라너(K. Rahner)이다. 제1차 세계대전 때까지 교회는 하나의 화석화된 조직으로 비춰졌는데 이제는 하나의 조직 그 이상으로 살아있는 무엇, 성령의 유기체라는 의식이 일어났던 것이다. 이러한 교회에 대한 새로운 자각을 말로 나타낸 것이 '그리스도의 몸'(신비체), '하느님의 백성' 개념이었다. 그동안 오랫동안 배제되어 왔던 이 표상들이 친교로서의 교회라는 개념과 함께 다시 관심의 대상이 된 것이다. 제2차 바티칸 공의회는 그리스도의 신비체라는 이미지가 교회 구성원의 다양한 모습을 정의하는 출발점으로는 너무나 제한되었다는 신학적 고찰을 하면서 '하느님의 백성'을 교회의 개념으로 진술한다. 그리고 이와 더불어 중요하게 사용한 용어가 성사로서 교회이다. 「교회헌장」은 첫 구절을 "인류의 빛은 그리스도이시다"(Lumen Gentium sit Christus)라는 말로 시작하면서, 교회가 첫 번째로 말해야 할 것은 그리스도이지 교회 그 자체가 아니라는 것을 시사하고 있다. 지상에서 순례하는 교회는 언제나 정화와 쇄신을 필요로 하는 죄인들의 교회로서 늘 새로워져야 하는 구체적이고 역사적 공동체로서 가톨릭교회 안에서 실현된다는 것으로 표현하고 있다.6 동시에 가톨릭교회 밖의 다른 그리스도 교회들이 인

---

5 에버리 델레스/김기철 옮김, 『교회의 모델』 (조명문화사, 1992), 43.
6 J. 라찡거/이현로 옮김, "제2차 바티칸 공의회의 교회론 II", 「사목」 107(1986): 60-64.

정되면서 모든 이가, 곧 세계와 교회가 종말론적 완성을 향해 나가는 하나의 구원계획 안에 포함되어 있으며 이 계획의 실현을 위하여 교회가 '보편적 구원의 성사'가 되는 것이다. 그리고 주목해야 할 것은 제2차 바티칸 공의회는 복되신 동정 마리아에 관한 가장 의미 있고 체계적인 교리 문헌인 「교회 헌장」을 반포하면서, 교회론의 결론(8장)에서 마리아를 교회의 전형이요 모델로 규정하고 있다.

2. 마리아의 동정성과 모성의 신학적 의미

1) 마리아의 동정성

고대의 많은 종교들은 '처녀성', '동정성'을 매우 신성한 것으로 생각하였으며 구약의 예언자들은 하느님께 지켜야 할 충실성의 표현으로서 이스라엘을 자주 처녀로 불렀다. 곧 야훼와 이스라엘 백성을 혼인의 관계로 상정하여 야훼께 대한 온전한 사랑의 요구를 의미한 것이다. 신약에서 처녀 이스라엘은 '교회'라는 이름으로 불리게 되는데 여기서도 동정성의 개념은 혼인과 연결되어 나타난다. 그리스도와 교회의 일치는 결혼의 상징이면서도 역설적으로 그 결합은 동정성을 보존한 상태의 일치를 말하고 있다. 여기서 동정의 신분은 교회의 참모습을 잘 드러내는 것이며 그리스도인은 이제 교회의 동정성에 참여하게 되는 것이다.[7] 그리고 신약에서 이러한 교회의 동정성은 마리아에게서 구현되기 시작한다.

---

7 조규만, 『마리아, 은총의 어머니』 (서울: 가톨릭대학교출판부, 2002), 326-327.

그러나 과학적 사고를 가진 현대인들에게 있어서 동정성의 해석은 많은 논란의 여지를 주고 있다. 그럼에도 불구하고 마리아의 동정성은 분명하게 신앙교리의 한 요소로서 또한 교회의 가르침으로 여겨져 왔다. 마리아의 동정성 문제는 그리스도론에서 출발된 것이다. 즉 동정녀 출산은 구세사적 사건으로 예수의 아버지가 오직 하느님이시라는 신학적 의미를 지니는 것이다.[8] 그러므로 마리아의 동정성은 예수의 신성을 드러내는 하나의 징표인 것이다. 교회론적 의미에서 보면 교회와 마리아는 둘 다 동정의 성격을 갖는 동시에 하느님을 신랑으로 모시는 혼인관계를 갖는다. 그러므로 그리스도인은 누구나 하느님께로 향한 동정성에 참여하는 것이다. 그것은 신앙의 충실성을 말하는 것으로서 곧 마리아의 동정은 하느님의 백성인 교회가 어떻게 살아가야 하는지를 알려주는 것이라 하겠다.

2) 마리아의 모성

우리는 교회의 신앙 안에서 마리아를 '하느님의 어머니'(Theotokos)로 부르고 있다. 이 신적 모성은 마리아가 천사의 말씀이 그대로 이루어지도록 "예"(Fiat)라고 동의한 뒤에 예수님을 수태하는 것에 기인한다. 마리아를 통해 태어난 예수는 인간이며 동시에 하느님이시기에 성자의 어머니이신 마리아는 하느님의 모친으로 지칭되는 것이다. 그러므로 하느님의 모친이라는 표현은 하느님이면서 인간이신 예수 그리스도의 두 본성을 확인하는 문제에서 부여된 칭호이다. 즉 마리아의 신적 모성은 예

---

8 심상태, "마리아의 동정성", 「사목」 67(1980): 10-11.

수의 육화의 진리를 분명하게 증거 하는 것이다.9 혹자가 마리아를 여신으로 간주하는 것과는 거리가 멀다.

또한 마리아의 신적 모성은 구원적 의미의 성격을 띠고 있다. 그리스도의 모친인 마리아는 그리스도를 낳고 기르신 점에 한해서만이 아니라 그리스도의 생애 동안에도 그리스도의 구원 사업에 협력하셨다. 그리고 교회가 탄생하는 데 있어서 사랑으로 협력함으로써 그리스도의 지체인 교회의 어머니가 되셨다. 이 모성적 역할은 그리스도의 지상 생애에서만 국한되는 것이 아니라 지상의 순례 중에 있는 당신 자녀들을 위하여 천상에서도 무수한 중재기도를 통한 구원의 역할을 계속하신다.10 곧 마리아의 모성적 역할은 교회를 통한 구원의 역사 속에서 영속되고 있으며, 마리아와 교회를 본질적으로 일치하게 하는 신비로서 교회가 끊임없이 실현해야 할 전형이요 원형이 되는 것이다.

II. 여성신학적 비판

모든 종교는 인간의 삶을 보다 풍요롭고 자유롭게 만들고자 하는 의지를 포함하고 있음에도 불구하고 인간이 만든 제도와 전통에는 불완전함이 있음을 배제할 수 없다. 또한 시대의 변화에 따라 신학의 관점은 변화할 수밖에 없다. 우리는 그동안 그리스도교 안에서 자연스럽게 자리매김해왔던 가부장적인 요소들을 보게 된다. 따라서 이 가

---

9 W. 바이너르트/심상태 옮김, 『마리아, 오늘을 위한 마리아론 입문』(성바오로출판사, 1980), 68.
10 조규만, 같은 책, 318-319.

부장적 관점 안에서 왜곡된 인간이해가 신학적으로 합리화되고 강화되어 온 사실들을 전통 교회론과 마리아론 안에서 성찰해보고자 한다. 왜곡된 인간 이해의 회복은 곧 왜곡된 세상을 회복하는 길이라 여겨지기 때문이다.

1. 전통교회론

1) 가부장적 이데올로기

초기 그리스도교는 온전함과 포용성이라는 특징을 가지고 있었다. 그것은 팔레스티나에서 예수 운동으로 나타난다. 예수 운동의 이 포용성은 남자나 여자, 부자나 가난한 자, 율법을 지키는 자나 그렇지 못한 자 누구에게나 하느님 나라를 약속하며 예수를 따르는 사람이 될 수 있었다. 예수를 따르는 사람은 혈연관계를 떠나 훨씬 더 커다란 새로운 가족 공동체를 얻게 된다. 예수 운동은 본래 유대교의 한 개혁운동으로 시작된 것으로 전통적인 가부장적 공동체를 넘어서서 새로운 형태의 가족 공동체를 지향하고자 했다. 그러나 1세기 말 그리스-로마문화에 대한 적응 과정에서 아리스토텔레스의 가부장적 철학이 받아들여짐에 따라 사회와 교회구조는 가부장적 성격으로 점차 바뀌어갔고 아리스토텔레스의 가부장적 복종 형태가 신약성경에도 유입되었다. 그리고 기다리던 천년왕국의 실현이 지연되면서 점차 역사적 현실에 적응해야 할 필요성과 더불어 제도를 가지게 되었다. 이때 사도 바오로의 가부장적 사상의 영향을 받게 되면서 여성은 직무에서 배제되기 시작했다. 그 후 점차 형성된 교회의 감독제도는 2세기와 3

세기를 지나면서 로마의 제국주의적 구조에 결정적인 영향을 받게 되면서 위계적이고 권위주의적인 교회 구조를 낳게 되었다. 그러면서 교회의 지도층에서 여성은 배제되었으며 여성은 남성에게 종속과 지배를 받아야 할 '타자'로 규정되었다.11

교부시대, 중세시대, 그리고 스콜라 시대에 이르기까지 교회는 제도주의로부터 비교적 자유로웠다. 그러나 종교개혁 이후 교황 제도와 위계적 질서 체제에 대한 공격을 받게 되자 이에 응하기 위해 강력한 제도주의 교회론을 만들었다. 이 절대적 위계질서는 복종의 미덕을 강조하게 됨으로써 성직우월주의 사상이나 평신도의 수동적 참여의 결과를 낳았다. 칼 라너(k. Rahner)나 이브 콩가르(Y. Congar) 등은 제2차 바티칸 공의회를 낳게 하는데 기초 작업을 했던 신학자로서 바로 이점에 대해서 지적하고 있다.12 제2차 바티칸 공의회의 「교회 헌장」에서는 교회에 관한 기본 개념들을 신비, 그리스도의 몸, 하느님의 백성 등으로 규정하면서 그동안 수직적으로만 지배해왔던 교회론을 수평적, 탈 중심화로 조화를 꾀하였다. 그러나 공의회 폐막 53주년을 보내면서도 아직 공의회 이전의 교계적 순명을 계속 강조하는 모습이 현실임을 부인할 수 없다.

2) 성속이원론과 여성혐오사상

교회가 다른 집단과 구별되는 것은 성령이 함께 하고 있다는 점이며,

---

11 엘리사벳 쉬쓸러 피오렌자/김상분 · 황종렬 옮김, 『동등자 제자직』(분도출판사, 1997), 251-257.
12 손승희, "전통적 교회론과 여성교회론", 『교회와 여성신학』(대한기독교서회, 1997), 81-82.

믿는 이들의 친교로 이루어져 있다는 점이다. 이것은 381년 니케아-콘스탄티노플 신경에서 참된 교회의 속성을 네 가지로 규정한 것 중 하나인 '거룩함'을 말하는 것이다. 역사의 흐름 속에는 교회로 알려진 많은 그리스도교 공동체들이 있지만 참된 교회는 오직 하나뿐이어야 하는 것이다. 즉 교회의 거룩함은 교회 내에 성령이 현존한다는 것에 기초하고 있다. 신자들을 하나로 결속시켜 주는 것은 제도적 권위가 아니라 교회의 머리인 그리스도에서부터 흘러나오는 성령의 힘이다. 이 성령의 은사는 모든 신자들에게 성별, 지위, 인종에 관계없이 똑같이 내려지는 것이다. 그럼에도 불구하고 여성과 남성의 관계에 대해서는 예외적으로 적용되어 온 것이다. 여성신학자 마가렛 팔리(Magaret Farley)는 이 거룩함의 강조가 교회내의 성차별이나 여성 억압의 원인을 낳았다고 보고 있다. 교회는 인간 공동체에 그리스도의 은총을 중재하는 역할을 함으로 거룩하고 완전할 수밖에 없으며, 그 거룩한 교회에서 그리스도를 대리하는 성직자 또한 거룩해야 한다. 이에 따라 성찬례를 집전하는 성직자는 완전하고 거룩할 수밖에 없는 것이다.[13] 따라서 남성의 거룩함을 정의하기 위해 상대적으로 여성의 성적 육체를 부정한 것으로 규정했고, 여성을 악의 화신으로 혐오하게 만듦으로써 남성들의 거룩한 자리를 지킬 수 있다고 보았다. 중세의 금욕주의와 독신주의도 바로 이러한 맥락에서 생겨난 것으로 볼 수 있다.[14]

---

13 손승희, 같은 책, 83.
14 R. R. Ruether, *Woman-Church*, San Francisco: Harper and Row, 1985, 14

3) 여자의 순종을 강요하는 이데올로기

이미 언급하였듯이 「교회헌장」에서는 교회론의 결론(8장)을 마리아의 탁월하고 독자적인 동정성과 모성을 교회의 전형으로 규정하고 있으며 하느님의 어머니로서 마리아의 구세사적 역할을 강조하고 있다. 마리아는 신앙과 사랑으로 그리스도와의 완전한 일치를 이루고 자유로운 신앙과 순명으로 인류구원에 협력하셨다. 그런데 여기서 마리아의 능동적이고 구세사적인 역할을 강조하면서 하와-마리아의 평행선을 적용하고 있다. 하와-마리아의 평행선은 바울의 에페소 5,25-32의 아담과 그리스도 평행선에서 확대된 것이다. 첫 인간 아담이 불복종하고 죄를 이 땅에 가져왔으나 둘째 아담 그리스도는 순종으로 구원을 가져왔다는 그 명제로, 하와는 불순종으로 죄와 죽음을 이 땅에 가져왔으나 마리아는 순종으로 구원을 가져왔다는 도식이 전개되었다. 이러한 하와-마리아 명제는 마리아를 '새 하와'라는 틀에 넣음으로 순종하는 여자(마리아)와 불순종하는 여자(하와)를 갈라놓고 여성에게 순종을 강요하는 이데올로기로 작용해왔다.[15]

또한 예수의 수태를 알리는 천사의 말에서 마리아가 "저는 주님의 종입니다. 지금 말씀하신 데로 저에게 이루어지기를 바랍니다"(루카 1,38)라고 대답한 사실에 대해 교회전통에서는 마리아의 순종을 신앙의 본보기로 삼을 것을 권고하며 이를 교회의 모델로 제시하고 있다. 그리고 순종하는 마리아를 '새 하와'의 모습으로 강조한다. 그러나 복음의 구조 안에서 봤을 때 루카복음사가가 마리아의 응답(Fiat) 앞에

---

15 W. 바이너르트, 같은 책, 91.

즈카르야의 신앙(세례자 요한의 출생 예고, 루카 1,5-25)을 다룬 것에 주목해볼 필요가 있다. 즉 마리아의 순종은 하와에 대한 반명제가 아니라, 바로 즈카르야 즉 남자의 불신앙에 대한 여자의 신앙, 지도자 계급에 있는 사람의 불신앙과 미천한 신분에 있는 마리아의 신앙으로 대비해서 볼 수 있는 것이다. 그리고 즈카르야는 자신이 나이가 많다는 생물학적 한계에 머물러 계시를 감지하지 못하였으나 마리아는 자기 민족의 고통과 해방의 열망을 알고 있었기에 생물학적 불가능성을 뛰어넘어 자신을 개방한 것이다. 계시를 받아들인 마리아의 순응은 단순한 순응이 아니라 목숨을 건 결단이었다. 곧 이것은 마리아의 주체성을 말하는 것이다. 당시 남자만이 결정권을 행사할 수 있는 사회에서 자신의 약혼자인 요셉과 한마디 상의 없이 마리아가 독자적으로 결단을 내린 것은 당시의 사회질서를 뛰어넘는 것이었다. 그럼에도 교회는 마리아의 순종이라는 측면을 부각시켜 순종만을 여성의 미덕으로 가르쳐 왔다. 또한 마리아의 응답인 "주님의 뜻이 이루어지소서"는 겟세마니 동산에서 "내 뜻대로 마시고 아버지의 뜻대로 하소서!"라고 응답한 예수의 기도와 같은 맥락에서 이해되어야 한다. 예수처럼 마리아는 자신의 응답이 죽음을 초래할지언정 고통 받는 공동체의 구원을 위해서 감수하겠다는 것이었다. 이런 점에서 마리아는 예수를 잉태하기 전에 이미 인류구원의 어머니가 될 수 있었다고 본다. 공동체의 행복을 위해 고난을 감수하려는 마리아의 영성이 마리아가 보여주고 있는 모성의 실체인 것이다.16

---

16 한국염, "모성과 마리아론", 이우정 선생 고희기념 논문 편찬위원회 편, 『여성, 평화, 생명』 (서울: 경세원, 1993), 356-358.

2. 마리아의 동정성과 모성

1) 마리아의 동정성: 여성혐오주의가 만들어 낸 여성상

마리아의 동정녀 교리는 구세사적인 성격을 분명히 드러냄에도 불구하고 중세교회가 가진 이원론적 신학의 영향 때문에 순결함만을 강조하여 여성들을 죄악시하고 억압하는 이데올로기로 작용하였다. 당시 그리스도교는 희랍세계에 전파됨으로써 희랍철학을 수용할 수밖에 없었다. 그 결과 영・육 이원론의 바탕에서 정신-남성, 육체-여성이라는 병행구조가 이어졌으며17 교부들은 이 체계를 신학적으로 무리 없이 받아들였다. 곧 정신(남성)만이 창조의 질서로 보면서 육체(여성)는 성과 동일한 것으로 간주하여 여성은 타락을 의미하였다. 따라서 구원을 위해서 육체를 억압해야 했기 때문에 남성들에게도 금욕의 덕목이 강조되었지만 여성들에게는 그것이 더욱 나쁘게 작용하여 여성혐오주의와 연결하여 발전하였다.18

여성신학자들은 마리아가 동정녀로 예수를 낳았다는 것에 한 가지 의미를 더 부여하고 있다. 예수탄생에서 인간 남자가 배제되었다는 것에 의미를 실어 남자를 배제한 마리아의 동정잉태는 가부장적인 세력을 끊어버리는 표징언어로 이해된다.19 즉, 가부장제로서는 구원

---

17 아우구스띠누스(354~430)는 여성의 이성을 인정하면서도 남성과의 관계에서는 여성이 항상 육체를 대표하는 것으로 보았으며, 토마스 아퀴나스는 남성을 인간의 표준이요 속성이라고 주장했다. 이에 대해서는 R. 류터/이우정 옮김, "그리스도교는 여성혐오의 입장에 서 있는가", 『여성들을 위한 신학』 (한국신학연구소, 1985), 257.
18 최난경, 『마리아론에 대한 여성신학적 접근』 (이화여자대학교 대학원, 1990), 53-54.
19 한국염, 같은 책, 358-359.

의 역사가 이루어질 수 없음을 시사하는 것이다.

2) 마리아의 모성: 여신적 이미지로서의 마리아

마리아가 '하느님의 어머니'(Theotokos)라는 교의는, 교부들에게는 그리스도의 본성을 확인하는 교의였지만 일반 신자들에게 있어서는 고대 근동 종교가 지녔던 여신적 이미지가 마리아 신앙을 발전시키는 중요한 동기가 되었다. 류터(R. Ruether)는 '하느님의 어머니'로 마리아를 공경하는 대중들의 신심 속에는 고대 세계에 만연했던 하늘의 여왕(Isis)숭배를 회복하려는 경향이 있다는 것을 지적하고 있다.[20] 동정녀들의 어머니인 아르테미스를 열광적으로 지지했던 에페소에서 '하느님의 어머니' 교의가 선포된 것은 그 대표적인 예라 하겠다. 예수를 무릎에 안고 있는 마돈나 상은 고대 근동의 여신들의 모습, 특히 이집트의 이시스(Isis)를 연상하게 한다. 또한 마리아에 대한 신심을 보면 달 여신과 연결시키거나 고대 여신들이 가지고 있던 처녀-어머니의 이미지가 마리아의 숭배와 깊은 관련을 갖고 있다는 사실을 발견한다.[21]

이와 함께 마리아 공경이 끊임없이 지속되는 또 다른 이유로써 신자들이 마리아를 통해서 하느님의 여성적인 모습을 기대했다는 사실이다. 기존의 신학들은 하느님을 표현함에 있어서 남성 이미지만을 사용했다. 즉 하느님은 죄인에 대해 엄격하고 심판하며 때로는 두렵기까지 한 가부장적 아버지의 모습이었다. 그러나 마리아는 남성적으

---

20 R. 류터/손승희 옮김, 『새 여성 새 세계』 (서울: 현대사상사, 1980), 75.
21 최난경, 같은 책, 43-45.

로 표현된 하느님이 담아낼 수 없었던 하느님의 다른 특성을 보상해 주었다. 자비롭고 죄인도 돌보아주며 친절한 하느님의 여성적 특성을 마리아가 드러내 준다는 사실이다. 마리아는 고대 근동 종교의 여신들과는 다소 차이점을 보이지만 이처럼 마리아가 하느님의 여성적인 가치를 계시한다는 점을 간과할 수는 없다. 마리아신심이 사라지지 않는 점은 바로 하느님의 여성적인 측면, 즉 모성적이고 온화한 모습을 인간들이 끊임없이 원했었다는 사실을 반영한다는 점이다.[22]

III. 에큐메니칼(Ecumenical) 시대의 마리아의 영성

에큐메니즘(Ecumenism)[23]의 목표를 '가시적 일치'라고 할 때 '교회의 가시적 일치'란 정의와 평등의 실천에 근거한 일치라고 본다. 에큐메니칼 신학의 중심 주제인 일치가 성, 인종, 사회적 계층 등에 근거한 다양한 차별과 억압을 극복한 후에 가능하다고 할 때, '교회의 일치'라는 에큐메니칼 신학의 목표는 교회 안의 다양한 불일치의 요소들의 극복과 갱신을 요청하게 된다.

그동안 전통교회는 성을 초월해 계시는 하느님을 남성 중심적 형상으로 고정시켜 왔고 가부장제의 종교 언어는 하느님의 총체적인 이미지를 담아내지 못했다. 이러한 사실들을 전제하면서 '전체성'안에

---

22 최난경, 같은 책, 45-47.
23 교회 일치주의를 말하며, 어휘는 '사람이 사는 온 세상'을 의미하는 그리스어 오이쿠메네($Oικουμένη$)에서 유래했다. 기독교의 다양한 교파를 초월하여 모든 기독교인(로마 가톨릭, 동방 정교회, 개신교 등)의 보편적 일치 결속을 도모하는 신학적 운동이다. 위키 백과사전 참조.

서 하느님의 얼굴을 만나보고자 한다.24

1. 여성신학에서 제시하는 온전한 인간성

1) 마리아, 여성의 온전한 인간성 회복의 상징

하느님의 모상(Imago Dei)으로 창조된 인간은 온전한 인간성의 실현이 요구된다. 그러나 전통신학에서 온전한 인간성을 이야기할 때에는 남성으로 규정되는 규범을 생각했다. 여성에게는 인간 타락의 책임이 주어지고 구원의 범주에서 배제되었다. 여성신학에서는 이와 같이 남성 중심적인 틀에 의해 왜곡된 온전한 인간성의 의미를 새로이 규명해야 할 필요성을 갖는 것이다. 류터(R. Ruether)는 여성의 온전한 인간으로서의 삶을 왜곡시키는 원인을 서구의 이원론과 가부장제로 보면서 이를 극복할 수 있는 새로운 상호관계성의 상징을 '마리아의 Fiat'에서 찾아내고 있다. 신명기법에 따라 돌에 맞아 죽을 죽음의 결과까지 각오한 마리아의 모성은 자율적인 선택이며 신앙의 결단이었다. 진정한 의미의 '상호성'이란 자율성과 자기 존중감이 있을 때 가능한 것이지 남성의 지배-능동성, 여성의 복종-수동성이라는 구조에서는 인간이 온전한 인간이 된다는 것이 무엇인지 경험할 수 없다. 따라서 여성이 자기 자신을 규정할 때 가부장제의 규범이나 질서가 아닌 자신의 결단에 따라 정의내릴 때 그것을 온전한 인간성의 실현으로 보는 것이다.25

---

24 이제민, "해방의 하느님", 「신학전망」 93(1991): 102-105.
25 R, 류터, 같은책, 84-85.

류터는 이 마리아의 결단을 왜곡된 남녀관계를 바로 잡을 수 있는 '상호적 관계'의 상징으로 본다. 그리고 서로 다른 존재방식을 인정해 주도록 하는 이 '상호적 관계'는 단순히 성차별주의에만 국한하는 것이 아니라 모든 사회의 집단과 민족을 포괄하는 인간성 회복에 대한 개념으로 나아가야 한다고 보고 있다.

2) 양성성을 지향하는 동반자관계(partnership)

21세기의 사회는 인간의 개념을 '관계'라는 특성에서 규정하고 있으며 양성성[26]을 지향하고 있다. 양성성 이론은 여성과 남성이 기존의 고정된 성역할로부터 해방되어 '온전한 인간성'을 회복하는 것으로서 총체적인 인간성을 지향하는 것이다. 즉 여기서는 남성과 여성의 생물학적 차이는 있지만 '여성다움'과 '남성다움'으로 구분하여 두 존재의 의미와 가치에 차별을 두는 것은 잘못된 것임을 말하고 있다. 이에 대해 러셀(Letty M. Russell)은 참된 남녀관계의 비전을 제시하는 개념으로서 '동반자관계'(Partnership)를 제시하고 있는데 이 동반자관계의 원형을 하느님의 삼위일체 관계 속에서 발견한다. 동반자의 관계에서 중요한 것은 남자와 여자가 각기 독립된 주체로서 상대의 고유함을 받아들인다는 점인데 이 주체성을 긍정하고 뒷받침해 주는 덕목은 성경에서 발견할 수 있는 '섬김'(servanthood)이다. 이 말은 '봉사'(diakonia)와 관련된 말로서, 상대에게 예속되어 있어 강요되는 행위가 아니라 순수하게 스스로의 자유로운 선택에 의해서 이루어지는 행위를 말한

---

26 양성성이라는 말은 심층심리학자 C. G. Jung과 그의 학파가 특징적으로 쓰는 말로서, 남성이든 여성이든 인간의 참된 자아는 양성적일 때 성숙한 인간이라는 것이다.

다. 지금까지 여성에게만 강요되어 왔던 '섬김'의 덕목을 종속의 개념이 아닌 자유의 선택 개념으로서 재해석하고, 남성과 여성 모두 서로에 대한 섬김의 자세를 갖는 것이 곧 그리스도의 모습을 지닌 바람직한 신앙인의 태도임을 강조하고 있다.[27] 이렇게 될 때 하느님이 최초에 창조하셨던 인간의 참 모습이 회복되는 것이며 이러한 참 인간성의 회복을 레티 러셀은 '선교'로 보고 있다. 교회는 세상의 눌린 자와 궁핍한 자 그리고 병든 자를 위해서 봉사하는 임무를 수행함으로써 선교에 참여하는 것이다. 이것이 '세상을 위해서 열려 있는 교회'로서 하느님과 동반자관계를 이루는 것이라고 하겠다.

2. 에큐메니칼 패러다임으로 전환

1) 여성 신학적 에큐메니칼 신학의 요청

그렇다면 이런 맥락에서 이제 우리에게는 패러다임의 전환이 요구된다. 포스트모더니즘에 대응하는 그리스도교 신학의 패러다임은 에큐메니칼 차원에서 구성된다. 에큐메니칼 신학과 여성신학은 '여성문제'와 '일치'의 의미 규정을 통해서 서로 연관성과 공유점을 갖고 있다. 여성에 대한 성차별과 억압을 말하지 않고서는 에큐메니칼의 궁극적 목적인 '일치'를 말할 수 없기 때문이다. 인류의 절반인 여성이 그 동안 남성을 모델로 하는 사회에서 살았다. 그러나 이제는 여성이 자신의 정체성을 찾고, 상처받은 세상을 향해 나아가야 하는 것이다.

---

27 이혜승, "Letty M Russell의 여성신학교육론: '온전한 인간성'을 지향하는 교육", (이화여자대학교 대학원, 1994), 56-74.

세상은 수직적·가부장적 패러다임에서 수평적·관계적 패러다임으로, 남성적인 지배문화에서 여성적인 보살핌과 살림의 문화로 전환되고 있다. 무한경쟁 개발·발전의 문화가 아니라 여성적 사랑과 치유의 문화로 회복하여야 하는 것이다. 여기서 기억해야 할 것은 여성 신학적 에큐메니칼 신학의 근본적인 장이 '교회'라는 점이다. 따라서 여성 신학적 에큐메니칼 신학은 성차별에만 대항하는 것이 아니라 하느님의 창조질서를 회복시키고 보존하는 것 그리고 나아가 일치와 화해의 세상을 이루어 가기 위해 요청되는 신학이다.

2) 마리아 영성에 대한 신학적 성찰

16세기 서방 교회가 양분된 이후 교황권 다음으로 가톨릭과 개신교 사이에 분열의 큰 원인이 되었던 영역이 마리아론이다. 그러나 제2차 바티칸 공의회의 문헌은 분열의 상처를 치유하고 교회의 일치를 도모하고자 하는 강한 의지를 드러냈다. 「일치교령」에서는 "가톨릭 신앙의 표현 방법과 순서가 절대로 갈라진 형제들과의 대화를 방해해서는 안 된다"(11항)고 분명히 천명하였고, 또한 「교회헌장」에서는 마리아론을 교회일치의 관점에서 마리아의 구세사적 역할과 의미를 밝히고 있다. 나아가 현대 여성신학자들의 마리아론에 대한 새로운 통찰은 마리아를 신앙 안에서 받아들일 수 있는 여지를 마련하고 교회일치를 위한 새로운 가교 역할을 하도록 한다. 그 맥락에서 마리아는 에큐메니칼 교회론의 지평을 열어주고 있다. 이에 에큐메니칼 교회론을 마리아의 영성 안에서 크게 두 가지 측면으로 전망해보고자 한다. 첫째는, 그동안 가부장적·구조 속에서 왜곡된 여성성을 관념화시킨 모델로서의 마리아를 능동적 모성성의 모델이요 종말론적인 교회의 모델로 보고자 한다. 둘째는, 이제 교회의 새로운 관계 양식은 더 이상 위계적 지배의 모델이 아닌 서로 다른 존재방식을 인정하며 상호성을 향해 나아가는 '섬김'의 모습으로 변화되어야 하는 것이다.

이에 대해 좀 더 구체적으로 살펴보면 첫째, 마리아를 능동적 모성성의 모델, 종말론적인 교회의 모습으로 보는 것에는 두 가지 의미를 내포하고 있다. 먼저 교회가 전통적으로 자신을 어머니라고 표상하고 마리아를 교회의 모델로 삼은 것은 교회의 기능과 직무가 어머니와 같아야 한다는 것이다.[28] 원래 교회의 기능과 직무는 자녀에 대한 어머니의 따뜻하고 한결같은 사랑과 돌봄, 누구라도 품어 안아주는 자비로움이어야 한다. 그것은 사회에서 버림받고 병들고 가난했던 죄인, 세리, 창녀들과 어울리면서 하느님 나라를 보여주었던 예수님의 모습이다. 교회는 위로받고 싶어 하는 온갖 인간들과 죄인들로 구성되어 있다.[29] 그러나 역사의 과정에서 교회는 이런 교회의 원형을 비추는 데 한계를 보였다. 제국주의의 교회, 제도 교회, 남성중심 교회, 성직자중심 교회는 인간들에게 군림하는 모습을 강하게 비쳐왔고 죄인들과 가난하고 소외된 이들을 품어 안는데 충분하지 못하였다. 이에 교회는 본연의 여성성을 되찾아 교회의 온전한 모습을 보여주어야 한다.[30]

또 다른 의미에서 교회는 하느님의 말씀을 듣고 따르는 사람들 사이에서 이루어지는 새로운 관계이다(요한 19,25-27). 즉 마리아의 모성

---

28 이제민, 『교회-순결한 창녀』 (분도출판사, 1995), 202.
29 강영옥, 같은 책, 160-161.
30 한국염, 같은 책, 363.

에서 혈연관계를 넘어서는 사회적, 영적 모성을 강조하는 것이다. 모성의 가치가 생명을 잉태하고 낳고 기르는 역할에만 있다고 한다면 이것은 모성 이데올로기에 빠지는 것이다. 따라서 단순히 생물학적인 모성이 아니라 신앙적, 사회적인 차원에서 공동체의 미래를 위한 영성을 가질 때 비로소 참된 "어머니 됨"을 말할 수 있다. 우리는 이러한 어머니 됨의 영성을 마리아가 드린 '마니피캇'(루카 1,46-55)에서 볼 수 있다. 이 마니피캇을 통하여 여성 예언자로서의 역사적-사회적 불의로부터 고통 받고 있는 사람들을 위해 투신하는 용기 있는 여성으로서의 마리아상을 발견할 수 있다. 이 노래에서 마리아는 고난 받고 신음하는 모든 피조물과 자신을 동일시한다. 또한 마리아는 여성으로서 종과 같이 눌려 지내며 자신처럼 억압 속에서 힘없이 착취당하는 가난한 자기민족의 해방을 노래하고 있다. 마니피캇을 노래한 마리아는 비천한 위치에 있는 여성으로서 임신으로 돌에 맞아 죽을지 모르는 위기에 처한 상태이었다. 이러한 상황에서 해방의 노래를 부를 수 있었다는 것은 고난 받는 자들과 일체감을 느끼는 영성, 당시 민족의 구원을 바라는 해방의 영성을 지니고 있었음을 말하는 것이다. 이런 영적 상태를 보시고 하느님은 마리아를 구원사의 파트너로 택하였고 마리아는 '예'(Fiat)하고 대답함으로써 마침내 구세사를 가능케 하였을 것이다.[31] 바로 오늘날 우리나라와 같이 분단된 민족과 불의가 만연한 세상에서 우리에게 요구되는 것도 이렇게 공동체의 내일을 위해 참여하는 "어머니 됨"의 참모습이다. 이것이 생명을 낳고 기르는 모성, 나아가 생명이 생명으로서 제 가치를 누릴 수 있도록 하는 어머니

---

31 한국염, 같은 책, 359-363.

의 영성이다. 하지만 마리아의 모성은 여자만이 가질 수 있는 것인가? 생명을 사랑하고 공동체의 평화에 관심을 갖는 사회적 모성은 여성만이 아니라 남성도 가질 수 있고 또 가져야 하는 것이다.

둘째, 교회가 지향해야 할 관계 양식은 상호성을 향해 나아가는 '섬김'의 모습으로 변화되어야 하는 것이다. 교회가 종말론적으로 '하느님 나라'를 가시화시키는 것이 공동체라고 할 때 그것은 공동체의 직무를 통해서이다. 그리고 그 직무는 '봉사'의 삶을 통해 구현되는 것이다. 또한 교회는 성사이다. 교회는 성령에 의하여 비가시적 은총을 체험할 수 있는 가시적인 표현 방식이기에 성사인 것이다.[32] 그래서 '하느님의 백성'이라는 개념으로 정의된 교회는 더 이상 건물이나 제도가 아닌 인격적 존재로 머문다. 따라서 이를 바탕으로 교회의 본래 모습은 '섬기는' 구조인 것이다. "너희 가운데에서 가장 높은 사람은 가장 어린 사람처럼 되어야 하고 지도자는 섬기는 사람처럼 되어야 한다"(루카 22,26). 그러나 가부장 문화와 남성중심의 문화에 익숙한 오늘날 교회의 모습은 섬기는 구조가 아니라 군림하는 권위주의 구조임을 부인할 수 없다.[33] 콩가르는 교회가 그동안 겸손, 희생 등과 같은 복음의 권고들을 교회 자신이 아닌 오직 신자 개인에게만 적용시켜 왔음을 지적하였다. 역사와 더불어 교회가 제도적 위계적 경직성을 지니게 되었다면 이제는 과감하게 그러한 부정적인 요소를 벗어던지고 교회의 본래 모습인 사랑과 봉사라는 범주로 전환이 이루어져야 한다.

우리는 이러한 섬기는 교회의 모습을 마리아에게서 쉽게 찾을 수

---

32 이제민, 같은 책, 29.
33 강영옥, 같은 책, 161.

있다. 마리아의 '섬김의 모습'은 가나의 혼인잔치(요한 2장)에 잘 나타난다. 그녀의 진정한 관심은 '다른 사람이 무엇을 필요로 하는지', '무엇 때문에 고통 받고 있는지'에 관심을 두고 있음을 찾아 볼 수 있다. 바로 하느님에 대한 개방성과 창조적 순응성이 이웃에게 확대되었던 것이다. 마리아는 진정한 섬김의 의미를 알고 있었다.[34] 우리는 교회론과 병행하여 '직무'의 다변화 현상이 진척되기 시작했음을 간과할 수 없다. '봉사'의 기능을 구체적으로 보여 주는 대표적인 것이 직무이다. 이 직무들은 특수성과 일반성이라는 차이는 있지만 똑같은 은사의 형태로서 구원의 실체를 가시화·현실화해 나가는 봉사 기능을 가지고 있는 것이다. 이러한 맥락에서 제2차 바티칸공의회도 오늘날 교회가 활성화해야 할 부분으로 직무의 분담을 강조했다.[35] 그러므로 교회는 하느님 백성에 관한 폭넓은 의식을 가지고 신자들 모두가 부여받은 다양한 은사를 활성화함으로써 성령의 활동을 더욱 구체적으로 가시화·현실화하는 성사로서의 교회를 실현시켜야 한다. 그리고 중요한 것은 서로 다른 존재방식을 인정하도록 하는 상호성을 향해 나아가는 '섬김'이어야 하는 것이다. 지금도 교회의 현장 속에서는 여성에게 가부장제에서의 어머니와 아내의 역할만을 부단히 요구해오고 있다. 이제 교회는 여성을 동등한 인격과 파트너로서 인정하고 역할과 직무에서 나눔이 필요하다.

---

34 윤나미, "아시아 여성신학의 마리아 이해", (이화여자대학교 대학원, 1993), 80-81.
35 「교회헌장」 7항, 「평신도 교령」 3항.

나가며

마리아는 신학적, 인간학적 측면에서 교회와 여성의 소명을 읽을 수 있는 구체적인 모습이다. 또한 마리아는 '보편적 구원 성사'인 교회와 '하느님 백성'인 교회가 종말론적 완성을 향해 나가는데 있어 성사가 되고 있다. 제2차 바티칸 공의회 문헌은 교회를 '하느님 백성'에 관한 개방적이고 포괄적인 개념과 함께 역사적이고 인격적 공동체인 '보편적 구원 성사'로 보았다. 그러므로 우리 모두는 이 교회의 보편성 안에서 하느님의 은총과 구원의 일치에 참여할 수 있어야 한다. 이에 마리아는 신앙과 삶에 있어 탁월하고 독자적인 동정성과 모성으로 신자들에게 모범이 됨으로써 교회의 전형이요 원형이 되고 있다.

우리가 살고 있는 21세기는 지배가 아닌 '관계'를 맺을 수 있는 능력이 중시되고 있다. 즉 여성성의 지도력이 요청되는 시기이다. 이 시점에서 우리는 교회의 기능과 직무가 모성적이어야 한다는 것을 다시 상기하고자 한다. 권위와 위계의 수직적 모델이 아닌 배려와 돌봄의 수평적 모델로서 교회는 본연의 여성성을 되찾아 교회의 전체성을 보여주어야 한다. 현재 우리 사회와 교회는 그 어느 때보다도 여성성과 모성성이 결여되어 있으며 또한 우리 모두는 그것을 갈구하고 있다. 교회의 모델인 마리아 안에서 찾을 수 있는 이러한 여성성과 모성적인 모습은 상처 받은 세상의 모든 사람들에게 '온전한 인간성'을 회복하는 길이 될 것이다. 그러나 여기서 우리가 간과할 수 없는 것은 교회는 남녀로 구성되어 있다는 것이다. 따라서 교회의 여성적 상징은 남녀 모든 인간에게 해당되는 것임을 잊지 말아야 할 것이다.

참고문헌

강남순.『에큐메니칼 신학과 운동』. 대한기독교회협의회, 1999.
강영옥.「어머니 교회」,『열린교회를 꿈꾸며』. 바오로딸, 2004.
김정숙. "어머니에 대한 표상들: 제도와 이데올로기로서의 모성".「한국 여성 신학」60 (2005).
김혜란.『마리아론에 대한 여성신학적 연구』. 한신대학교, 1997.
김희남. "성삼위 안에서의 여성 영역".「신학전망」140 (2003).
러티 M. 러셀/손승희 옮김.『파트너쉽과 교육』. 현대사상사, 1982.
로즈마리 류터/이우정 편.『여성들을 위한 신학』. 한국신학연구소, 1985.
_____/손승희 옮김.『새 여성, 새 세계』. 현대사상사, 1980.
_____. *Woman-Church*. San Francisco: Harper and Row, 1985.
볼프강 바이너르트/심상태 옮김.『오늘을 위한 마리아론 입문』. 성바오로출판사, 1980.
박후버. "마리아의 동정성".「신학전망」35 (1976).
손승희. "전통적 교회론과 여성교회론". 한국여성신학회 엮음.『교회와 여성신학』. 대한 기독교서회, 1997.
심상태. "에큐메니칼 마리아론의 기본입장".「한국 그리스도 사상」12집 (2004).
_____.『제삼천년기의 한국교회와 신학』. 바오로딸, 2000.
_____. "가톨릭의 교회 일치적 마리아론".「사목」244 (1999).
_____. "마리아의 동정성".「사목」67 (1980).
_____. "교회헌장에서의 교회본질".「사목」52 (1977).
에버리 델레스/김기철 옮김.『교회의 모델』. 조명문화사, 1992.
엘리사벳, S. 피오렌자/김상분·황종렬 옮김.『동등자 제자직』. 분도출판사, 1997.
요셉 라찡거/장익 옮김.『그리스도 어제와 오늘』. 분도출판사, 1974.
위르겐 몰트만/차옥숭 옮김.『오늘의 신학 무엇인가』. 한국신학연구소, 1989.
이순성.『제삼천년기의 한국천주교회상』. 가톨릭출판사, 1998.
이우정.『여성신학의 이해』. 한국기독교교회협의회, 1987.
이제민.『교회-순결한 창녀』. 분도출판사, 1995.
_____. "해방의 하느님".「신학전망」93 (1991).
이혜승. "Letty M Russell의 여성신학교육론: '온전한 인간성'을 지향하는 교육". 이화여자

대학교 대학원, 1994.
조규만.『마리아, 은총의 어머니』. 가톨릭대학교출판부, 2002.
조진성.『여성신학적 에큐메니칼 신학의 전망: 교회교역을 중심으로』. 장로회신학대학, 2000.
죠르지오 고째리노/박영식 옮김.『그대의 어머니』. 가톨릭출판사, 2001.
최난경. "마리아론에 대한 여성신학적 접근". 이화여자대학교 대학원, 1990.
한국염. "모성과 마리아론". 이우정 선생 고희기념 논문 편찬위원회(편).『여성, 평화, 생명』. 경세원, 1993.

빙엔의 힐데가르트와 푸르름의 영성

유정원 로사

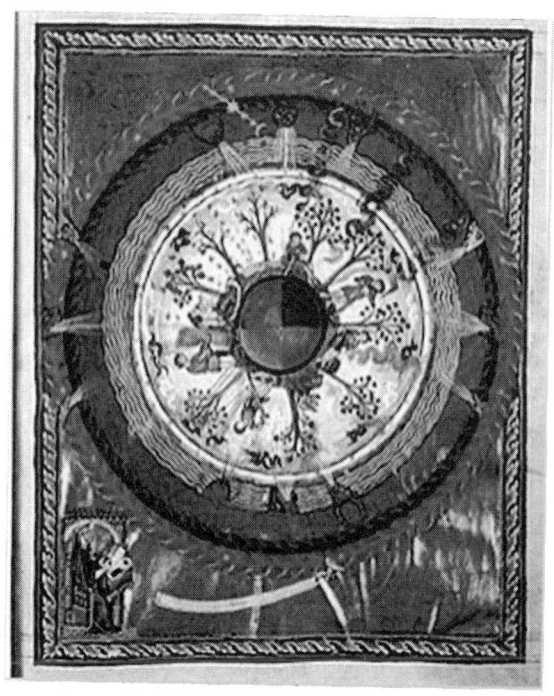

빙엔의 힐데가르트(1098-1179)

들어가며

생태 위기 시대에 본격적으로 들어선 최근 몇 십 년 사이에, 1000여 년 전에 살았던 독일 여성수도자인 빙엔의 힐데가르트(1098-1179)에 대한 관심이 여러 분야에서 대두되고 있다. 환경위기에 대처하려는 생태적 관심, 대안의학에 대한 관심, 종교에 대한 신비주의적이고 상징적인 관심, 여성주의적인 관심, 사회정의에 대한 예언자적 관심 등이 그것이다. 이런 측면에서 그녀는 과학-의학-종교-예술을 망라하는 독일의 위대한 첫 여성학자로 볼 수 있다. 그러나 그녀는 무엇보다 충실한 그리스도인이자 수도자로서 창조주 하느님과 그분의 피조물에 대한 깊고 따스한 통찰을 보여준다. 그녀의 창조영성이 담긴 시로 글을 연다.

땅은 어머니입니다.
땅은 모두의 어머니입니다.
모든 씨앗을
땅이 품고 있기 때문입니다.
인류의 땅은
온전한 촉촉함과
충만한 푸르름과
온갖 발아시키는 힘을 보듬고 있습니다.
땅은 아주 다채롭고 풍요로운 결실을 냅니다.
이는 진정
인간이 살아가는 토대일 뿐 아니라

하느님 아들의 실존까지 가능하게 했습니다.

I. 힐데가르트가 살던 시대

1098년에서 1179년까지 힐데가르트가 살던 시대의 교회와 사회는 날카로운 대립과 급격한 변화의 소용돌이 속에 있었다. 황제들과 교황이 권력을 놓고 맞서고 동서 교회가 갈라섰다. 교회가 세속 권력에 의존하고 종속되는 것에 반대하여 수도원 운동과 평신도 운동이 교회 개혁을 일으켰으며 1-2차 십자군전쟁이 벌어졌다.

당시는 농업 중심적 경제체제였다. 사람들은 자연환경에 따라서 모여 살거나 떨어진 개별농가에서 생활하였다. 인구가 급증하기 시작하자 나무를 밀어내어 개간지를 만들고 도로를 따라 촌락을 일구었다. 이 시기에 철로 만든 회전식 쟁기가 고안되어 땅을 더 효과적으로 경작할 수 있었다. 이미 오래 전부터 사용하던 물레방아가 12세기에는 독일 전역에 퍼졌다. 전쟁 때는 작위 없는 귀족 기사들이 출전하고, 농노들이 그 기사들의 농장에서 일하였다.

정치사회적 혼란과 대립 속에서 라인지역의 기근으로 많은 이가 굶주리던 그때에 다가오리라 믿었던 천년왕국을 위해 현세를 멀리하고 철저한 금욕과 고난을 강조하는 종교운동이 일어났으며 이들을 적그리스도로 낙인하는 종말론 신학이 등장하였다. 십자군 전쟁으로 이슬람 문화가 밀려왔으며 특히 1차 십자군전쟁 때(1096~1099년) 어린이와 농노와 일용노동자로 구성된 십자군이 이슬람 문화와 접촉하게 되었다.

이때부터 '종교가 곧 세계'이던 폐쇄적인 세계관이 해체되기 시작했다. 아리스토텔레스의 저작들이 유럽에 전파되고 대학들이 설립되자 수도원학교와 주교좌성당에서 운영하던 학교들이 위축되었다. 신학이 고유 학문으로 자리 잡으면서 성서주해는 쇠퇴했다. 학술분야에서는 스콜라학파가 발전하고 신비주의 영성이 퍼져나갔다. 많은 이가 활발한 지적 교류로 폭넓은 학문을 접하였고 대규모 편찬 작업이 이루어졌다.

이런 학문적 풍토 속에서 '타락과 구원'을 강조한 아우구스티누스 신학이 주류를 이루었으나 힐데가르트는 '창조 중심' 신학에 초점을 두었다. 자기성찰의 대가인 아우구스티누스는 '우주 그리스도'를 전혀 언급하지 않았으나 힐데가르트 사상의 중심은 '우주 그리스도'였다. 힐데가르트는 정규교육을 받지 못했지만 남성 주류의 스콜라 신학자들에게 주님의 선하심을 "포도주 맛보듯 맛들이라"라고 제안하였다. 또한 "창조주가 주신 오감을 통해 그분의 선한 뜻이 깃든 우주의 섭리에 눈뜨라"라고 조언하였다.

힐데가르트는 당대 신학과 사상이 보지 못한 차원과 지평을 열었다. 우주와 우주 그리스도를 신학 안으로 가져오고 인간이 지닌 신성과 창조성을 강조하였다. 모든 창조물과 인간의 관계에 주목하고 민족과 사회를 위한 실천적인 치유방식을 구원과 연결시켰다. 여성 고유의 경험과 상상과 신학 및 창조 영성을 제안하여 기존의 신학을 보완하려 하였다.

II. 생애

힐데가르트는 독일 라인강 유역의 신비가요 '창조영성의 어머니'라고 말할 수 있다. 그녀는 1098년 라인 헤센지방의 베르머스하임의 귀족집안 막내딸로 태어났다. 세살 때부터 특별한 '환시'를 보기 시작하고 여덟 살 때 우다(Uda)라는 과부에게 위탁되어 인간적이고 영성적인 교육과 양성을 받으며 봉헌된 삶을 살았다. 이어서 유타(Jutta)라는 베네딕도회 수녀에게 맡겨져 정식 수도자의 길을 걸었다. 당시에는 수도원이 한창 늘어나고 있어서 900년에 70개이던 것이 1250년에는 500개나 되었다.

소녀들은 수녀원에서만 읽고 쓰기를 배울 수 있었기에 힐데가르트도 유타에게서 성서 읽기와 시편 기도와 성가를 배우고 영적 독서 속에서 살았다. 일주일에 시편 전체를 기도했고 규칙적으로 성서를 통독했다. 교재가 부족했으나 끊임없는 기도의 반복으로 온종일 성서와 시편을 '입에 달고' 살았다. 성음악(聖音樂)도 그렇게 익혔다. 스스로 음을 붙여 시편을 노래하고 작곡도 익혀 성악극을 만들어 수녀원에서 공연을 하기도 했다. 나중에는 이웃 남자수도원 사무실과 도서관에서 독서와 연구를 했던 듯하다.

아울러 그녀는 자연을 아주 세밀하게 관찰하였다. 자기 영역을 지키고 새끼들을 낳아 키우는 동물의 세계를 깊이 관찰하고 분석하여 여성과 남성의 성을 분석하는 데 적용하기도 하였다.

유타가 죽은 1136년에 그녀는 급성장한 수도회의 장상으로 선출되었다. 1148년경에는 빙엔의 루퍼스 산 위에 수도원을 설립하고 1165년에는 아이빙엔에 수도원 지부를 세웠다. 많은 활동을 하면서도 끊임없이 명상에 몰두하였고 마흔 셋 무렵인 1141년에는 자신이 체험한 환시를 고백하고 기록하기 시작했다.

힐데가르트는 이를 통해 하느님의 모든 피조물에는 선함이 깃들어 있어서 우주-자연만물-인간이 서로 이어져 있고 인간의 몸과 영혼도 상호 결합되어 있다고 주장했다. 이런 관점에서 몸과 영혼, 자연과 사회에 소홀함 없이 많은 이들의 다채로운 관심과 질문에 응답하고 대화를 나누면서 그녀는 지혜와 영성을 꽃피워나갔다.

한편 힐데가르트는 수녀들의 영성체를 성서에 표현된 신랑 예수와 혼인하는 처녀들 모습으로 형상화시켰다. 이것이 '그리스도의 신부론'이다. 당시 수녀들은 한 달에 한 번 영성체를 했고 신부처럼 긴 흰색 드레스를 입고 장신구를 달고 머리에 금관을 쓰고 천상의 신랑에게 나아갔다. 미사 중 예수님과의 만남을 이렇게 형상화한 것을 다른 여자수도회에서 비판하였지만 힐데가르트는 여기에 성서적 근거가 있다고 대응했다.

III. 생태영성과 신학

빙엔의 힐데가르트는 1141년에 "네가 보는 것을 글로 적고 네가 듣는 것을 말하라!"라는 극적인 소리를 듣는다. 이를 거부하자 병에 걸려 드러눕게 되었다. 후에 그녀가 부르심에 응답한 뒤에야 건강을 회복하였고 그 후 10년간 『길의 조명』을 집필하였다. 이외에 다른 신학저술들, 77편의 시와 노래, 36점의 그림, 보석치료와 자연치료 의학서 외에도 당대의 정치인과 성직자와 신자들에게 보낸 올바른 삶에

빙엔의 힐데가르트(Közöépkori miniatúra). 그림 출처: https://hu.wikipedia.org/wiki/Bingeni_Szent_Hildeg%C3%A1rd.

대한 편지 300여 통을 남겼다.[1] 이를 통해 힐데가르트는 당대의 신학 사조와는 사뭇 다른 창조와 생태에 대한 신학과 영성을 전개하였다. 이 글에서는 이것을 천지인(天地人)의 범주로 구분하여 살펴보겠다.

1. 비리디타스 영성(天)

힐데가르트는 '비리디타스'(Viriditas) 영성을 말한다. 비리디타스는 초록 에너지, 초록 생명력을 뜻한다. 모든 유기체의 기본 구조와 창조

---

[1] 글 뒷부분에 신학과 자연학 저술을 소개하고 각 내용을 간략히 살펴본다.

물의 내적 자기 치유력을 뜻하며 하느님이 만드시고 하느님께로부터 오는 힘, 생명을 낳고 키우고 열매 맺게 하는 온갖 힘을 가리킨다. 힐데가르트는 사랑으로 감싸인 생명의 초록 창조력을 통하여 하느님이 세상을 초록빛으로 물들이신다고 말한다.

> 천지가 시작됐을 때 모든 피조물이 초록색으로 변했다(세계와 인간, 339).
> 오, 고귀한 초록은 태양에 뿌리내리고, 맑고 쾌활함 속에서 세속의 영광이 포착할 수 없는 원 안에서 빛난다. 천상 신비에 담긴 마음은 사랑의 힘에 안겨 새벽 동처럼 얼굴 붉히고 작열하는 태양처럼 타오른다. 초록, 그대는 사랑으로 둘러싸여 있구나(Sci III, 13. 357).

힐데가르트는 비리디타스를 가리키는 초록색 즉 창조주 하느님의 초록 손가락이 지혜와 깊이 연결되어 있다고 보았다. 그녀는 하느님이 우주와 만물을 창조하신 때뿐 아니라 창조 전후에도 지혜가 성령으로서 창조주와 함께하며 창조에 동참하였다고 강조하고 "창조주 하느님이 지혜를 가지고 창공을 만드셨으니 창공에 있는 태양과 달은 지혜의 장신구"라고 표현하였다.

> 지혜는 모든 피조물이 창조되기 이전부터 계셨고, 모든 것이 끝난 후에도 존재하였다.… 지혜의 성령께서는 사랑과 온유하심 속에서 모든 피조물을 자신의 형상대로 창조하셨다.… 지혜의 성령께서 모든 피조물의 시작과 끝을 내다보시어 모든 것을 완벽하게 창조하시고 당신께서 인도하셨다(세계와 인간, 302).

이는 잠언 1-9장에 나오는 창조주 하느님 곁에 머물면서 세상을 이끌어주는 지혜와 직결된다. 보호자인 지혜는 우리 마음속에 들어와 우리를 악의 길에서 구해주고 지켜준다. 이 지혜는 생명의 나무이자 창조의 맏이이고 하느님께 사랑받는 아이로서 하느님이 우주만물을 창조하실 때 함께 있으면서 창조에 적극 협조한 기능장이다. 지혜는 하느님과 인간과 만물 사이에서 슬기롭고 조화롭게 서로를 연결시키고 서로 깊은 관계를 맺고 있다고 알려준다.

이 지혜는 '누이'(7,4)요 예언자요 지혜부인이다. 여예언자인 지혜는 바깥, 광장, 법석대는 거리 모퉁이, 성문 어귀에서 "지혜에 네 귀를 기울이고 슬기에 네 마음을 모은다면… 그때에 너는 정의와 공정과 정직을, 모든 선한 길을 깨닫게 되리라"(2,2-9; 8,1-3)라고 가르친다. '지혜' 부인은 자기 집에 잔치를 벌이고 사람들을 초대하여 지혜에 대해 가르쳐준다(9,1-6). 즉, 공적 영역에서는 여예언자이자 교사 역할을, 사적 영역에서는 잔치집의 여주인이자 다정한 누이 역할을 한다.

힐데가르트의 생애와 가르침을 살펴보면 그녀 자신이 지혜의 역할을 하고 있다.[2] 그녀는 지혜부인처럼 당대 수도원들이 추구하던 고행 대신에 하느님이 창조하신 모든 생명의 건강함과 아름다움을 찬미한다. 그리고 이를 보존하는 생명의 길을 걸으라고 제안한다. 이런 지평에서 그녀는 사랑의 창조주 하느님을 도운 지혜의 영을 바라보게 한 여예언자였다.

한편 힐데가르트는 비리디타스 영성을 통해 초월과 내재의 통합

---

[2] 빙엔의 힐데가르트를 깊이 연구한 바바라 뉴만(Barbara Newman)은 힐데가르트의 신학을 다룬 저술 제목을 *Sister of Wisdom—St. Hildegard's Theology of The Reminine* (Berkeley and Los Angeles, California, Univ. of California Press, 1987)이라고 붙였다.

빙엔의 힐데가르트(Liber Divinorum Operum)

을 지향한다. 모든 것을 주재하는 하느님이 세상만물과 이어져 있다는 진실과 우리를 위해 육화하신 예수 그리스도를 깊이 받아들이게 해준다. 삼위일체 신앙에 근거한 이 관점은 온 우주 안에 하느님의 숨결이 들어있다고 말한다. 삼위가 하나이듯 모든 것이 일치하여 작용하길 열망한다. 한 처음에 창조의 근원이었고 육화로 드러난 이 사랑은 만물 안에서 다채롭게 움직이고, 창조 전체와 각 피조물을 완성으로 인도한다. '아버지의 심장을 호흡하는 가장 내적인 힘'인 사랑이 작용하기 때문이다.

하느님의 사랑은 이 세상의 힘과 아름다움뿐 아니라 이 세상을 총괄하는 인간의 신체적 구조와 관련된 요소들의 힘과 고결한 상징들을 적절하게 구분하고 지나침이나 모자람 없이 적용시킨다(세계와 인, 93).

하느님의 아들께서 육신을 입고 이 땅에 오심으로써 그 크신 사랑이 드러났기에 고결한 믿음의 부드러움이 이 세상 만물을 비추고 있다 (세계와 인간, 42).

힐데가르트는 예수 그리스도의 말씀도 초록 생명력을 드러냈다고 말한다. 성령은 초록 생명력을 지닌 영적 행위자, 세계의 원 안에서 초록 겉옷을 입은 하느님의 여성적 형상으로서 지혜와 사랑을 표현한다. 초록 중의 초록인 동정녀 마리아로부터 연초록 그리스도가 사람으로 나왔다. 이처럼 '천상 신비에 담긴 마음, 사랑의 힘, 하느님이 만들고 하느님으로부터 나오는 힘, 생명을 낳고 키우고 열매 맺게 하는 모든 힘'이 비리디타스에 있다.

2. 인간의 몸과 영혼의 일치를 긍정하다(人)

12~13세기 중세 수도공동체는 철저한 금욕생활을 추구했고 그 배후에는 아우구스티누스(354~430)의 신학이 자리 잡고 있었다. 이러한 양상은 토마스 아퀴나스(1224~1274)를 통해 제도교회 안에 계승되었다. 아우구스티누스는 위계적 이분법에 따라 '육체-지상(현세) 원리'를 천시하고 '영혼-천상 원리'를 우위에 놓고, 전자는 여성에게 후자는 남성에게 차등 적용하였다.[3] 후대의 토마스 아퀴나스는 하느님이 인간 몸으로 이 세상에 오신 것을 인간이 원죄를 저지른 결과라 보

---

3 메리 T. 말로운/유정원·박경선 옮김, 『여성과 그리스도교 1』(바오로딸출판사, 2008), 208-211 참조. "육체적 성인 여성은 하느님 모상대로 창조되지 않았다. 여성은 남성과 함께 있을 때만 하느님의 모상이다"(216).

앉고 아우구스티누스와 마찬가지로 육체와 여성을 천시하였다. 이런 교회의 가르침 때문에 그리스도교의 수도원에서는 계속 인간의 몸을 영혼의 감옥으로 바라보았다.

그러나 힐데가르트는 주류 신학과 달리 인간의 몸을 긍정한다. 건강한 몸과 영혼을 유지하는 일이야말로 하느님의 창조의지를 따르는 삶이다. 창조주 하느님과 지혜의 성령이 인간의 몸과 세상을 긍정하고 품고 있다는 육화영성을 강조하는 것이다.

> 심장은 영혼의 지혜가 머무르는 곳이다. 아버지가 집안의 모든 일을 결정하듯이 영혼은 지혜를 통해 모든 것을 고려하고 조정한다(세계와 인간, 159).
> 창조는 지혜(곧 하느님)의 옷이니 이는 인간이 자기가 입고 있는 옷을 알아보듯이, 그 업적을 드러나게 하기 위함이시다(세계와 인간, 321).

창조의 지혜이신 하느님이 육체를 사랑하신 것처럼 인간 영혼도 자신의 육체를 사랑해야 할 것이다. 힐데가르트는 특별히 세상에 육화하신 예수 그리스도가 몸을 긍정하도록 도와주는 절대적 근거이자 육화 영성의 토대이며, "최후심판 때 육신이 부활한다"라는 교회 가르침 역시 몸을 긍정하는 토대라고 강조한다.

그러나 당대 교회의 흐름을 따랐던 수도원장 유타는 고행으로 자기성화를 추구했기에 힐데가르트를 반박했다. 유타뿐 아니라 디지보덴베르크 수도원 수도자들 대다수가 그랬다. 후임 수도원장이 된 힐데가르트에게 『유타 전기』를 쓰게 하고 디지보덴베르크 수도원을 엄격한 금욕전통을 잇는 은수자 공동체로 지속시키려던 동료 수도자들은 힐데가르트와 계속 마찰을 빚을 수밖에 없었다. 그러나 그녀는 굽힘없이 몸과 영혼의 조화를 강조한다.

> 우리 몸은 영혼을 숨기는 옷이며 영혼은 그 활동을 통해 육신을 섬긴다. 우리 몸은 영혼 없는 빈껍데기이며 영혼은 몸이 없으면 아무것도 할 수 없다(세계와 인간, 220).
> 영혼은 육체를 통해 선하고 거룩한 일을 성취한다(세계와 인간, 156).
> 영혼은 육체와 합의를 통해 하늘의 새처럼 천국으로 날아오른다(세계와 인간, 170).
> 이 땅이 공기 속에 있듯이, 벌집이 꿀 속에 있듯이, 영혼은 몸속에 있다(세계와 인간, 176).

인간은 영혼과 이성만이 아니라 몸의 감각을 통해 창조주의 뜻을 알 수 있음을 힐데가르트는 색과 소리와 상징으로 설명하였다. 건강은 초록 생명력과 다시 연결되는 것이다. 인간은 자연 및 우주와 대화하여 전체적인 내적 질서와 조화와 균형을 이룰 때 건강해진다.

3. 세상을 긍정하다(地)

힐데가르트는 인간이 몸과 영혼의 일치를 이루고 있는 동시에 머리부터 발끝까지 우주와 뗄 수 없이 결합되어 있다고 보았다. 이것은 식물과 광물도 마찬가지다. 따라서 그녀는 하느님 말씀을 담고 있는 모든 피조물을 긍정하고 존중하지 않을 수 없었다. 하느님이 창조하신 세상은 그분의 광채로 빛나고 있기에 세상과 만물 안에서 그분을 볼 수 있다고 믿었다. 이런 연유로 그녀는 세상을 보고 관찰하며 만물을 사랑할 때 하느님의 신비에 다가간다고 확신하였다.

> 나는 물속에서도 빛을 발하며 태양과 달과 별 속에서 불타느니라. 산들바람은 모든 것을 품고 있는 보이지 않는 생명이니, 이 바람으로 나는 모든 것에 생명을 불어넣는다. 초목이 녹색으로 변하고 꽃이 피며 살아날 때 공기는 생명을 얻는다. 물은 마치 생명이 있는 것처럼 흐른다. 태양은 그 빛 속에 살고 있고 달은 그 빛으로 반짝인다(세계와 인간, 29).
>
> 모든 살아있는 피조물은 주의 찬란한 빛을 받아 생기를 띤다. 이 생기는 태양이 내뿜는 빛처럼 주 안에서 솟아난다.… 그렇기에 식물이건 씨앗이건 꽃봉오리건 이 세상에 빛을 발하지 않는 피조물은 존재하지 않으며, 만약 그 빛이 없다면 그것은 주께서 창조하신 것이 아니다 (세계와 인간, 136-137).

힐데가르트는 대우주의 전체 생태를 인간 안에서 통찰한다. 대우주는 인간 안의 소우주와 상응한다. 우주와 사람은 같은 질서 안에 있다. 사람을 알 때 세상을 알 수 있고 스스로 우주와 연계되어 있음을 통찰할 때 인간은 자기 내면의 신비를 엿볼 수 있다.

주를 믿는 자는 세상이 안정되어 있다는 것에 감사할 것이다. 태양과 달의 궤도, 바람과 공기, 땅과 물, 주께서는 인간을 보호하고 존중하기 위해 모든 것을 창조하셨다. 우리에게는 이 외에는 어떤 발판도 없다(세계와 인간, 76).

땅은 사람의 살을 이룬다. 땅은 마치 어머니가 아이에게 젖을 먹이듯 자신의 즙으로 사람을 먹인다. (창조주의) 입김이 불꽃을 불어넣으시자 땅이 살아있는 사람으로 일어섰다(Sci. 150).

언뜻 보면 창조주가 인간을 위해서 우주와 세상을 만드셨다고 착각할 수 있다. 실제로 창세기 1장 27-31절 "땅을 정복하여라"를 오해한 그리스도교와 인류 역사가 그런 착각으로 파괴와 착취를 부추기고 일삼아왔다.[4] 그러나 힐데가르트는 인간중심주의적인 자연지배 관점을 뛰어넘어 분명하고 단호하게 인간은 세상에 던져진 존재에 불과할 뿐이라고 확언한다.

인간은 이 세상이라는 집을 벗어나면 생존할 수도, 하느님의 현존과 선함과 치유의 손길을 경험할 수도 없다. 따라서 인간이 자기 생명의 토대인 세상을 돌보지 않는 것은, 신앙적으로는 창조주를 멀리하는 것이고 실존적으로는 자신의 몸과 존재를 부정하는 것이다.

4. 하늘-세상-인간(天地人)의 조화를 추구하다

힐데가르트는 하늘과 세상과 인간이 조화를 이루고 있으나, 이를 유지하려면 인간의 노력이 필요하다고 말한다. 이 조화를 잃으면 인

---

[4] 린 화이트(Lynn White Jr.)가 50여 년 전에 자신의 논문("The Historical Roots of our Ecological Crisis," *Science 155*, 1967, 1203-1207)에서 이점을 지적하고, 그리스도교가 생태 위기상황을 주도해왔다고 밝혔다.

간은 건강을 잃기에, 하느님과 자연만물 속에서 건강하게 살기 위한 길을 추구해야 한다. 이 지평에서 그녀는 예술과 영성 사이의 근본적인 연결을 간파하였다. 그리하여 만다라를 통해 창조-우주-인간을 표현하고 음악을 통해 원초적인 조화를 밝히고 있다.

힐데가르트는 우주를 형성하는 "기본음악"이 있고 세계는 소리와 음을 지닌 채 창조되었다고 자주 말한다. 그러므로 모든 사람은 각자 내면에서 울리는 소리에 귀 기울여 자신만의 '기본음'을 알아내야 한다. 이렇게 알아낸 고유음을 조화로운 전체 교향곡에 풀어내면 더 큰 전체 질서가 펼쳐진다. 어떤 음도 고립됨 없이 화음을 이루면서 생동하는 균형을 유지한다. 그녀에게 세상은 조화를 이룬 전체이고 하느님께서 태초부터 서로 대화하는 기본 틀과 법칙을 세상에 부여하셨다고 말한다.

> 인간의 영혼은 내부에 듣기 좋은 음향을 지니고 있고 이 소리는 스스로 울린다.[5]
> 하느님은 모든 창조물에 찬미하며 울리는 하모니로 생명의 숨을 불어 넣어 주었다.
> 노래는 완고한 마음을 부드럽게 해준다. 회한의 눈물을 흐르게 하고 성령이 옆에 오시도록 부른다(Sci. 356).

힐데가르트는 본래부터 하늘-세상-인간은 음악을 통해 조화와 질서와 균형을 이루고 있지만 인간이 이것을 깨뜨릴 수 있다고 보았

---

[5] 여기 출처를 표기하지 않는 인용문들은 음악과 시의 대모음집인 「천상 계시 조화의 교향」 속에 나온다.

다. 그리하여 인간이 어떤 마음가짐으로 행동하고 살아야 하는지를 용기 있게 선포한다.

그녀는 특히 '덕'과 '정도'(正道)에 대해 말한다. 덕은 인간의 노력으로 생기는 것이 아니라 하느님이 주시는 은총의 선물이다. 또 인간은 사회생활을 통해 바른길을 파악해야 한다. 내면의 소리를 귀담아 듣고 더 큰 전체 안에서 자신의 자리를 인지할 때 인간은 그 길을 알 수 있다. 이처럼 인간은 하느님의 도우심으로 세상과 소통하고 어울리도록 창조되었다.

또한 이러한 진실을 꿰뚫어보는 '식별' 과정이 필요하다. 식별이야말로 전체 질서 안에서 자기 자리를 보고 내적 창조질서를 발견하는 '모든 덕의 어머니'(서한집 99, Sci. 252)다. 식별은 알찬 것을 택하고 쭉정이를 버리게 하여 지혜로운 판단과 믿음을 통해 성숙하고 조화로운 존재로 살아가게 한다.

> 식별은 하느님 자비의 밝게 빛나는 구름으로부터 인간 정신 안으로 들어가 인식하게 하고 밝혀주는 하느님의 선하신 밝은 빛이다(Sci. 261).
> 하느님이 수없이 다양한 창조물의 관계를 바르게 고려하며 일하시듯 인간도 식별의 힘으로 자신의 모든 행위를 충분히 들여다보아야 한다 (Sci. 262).

특히 힐데가르트는 몸과 영혼의 치료를 하나로 보았기에 식별은 영혼뿐 아니라 육체의 욕구를 제대로 충족시키고 살아가는지를 성찰하게 한다. 따라서 제대로 식별하는 사람은 하느님과 관계하든 세상

속에서 이웃들과 인연을 맺는 몸과 정신-영혼에 생명력이 넘치고 조화를 간직하고 있다.

인간이 적절한 영양 상태를 유지하면 행동도 밝아지고 다른 이들과 잘 교류한다. 자기 몸을 분별없이 과도한 금욕으로 해치면 늘 분노를 터뜨린다. 이 모든 것에서 너는 '좋은 땅'이다(HK 280).
음식은 심신이 상쾌해질 정도로 적당히 섭취해야 한다. 영혼이 기쁨을 잃지 않도록(HK 280).
서로 친절하고 정감 있게 대화할 때 이웃과 인간적인 것을 나눌 수 있다(HK 281).

IV. 힐데가르트 사상의 현대적 의미

1. 예언자적 생태영성

힐데가르트는 신비가이자 예언자다. 그녀는 의식적으로 자신을 예언자로 보고 자기 작품을 예언자의 작품으로 생각한 듯하다. 그녀는 특권계층을 자극하고 자기만족에 빠진 이들을 혼란에 빠뜨린 반면, 억압받는 이들과는 깊은 공감대를 이루고 더 큰 정의를 실현하고자 했다. 그녀는 종종 자신의 예언자적 기질을 종말론적 예언자인 에제키엘과 비교했다. 에제키엘이 상징을 사용하여 당시 유대교의 부패를 폭로하고 공격했기 때문이다.
힐데가르트는 정의 및 우주의 조화와 균형을 자기 작품의 주제로 삼았다. 물론 그녀가 전 인류에게 예언자 역할을 했다고 단언하기는 어렵다.6 그러나 그녀는 남성 지배적인 교회 및 사회 안에서 정신적, 정치적, 영적으로 살아남기 위해 투쟁하면서도 동료 수녀들을 저버리지 않았다. 그녀는 마리아와 우술라 찬미가를 남성화된 신성을 위한 노래보다 훨씬 더 많이 만들었고 여성에게 보낸 편지가 남성에게 보낸 것보다 훨씬 길고 인간적이며 친밀하다.

힐데가르트는 인류의 도덕적 책임감을 강조하였다. 그녀는 지구에 상처를 입혀선 안된다고, 절대 지구를 파괴해선 안 된다고 외쳤다. 또 창조는 정의를 필요로 하기 때문에 자연에 대한 불의와 무관심의 죄는 인류에게 가혹한 시련을 안겨줄 것이라 경고하였다.

2. 통합의 지평 추구: 예술-과학-종교의 통합

힐데가르트는 예술-과학-종교의 삼위일체를 지향하였다. 자연과 사랑에 빠지고 창조를 통한 신성의 현현에 매료된 그녀는 당시 최고 학자들의 지식을 모아 백과사전을 만들고(이전에는 어떤 백과사전도 없었다), 과학적으로 우주 형태와 구성요소를 탐구하여 기도-영성-예술을 통합시켰다. 특별히 인간을 하느님의 악기로 보고, 성령의 음악이 우리 인간을 통해 연주된다는 확신을 자신의 작품에 담아내었다.

그녀는 당대의 신학 및 교육 방법론에도 도전하였다. 지성과 좌뇌만으로 신학을 연구하는 것이 불가능하다고 생각한 그녀는 심상, 만

---

6 그녀의 작품을 접한 이들 가운데는 힐데가르트가 지극히 폭력적이었던 제2차 십자군 파병 요청에 더 저항했다면, 언어를 사용할 때 반유태주의적인 언어에 더 민감하게 반응했다면, 그녀가 비판했던 부패와 억압의 제도적이고 구조적인 원인에 더 주목했다면, 여성을 억압하는 언어의 성행에 좀 더 저항했다면 좋았겠다고 아쉬워할 수 있다.

다라, 시, 음악, 드라마에 심취하여 이것들을 배우고 가르쳤다. 이러한 교육관은 오늘날 유아교육에 적용되고 있으며 남녀노소 모두에게 통용되는 대중교육방식이 되었다.

이처럼 예술을 교육에 활용한 힐데가르트는 자신의 깨달음과 지평 속으로 우리를 초대한다. 그녀는 인간 삶이 여행이나 모험과 같다고 통찰하고 내적 거룩함을 다채롭게 표현하면서, 하느님이 창조하신 만물의 아름다움과 내적인 신성을 현대를 살아가는 우리도 느끼고 맛보며 찬미하라고 부른다.

이점에서 그녀가 추구한 심리학은 자기 문제와만 대면하는 방식이 아닌 소우주와 대우주의 만남으로 개방시킨다. 우리는 우주 안에 있고 우주는 우리 안에 있다. 그녀는 이 내적이고 심리적인 지평에 만다라, 드라마, 음악, 시 같은 예술을 적용하고, 이것들을 통해 영혼과 우주를 체험할 때에 온전한 치유가 이루어진다고 확신하였다.

힐데가르트는 세계종교일치에 대한 안목도 가지고 있었다. 라인지역에 정착했던 켈트족은 영성적으로 힌두교와 아주 밀접하고, 힐데가르트의 '우주지도'(maps of cosmos)와 같은 만다라를 즐겼다. 이것은 의식을 자유롭고 온전하게 일치시키고 태초 의식인 인간과 우주, 소우주와 대우주를 만나게 해준다. 힌두교의 우파니샤드에 나오는 "하느님은 가장 작으시지만 가장 크시고 아니 계시는 데 없이 어디나 계시며 우리 마음 속 은밀한 곳에도 계십니다"라는 사상을, 힐데가르트는 자신의 창조영성을 통해 표현하였던 것이다.7

---

7 정호경, 『정호경 신부의 우파니샤드 읽기: 인도의 옛 지혜』 (햇빛출판사, 2000), 45. 가톨릭 사제인 정호경은 궁극적 실재를 뜻하는 힌두교의 '브라흐만'을 그리스도교의 유일신인 '하느님'으로 번역하였다.

3. 온전한 여성성 통찰

힐데가르트는 가부장적 문화와 남성중심 교회 안에서 자신의 고통과 경험에서 나온 여성적 지혜와 선물을 밝히고, 여성성에 대해 충분히 성찰하고 기록한 최초의 중세 여성이다. 그녀는 충실한 수도자였지만 정치사회적 활동을 꾸준히 전개한 여성으로서 당대 생활양식 안에서는 찾아볼 수 없던 파격적 여성이었다.

힐데가르트는 재능을 감추고 목소리를 낮춰야 하는 현실 때문에 자주 아팠던 체험과 동시에 공동체를 위해 자신의 환시를 집필하기로 결정하자 건강과 힘을 회복한 체험을 밝힌다. 이를 토대로 오늘날 여성에게 온전한 자신이 되어 가정과 사회에 도움을 주고 여성으로서의 체험을 당당히 표현하는 사람이 되라고 도전한다.

그녀는 남성과 여성은 생리적으로 달라도 하느님 창조사업의 동반자로서 동등하다고 가르친다. 결혼은 하느님이 씨를 뿌리고 가꾸시지만 남녀가 함께 경작해야 할 사랑의 정원과 같다. 성적 사랑을 통해 부부는 바람과 공기가 하나이듯 하나의 존재로 결합한다.

> 남자와 여자는 떼려 해도 뗄 수 없는 관계이며, 한 쌍으로서 완전한 존재가 된다. 여자 없이 남자는 남자라 불릴 수 없을 것이며, 남자 없이는 여자도 여자라 불릴 수 없으리라. 여자는 남자에게서 왔으며, 남자는 여자에게 유일한 싹이기 때문이다. 남자와 여자는 어느 한 쪽 없이는 살아갈 수 없다(세계와 인간, 187).

나가며

힐데가르트는 교회와 세속국가들 간의 권력 다툼과, 십자군 전쟁으로 인한 그리스도교와 이슬람교의 분쟁 및 종교-문화적 혼란 속에서 살았다. 이러한 갈등으로 많은 이가 폭력과 고통에 시달리던 세상에서 모든 사람을 창조주 하느님의 생명력 안으로 모이게 하고 다채로운 방식으로 치유와 돌봄을 펼쳤던 여성 지도자다.

그녀는 우주만물을 창조한 하느님과 우리의 깊은 연결을 놓치지 말고 기억하라고 초대한다. 그리하여 하느님과 인간, 자연과 문명, 남자와 여자, 교회와 세속을 차별하고 우열을 매기는 어리석음에서 벗어나 대우주 안의 소우주, 푸르른 생명 안의 건강하고 조화로운 삶을 살아가라고 조언한다. 그녀의 생태 영성적 삶은 다음 네 가지로 요약된다.

① 비리디타스는 하느님 손길에서 나오는 초록 생명력으로서 이를 통해 인간과 자연에 당신 숨결과 영을 전해주신다.
② 육체-정신-영혼의 건강은 하느님-우주만물의 조화로운 관계에서 온다. 따라서 전체 생명세계 및 자신의 건강을 지키는 것이야말로 하느님께 봉헌할 으뜸 가치요 덕목이다.
③ 남녀는 서로를 필요로 한다. 함께 살면서 여성은 용기와 강인함이라는 남성적 요소를, 남성은 아름다움과 자비라는 여성적 요소를 성숙시킬 때 온전한 인간이 된다.
④ 현명한 절제와 지혜를 추구하며 살아야 한다. 이는 우주와 생명의 질서에 따라 탐욕을 버리고 소박하고 책임감 있게 사는 것이다.

힐데가르트의 기도로 글을 마무리한다.

사랑하올 하느님,
들판에 온갖 빛깔로 장미와 백합을 심으셨듯이
제 가슴에도 온갖 덕의 꽃을 심어주소서.
그 꽃에 거룩하신 당신 영의 물을 뿌려주소서.
어쩌다 가시덤불이나 독초가 돋아나거든 뿌리뽑아주소서.
제 가슴에 심으신 온갖 덕의 꽃을 더 어여쁘게 하시려
가지를 치거나 잘라버리신대도 좋습니다.
마침내 꽃씨들이 다른 영혼들에 날아가
당신만이 주실 수 있는 아름다움을 나누게 하소서."

참고문헌

메리 말로운, 『여성과 그리스도교』, 1-3, 유정원·안은경 옮김, 바오로딸, 2008-2012.
정홍규, 『빙엔의 힐데가르트』, 푸른평화, 2004.
힐데가르트 폰 빙엔, 『세계와 인간: 하느님의 말씀을 담은 책』, 이나경 옮김, 올댓컨텐츠, 2011.
유정원, "빙엔의 힐데가르트와 아씨시의 프란치스코의 생태영성", 「원불교사상과 종교문화」 62집 (2014. 12), 273-297.
Newman, Barbara, *Sister of Wisdom-St. Hildegard's Theology of The Reminine*, Berkeley and Los Angeles, California, Univ. of California Press, 1987.

빙엔의 힐데가르트 연표

1098년	라인 헤센지방의 베르머스하임의 귀족집안 막내딸(열 번째)로 태어남
1100년	세살 때부터 특별한 '환시'를 보기 시작
1105년	여덟 살 때 우다(Uda)라는 과부에게 위탁되어 인간적-영성적 교육과 양성을 받으며 봉헌생활을 하다가 유타(Jutta)라는 베네딕도회 수녀에게 맡겨져 정식 수도생활 시작
1112-1115년	평생 수도생활 결심하고 밤베르크의 주교인 오토의 집전으로 베네딕도 수도원 입회
1136년	수도원장으로 선출됨
1141년	42세 7개월이 되었을 때 하늘의 새로운 계시를 받음
1141-1150년	『길의 조명(照明)』(Scivias) 집필
1148년경	루페르츠베르크 수녀원 설립. 역사상 최초의 수녀원으로 기록.
1150-1160년	『원인과 치료』(Causa et curae), 『자연학』(Physica) 집필
1158-1163년	『책임있는 인간』(Liber Vitae Meritorum[LVM]) 집필
1165년	아이빙겐 수도원을 설립함
1165-1174년	『세계와 인간』(Leber divinorum operum) 집필
1179년 9월 17일	선종(82세)
2012년 5월 10일	시성. 축일은 9월 17일

힐데가르트 주요 저서와 그 내용

1) 신학 저술
『길의 조명(照明)』(Scivias): 1141-50년 집필

    26가지 비전을 담고 있으며 세권으로 나뉘어 있다. 책 머리말에 "하느님이 원하시는 바처럼 누구나 갈 수 있는 장소에서 깨어있고 의식이 있는 상태, 투명한 이성의 상태에서 내적인 인간의 눈과 귀로" 환시를 받았다고 밝힌다. 교리교육용으로 구성된 이 책은 한 장면의 그림에 다양한 의미를 담아 표현하고 의미를 해석해놓았다(마우라 뵉클러 역, 잘쯔부르크, 1954)(Wissen die Wege, ins Deutsche bertragung von Maura Bckler, Salzburg, 1954).

『책임있는 인간』(Liber Vitae Meritorum)(LVM): 1158-63년 집필

여섯 장으로 나누어 윤리에 대해 다룬다. 덕(Tugend)과 악덕(Laster)이 35가지씩 등장하여 서로 말하고 싸우는 극(劇) 형식이다. 인간이 창조와 세상을 형성하는 데 동참하는 것은 언제나 순간일 뿐이다. 그러니 자신이 처한 찰나의 결정이 중요하다. 인간은 매순간 악덕과 덕, 창조의 진전과 파괴 중에서 결정해야 한다. 이 내용은 "성덕의 열"(Orde virtutum)이라는 음악극에도 나온다(하인리히 쉬퍼게스 역, 잘쯔부르크, 1972)(der Mensch in der Verantwortung, bertragen von Heirich Schipperges, Salzburg, 1972).

『세계와 인간』(*Leber divinorum operum*): 1165-1174 집필

힐데가르트의 '세계론'이자 '우주론'으로, 세계와 인간 안에서 일하시는 하느님에 대한 열 개의 비전과 설명이 담겨있다. 첫 비전에는 우주와 결합된 존재, 즉 소우주로 존재하는 인간이 나온다. 인간은 창조력을 지니며, 우주 및 창조와의 관계에 책임이 있다. 이어진 아홉 개 장에서는 인간의 과제와 구원, 인간과 창조의 상호의존성을 밝힌다(하인리히 쉬퍼게스 역, 잘쯔부르크 1965)(*Welt und Mensch*, bertragen von Heirich Schipperges, Salzburg, 1965).

2) 자연학 저술

자연과 치료를 담은 저술은 환시를 기록한 것이 아니라, 기존 지식들을 모으고 자신이 관찰한 것을 1150-60년 사이에 정리한 것이다. 창조신학에 따른 자연학과 자신의 신학에 근거한 치료법이 나온다.

『원인과 치료』(*Causa et curae*)

힐데가르트는 전인적 치료를 말한다. 고대로부터 전해온 수도원의 치료법뿐 아니라 민간의학을 수용하고, 치료-예방-섭생을 위해서 민간의학을 체계화했다. 치료를 위한 약뿐 아니라 성과 임신 분만, 심리적 질병 증상, 건강한 생활방식과 의사의 직업관에 대한 내용을 종합적으로 다루고 있다.

창조와 우주론으로 이 책을 풀어나간 힐데가르트는 "하느님은 우주와 창조질서 안에서 인간을 완성하고 구원하려 하신다"고 밝힌다. 병이란 창조주가 원하는 기능의 고갈과 '창조의 소진(消盡)'을 뜻하고, 치유는 '재창조'를 의미한다. 건강하든 아프든 인간은 창조와 대화한다(하인리히 쉬퍼게스 역, 잘쯔부르크 1957) (*Heilkunde*(치료법), bertragen von Heirich Schipperges, Salzburg, 1957).

『자연학』(*Physica*)

이 책은 자연을 아주 정확하고 세밀하게 관찰한 기록이다. 그 시대 나에강, 글란강, 라인강에 사는 전체 어류뿐 아니라 민간지식을 담았다. 식물과 돌(보석, 준보석), 조류 및 여러 동물을 다루고, 마지막에는 금속의 생성에 대해 서술하였다. 힐데가르트는 창조의 시작부터 자연학이 출발했다고 본 듯하다(페터 리-테 역, 잘쯔부르크, 1959)(*Naturkunde*, bertragen von Peter Riethe, Salzburg, 1959).

빛으로 세상을 밝힌 여성,
아시시의 성 클라라

허귀희 글라라

아시시의 성 클라라(1194-1253)

들어가는 말

하느님을 향한 사랑, 그분의 신비에게로 나아가고자 하는 인간의 갈망은 인류 역사의 긴 시간을 통해 위대한 성인들을 배출했다. 그중 한 분이 첫 프란치스칸 여성으로서 평생을 이태리 아시시의 작은 봉쇄에서 살며 중세에 최초로 교황으로부터 여성을 위한 인준 받은 회칙을 쓰셨던 아시시의 성 클라라(1193/1194~1253)이다. 오랜 세월동안 성 클라라의 영성적 의미는 자주 성 프란치스코와의 관계 안에서 다루어졌다. 즉, 그녀가 이룬 많은 업적들은 자주 성 프란치스코의 영적 가치와 얼마나 닮아 있는지에만 더 많은 초점을 두는 경향이 있었다. 다행히 성 클라라 탄생 800주년을 지나면서 그녀가 프란치스칸 영성에 있어 성 프란치스코와 함께 공동 창립자의 자리를 차지하고 있다는 사실을 점진적으로 인식하기 시작했다. 그래서 탄생 800주년 이후 클라라 성녀의 고유하고 독창적인 영적 여정에 더욱 주목하게 되었고 이러한 관심의 결과는 그녀에 대한 많은 연구를 낳게 되었다. 암스트롱은 "클라라를 더 깊이 연구하여 보면 그녀는 더욱 강하고, 더욱 신념에 찬 인물이며, 더욱 영웅적인 여성으로 드러난다"[1]고 한다.

현대 여성의 관점에서 볼 때 성 클라라가 시성이 되기까지 걸린 시간은 놀라움을 주는데 그 이유는 성녀 사후 시성이 되기까지 걸린 시간이 2년 밖에 되지 않기 때문이다. 당시의 교황 인노첸시오 4세는 성 클라라가 돌아가시기 몇 일전 아시시의 산 다미아노 수녀원에 있던 그녀를 방문하였고 그녀가 돌아가시자(8월11일) 그 다음 날, 교황은

---

[1] R. J. Armstrong O.F.M. Cap, "초기 문헌에서 본 아시시의 클라라", 「프란치스칸 삶과 사상」 제16호(2001 봄), 148.

아시시에서 클라라의 장례식을 거행한 후 그로부터 두 달 후 클라라에 대한 시성조사를 진행했기 때문이다. 교회가 여성을 그 정도 빠른 속도로 시성을 시킨 예는 흔치 않다. 교회 역사상 처음으로 그리스도의 오상을 받아 '제2의 그리스도'라고 일컬어지는 성 프란치스코도 사후 2년 만에 시성이 되었다는 것을 감안한다면 이것은 참으로 파격적인 것이다. 시성교서는 "클라라, 그대의 엄청난 경이로운 행위들은 그리스도인들에게 그대를 알려주었도다"(시성교서 3)라고 천명하며 그녀가 그 시대의 어둠을 밝혀주는 '빛'의 길잡이가 되었음을 말하고 있다. 중세의 남성주의 시대에 살았던 성 클라라가 사후 2년 만에 시성이 된 이러한 사실은 보통의 거룩한 남성보다 몇 배나 뛰어난 그 무엇이 있었을 것이다. 바로 뛰어난 그 무엇이 오늘날 교회가 찾아야 할 그녀만이 지닌 보물일 것이다.

이 글은 성 클라라를 세 가지 의미에서 '빛으로 세상을 밝힌 여성'으로 소개하고자 한다. 먼저 그녀의 이름이 '빛'(light)의 의미를 담고 있는데 이는 존재적 빛의 의미로 생애와 시대적 배경을 본다. 두 번째 당대의 교황문헌 중 시적으로 매우 우아하다고 전해진 성 클라라의 시성교서 "Clara claris praeclara"(클라라, 빛나는 공적으로 찬란히 비추는)에서 '빛'이라는 단어를 교회의 어느 시성교서보다 아주 많이 사용하고 있다.[2] 봉쇄 안에 살았던 클라라의 영성적 삶이 지닌 빛의 의미를 프라하의 성 아녜스와 주고받은 편지를 통해 알아본다. 세 번째 성 클라라 전기 서언에서 그 시대의 '새로운 여성 지도자'라고 칭하고

---

[2] 성 클라라의 시성문서를 작성한 저자는 클라라라는 단어를 기교 있게 구사해 내는 매우 훌륭한 시인이라고도 볼 수 있는데 무려 열아홉 개의 상이한 단어들은 빛의 형상을 표현하는데 사용되었다고 한다. 「프란치스칸 삶과 사상」 제3호, 1993, 성녀 클라라 탄생 800주년 기념 특집호, 147.

있는 그녀의 리더십을 알아본다. 마지막으로 어두운 중세시대에 빛으로 살고, 빛이신 하느님께로 사람들을 이끌어 간 햇불이었던 클라라가 우리에게 남겨 준 영적 유산의 현대적 의미를 찾아본다.

I. 성 클라라의 생애와 시대

아시시의 성 클라라(원명 Chiara Offreducio)는 1194년 이태리 움브리아 지방 아시시의 오래된 귀족이었고 기사 가문에 속했던 오프레두치오 가문에서 태어났다. 클라라는 모태에서 주님의 부르심을 받은 예레미야 예언자처럼(예레 1,4), 어머니 오르똘라나의 모태에서부터 주님의 부르심을 받았다. 그녀의 어머니 오르똘라나(Ortolana)가 클라라를 임신하였을 때 아이의 순산을 위해 성지 순례를 떠났다. 아뿔리아(Apulia) 지방의 몬테 갈가노 산위에 있는 성 미카엘 성당에서 오르똘라나가 십자가 앞에서 순산을 위해 기도를 드리던 중, 갑자기 십자가에서 "여인아, 겁내지 마라. 그대는 세상을 비출 밝은 빛을 낳으리라"[3](시성증언 3,5)라는 예언을 받았다. 그 순례의 길에서 돌아온 어머니는 태어난 아이의 이름을 "밝고 영롱한 빛"이라는 의미로 '클라라'[4]로 지었다.

클라라는 빛나는 지성과 미모를 겸한 여성으로 알려져 있다. 시성 조사 중인 베르나르도경은 클라라가 아주 예뻤기 때문에 많은 남성들

---

[3] R.J. Armstrong O.F.M. Cap, "초기 문헌에서 본 아시시의 클라라", 「프란치스칸 삶과 사상」 제16호(2001, 봄): 148-149.
[4] 이태리어로는 '끼아라'(Chiara), 영어로는 '클레어'(Clare), 한국어는 라틴어 발음을 따라 '글라라' 혹은 '클라라'로 읽는다.

이 그녀에게 구혼을 했지만 모두 거부당하였다고 한다(시성조사 18증인).5 수많은 귀족 청년들의 구애와 부모의 원의를 거부하고 1211년 3월 성지 주일날 밤 클라라는 공식적으로 프란치스칸 운동에 동참함으로써 역사에 그 모습을 드러냈다. 마음 속 깊이 바로 그날 자신의 집을 떠날 결심을 하고 그날 관습대로 아름다운 보석으로 장식한 옷을 입고 전례에 참석하였다. 그날 기도하고 있는 클라라에게 주교님께서 직접 오셔서 성지가지를 주셨기에 아시시 사람들은 인상적인 이 사건을 기억하고 있었다고 한다.

그 밤에 통상적으로 시체를 내 보내는 '죽음의 문'을 통해 집을 떠났다. 혼(Hone)은 이것은 상징적인 행위로 보고 "불확실과 공포의 어둠을 통과하여 그리스도의 살아있는 성령과 함께 밝은 새로운 생활로 가는 여정을 상징"6한다고 말한다. 집을 나와 야반도주하여 성 프란치스코와 형제들이 머물고 있던 포르지운쿨라 성당에서 삭발례를 받고 수도 생활을 시작한다. 그녀가 예수님을 따르기 위해 프란치스코처럼 자신을 온전히 비우는 급진적인 복음적 삶에 동참하기 전 이미 그녀는 자신에게 속한 유산을 가족들 몰래 다 팔아 가난한 사람들에게 이미 나눠주었다. 가족들이 와서 클라라를 집으로 데려가려고 시도하지만 그녀는 이미 삭발한 그녀의 모습을 보여 주며 가지 않았고 프란치스코는 수바시오 산에 위치한 성 안젤로 판조 성당으로 그녀의 거취를 옮긴다. 이어 바로 동생 카타리나(후에 '아시시의 아녜스'로 시성)7가

---

5 이재성/오상선 옮김, 『아씨시의 성녀 글라라 전기와 시성조사 증언록』(재속프란치스코 한국국가형제회 출판부, 2008), 206-206.
6 Mary Francis Hone, O.S.C., *Clare's Palm Sunday Consecration: The Following of Christ*. (The presentation given by the author on Palm Sunday Eve, March 26, 1994 at St. Anthony's Shrine, Boston, MA), 3.

합류한다.

클라라가 살았던 시대는 정치, 경제, 사회, 종교적으로 어둡고 변화가 있던 시대였다. 특히 10세기와 11세기의 유럽은 급작스런 인구 증가를 가져왔다. 이것은 봉건제도였던 당시의 사회에 영향을 미쳤고, 일 없는 사람들은 도시로 몰렸다. 인구 팽창이 된 도시는 전문화와 수공업 조합의 구조화를 가져왔기에 사회 경제적 구조가 바뀌게 되었다. 도시의 증가로 나타난 경제 구조의 변화는 수공업과 상업의 발전을 가져왔기에 기존 사회구조에서 없었던 중산층, 즉 중간계급이 형성되었다. 이들은 주로 상인들과 은행가들로서 소수인들에게 자본이 집중되었다. 교육면에서는 학교들이 생겨남으로써 수도원 문화에서만 독점되던 글을 읽고 쓰던 일이 대중화되었고 특히 새로운 지성인들의 연합체인 '대학'이 생겼다. 그리고 교회는 이러한 새로운 사회 문화적 요청들과 도전들에 응답해야 했다. 이런 상황에서 새로운 평신도 청빈 운동이 일어났고 프란치스칸 운동은 그 중의 하나였다.[8]

성 클라라가 태어난 시기는 제3차 십자군 전쟁이 이미 시작된 때로 당시 교황은 첼레스티노 3세였다. 아시시는 지정학적으로 두 세력의 경계에 위치하였는데 신성로마제국의 왕권과 교황권이 마주하고 충돌하는 지점이었다. 또한 수바시오 산의 비탈면에 위치하고 있어 폴리뇨에서 페루지아나 스폴레또로 가는 길목을 감시하는 점검소로도

---

7 클라라가 수도 생활을 시작한 후 역사상 유래없이 클라라의 어머니 오르툴라나, 두 동생 카타리나, 베아트리체 세 명 모두 클라라회에 입회한다. 먼저 클라라가 집을 나간 후 16일째 아네스가 입회하였고, 17년 후에 베아트리체와 어머니 오르똘라나도 입회했다. 오르똘라나는 1238년 전에 돌아가셨을 것으로 추정하는데 이는 1238년 6월8일 판매 증서에서 오르똘라나를 제외한 다른 모든 수녀들의 명단이 적혀 있었기 때문이다.
8 Jesus Alvarez Gomez/강운자 옮김, 『수도생활 역사 II』(서울: 성바오로, 2002), 159-204 참조.

이용되었기에 당시 지역적으로 중요한 위치와 경제적으로도 큰 의미를 지니고 있었다. 그러기에 다른 곳에 비해 일찍 자치도시(Commune)의 움직임이 있었고 상공업이 비교적 일찍 발달하여 신흥세력이 귀족들에 대항하는 상황이 벌어졌다.

신성로마제국의 황제 하인리히 6세가 죽고(1197년) 권력 공백 상태가 되었을 때 교황 인노첸시오 3세(1198~1216)는 이태리 중부 여러 도시들을 예전의 교황령으로 다시 복구시키고자 했지만 아시시가 교황에게 넘어가자 아시시 주민들은 황제 그리고 교황 어디에도 종속되는 것을 원하지 않았기에 봉건시대 영주의 힘의 상징인 성곽을 부수고 정치, 경제적 자치권을 얻기 위해 투쟁을 하였다. 1202년 교황 인노센트 3세는 역사적으로 가장 슬프다고도 할 수 있는 제4차 십자군 전쟁을 선포하였는데 동시에 페루지아와 아시시 두 도시들은 1202년부터 1209년까지 주도권을 얻기 위해 전투를 벌였다. 이 기간 동안 클라라의 집안은 귀족이었기에 몇 년 동안 페루지아로 피난을 갔다. 이러한 외부적인 사건들뿐만 아니라 1202년 사이 아시시는 내적으로 새로운 시민계급과 오래된 지배계급과의 갈등을 겪고 있었다. 귀족계급(마요레스)과 평민 계급(미노레스)[9] 사이의 불화, 즉 시민전쟁은 1203년의 1차 협정에 이어 1210년 11월 9일에야 마침내 평화협정이 체결되었다. 그 후 아시시는 다시 교황령에 속했으나 다른 도시와는 달리 자치 시장이 있는 비교적 독립된 도시로 지냈다. 그리고 상업이 발선되고 귀속계급이 빈곤해지는 사회적 변혁을 겪는다.

이러한 격동기에 1205년 성 프란치스코는 회개하여 1209년에 교

---

[9] 클라라 살던 시대에는 두 개의 사회계층이 있었다. 지배층은 귀족계층으로 마요레스(maiores)라고 하며 평민계층은 미노레스(minores)라고 부른다.

황에게 구두로 수도회 승인을 받고 빠른 속도로 형제회는 확장되었는데 마침내 1211년 성지주일에 클라라도 이 청빈운동에 참가한다. 가족들의 반대 때문에 클라라와 자매들은 프란치스코가 회개 직후 수리한 성 다미아노 수녀원으로 옮겨진다. 9월 이후 많은 젊은 여성들이 입회하자 '가난한 자매회'라는 이름의 조직을 설립, 그러나 당시 유행하던 베긴회와는 달리 봉쇄 수도원을 세운다. 이후 그녀는 41년 동안 이 봉쇄 울타리를 떠나지 않았다. 초창기부터 선교와 설교를 위해 전국을 돌아다닌 제1회 남자수도회와는 달리 성녀가 창설한 제 2회 '성 클라라회'는 당시 상황으로는 여성의 활동 영역이 가정으로 제한되는 시대였기에 봉쇄 안에서 생활을 하였다. 그들은 기도, 노동, 관상을 통해 교회의 지체들을 받쳐주는 영성의 지렛대 역할을 했다. 암스트롱은 클라라가 프란치스코 사후 어려움들 속에서도 프란치스칸 카리스마의 순수성을 살려내고 그 기간 동안 교회의 수도 생활을 창조적으로 혁신한 인물로 평가한다.[10]

1215년 제4차 라테라노 공의회는 새로운 수도회 창설을 금지하고 기존 수도규칙 중 하나를 선택하도록 규정했는데, 클라라는 인노첸시오 3세 교황으로부터 오로지 하느님의 섭리에 맡기고 사는 극단적인 생활양식인 '가난 특전'[11]을 허락받았다.

1224년부터 육체적 중병이 시작되었는데 이는 그녀가 죽을 때까

---

10 R.J. Armstrong O.F.M. Cap, "초기 문헌에서 본 아시시의 클라라", 「프란치스칸 삶과 사상」 제16호(2001, 봄), 148.
11 '가난의 특전'(The Priviledge of Poverty)는 하느님께 대한 신뢰에서 나온 것으로 복음적인 가난을 실천하고자 봉쇄임에도 불구하고 '안정적인 수입이 전혀 없이 오로지 하느님의 섭리에 맡기고 사는 것'을 말한다.

지 계속되었다. 아마 일생동안 일주일에 3일은 단식하고 나머지 날들은 오직 빵과 물만 마셨기에 육체적으로 쇠약했을 것이다. 1226년 성 프란치스코의 죽음을 맞이하고 2년 후 1228년에 교황 그레고리오 9세는 프란치스코의 시성식 관계로 아시시에 머물면서 성녀에게 어느 정도의 재산을 소유하도록 권했지만 그녀는 "그리스도를 따르는 길에서 관면 받고 싶지 않다"라고 하며 제안을 거절하고 후에 끈질기게 요청하여 '가난 특전'을 재확인 받는다. 교황은 이 만남 이후 클라라의 공동체를 '성 다미아노 수도회'(Ordo Sancti Damiano)라고 부른다.

성 클라라는 생전에 이미 성덕으로 인해 명성이 높았기에 1234년 보헤미아 왕가의 아네스 공주가 프라하에서 입회를 한다. 클라라의 영적 깊이와 성체 안에 계시는 예수님의 현존에 대한 신뢰는 특별히 1240년 사라센 군대가 강제로 성 다미아노의 봉쇄의 울타리 안에 들어왔을 때, 클라라의 기도에 예수님께서 인간의 목소리로 응답하신 놀라운 기적과 즉시 사라센군인들이 도망간 일에서 증명된다.[12] 이로 인해 성녀의 이콘은 성광을 들고 있는 모습으로 그려진다. 1241년에 적군에 점령당한 아시시가 그녀의 기도에 의해 해방되었고 오늘날까지 아시시 도시는 매년 이 기념일을 지내고 있다.

1247년 인노첸시오 4세 교황은 성 다미아노 수도회에 새 수도규칙을 주지만 이것은 절대적 가난을 살리는 클라라의 정신에 잘 맞지 않았다. 이를 계기로 성녀는 고유한 생활양식을 작성하고자 결심하게 되고 1250년에 교황은 성 다미아노 수도회에 자신이 준 수도규칙을 지킬 의무가 없다고 선언한다. 1253년 8월 9일 인노첸시오 4세 교황은 그녀가 쓴 「클라라의 수도규칙」을 인준하고 「가난의 특전」도 내린다. 8월 11일 성 다미아노에서 클라라가 선종하자 8월 12일, 교황께서 아시시에서 직접 성녀의 장례식을 거행한다. 그리고 1255년 8월 15일 알렉산델 4세 교황에 의해서 시성된다. 1263년 이후 '성 다미아노 수도회'는 '성 클라라 수도회'(Ordo sororum Clarae)로 불린다.

---

12 1240년 황제 프레드릭 2세가 교황을 반대하기 위한 전쟁을 일으켰을 때 황제가 고용한 사라센인들이 산 다미아노 수도원을 침입하였다. 그 일은 9월의 어느 금요일이었고 때는 9시쯤이었다고 한다. 클라라는 중병으로 누워 있었는데 자매들이 이 사실을 그녀에게 알렸다. 아픈 클라라는 자매들에게 성체가 담긴 작은 함을 가져오게 하였다. 그리고 땅에 엎드려 기도하고 눈물을 흘리며 "주님, 당신 여종들을 돌보아 주십시오. 저는 그들을 보호할 수가 없나이다" 하자, 성체 안에서 "내가 항상 너희를 보호해 주겠다"라는 감미로운 음성을 들었다고 한다. 그리고 다시 "주님 이 도시(아시시)도 지켜 주십시오" 하고 기도하자 "도시는 많은 위험을 겪게 되겠지만 지켜질 것이다"라는 같은 음성이 들려왔다고 한다(시성 조사 9증인). 현재도 해마다 6월22일 아시시는 이 사건을 기념하고 있다.

II. 성 클라라의 편지를 통해 본 빛의 영성

클라라가 남긴 글들은 프라하의 성 아네스에게 보낸 4통의 편지, 에르멘트루디스에게 보낸 편지, 회칙, 유언, 축복 등 여덟 작품이다. 그녀가 남긴 글은 많지 않지만 현재 전해지는 것보다 더 많은 글들을 작성했을 것이라고 학자들은 추측한다.13 클라라가 살던 시대에는 라틴어를 읽고 쓸 줄 아는 사람들이 많지 않았다. 여성들 중에서 글을 아는 사람들이 더욱 드물었지만 클라라는 라틴어를 할 줄 알았고 프라하의 아네스에게 보낸 편지는 높은 문학적 소양을 보여주고 있다. 이 네 통의 편지는 성 클라라의 영성을 이해하는 결정적인 단서가 된다.

1. 성 클라라와 프라하의 성 아네스의 편지 배경

1234년 당시 유럽 왕실 왕자들의 결혼 대상이기도 한 보헤미아 왕국의 공주 아네스가 프라하에서 가난한 클라라회에 입회를 한 사건은 그 당시 유럽에 대단한 반향을 일으켰다. 아네스 입회 이후 1234년부터 1253년 사이에 프라하의 아네스와 클라라가 주고받은 네 통의 편지는 초기 프란치스칸 운동 연구에 있어 중요한 자료이다. 편지를 통해 초기 클라라의 영성, 발전과정, 쟁점들을 추론해 낼 수 있기 때문이다. 클라라와 아네스는 19년 동안 편지를 통하여 가까운 관계를 가지지만 직접 만나지는 못했고 아네스가 보낸 편지는 안타깝게도 남아

---

13 클라라는 피렌체에 수도원을 세운 동생 성 아네스와 편지를 주고받았다. 또한, 우골리노 추기경과 그레고리오 9세 교황과도 편지를 주고받았다고 전해지지만 발견되지는 않았다.

있지 않다. 다만 프라하의 성 아네스 전기에서 두 사람의 편지 왕래를 언급하며 빈번하고 은혜로운 편지로 클라라는 아네스를 모성적인 큰 애정과 존경심을 갖고 위로하였고 거룩한 삶의 목적에 맞게 살도록 열성적으로 격려했다고 전해진다.[14] 클라라는 아네스와의 편지 왕래를 자주 하기를 원했지만 "소식을 전해 줄 사람이 없었고 길이 너무 험한 것이 바로 장애물"(4편지 5)이었다고 한다.

클라라는 훌륭한 신비주의자로서의 관상에 있어 자신만의 고유한 삶을 수행해 낸 여성이다. 그녀의 빛의 영성은 그녀가 프라하의 성 아네스에게 보낸 편지에서 사용하는 '거울'의 이미지에서 찾을 수 있다. "편지는 대화의 다른 쪽 절반이다"[15]라는 말이 있지만 일반적으로 편지는 그것을 쓰는 사람이 자신의 깊은 사상을 다 담지는 않는다. 그러나 프라하의 성 아네스에게 보낸 클라라의 편지 안에는 어떤 사람이 자신의 영성적인 책을 쓰고자 하는 의도를 가지고 쓴 것보다 더 관상에 대한 내용이 깊게 서술되어 있다. 각 편지들은 각각 한 권의 책을 읽는 것과 같이 넓이와 깊이를 가지고 있고 특히 클라라 특유의 관상법, 즉 시각적인 과정이 상세히 표현되어 있다.

2. 거울로서의 빛이신 예수

클라라는 네 번째 편지에서 그리스도는 티 없는 거울(speculum sine macula)이라고 표현한다(4편지 13-14). 거울은 대상을 비추어 주는 것이다. 거울이신 그리스도 예수님께서 비추는 것은 무엇인가? 예수님

---

14 Joan Mueller, *Clare's Letters to Agenes: Texts and Sources*,
15 로마노 펜나/성염 옮김, 『다르소의 바오로』 (서울: 성바오로, 1997), 63에서 재인용.

은 하느님의 영원한 빛을 비추신다. 니체아 신경은 예수님을 하느님으로부터 오신 하느님, 빛으로부터 오신 빛'이라고 고백하고 있다. 클라라는 이를 자신의 언어로 예수님을 영광의 광채요(splendor aeternae gloria), 영원한 빛의 반사(candor lucis aeternae)라고 표현한다. 니체아 신경은 예수님을 '요한은 우리가 예수님에게서 "생명을 얻었고 그 생명이 사람들의 빛"(요한 1,4-5)이라고 했다. 즉, 우리는 하느님을 반사하는 예수님을 통하여 하느님을 보고 그분의 빛을 보는 것이다. 시편 저자는 이것을 "당신 빛으로 빛을 보옵니다"(시편 36,10)라고 표현했다.

성 클라라 시대에 거울은 하나의 신학적 상징이었다. 그 당시 거울은 하느님이 만드신 우주 만물을 초월하는 방법을 상징하며, 하느님을 인식하는 방법이기도 하다.16 프라하의 아네스에게 보낸 편지에서 이렇게 말한다.

> 그대의 정신을 영원의 거울 앞에 놓으십시오.
> 그대의 영혼을 영광의 광채 안에 두십시오.
> 그대의 마음을 하느님 본질의 형상 안에 두고
> 관상을 통하여 그대 자신 전부를
> 그분 신성의 모습으로 변화시키십시오(3편지 12-14).

클라라는 여기서 예수님을 영원의 거울, 영광의 광채, 하느님 본질의 형상이라고 부르며 우리의 정신, 마음과 영혼을 그분 안에 두어야

---

16 프란치스칸 사상연구소, 『아씨시 프란치스코와 클라라의 글』 (프란치스코 출판사, 2014), 375.

한다고 한다. 여기서 사용된 동사 '놓다', '두다' 등은 모두 능동적인데 정신, 영혼, 마음 등을 점진적으로 더 구체화시키며 무엇을 하든지 그 결과는 신성의 모습으로 변형되는 것이다.17 바오로 사도는 영원이신 예수의 거울 앞에 자신을 두는 과정을 "우리는 모두 얼굴의 너울을 벗어 버리고 거울처럼 주님의 영광을 비추어 줍니다. 동시에 우리는 주님과 같은 모습으로 변화하여 영광스러운 상태에서 더욱 영광스러운 상태로 옮아가고 있습니다"(2코린 3,18)라고 말한다.

클라라는 개인이 신성의 모습으로 변화하는 것을 관상을 통하여 하라고 한다. 어원학적으로 관상(contemplatio)은 "시각적 인식 작용에 의해 이루어진 체험을 수반하는 것이다"18 '내적으로 바라본다'는 뜻인 라틴어 콘템플로어(contemplor)라는 단어에서 관상(contemplation)이라는 말이 유래한 것을 생각해 볼 때 클라라의 시각적 관상은 참으로 인상적이다. 클라라가 이 거울을 보는 방법은 고유한데 '응시'(gaze), '숙고'(consideration), '관상'(contemplation)의 과정이다.19 이 용어들은 깨달음의 과정을 단계적으로 나타내며 깨달음의 과정에서 절대적으로 필요한 것은 지혜이다. 지혜서에서 "지혜는 영원한 빛의 찬란한 광채이며, 하느님의 활동력을 비춰주는 티 없는 거울이며 하느님의 완전하심을 보여주는 형상이다"(지혜 7,26) 클라라의 거울을 보는 방법 중 '응시'는 단지 바라보는 것이 아니라 깊이 들여다보는 것을 말한다.

---

17 Edith A. Van den Goorbergh O.S.C, & Theodore H. Zweerman O.F.M., *Light Shining Through A Veil: On Saint Clare's Letters to Saint Agnes of Prague*. Peeters, 2000, 179.
18 Timothy J. Ofm Conv, "이미지(형상)와 시각(Image and Vision): 아시시의 클라가 쓴 편지글들에 나타나는 시각적 인식작용으로서의 관상", 『프란치스칸 삶과 사상』 2002, 19호, 15-16.
19 글아2편지, 20.

즉, 마음으로 들여다보는 것이다. 응시는 깊은 숙고를 낳고 위로부터 내려오는 관상의 은총 속에 머무르게 된다.

클라라에게 관상은 마음속의 형상과 마음속에서 펼쳐지는 광경의 세계 안에서 직접 기도에 접근해 가는 모습을 알려주는 것이다. 그녀는 그리스도라는 거울에서 구유에 누워 계시고 강보에 싸여 계신 가난하시고 겸손하신 그리스도를 관상하였으며, 인류 구속을 위해 무수히 당하신 고난과 십자가에서 수치를 당하신 예수 그리스도의 수난의 사랑을 관상하였다. 예수님께서 사람들에게 하느님께로부터 오신 분으로 인정받지 못하고 십자가에 못 박히심으로서 인간 내면의 어두움을 밝혀 주시는 것처럼, 클라라는 예수께 대한 관상 안에서 자신의 어두움을 인식하려 노력하였다. 그녀는 복음의 예수를 관상함으로써 진리에로 자신을 집중시켰다. 폰크는 클라라에게 예수님은 '연인이며, 소중한 분, 지도자, 귀감이며 동기(motivation)이시다. 가난하고 십자가에 못 박히셨던 그리스도의 현존을 형상화하고 마음에 가져오는 것은 그녀의 존재와 모든 행위의 목적이며 또한 의미를 설명하는 것이다. 그리고 그녀의 존재성을 비추었던 것은 바로 강렬한 원천이며 동시에 온화한 빛이신 예수님이셨다'고 묘사한다.[20]

그리고 우리에게도 그러한 예수 그리스도를 관상하라고 한다. 그녀는 거울에서 자신의 참다운 정체성을 찾고 이 거울을 통해 예수와의 일치를 이루는데 예수의 생애를 통한 비추임은 더 명료하다. "이 거울의 첫 부분을 보면서 포대기에 싸여 구유에 누워 계신 그분의 가난을 주의 깊게 바라보십시오. … 그 다음 거울 가운데를 보시고 겸손

---

[20] Benet A. Fonk, OFM., *To Cling With All Her Heart to Him: The Spirituality of St. Clare of Assisi*, Quincy: Franciscan Press, 1996, 62.

과 적어도 복된 가난을 인류를 속량하기 위하여 그분이 겪으신 무수한 수고와 고생을 깊이 생각하십시오. 이 거울의 맨 끝을 보시고 말할 수 없는 사랑을 관상하십시오."[21] 클라라에게 관상의 최고봉은 십자가에 돌아가시며 남긴 예수님의 사랑이다. 삶에서 만나는 고통의 가장 절정에 계신 예수를 만나도록 초대하고 있다. 우리 인생에서 가장 힘들고 고통스러운 그 자리에 가장 아름다운 꽃이 피기도 한다. 성장은 더 큰 성장을 낳기 때문이다. 예수의 일생을 통해 클라라가 본 예수의 거울에 반사되는 것은 '가난', '겸손', '사랑'이다.

클라라의 깨달음의 과정은 참으로 독특하고 심오하다. 그리스도에 대한 그녀의 관상에서 감각적이고 상호적인 이미지를 가진 언어들, 즉 "맛보다, 감미롭다, 느끼다, 끌어안다, 입 맞추다, 말하다, 응시하다"[22]는 예수께 대한 깊은 애정을 묻어낸다. 아네스에게 보낸 편지에서 클라라는 마치 예수를 눈으로 뵌 듯이 외모에 대해 묘사하며 편지의 횟수가 지날수록 강도를 더한다. 첫째 편지에서는 "그분의 힘은 누구보다도 억세고, 그분의 사랑은 누구보다 부드러우며 그분의 모든 매력은 누구보다도 우아"(1편지 9)하고 둘째 편지에서는 "인간의 아들네보다 짝없이 아름답고"(2편지 20), 셋째 편지에서는 "그분의 아름다움은 해와 달이 찬탄하고"(3편지 16) 마침내 넷째 편지에서는 "천상의 군대들이 끊임없이 그 님의 아름다움에 경탄"(4편지 9)한다고 말한다.

그리고 아가서를 인용(아가 2,4-6)하여 정배로서 예수님과 사랑에 빠져 있을 때 아네스에게 자신을 기억해 달라고 부탁한다(4편지 29-33). 클라라에게 관상은 단지 상상을 하는 그 무엇이 아니라 살아

---

21 4편지, 19-23.
22 프라하의 성 아네스에게 보낸 4통에 편지 전반에 이러한 용어들을 사용하였다.

있는 삶의 현장이다. 그녀의 글에서 예수님은 역사적으로 배운 분이 아니라 살아 있는 분이다. 마치 인성을 손으로 만지 듯, 눈으로 마주보는 듯하다. 관상은 약한 인간성을 응시할 수 있고 그곳에서 하느님의 현존을 보고 자신이 보는 것을 일치시킬 수 있는 능력을 의미한다. 관상 안에서 응시는 시각적인 눈이 바라보는 것이 아니라, 우리 마음의 눈이 일상에서 놓친 것을 꿰뚫어 보는 것이다. 마음의 눈은 무한한 은총에 의해 열려야 하고 지식에 의해 통찰되어야 하며 사랑에 의해 힘을 얻어야 한다. 더 높은 관상의 빛은 삶 안에서 행동으로 옮겨질 때 그 신성의 빛이 밝혀진다.

3. 예수의 얼굴을 반사하는 클라라의 거울

클라라에게 예수님을 관상하는 것은 "숨겨진 감미로움을 맛보는 것"(3편지 14)이다. 이런 관상을 통해 그녀는 자신의 정배인 그리스도와의 사랑의 일치를 이룬다. 그런데 관상의 단계에서 끝나는 것이 아니다. 앞에서 언급했듯이 4편지에서 "관상을 통하여 그대 자신 전부를 그분 신성의 모습으로 변화 시키십시오"(3편지 14)라고 완전한 변형을 요구한다. 클라라는 아네스에게 "이 거울을 매일 들여다보고 계속해서 그 안에서 당신 얼굴을 살펴 보십시오"(4편지 15)라고 요청한다. 그것은 예수님께 대한 관상이 점차적으로 그리스도와 같은 모습으로 닮아지도록(conformitas cum Christo) 이끌어 가고자 함이다. 대상을 바라보고 대상을 닮아가는 것이 클라라가 생각하는 관상의 방법과 결과이다.

클라라는 자신의 공동체 자매들이 하느님 사랑의 이미지를 반영하는 거울처럼 서로에게 행동하기를 강조한다. 이 같은 사랑의 반영들이 봉쇄의 울타리에 국한 되는 것이 아니라 인류 공동체와 연결되어 있음을 일깨워 주고 있다. "주님 친히 우리를 다른 이들에게 모형과 본보기와 거울로 삼으셨습니다. 그런데 다른 사람들에게 뿐만 아니라 세속에 사는 이들에게 거울과 본보기가 되도록 우리 생활양식으로 불러주신 우리 자매들에게도 우리를 모형과 본보기와 거울로 삼아 주셨습니다"[23]라고 한다. 즉, 모든 곳에 사랑이 반영되게 살아가는 것이다.

마리베하는 "예수이신 거울을 깊이 들여다봄으로서 클라라는 하느님께서 인간을 위해 볼 수 있도록 만드신 그분의 영원한 아드님을 보았고 또한 자신을 보았다"[24]라고 했다. 클라라는 또 하나의 거울이다. 시성교서에서 "클라라로부터 그녀의 영롱한 거울의 빛이 이 세상으로 흘러들어 가고 있다"[25]라고 했다.

클라라가 길이요 진리요 생명이신 예수님만을 열망하게 만든 그 사랑으로 인해 자신뿐 아니라 주위 사람들에게 생명을 주었다. 한 예로 생전에 다섯 마귀가 들린 피사에서 온 여성을 치유시켜 주었는데 그때 마귀들은 클라라의 기도가 자신들을 불태우고 있다고 고백했다고 한다(시성조사 4증언, 7증언). 벤베투타 수녀는 클라라가 기도하러 들어가곤 했던 장소에서 실제 불꽃으로 믿을 정도의 큰 광채를 자신이 직접 보았다고 증언했다(시성조사 2증언). 아네스 수녀 또한 프란치

---

23 클라라, 『유언』, 19-21.
24 Marie Beha, O.S.C. "Mirror, Mirror, on the Wall…" in *The Cord* 51, no 4(2001), 178.
25 『시성교서』, 2,9.

스코회 필립보 형제가 강론을 하는 중 클라라 주위를 비추는 빛을 본 것을 이렇게 묘사했다.

> 거룩한 어머니 클라라 주위에 큰 광채가 있는 듯이 보였는데, 그 광채는 물질적인 것이 아니라 거의 별빛 같은 것이었고, 그 발현을 보고 있으면서 말로 다할 수 없는 감미로움을 느꼈다고 말하였다. 그 후에 또 다른 증인 역시 광채를 보았는데, 이전 광채와는 달리 마치 불꽃을 붉게 내뿜은듯하였고 그 광채는 성녀를 완전히 둘러쌌고 그녀의 머리를 뒤덮었다. 증인은 이를 의심하고 있던 차에 음성이 아니라 마음 안에서 '성령이 네 위에 내려오실 것이라'(루카 1,35 참조)라는 응답을 들었다고 한다(시성조사 10증언).

자매들이 증언한 외부적 빛의 광채는 클라라의 내면에 타오르는 빛의 반사이다. 안셀름 그륀은 기도 안에서 사람은 자기 자신의 빛을 바라보게 되는데 완전한 빛이신 하느님의 한 부분인 자기 자신의 본성을 인식하기 때문이다. 이때 영혼은 완전한 고요를 느낀다고 한다.[26] 클라라에게 거울은 신적 비추임의 상징이고 그 해석은 하느님을 인식하는 하나의 양식이다. 전기 작가는 이렇게 명확하게 표현했다. "오, 클라라, 영롱함과 투명함의 대명사여! 회개하기 전에도 당신은 영롱하고 투명하였고, 당신은 생활에서 더욱 영롱하고 투명하였으며, 생을 마감할 때 한없이 영롱하고 투명하였으며 죽은 후에도 영롱함과 투명함이 찬란함으로 변했습니다. 클라라 안에서 깨끗한 거울이

---

[26] 안셀름 그륀정하돈 옮김, 하늘은 네 안에서부터: 오늘 우리에게도 들려오는 사막 교부들의 지혜, (분도출판사, 1999). 121.

온 세상에 전달되었습니다."²⁷ 이렇게 클라라는 우리가 비추어 볼 수 있는 또 하나의 거울이 되었다.

III. 성 클라라의 여성 리더십

1. 평등 공동체와 발 씻김의 모성적 리더십

성 클라라 전기 서언은 그녀에 대해 그 시대의 '새로운 여성 지도자'라고 칭하고 있다. 무엇이 그녀를 그 시대의 새로운 여성 지도자로 칭하게 하였을까? 중세 시대를 살았던 그녀의 삶의 양식과 자매들과의 관계를 살펴보면 이 칭호는 당연하게 생각이 든다. 클라라의 공동체는 그 당시 사회에서 당연하게 여겨졌던 계급간의 격차를 뛰어넘었는데 이는 그 시대를 뛰어넘는 특별하고 유일한 평등 공동체였다.

성 클라라는 자매들이 공동체에 들어오기 전 처했던 사회적 계급을 따지지 않는 평등한 대우, 생명을 주는 돌봄, 책임과 나눔이라는 이상을 실천했다. 수도원장이었던 성녀는 시대적으로 실천되던 위계제도를 따를 수 있었겠지만 그와 반대로 공동체에 원탁의 개념을 가져왔고 예수님께서 제자들에게 봉사하신 것처럼 자매들에게 봉사하고 사랑함으로서 자신의 권위를 실천하였다.

마가렛 카니는 "클라라는 여성들에게 그리스도인으로서의 자율성

---

27 Alexander IV, *Clara Claris Praeclara, in Bullarium Franciscanum Romanorum Pontificium* 2, Rome, 176, 81. 『아씨시 프란치스코와 클라라의 글』 (프란치스코출판사), 376에서 재인용.

과 권위를, 인간으로서 알맞은 맛을 보도록 허용했다. 나아가서 그녀는 평등을 잠재적인 성취로 제공한데서 그친 것이 아니라 공동체 안에서 이런 평등한 권리가 보전될 수 있도록 보장하는 방법으로서 입법화시켰다"[28]라고 한다. 공동체의 모든 중요한 결정들에 있어서 가장 어린 자매도 의견을 말할 수 있고 그리고 성 다미아노에는 계급 체계가 없을 것이라는 회칙 안에서의 주장은 실제로 그 시대의 수도회들의 관점에서도 문화적 환경의 관점에서도 한정된 선을 뛰어넘는 열망을 가리키고 있다. 그녀가 자매들 간에 서로 평등한 관계를 이룰 수 있게 한 지도력은 가난한 예수님께 대한 깊은 사랑의 결과라고 볼 수 있다.

클라라는 자매들에게 "끊임없이 가난한 예수님을 온전히 사랑하고, 기억하고, 포옹하라"[29]라고 했다. 공동체 회원들 간의 수평적 평

---

28 Margaret Carney, O.S.F. *The First Woman: Clare of Assisi & Her Form of Life*, Quincy; Franciscan Press, 1993, 238.
29 Danielle Julien, FMIC, "Clare's Model of Leadership" in *The Cord* 50. 4(2001),

등 구조는 서로에 대한 존중과 일치를 지향하게 했다.30 이렇게 애정과 민감성으로 결합되고 평등으로 보장되어진 자매애는 공동체를 구성하는 여성들을 위한 사회관계의 새 가능성을 제공했다. 그녀가 실천했던 자매들 간의 평등구조는 계층 분류가 심했던 중세 사회 안에서 지배하는 사람들 중심인 힘의 구조로부터 자매들을 해방시켰다.31

클라라의 생애 전반에 걸쳐 모성적 지도력은 아주 탁월하게 드러난다. 클라라 전기에서 모성적 지도력을 이렇게 묘사하고 있다.

> 이 공경하올 원장은 자매들의 영혼을 사랑했을 뿐만 아니라, 그들의 연약한 육신까지 각별한 애정으로 돌보았다. 추운 밤이면 자주 잠자는 자매들에게 손수 이불을 덮어 주었다. 일반적인 엄격함을 따라가지 못하는 그 정도의 선에서 만족할 것을 바랐고 또 그것을 이해했다. 자매가 유혹에 마음이 흔들린다든지, 아니면 자매가 슬픔에 싸인다든가 하면 무척 자연스럽게 그 자매만 따로 불러서 눈물로 위로하였다. 어떤 때는 침울해 있는 자매의 발밑에 꿇어 앉아 모성적 염려로 그 침울한 상태를 없애려 하였다(전기 38).

그녀의 모성성은 앞에서 서술했듯이 어머니 오르똘라나로부터 왔다고 볼 수 있다. 성녀와 그 어머니와의 관계는 독특하고 고유하다.32

190.
30 같은 책, 196.
31 참조. Margaret Carney, O.S.F. *The First Woman: Clare of Assisi & Her Form of Life*, Quincy; Franciscan Press, 1993.
32 Clara Heo, "The Loving Relationship of Clare with Her Mother" in *The Cord* 53, no 4 (2003): 207-212 참조.

성 클라라의 시성교서에서 "모친인 오르똘라나는 경건한 행동에 열중하였고 딸의 발자취를 따랐으며 그 후에는 수도 생활양식을 받아들였다. 이 훌륭한 정원(오르똘라나) 안에서 주님을 위한 그와 같은 깊은 나무가 자라났기에 행복하게 일생을 마감하였다"(시성교서 8)라고 한다. 교회 역사사상 이처럼 성인의 어머니가 전기나 시성교서에서 인정과 찬양을 받았던 일은 흔하지 않았다. 아니 그 경우가 찾아보기가 어렵다. 오르똘라나는 후에 클라라회에 입회하여 여생을 마친다. 시성 조사 증언자는 성 클라라의 어머니 오르똘라나의 성덕에 관한 일화를 이렇게 말해 주고 있다. 뻬루지아 출신의 한 소년이 한 쪽 눈이 백내장으로 덮여 있어 클라라에게 데려 왔는데 그녀가 십자 성호를 그어 준 후 "그를 나의 어머니 오르똘라나 자매에게 데려다 주시고 그녀로 하여금 그에게 십자 성호를 그어 주게 하십시오"라고 했다. 그리고 오르똘라나는 소년에게 십자 성호를 그어 주었는데 소년은 치유되었다. 클라라는 오르똘라나가 소년을 치유해 주었다고 했고 오르똘라나는 클라라가 소년을 치유했다고 한다(시성 조사 4증언). 이 모든 것을 생각해 볼 때 클라라의 어머니 오르똘라나의 성덕에 분명 뭔가 특별한 것이 있었다는 것을 추론해 낼 수 있다.

클라라는 자신이 평생을 살았던 봉쇄의 울을 "마치 말씀께서 그분의 사랑과 무한함을 지니고 어머니 마리아의 자궁의 한정된 곳에서 사셨던"[33]것처럼 봉쇄는 출입을 제한한 어떤 장소이기보다 말씀이 육화하는 곳으로 이해했다. 그곳에서 예수를 잉태하고 출산하고 양육하고 함께 살아간 마리아의 모성은 남여 구별 없이 모두가 서로에게 영

---

33 Clara Heo, "The Loving Relationship of Clare with Her Mother" in *The Cord* 53, no 4 (2003): 207-212 참조.

적 모성을 살아야 함을 의미한다. 즉, 서로를 양육하고 서로를 치유함으로써 마리아의 모성적 삶을 사는 것이다. 전기에서 묘사했듯이 시성 증언자들은 클라라가 지닌 공동체 자매들에 대한 사랑과 연민에 대해 이야기 한결같이 언급한다. 특히 앓는 자매들에 대한 큰 연민을 강조했다. 그들은 클라라가 자매들의 발을 씻겨주고, 한밤중에 이불을 덮어주며, 앓는 자매의 둔부를 닦아주고, 손수 허드렛일을 하고, 앓는 자매들을 치유해 주었다고 한다. 클라라는 하느님과의 내적인 친밀감을 외적으로 이웃사랑의 실천으로 옮겼다. 아놀드는 사랑은 새 창조의 에너지이며 또한 하느님 통치의 정신이라고 한다. 그리고 사랑은 하나이며 새로운 건설을 하는 요소이며 일치를 이끄는 힘이라고 한다.34

시성증언자 아네스 수녀는 그 유명한 '발 씻김'의 일화를 이렇게 전하고 있다. "한 번은 늘 하던 대로 하녀 중의 한 사람에게 발을 씻어주고 발에다 입을 맞추려 하였는데, 그 하녀가 실수로 발로 클라라의 입을 차버리자 그녀는 이를 몹시 즐거워하며 발바닥에 입을 맞추었다" 하였다(시성증언 10). 증인의 말을 빌리자면 자매들의 발을 씻기는 일이 클라라가 '늘 하던 일 중의 하나'였다고 한다. 블라스틱은 "클라라가 자매들에게 실천했던 발씻김은 단순히 자신을 위한 신심실천 혹은 개인적인 신앙심이 깊어서가 아니라 오히려 예수님의 추종자로서 자신과 수도회 둘 다를 구성했던 사회적 자기정의(self-definition)의 행위"35로서 자매들의 발을 씻겨주고 또한 그들의 발에 입맞춤을 한 것

---

34 Eberthard Arnold, *Inner Land: A Guide into the Heart of the Gospel*, 2nd ed., Farmington, The Plough Publishing House, 1999, 184-185.
35 Michael W. Blastic, O.F.M. Conv. "Clare of Assisi: The Eucharist and John XIII" in *Clare Centenary Series: Clare of Assisi: Investigations*. Vol. VII, St.

은 섬기는 자로 오신 그리스도를 모방(요한 13,6-17)하는 클라라의 실제적인 방법이며 또한 문화적인 세밀한 구별을 극복하는 클라라만의 독특한 사랑의 방법이었다.

클라라는 일생을 통하여 영적 모성을 실천하며 수도회를 이끌어 왔는데, 여기서 말하는 '모성'은 여성에게만 국한된 것이 아니라 앞에서 언급했듯이 모든 인간이 서로에게 관심을 갖고 서로를 마음에 잉태하며 생명의 성장을 위해 양육하고 이끌어 주는 것을 포함한다. 이 모성적 리더십은 클라라가 일생을 통하여 실천했던 강한 설득력을 지닌 지도력이다. 이는 클라라가 지닌 예수의 삶과 일치하고자 하는 열정, 목표에 항구한 강인한 힘, 사랑과 배려의 여성적 돌봄의 지도력이다.

2. 가난의 특전과 회칙을 통해 본 클라라의 열정과 인내의 힘 (Grit)[36]

긴 세월이 지난 1893년 클라라의 무덤의 관에서 원본이 발견된 그녀가 쓴 회칙은 일생을 통하여 자신의 카리스마를 지켜내 온 문헌이다. 이 회칙은 성 클라라회 수도자에게만 적용된다. 원본이 어떻게 해서 사후 몇 백 년이 지난 그녀의 관에서 발견되었는지 의아하게 생각하는 것은 당연하다. 그 경위는 현대적 관점에서 본다면 어이가 없게 느껴질 수도 있겠지만 하여튼 클라라가 세상을 떠나기 이틀 전 직접 작성한 회칙을 성청으로부터 인준을 받는데 그녀가 평생을 '가난의 특전'을 위해 투쟁해 온 것[37]을 애처롭게 여긴 후대의 자매들이 이 회칙

Bonaventure, NY, The Franciscan Institute, 1993, 32.
36 안젤라 더크워스/김미정 옮김, 『그릿 Grit』(비지니스북스, 2016).

을 그녀의 품속에 넣어 장례를 치렀다는 것이다.

클라라가 수도 생활을 시작한지 몇 년 후에 열린 제4차 라떼라노 공의회(1215년)는 새로 창설한 수도 공동체의 경우 이미 인준 받은 수도규칙들 중에서 하나를 받아들이도록 규정하였다. 클라라는 자신과 자매들의 고유한 카리스마를 지켜 나갈 수도규칙을 원하였기 때문에 교도권과의 갈등이 초기부터 시작되었다. 클라라는 원장직을 맡자마자 교황 인노센트 3세에게 독특한 '가난의 특전'을 청하는데 이는 그들이 어떠한 자산도 소유하지 않고 다만 하느님의 섭리에 자신들을 맡기고 살겠다는 것이다. 평생을 성 다미아노 수도원을 한 번도 떠난 적이 없었던 성 클라라는 그녀의 공동체가 봉쇄에서 살며 철저한 복음적 삶을 사는 것을 원했다.

'가난의 특전'은 역사상 유래가 없던 것이다. 교황들은 그런 급진적인 삶의 형태는 여성들에게 너무 엄격하다는 생각에 반대를 하였고, 계속적으로 수도회가 조금의 재산이라도 소유하기를 권했다. '가난의 특전'에 대해 성녀가 보였던 끈질긴 요구를 생각해 볼 때 당시에도 급진적이지만 현대적 상황에 적용한다 하더라도 여전히 급진적인 생활양식이다. 이 갈등은 긴 시간동안 지속되었고 특히 1247년에 인노첸시오 4세 교황이 준 회칙에 '가난의 특전'이 빠져 있었을 때 최고조에 달했다. 교황이 준 회칙은 산 다미아노 공동체에 수입과 소유 재산을 허락한 규정이 있었는데 클라라는 이것이 프란치스칸 카리스마인 가난의 이상을 약화시킨다고 보았기 때문이다.

---

37 클라라 생전에 5명의 교황이 있었다. 교황 인노첸시오 3세, 교황 호노리오 3세, 교황 그레고리오 9세, 교황 첼레스티노 4세(재임기간이 일 년이 안 됨), 교황 인노첸시오 4세.

클라라는 왜 이토록 '가난의 특전'을 고집하였을까? 그녀에게 가난은 "여우도 굴이 있고 하늘의 새들도 보금자리가 있지만, 사람의 아들은 머리를 기댈 곳조차 없다"(루카 9,58)의 말씀처럼 복음적인 삶의 불안정을 사는 것이다. 비록 외적으로 봉쇄에 안정적으로 정주해서 살고 있지만 나그네의 삶을 사셨던 예수님을 본받는 길이었다. 이 복음적인 삶의 불안정을 살기 위해서 가장 필요한 것은 바로 하느님의 섭리에 대한 신뢰와 믿음이다. 봉쇄 안에 사는 사람이 온전히 자신의 생명 유지를 위해 필요한 모든 현실적인 장치를 거부하고 신적 섭리에 삶을 내 맡기는 것은 급진적인 행동이다.

클라라에게 가난은 단지 물질적인 어떤 것들을 포기하는 것이 아니라 '관계적'이고 '신적'인 것이었기에 생을 통하여 그것을 살기 위해 애썼다. 즉, 그것은 하느님이 인간을 사랑하사 자신을 비우시고 인간이 되신 거룩한 가난으로 이해하였기 때문이다. 그녀는 편지에서 가난에 대해 이렇게 말하였다.

'오 축복된 가난이여'(O Blessed Poverty)
'오 거룩한 가난이여'(O Holy Poverty)
'오 하느님 중심의 가난이여'(O God-centered Poverty)![38]

클라라는 "우리가 육신적으로 연약하고 미약하지만 그 어떤 궁핍도, 가난도, 수고도, 시련이나 수치도, 세상의 멸시도 마다하지 않았다"(유언 27)라고 한다. 그녀가 이렇게 실제적인 가난을 산 이유는 단

---

[38] 1편지, 15-17.

한 가지 예수를 온전히 사랑하는 방법이었다. 즉, "인간의 아들들 가운데 가장 아름다우신 분이 그대의 구원을 위해 인간들 가운데 가장 비천한 자가 되시어 멸시받고 얻어맞고 온몸에 갖가지 방법으로 매질 당하여 십자가의 참혹한 고뇌 가운데 죽어 가셨기" 때문이다.[39] 또한 "부자 청년에게 완전한 사람이 되려면 재산을 다 팔아 가난한 사람들에게 나누어 주라"(마태 19,21 참조)라고 하시고 하늘나라는 마음이 가난한 사람들이 차지할 것이라는 예수님의 권고 위에 자신의 가난 영성의 기초를 세웠기 때문이다. 그러므로 '가난의 특전'을 입법화시켜 육화의 신비를 살고자 했던 클라라에게 소유를 권유하는 성청(聖廳)의 배려는 부담이었다고 이해할 수 있다.

'가난의 특전'이 명시된 회칙을 승인받기까지의 과정을 보면 최근 안젤라 덕워스의 '그릿'이 생각난다. 자신이 살고자 하는 이상을 살기 위해 계속적으로 반대하는 교황에게 평생에 걸쳐 끊임없이 청원을 하는 모습에서 클라라의 열정과 인내의 힘 그리고 대범함도 엿볼 수 있다. 덕워스는 '그릿'은 주어지는 것이 아니라 길러지는 것이라고 하며 네 단계를 제시한다. 첫째, 자신의 관심사를 분명히 한 후 열정을 따르고 둘째, 엄청난 연습을 하고 셋째, 높은 목표의식을 갖고 넷째, 어떤 난관도 뚫고 성장해 나가는 마음가짐을 갖는 것이다. 이 모든 요소를 클라라에게 볼 수 있다. 클라라는 프라하의 아네스에게 어떠한 위협에도 가난한 생활양식을 포기하지 말 것을 이렇게 종용한다. "만일 누가 그대의 완덕에 장애가 되고 거룩한 부르심에 반대되는 것으로 보이는 다른 것을 그대에게 말하고 다른 것을 제시하면 그를 공경은 해

---

39 2편지, 19-20.

야 하겠지만 그 조언을 따르지 마십시오"(2편지 17). 여기서 '누가'는 그레고리오 9세를 언급한 것으로 받아들여지고 있다. 결국 성녀와 그의 공동체는 '가난의 특전'을 통해 바로 철저한 하느님 중심의 복음적 삶이 남성에게만 적용되는 특권이 아니라 여성들도 살아낼 수 있음을 주장하였고 살아내었음을 증명한다. 성 클라라는 자신이 주님으로부터 받은 카리스마를 지키기 위해 혼신의 노력을 쏟았고, 자신의 공동체를 위한 수도규칙을 썼다. 그녀가 선종하기 전 교황은 이 회칙을 인준함으로써 그녀는 역사상 최초로 여성으로서 수도규칙을 인준 받았다.

IV. 현대에 재발견하는 성 클라라의 영적 가치

현대에 재발견하는 클라라의 영적 가치는 크게 두 가지로 나누어 볼 수 있는데 여성으로서의 자율권 사용과 성덕이 가져 온 수많은 치유의 존재적 능력이다.

1. 여성의 자율권

1211년 성지주일 날 성 클라라는 공식적으로 프란치스칸 운동에 동참함으로써 역사에 나타났다. 그날 밤 클라라가 뽀르지웅꼴라에서 최초의 프란치스칸 여성으로 받아들여진 사건에 대해 새로운 눈으로 보아야 할 중요성이 있다. 당시 젊은 여성이 한 행동으로서는 매우 급진적이었는데 이는 세 가지로 요약할 수 있다.

첫째, 클라라가 귀족가문의 여성으로서 프란치스코와 합류하였다는 사실이다. 그녀의 가족들의 문화, 경제, 신분적인 상태는 당시 새 계급으로 상승하고 있었던 중간계급인 프란치스코보다 훨씬 더 높은 상태에 있었다. 아무리 계급구조에 대한 사회적 변동이 있었다 하더라도 그 시대는 여전히 기존 계급구조를 가지고 있던 시대였다. 클라라 전기에서 가족이 찾아와 데려가려고 설득할 때 "그러한 행동은 그녀의 신분에서는 있을 수 없는 일이었고, 그녀의 가문에 전례가 없는 일이기도 하였다"(전기 9)고 적고 있다. 당시 프란치스코가 거룩한 사람으로 인정받았지만 아직 미래가 불확실한 작은 집단을 이끌고 있었고 두 사람 사이에 계급적 차이는 여전히 존재했으며 쉽게 넘어설 수 있는 선이 아니었을 것이다.

둘째, 18세의 소녀로서 클라라는 집을 떠나기 전, 집을 떠난다는 허락도 받지 않았을 뿐 아니라 부모 허락도 없이 자신의 유산을 다 팔아 가난한 사람들에게 나눠준 후 프란치스칸 운동에 합류했다는 사실이다. 굳이 유산을 팔지 않고도 갈 수 있었는데 아직 소녀로서 자신의 유산을 가족들 몰래 다 정리하고 야반도주를 한 사실은 매우 당돌하고 급진적인 행동이다. 현대의 많은 여성들에게도 이렇게 용기 있고 지혜롭게 자율성을 사용하는 예는 흔치 않다. 클라라의 행동들은 독립적이고 역사적으로도 매우 희귀한 일이라 할 수 있다.

셋째, 불확실한 미래에 대해 하느님께 맡긴 신뢰성이다. 당시 가부장적인 사회에서 여성이 거처도 확실하지 않은 상태에서 하느님을 따라 살겠다고 안전한 집을 떠나 프란치스칸 운동에 합류한 것 자체가 이미 하느님께 대한 그녀의 깊은 신뢰와 신앙을 드러낸다. 그리고 클라라가 일생에 거쳐 투쟁하여 얻은 '가난의 특전'은 봉쇄에 사는 여성들에게는 교황님들의 배려처럼 급진적인 것이다. 아름답고 부유한 클라라는 가장 가난한 여성이 되어 복음적 삶에 동참한다. 클라라는 시대를 넘어서 여성의 자율권을 그 어느 누구보다 훌륭히 사용한 용기 있는 여성이다

2. 치유의 빛: 하늘과 땅을 잇다

성 클라라는 치유의 빛이었다. 영원한 빛이신 예수님과의 영적 결합을 통해 그녀는 하느님께로 가는 좁은 길을 갔다. 그녀의 삶을 통해 빛의 좁은 길을 제시하며 사람들이 영적 인식의 깊은 길로 갈 수 있도록 영감을 불어넣어 준다. 클라라가 살아낸 봉쇄의 관상적 삶은 일상에서 수많은 기적을 낳았다. 그녀의 기적의 종류는 참으로 다양하다. 이들을 언급하면 기름의 기적, 빵의 기적, 악마를 내쫓음, 간질환자, 중풍환자, 꼽추, 마비된 팔, 정신착란자, 절름발이, 귀머거리, 장님을 치유시킨 일이다. 이러한 기적들은 공생활 중 예수님께서 다양한 사람들을 치유해 주셨던 것을 상기시켜 준다.

클라라의 기적 이야기를 읽다보면 또 하나의 특이한 것이 눈에 들어온다. 그것은 그녀가 기적을 하기 전 취했던 행동은 다른 여느 성녀들이 하듯이 기도를 했다는 표현보다는 특이하게 늘 '십자성호를 그었다'고 한다. 그중에 하나의 예를 들어 어느 날 교황께서 성 다미아노 수도원을 방문하였을 때 교황은 성녀에게 식사 전 기도를 하게 하였는데 겸손한 그녀가 순명으로 빵 위에 십자가를 그었을 때 놀랍게도 모든 빵 위에 아름답고 명확한 십자가 표시가 나타났다고 한다. 또한 수도원에 먹을 빵이 반쪽밖에 없었을 때 클라라가 명한 대로 그 빵 반쪽은 50조각으로 썰어져서 모든 자매들이 먹었다고 한다. 그녀의 일

생을 통해 그녀가 그은 십자성호는 수많은 기적으로 연결되었다. 이 외에 더 많은 내, 외적 기적들이 있는데 봉쇄 수도원에 살면서 천상적 신비를 관상한 성덕을 통해 적극적으로 땅의 사람들을 살렸다.

성 클라라가 이 지상의 삶을 마치고 평생을 그리워했던 예수께로 돌아가기 전 "안심하고 가거라, 좋은 안내자가 너를 동반하리라. 마치 어머니가 자기 아기를 보살피듯이 그분은 너를 항상 돌보아 주셨다"라고 하면서 "오, 주여, 나를 창조하셨으니 찬미 받으소서"라고 덧붙였다고 한다. 그래서 병상을 지키던 아나스타시아 수녀가 클라라에게 누구에게 말하고 있느냐고 물으니, "나는 지금 내 복된 영혼에게 말하고 있습니다"라고 대답하였다.[40] 그녀는 여기서 자기 자신과 분리된 다른 타자가 되어 자기 영혼과 대화를 나눈다. 자기 영혼과 대면함으로써 하느님의 존재를 더욱 선명히 인식한다. "사람의 일생은 마지막 날에야 드러난다"(집회 11,28)고 했다. 자신을 '복된 영혼'이라고 표현하는 클라라는 분명 '복된 자'이다.

나가는 말

지성과 아름다움을 겸비한 한 거룩한 여성, 클라라의 삶을 통해 그녀가 지닌 고유한 메시지를 예수님 안에서 시공을 초월하여 현대 우리에게도 주고 있음을 발견하게 된다. 클라라는 온유하였지만 강하였고, 고분고분하였지만 용감하였고, 어느 누구보다 겸손하였지만 타고

---

40 시성 증언 3; 11.

난 힘 있는 지도자였고, 침묵하였지만 지성은 많은 사람들에게 큰 영향을 미쳤다. 평생을 아주 작은 봉쇄의 울타리 안에 살았지만 존재는 온 우주와 연결되어 있었다. 성 클라라는 여성으로서 온전히 복음적 삶을 살아내었고, 예수님 안에 사는 삶이 어떤 것인가를 보여주는 성덕의 촛대이다. 성 클라라의 성실함, 강인함, 그리고 유연함은 우리가 겪는 매일의 삶 속에서 그러한 자질들을 실천하며 살도록 초대하고 있다. 그녀가 보여준 섬김과 사랑함과 귀 기울임과 배려의 정신은 매일의 관상 안에서 퍼 올린 하느님과의 사랑의 합일에서 흘러나왔으며 이 정신은 주위의 사람들을 어둠에서 빛으로, 죽음에서 생명에로 이끌었다.[41]

성 클라라의 영성의 본질은 한 마디로 예수님의 "내가 너희를 사랑한 것처럼 너희도 서로 사랑하라"(요한 13,34)을 실천하는 '완전한 사랑'(3편지 22,23; 4편지 11 참조)는 말씀 안에서의 여정이다. 완전한 사랑을 실천하기 위해 그녀는 극단적인 가난을 선택했고, 가난은 그녀에게 그리스도의 완전한 자기 증여를 본받는 길이며 이러한 가난은 그리스도의 '자기 비움'(필립 2,7)을 통해 우리 모두도 함께 이 영광의 길에 동참하도록 초대받았음을 보여준다. 평생을 십자가에 못 박히신 그리스도를 응시한 클라라의 관상적 기도의 삶은 궁극적으로 예수를 모방하도록 이끌었다. 그 모방의 선물은 그녀가 죽기 전 아마타 자매에게 "자매도 내가 보고 있는 영광의 임금님을 보았습니까?"(시성증언 4)라는 물음에서 빛의 예수님의 방문을 선물로 받았음을 보여준다.

시성교서에서 교황 알렉산델 4세는 41년 동안이나 봉쇄 안에서

---

[41] Clara Heo, *Clare of Assisi: A Study of Her Loving Relationships in Light*, Unpublished Master's Thesis, Elms College, 2003, 3-4.

살았던 클라라를 그 어떤 빛보다 세상을 찬연하게 비추었던 눈부신 빛, 형용할 수 없는 광휘의 빛으로서 묘사하고 있다. 성경에서도 사람의 이름은 바로 그 사람의 선교사명을 의미 한다. 클라라는 참으로 자기 이름의 의미대로 '빛'의 삶을 그대로 살았다. 많은 성인들이 있지만 클라라만큼 이토록 자신의 이름이 의미하는 대로 사신 분은 많지 않을 것이다. 시성교서는 클라라를 빛의 성인으로 반복하여 찬양하고 있다. 이 찬양에서 우리는 그녀의 선교 중심이 자신이 온전히 본받고 싶었던 빛이신 예수님과의 깊은 사랑에 기반하고 있다는 것을 알 수 있다. 클라라의 빛은 오늘날 우리에게 어떻게 예수께로 나아가야 하는지를 비추어 주고 있다.

클라라,
그대는 살아 있을 때 빛을 발하고
세상을 떠난 다음엔 찬연한 광채를 발하고 있도다.
오, 이 빛의 힘이 얼마나 위대한지고
그리고 그 조명의 광채는 얼마나 맹렬한고!
분명코 이 빛이 숨겨진 담장 안에 머무르고 있는 동안
울밖엔 불꽃 튀는 광선을 발하였도다.
그렇게 점화되고 조명되는 빛은 찬연히 빛을 발하고
주님의 집에서 밝은 빛을 내지 않을 수 없었던 것은
그리 놀라운 일이 아니도다.
그것은 숨겨진 향수로 가득한 옥합과도 같아
그 향기를 발하지 않을 수 없는 것과 같다.
그리고 달콤한 향내로 주님의 집을 그득 채우도다(시성교서 3,4).

참고문헌

안젤라 터크월스/김미정 옮김.『그릿 Grit』. 서울, 비지니스북스, 2016.
로마노 펜나/성염 옮김.『다르소의 바오로』. 서울, 성바오로, 1997
_____/작은형제회 옮김.『프란치스칸 삶과 사상: 성녀 클라라에 관한 초기 문헌들』. 프란치스칸 사상 연구소, 제3호(1993).
_____/작은형제회 옮김.『아씨시 프란치스코와 클라라의 글』. 프란치스코 출판사, 2014.
_____/작은 형제회·이재성·오상선 옮김.『아씨시 성녀 클라라 전기와 시성조사 증언록』. 재속프란치스코 한국 국가형제회 출판부, 2003.
안셀름 그린/정하돈 옮김.『하늘은 네 안에서부터: 오늘 우리에게도 들려오는 사막 교부들의 지혜』, 서울: 분도출판사, 1999.
안셀름 그린·Jesus Alvarez Gomez/강운자 옮김.『수도생활 역사』 II(*Jesus Alvarez Gomez*). 서울: 성바오로, 2002.
허귀희. *Clare of Assisi: A Study of Her Loving Relationships in Light*. Unpublished Master's Thesis, Elms College, 2003.
Beha, Marie, O.S.C. "Mirror, Mirror, on the Wall..." *The Cord* 52. 4 (2001): 176-183.
Benet A. Fonk, OFM.. *To Cling With All Her Heart to Him: The Spirituality of St. Clare of Assisi*. Quincy: Franciscan Press, 1996.
Carney, Margaret, O.S.F.. *The First Woman: Clare of Assisi & Her Form of Life*. Quincy; Franciscan Press, 1993.
Eberthard Arnold. *Inner Land: A Guide into the Heart of the Gospel*. 2nd ed. Farmington: The Plough Publishing House, 1999.
Edith A. Van den Goorbergh O.S.C. & Theodore H. Zweerman O.F.M.. *Light hining Through A Veil: On Saint Clare's Letters to Saint Agnes of Prague*. Peeters, 2000.
Gloria Hutchson. *Clare of Assisi: The Anchord Soul*. St. Anthony Messenger Press, 1982.
Heo, Clara, SFMA. "The Loving Relationship of Clare with Her Mother". In *The Cord,* 53 4(2003), 207-212.
Julien, Danielle, FMIC. "Clare's Model of Leadership". *The Cord,* 50.4(2001): 184-198.
Mary Francis Hone, O.S.C.. *Clare's Palm Sunday Consecration: The Following of Christ*. The presentation given by the author on Palm Sunday Eve, March 6, 1994 at

St. Anthony's Shrine, Boston, MA.

Michael W. Blastic, O.F.M. Conv.. 'Clare of Assisi: The Eucharist and John 13'. in *Clare Centenary Series: Clare of Assisi: Investigations* Vol. VII, St. Bonaventure, NY: The Franciscan Institute, 1993.

Mueller, Joan. *Clare's Letters to Agnes: Texts and Sources.* St. Bonaventure, NY: The Franciscan Institute Press, 2001:1.

Peterson, Ingrid J.. *Clare of Assisi: A Biographical Study.* Quincy: Franciscan Press, 1993.

R.J. Armstrong O.F.M. Cap, ed and trans. *Clare of Assisi: Early Documents.* St. Bonaventure: Franciscan Institute Publications, 1993.

Timothy J. Ofm Conv./호명환 옮김. "이미지(형상)와 시각(Image and Vision): 아시시의 클라라가 쓴 편지글들에 나타나는 시각적 인식작용으로서의 관상". 「프란치스칸 삶과 사상」 19 (2002).

아시시의 성 클라라 연표

1193-1194년	아시시의 쉬피(Sciffi)귀족 가문에서 아버지 파바로네 오프레두치오(Favarone di Offreduccio), 어머니 오르뚤라나(Ortolana) 사이에서 태어났다.
1206년	프란치스코의 회개 후 그를 만난다. 클라라는 자기 몫의 유산을 팔아 가난한 사람들에게 나누어 준다.
1211년 3월 27-28일	성지주일날 밤에 야반도주를 하여 포르지운쿨라 성당에서 프란치스코에게 삭발례를 받고 수도생활을 시작한다. 다음날 클라라는 성 파울로 바스티아의 베네딕토회 수녀원으로 인도되고, 그녀를 데려가려는 가족들의 시도가 무산 된 뒤 거처를 수바시오 산 성 안젤로 판조 성당으로 옮긴다. 여기서 동생 아네스가 합류하고 얼마 후 성 다미아노 수녀원으로 거처를 옮긴다. 몇몇 자매들이 입회함으로써 9월 무렵에 자매들의 공동체가 형성된다.
1213-1214년	프란치스코가 클라라에게 원장직을 맡기를 요청한다.
1214년	클라라의 동료인 발비나 자매가 스펠로(Spello)에 공동체를 설립한다.
1215-1216년	제4차 라테라노 공의회가 새로운 수도회 창설을 금지하고 기존 수도규칙 중 하나를 선택하도록 규정한다. 클라라는 인노첸시오 3세 교황으로부터 가난의 특전을 청하여 허락받는다.
1217년	프란치스코와 아시시의 주교가 클라라의 단식을 완화하도록 권한다.
1218-1219년	우골리노 추기경이 작성한 '생활규칙'을 성 다미아노 공동체에도 주지만 클라라와 자매들은 법적 필요성 때문에 베네딕토의 「수도규칙」에 기초를 두고 있는 이 규칙을 받아들이면서도 실제로는 프란치스코의 '생활양식'을 준수하며 살아간다.
1219년	클라라의 동생 아네스를 피렌체 근처 몬티첼리 수도원 원장으로 파견한다.
1224년	죽을 때까지 계속되는 클라라의 중병이 시작된다
1226년	세상을 떠난 프란치스코의 유구 행렬이 성 다미아노 수도원에 이르고 클라라와 자매들은 눈물 속에서 작별한다.
1227년	우골리노 추기경이 그레고리오 9세로 교황직에 오른다.
1228년	프란치스코 시성식 관계로 교황 그레고리오 9세는 아시시에 머물게 되는데 이때 성 다미아노 수도원을 방문한다. 교황은 클라라에게 어느 정도의 재산을 소유하도록 권하며 서원 관면까지 제안하지만

	그녀는 '그리스도를 따르는 길에서 관면받고 싶지 않다'며 이를 단호히 거절한다. 클라라는 성 다미아노 수도원의 프란치스칸 정체성을 지키기 위해 끈질기게 요청하여 9월 17일 「시쿠트 마니페스툼」(Sicut manifestum) 칙서를 통하여 「가난특전」을 재확인받는다. 이 칙서의 원본은 아시시 모원에 보존되어 있다.
1234년 6월 11일	보헤미아 왕가의 아네스 공주가 자신이 프라하에 설립한 클라라 수도원에서 수도 생활을 시작한다. 그레고리오 9세 교황은 8월에 아네스를 원장직에 임명한다.
1238년 4월 15일	프라하의 아네스가 그레고리오 9세 교황으로부터 「피아 크레둘리타테 테넨테스」(Pia credulitate tenentes)를 통해 가난 특전을 받는다. 그러나 다음 달 5월에 교황은 자신이 작성한 수도규칙에 충실할 것을 명한다.
1240년	성 다미아노에 쳐들어 온 사라센 군대가 클라라의 성체의 기적으로 퇴각한다.
1241년	적군에 점령당한 아시시가 클라라의 기도로 풀려난다.
1246년 7월 초	수도원 정문이 클라라 등 위로 떨어졌으나 클라라는 병중이었음에도 불구하고 다치지 않는다.
1247년 8월 18일	리옹에서 인노첸시오 4세 교황이 「쿰 옴니스 베라 레리조」(Cum omnis vera religio)를 통해 새 수도규칙을 선포한다. 그러나 성 다미아노 수도원과 클라라의 정신을 따르는 수도원들은 절대적 가난에 위배된다 하여 이것을 받아들이지 않았다. 이를 계기로 해서 클라라가 고유한 생활양식을 작성하고자 결심한다.
1250년	인노첸시오 4세 교황이 성 다미아노 수도회의 자매들에게 자신이 준 수도규칙을 지킬 의무가 없다고 선언한다.
1252년 9월 16일	라이날도 추기경이 클라라가 프란치스코의 「인준 규칙」에 따라 작성한 「수도규칙」을 칙서로 인준해 주는데 성 다미아노 공동체에만 적용된다. 클라라는 교황의 인준까지 원한다. 12월 24일 클라라가 병석에서 환시를 통하여 성 프란치스코 대성당의 성탄 밤 미사에 참례한다.
1253년 8월 6-8일	인노첸시오 4세 교황이 두 번째로 아시시의 클라라를 방문한다.
8월 9일	인노첸시오 4세 교황이 「클라라의 수도규칙」을 인준하고 더불어 「가난 특전」도 내린다.
8월 11일	클라라가 성 다미아노에서 숨을 거둔다.
8월 12일	인노첸시오 4세 교황이 성 다미아노에서 클라라의 장례식을 거행하고 유해는 성대하게 아시시 시내로 옮겨져 성 조르조 성당에 안장된다. 10월 18일, 인노첸시오 4세 교황이 클라라에 대한 시성조사를 명한다.

11월 24-29일	성 다미아노와 아시시에서 클라라에 대한 시성 조사가 실시된다
1255년 8월 15일	클라라가 알렉산데르 4세 교황에 의해서 시성된다.
1260년 10월 3일	클라라의 유해가 성 조르조 성당에서 성 클라라 대성당으로 이전되며 성 다미아노 공동체의 자매들도 성 클라라 대성당으로 옮긴다.
1263년 10월 18일	우르바노 4세 교황이 '성 클라라 수녀회'(Ordo sororum Sanctae Clarae)라 불릴 성 다미아노 수도회를 위하여 새로운 「수도규칙」을 선포한다.

"괜찮아, 모든 것이 잘 될 거야!" 어머니 예수님 안에서, 노르위치의 줄리안

안은경 세레나

노르위치의 줄리안(1342-1416)

들어가는 글

14세기 여성 신비가이며 신학자인 노리위치의 줄리안은 자신의 저서 Showings(『하느님 사랑의 계시』)를 통해 사회가 온통 전쟁과 부패, 절망과 고통으로 신음하던 시기에, 역설적으로 이 모든 것을 뛰어 넘어 결국은 "모든 것이 잘되고 또 잘될 것이다"라는 절대긍정과 희망의 메시지로 하느님 사랑의 계시를 전한 시대의 예언적 여성이었다. 그리고 여성에 대한 인식자체가 극도로 폄하되어있던 14c에 '어머니 예수님'이라는 그리스도 안의 모성적 사랑에 주목해서 이를 절망과 고통 속에 신음하는 인류 구원을 위한 하느님 사랑의 계시로 전한 매우 섬세한 여성적 감성과 깊은 영적 통찰력을 지닌 여성이었다.

줄리안이 살던 시대는 기나긴 백년 전쟁, 정치, 사회적 부패와 종교적 분열, 유럽전역을 휩쓴 흑사병으로 인해 한치 앞도 보이지 않을 만큼 암울한 시기였다. 하지만 그로부터 7세기가량 떨어진 오늘날의 시대 역시 온갖 부조리와 폭력이 난무하는 가운데 자본주의의 극대화로 인한 물질만능주의와 인간성의 피폐, 종교적 가치의 상실, 치열한 경쟁 속에 깊은 소외와 단절, 국민적 우울증과 세계 최고의 자살률로 아마도 중세 못지않은 극도의 혼란과 암울함으로 압도되어 있는 듯한 느낌을 받는다. 중세의 여성신비가 노르위치의 줄리안은 이러한 세태에 자신이 받은 하느님 사랑의 계시로 이를 치유할 수 있는 힘은 어찌 보면 가장 보잘 것 없고 나약하게 보이는 저 십자가에 못 박혀 피 흘리고 계신 예수 그리스도안의 모성적 사랑임을, 그리고 그렇듯 한없이 작고 무력한 십자가위의 모성적 사랑만이 죽음의 문화를 향해 치닫고 있는 오늘날의 무섭도록 거칠고 폭력적인 세태를 잠재우고 치유하며 회복할 수 있는 가장 강력한 무기가 될 수 있음을 전하고 있다. 시대적인 압박감과 굴레에 여성들 자신조차도 버겁게 느껴지기 시작한 바로 그 모성성 안에, 사실은 온갖 상처와 고통과 절망으로 일그러지고 얼룩진 인류를 구원하고 치유할 수 있는 그래서 죽음의 문화를 생명의 문화로 역전시킬 수 있는 가장 고귀하고 숭고한 사랑의 힘이 녹아 있음을 오랜 신앙 여정 안에서 길어 올린 귀한 영적 결실을 통해 줄리안은 우리에게 전하고 있다. 절대로 흔들릴 것 같지 않던 그 모성마저도 길을 잃고 헤매고 있는, 그래서 극도로 혼란된 정체성의 아픔을 겪고 있는 오늘날 이 시대의 여성들에게 줄리안은 '어머니 예수님' 안의 모성성을, 여성들이, 나아가 인류가 걸어가야 할 참 사랑의 길로 제시하고 있다. 그리고 그러한 십자가 사랑의 길을, 즉 예수님안의 참모성성을 각자의 삶의 자리에서 묵묵히 그리고 온전히 살아낼 때에, 하느님은 모든 인간적인 죄와 악, 그로인한 끝없는 절망과 아픔들 속에서도 당신의 때에 그 모든 것을 합하여 선을 이루시고, "그럼에도… 모든 것이 잘될 것이다"라는 당신 '사랑의 계시'를 이루어 가실 것임을 줄리안은 평생에 걸쳐 완성된 자신의 유일한 저서, 『Showings(하느님 사랑의 계시)』를 통해서 힘 있게 증거하고 있다. 이는 마치 14c의 줄리안이 혼돈 속에 방황하며 신음하고 있는 현대인들에게 그들의 어깨를 토닥이며 "넘어져도 괜찮아, 걱정하지마. 모든 것이 잘 될 거야…"라고 말하면서 더없이 깊고도 따뜻한 위로의 선물을 건네고 있는 듯하다.

I. 노르위치의 줄리안, 그녀는 누구인가?

노르위치의 줄리안(Julian of Norwich)은 영국의 가장 대중적인 신비가로서 영국의 노르위치 지방에 있는 줄리안 교회 근처에서 은둔생활을 했다. 그녀의 세속 이름은 알려지지 않고 있으며 단지 수도명이 줄리안이라는 것만 전해진다. 이는 아마도 그녀가 거주했던 교회가 줄리안교회였기 때문에 그녀를 그렇게 불렀을 것이라고 추측되고 있다. 줄리안은 1342년 12월, 영국 노르위치의 부유한 가정에서 태어났고(1342년~1416년으로 추정), 생애나 가족사에 대해서는 알려진 바가 거의 없으며, 우리나라에도 거의 소개가 되지 않은 상태이다.

'영국 최초의 여성 저술가'라고 불리는 줄리안은 그녀의 생애 동안 『Showings』라는 단 한 권의 책을 남겼는데, 이 안에는 「짧은 책」(Short Text)과 「긴 책」(Long Text), 두 작품이 들어 있다. 병으로 거의 죽어가고 있던 1373년 5월, 줄리안이 서른 살 반이 되었을 무렵, 그녀는 십자가에 못 박히신 예수님의 환시를 보고, 이어서 인간에 대한 하느님 사랑의 계시들을 보게 된다. 이 첫 체험과 이에 대한 반응을 25장(chapter)으로 기록했는데 그것을 「Short Text」라 한다. 그리고 20년 후 체험에 대한 지속적인 기도와 관상, 숙고의 결과를 기록했는데, 그것을 「Long Text」라 부른다. 이는 86장으로 되어 있고 16가지 계시를 담고 있다. 15가지 계시는 하루에 걸쳐 일어나고, 마지막 계시는 모든 열다섯 계시들의 결론이자 확증으로 다음날 일어난다. 『Showings』는 환시체험과 이 체험에 대한 신학적 해석 둘 모두를 담고 있는데, 이러한 면에서 줄리안은 자신이 체험한 환시들을 탄탄한 신학적 진리로 해석한 독특한 중세 영국 신비가라고 할 수 있다.[1]

그것이 계시되었던 때부터, 나는 여러 번 우리 주님의 뜻이 무엇인지 알기를 열망했습니다. 그리고 15년이 조금 더 지나서, 나는 영적 이해 안에서 응답을 받았습니다.[2]

줄리안이 살았던 시대는 긴 십자군 전쟁 후 민생이 파탄되고 도탄과 절망에 빠진 시대였다. 흑사병(1348년부터)으로 유럽 인구의 1/3이 죽었으며 영국과 프랑스 간의 백년전쟁(1337~1453), 농민혁명(1381) 등 여러 악재가 동시에 발생해 유럽 전체가 혼란에 빠졌던 그야말로 칠흑과도 같았던 암흑기였다. 당시 교회의 상황 또한 최악의 상태로 "아비뇽 유수"가 끝나고 교황이 로마로 돌아왔을 때였는데, 그 후에도 황제와 교황간의 알력은 계속되었다. 정치적으로는 전쟁에서 패한 리처드 왕이 헨리 4세에게 폐위되어 처형당했으며, 헨리 5세가 집권하면서 극도의 혼란이 찾아왔고, 교회 역시 분열과 위기의 시대를 맞고 있었다. 이러한 때, 14c 유럽 전체에 신비가들이 출현했는데, 교회사에서 이처럼 신비주의가 왕성한 때는 없었다.[1]

이렇듯 몹시도 암울한 시대적 환경에도 불구하고 줄리안은, 자신의 저서『Showings』에서 "그럼에도 … 모든 것이 잘 될 것이다(긴 책 27)"라는 환시를 받았으며, 사랑의 하느님은 끝내 "우리를 온전케 하실 것(긴 책32)"이라는 희망의 대 메시지를 선포했다. 이는 절망의 시대를 향한 궁극적인 하느님의 사랑과 희망의 메시지라고 볼 수 있다.

그리고 이러한 시기에 줄리안이 받은 계시들은 결국 그녀의 기도

---

1 김유미,『노리치의 줄리안 영성 연구』, 서강대학교, 2007년, 13-17.
2 노리치의 줄리안/엄성옥 옮김,『하느님 사랑의 계시』(은성출판사. 2007), 86. 앞으로 이 책의 인용은 본문에 페이지만 표기한다.

에 대한 응답이라고 할 수 있는데, 환시를 체험하기 전에 줄리안은 하느님의 선물로 다음의 세 가지 은총을 청했다.

이 계시는 1373년 5월 8일에 단순하고 무식한 여인에게 주신 것입니다. 그 여인은 하느님께 세 가지 선물을 달라고 요청했었습니다. 첫째는 그리스도께서 받으신 고난을 분명히 인식하는 것이요, 둘째는 서른 살 때에 육체적인 질병에 걸리게 해달라는 것이요, 세 번째는 세 가지 상처를 달라는 것이었습니다.

첫째 선물과 관련하여, 나는 그리스도의 수난을 어느 정도 느낄 수 있을 것 같았지만, 하느님의 은혜에 의해 보다 강력하게 그것을 느끼기를 원했습니다. … 육체 안에 계신 그리스도를 봄으로써 주님의 육체적인 고난, 그리고 예수님의 모친과 그리스도의 고통을 목격한 친구들의 고난을 보다 잘 알게 되기를 열망했습니다. 나도 그들 중 하나가 되어 그리스도와 함께 고통 받기를 원했습니다.… 나는 계시를 받은 후에 그리스도의 수난을 더욱 참되게 인식하기를 원했습니다.

나의 두 번째 선물은 통회와 더불어 임했습니다. 그것은 내가 구한 것이 아니라 하느님께서 거저 주신 은사, 하느님의 선물로서 육체적 질병을 소유하려는 강력한 소원이었습니다. 나는 치명적인 중병에 걸리기를 원했습니다. 나는 거룩한 교회가 죽어가는 사람에게 베푸는 모든 의식을 받으면서 나 자신이 죽어가고 있다는 것을 의식하며, 나를 바라보는 사람들도 그렇게 깨닫기를 원했습니다. 왜냐하면 나는 세상에서 생명을 이어가기를 원하지 않았기 때문입니다. 나는 이

병을 앓으면서 임종하는 사람이 느끼는 온갖 종류의 영적 고통과 육적 고통, 모든 두려움과 마귀로부터의 공격, 또 영과 작별하는 것을 제외한 모든 종류의 고통을 당하기를 원했습니다. 왜냐하면, 나는 곧 하느님과 함께 거할 것을 원했기 때문에 내가 세상을 떠날 때에 이것이 내게 유익할 것이라고 기대했기 때문입니다.

세 번 째로, 나는 하느님의 은혜와 거룩한 교회의 가르침에 의해서 살아있는 동안 세 가지 상처를 받으려는 큰 갈망을 품었습니다. 다시 말해서, 참된 통회의 상처, 깊은 동정심의 상처, 그리고 하느님을 향한 진지한 열망의 상처를 받고 싶었습니다(27-29).

II. 줄리안의 영성

1. "괜찮아, 모든 것이 잘 될 거야"

줄리안이 살았던 시대는 종교는 물론 정치, 사회적으로 매우 혼란하고 암울한 시기였지만 그녀의 작품에는 이러한 배경에 대한 언급이 전혀 없다는 사실이 조금은 의아하게 느껴지기도 한다. 하지만 책속에서 그녀가 끊임없이 인간의 고통과 죄에 대해 묻고, 고민하며, 성찰하고 있는 모습 속에서 이러한 고민과 물음들이 그렇듯 암울한 시대적 배경 속에서 나온 것임을 우리는 충분히 미루어 짐작할 수가 있다. 끝도 없는 전쟁과 갈등, 반목, 절망과 고통의 시대적인 물음들 앞에 줄리안의 주된 관심은 인간의 죄와 고통, 하느님의 사랑과 선, 구원의 관계였다. 동서고금을 막론하고 인류의 가장 근원적이며 본질적인 주제 가운데 하나라고 할 수 있는 '죄와 고통'의 문제에 대해 그녀는 이것이 하느님의 사랑과 어떻게 조화를 이룰 수 있는지, 즉, 하느님께서는 **왜 죄를 막지 않으시는지, 그리고 그러한 온갖 죄악과 그로인한 인류의 고통에도 불구하고 어떻게 "모든 것이 잘 될 수 있는지"**에 관해 지속적인 관심을 갖고 오랜 세월 숙고했다. 이에 대해 예수님은 계시 안에서 다음과 같이 말씀하셨다: "죄는 필요하다. 그러나 모든 것이 잘 될 것이며, 모든 종류의 일들이 잘 될 것이다."

넘어져도 괜찮아

하느님은 우리가 넘어지면 사랑으로 안아 일으켜 주신다. 그러나 그 후 어떤 사람들은 전보다 더 심각하게 넘어지는데 이것 또한 하느님은 허락하신다. 우리에게 있어서 넘어짐은 필요하다. 만일 넘어지지 않는다면 우리는 자신이 얼마나 비참하고 약한 존재인지 알지 못할 것이다. 또한 창조주 하느님의 놀라운 사랑도 완전히 이해하지 못할 것이다.

계시 가운데 고통을, 그리고 그 후에 다시 기쁨과 즐거움을 느끼기를 대략 20번 정도 반복했는데, 이 계시는 모든 사람이 이러한 경험, 즉 위로를 받기도 하고 혹은 홀로 남겨져 넘어지기도 하는 일을 경험할 필요가 있다는 것을 이해할 수 있도록 나에게 주어졌습니다. 하느님은 항상 우리를 기쁨과 슬픔 속에서 안전하게 보호하신다는 것, 그리고 슬픔 속에 있을 때에도 기쁨 속에 있을 때와 마찬가지로 우리를 사랑하신다는 것을 우리가 깨닫기를 원하십니다. 어떤 사람이 때때로 홀로 남겨지는 원인이 항상 죄는 아니며, 영혼의 유익을 위한 것이기도 합니다…(51-52). 주님은 때로 원하실 때에는 우리에게 후히 주시며, 때로는 우리에게 슬픔을 허락하십니다. 그러나 이 두 가지 모두 동일한 사랑에서 비롯됩니다. 그러므로 우리가 힘을 다하여 기쁨을 사수하는 것이 하느님의 뜻입니다. 구원받은 사람들에게 있어서 기쁨은 영원히 지속되며 고통은 지나가고 완전히 사라질 것입니다. 그러므로 우리가 고통의 감정들에 휘둘려 슬퍼하지 않고, 속히 그것들을 초월하여 영원한 기쁨 안에 머무는 것이 하느님의 뜻입니다.(149)… 하느님은 우리가 넘어지는 것을 허락하십니다. 하지만 우리는 하느님의 힘과 지혜에 의해서 하느님의 사랑 안에 보존되며, 하느님의 자비와 은혜로 말미암아 보다 풍성한 기쁨에 이릅니다(198).

자신을 안다는 것(자아인식)

우리는 지식과 은혜에 의해서 낙심하지 않고 자신의 죄를 봄으로써 유익을 얻을 것입니다. 우리가 보는 죄의 모습은 우리를 부끄럽게 만들고 우리의 교만과 주제넘음을 파괴할 것입니다. 우리는 자신 안에 죄와 비참함 외에 아무것도 없다는 것을 보아야 합니다. … 우리가 이 통회와 은혜를 통해서, 그리고 이 겸허한 의식에 의해서 주님이 아닌 보는 것으로부터 분리될 때에 구주께서는 우리를 완전히 치유해 주시고 주님 자신과 연합시켜 주실 것입니다. 주님은 이 분리와 치유를 인류전체에게 적용하십니다. 따라서 가장 고귀하고 하느님과 가장 가까이 있는 사람은 자신을 악하고 궁핍하다고 여길 것입니다(346).

죄가 존재하는 이유

예수님은 "죄는 필요하단다"라고 말씀하셨습니다. 주님은 '죄'라는 단어 안에는 선하지 않은 모든 것이 포함된다는 느낌을 주셨습니다: 주님이 세상에 계실 때나 임종하실 때에 우리를 위해 당하신 멸시와 완전한 자기 부인, 그리고 모든 피조물이 영적으로나 육적으로 경험하는 모든 고통과 고난. 우리 모두는 부분적으로 부인당하고 있으며 완전히 정화될 때까지, 다시 말해서 우리가 자신의 썩을 육체 및 선하지 않는 내면의 성정(性情)들을 완전히 부인할 때까지 우리는 주 예수님처럼 부인되어야 합니다(66).

나는 주님이 종들의 시련에 대해 연민과 동정심을 느끼시면서 기뻐하시는 것을 보았습니다. 사랑하는 모든 사람을 영원한 행복에 이르게 하기 위해서, 주님은 자신이 보시기에는 책망의 원인이 되지 않지만 각 사람이 이 세상에서 책망과 멸시와 조롱을 받고 거칠게 취급되고 쫓겨나는 원인이 되는 것을 각 사람에 부과하십니다. 주님은 이 비참한 삶의 허영과 허식에 의해 그들에게 가해질 피해를 막기 위해서, 그리고 천국으로 가는 길을 예비하시기 위해서, 그리고 그들을 영원히 지속될 주님의 행복에게로 끌어올리기 위해서 이렇게 행하십니다. 주님은 "나는 네 안에 있는 헛된 감정들과 악한 교만을 완전히 파괴할 것이다. 그 후에 너를 나와 연합시킴으로써 온유하고 겸손하고 순수하고 거룩하게 만들 것이다."(181) …나는 그리스도께서 죄로 인해 우리를 얼마나 불쌍히 여기시는지 알았으며, 전처럼 그리스도의 수난 때문에 고통과 연민이 가득 찼고 이제는 모든 동료 신자들을 불쌍히 여기는 마음으로 어느 정도 채워졌습니다. 그런 후에 나는 사랑 안에서 동료 신자들을 향해 품는 온갖 종류의 불쌍히 여기는 마음은 곧 우리 안에 있는 그리스도라는 것을 알았습니다(67).

그럼에도 불구하고… 모든 것이 잘 될 거야!

줄리안의 환시체험들은 그리스도의 수난과 고통에 초점이 맞춰지고 있다. 하지만 죄의 문제는 하느님 사랑 안에서 사라지고, **끊임없는 하느님의 선한 의지가 죄를 어두움이 아닌 가능성과 성장으로 보게 한다**.[3] **그리스도의 수난을 통해서 인간은 죄에서 깨끗해져 하느님과 일치를 이루고, 우리보다 훨씬 더 큰 고통을 겪으신 예수 그리스도를 통해서** 우리 또한 절망과 고통의 상황에서 힘과 위로를 얻는다고 줄리안은 보고 있다.

… 주님은 당신 수난의 힘에 의해 모든 것이 영예와 이익으로 변화될 것이라는 사실과 우리가 홀로 고통을 겪는 것이 아니라 그와 함께 있다는 것을 알기를 바라십니다(28).
우리는 통회에 의해서 깨끗해지고, 연민에 의해서 준비를 갖추며, 하느님을 향한 참된 열망에 의해서 자격이 있게 됩니다. 이 세 가지는 세상에서 죄인들이었으나 구원받아야 할 영혼이 천국에 가는데 사용되는 수난입니다. 모든 영혼은 이 세 가지 약에 의해서 치유되어야 합니다. 우리는 치유된 상처의 흉터를 가지고 있지만, 하느님 앞에 설

---

3 김유미, 노리치의 줄리안 영성 연구, 서강대학교, 29.

때에 그것은 그를 흉하게 하는 것이 아니라 고상하게 만들어줍니다
(208).

고통이 기쁨으로, 수치가 영광으로 변화되기에 "모든 것이 잘 될 것이다"(All Shall Be Well)라고 선포하는 줄리안의 인도를 따라 "주님은 당신의 은혜로운 손길에 우리가 기꺼이 반응하며 빈번한 실족으로 인해 슬퍼하기보다는 주님의 사랑 안에서 기뻐하기를 원하신다. …. **우리가 할 수 있는 일 중에서 주님께 가장 영광이 되는 일은 주님을 향한 사랑에서 우러나서 회개하며 자원하여 즐겁게 사는 것입니다.**"[4]라고 줄리안은 말하고 있다. 하느님의 꾸준한 사랑은 우리의 죄보다 무한정 더 크시기에, 죄악과 끝없는 절망 속에서도 우리가 희망의 끈을 놓지 말아야 할 마지막 궁극적 이유가 여기에 있음을 줄리안은 전하고 있다.

비록 우리가 많은 고통과 불행과 슬픔을 당하고 있기 때문에 자신의 상태와 느낌 외에 다른 것을 생각할 수 없는 것처럼 보여도, 되도록 빨리 그것을 가볍게 여기고 아무것도 아닌 것으로 간주해야 합니다. 그 이유는 무엇입니까? 왜냐하면 하느님을 알고 사랑하고 경외하는 사람은 평안과 완전한 쉼을 소유하게 된다는 것, 그리고 하느님이 행하시는 모든 것이 우리에게 큰 즐거움을 주리라는 것을 우리로 알게 하시는 것이 하느님의 뜻이기 때문입니다(308).

줄리안이 『Showings』에서 전하고자 한 주제의 핵심은, 인간에 대한

---

4 노리치의 줄리안, 『하느님 사랑의 계시』, 355.

하느님의 지속적인 사랑이 모든 악에 승리할 것임을 나타내는 "모든 것이 잘 될 것이다"(All shall be well)라는 한 문장으로 집약될 수 있을 것이다.5 이것은 우리가 우리 자신이 아닌, 하느님의 선하신 의지를 신뢰하며 그분의 사랑에 희망과 믿음을 두어야 함을 이야기하는 것이라고 볼 수 있다. 그분은 우리가 '희망이 없어도 희망하며' 인내롭게 기다리면서 '우리의 믿음이 우리의 밤을 비추는 빛'6이 되도록 믿음과 희망을 갖기를 바라신다.

당시의 한치 앞도 내다볼 수 없는 극도로 어지럽고 절망적인 시대의 한가운데에서도, 그리고 죄를 지을 수밖에 없는 나약하고 절망적인 인간적 상황 속에서도 이 모두를 뛰어넘어 "모든 것이 잘 되고 또 잘 될 것이라"는 줄리안의 역설에 찬 낙관적인 메시지는 깊고 견고한 신앙적인 내공, 즉 절대적인 믿음이 없이는 결코 선포될 수 없는 귀하고 아름다운 신앙의 유산이며 결실이라고 보여진다.

… 예수님께서 하찮게 되셨듯이, 우리 모두는 어느 정도 무가치하게 되었으며 앞으로도 계속 무가치하게 되어 마침내 완전히 정화될 것입니다. 다시 말해서 우리의 죽을 육체와 선하지 않은 내적 감정들에 속한 모든 것이 완전히 제거될 것입니다. … 내가 보기에 이 고통은 일시적인 것처럼 보이며 얼마 동안은 중요한 것 같습니다. 왜냐하면 그것은 우리를 정화해주고, 우리로 하여금 자기 자신을 알고 자비를 구하게 해주기 때문입니다. 주님의 수난은 우리에게 주시는 위로이

---

5 한순희, 『노르치 줄리안의 영성』, 2006년. 18.
6 Margaret Ann Palliser, O.P., *Christ, our mother of mercy*, Walter de Gruyter & Co., 1992, 142-143.

며, 그것이 구원받을 모든 사람들을 위한 주님의 뜻입니다. 주님은 "그러나 모든 것이 잘 될 것이며, 모든 종류의 일이 완전하게 될 것이다"라고 말씀하시면서 위로하십니다(66).

2. 줄리안의 '어머니 예수님'이 우리 시대에 주는 영성적 메시지

수난과 고통의 어머니: 우리의 영적 탄생을 위해

수난의 고통 속에서 진정한 산고의 고통을 겪는 그리스도의 모성성에 대한 줄리안의 이미지는 오랜 숙고의 결실로서, 그녀가 도달한 성숙한 신앙의 핵심을 보여주고 있다. 줄리안에게, 그리스도는 어머니의 원형(archetype)으로서, 모든 인간적인 모성의 참된 근거이자 모성성의 원천으로 나타나고 있다. 창조 질서가 하느님 아버지의 사랑을 드러내고 있는 반면, 우리를 위한 구원의 작업은 본성상 어머니에게서 드러난다. 하느님의 자비와, 그리스도의 구원 그리고 우리를 '지켜주심'(keeping)은 하느님의 모성적 사랑의 표현으로 인간의 경험이 바로 이를 반영해주고 있다.7

여기에서 그리스도의 육화와 수난과 죽음은 우리를 태어나게 하는 산고로 이해되고 있으며, 놀랍게 다가오는 것은 줄리안이 그리스도의 육화를 위해 그리스도의 모성성을 제시하고 있다는 점이다. 그리고 그분의 모성성은 육화와 수난과 죽음이라는 역사적 사건에 한정되지 않고, 오히려, 어머니로서의 그리스도는 우리의 실존적 삶의 전체 맥락

---

7 Margaret Ann Palliser, O.P., *Christ, our mother of mercy*, Walter de Gruyter & Co., 1992, 110-115.

안에서, 즉, 일상의 영성 안에서 지금도 쉼없이 수고하고 계신다.

앞서 살펴보았듯이, 그리스도의 수난은 줄리안의 신학의 핵심을 이루고 있는데, 그리스도가 우리를 위해 행한 그리고 지금도 계속해서 하고 있는 그 모든 것은 십자가의 힘(the power of his cross)에 의한 것이다. 이러한 그리스도 수난의 토대는 바로 우리를 위한 그분의 사랑이며, 그리스도의 수난은 모성적 사랑의 완전한 표현으로, 이는 단순히 필요한 것을 넘어서서, 가능한 모든 것을 하는 그러한 사랑이다.8

여기에서 우리는 수난에 대한 줄리안의 통찰의 핵심을 보게 된다. 즉, 고통 받으시는 하느님이시라는 것이다. 그리고 고통은 인간의 조건이다. 이러한 의미에서, 그리스도의 전 생애가 그분의 수난과 죽음이고, 지상에 머무시는 동안 그리스도는 우리를 위해 고통 받으셨다. 이러한 고통은 갈보리사건에서 정점에 이르고, 인간조건에 대한 고통은 그분의 수난과 죽으심에서 가장 극명하게 드러난다. 이는 그리스도께서 인간으로서의 총체적인 결과를 받아들이는 순간이며, 우리 죄에 대한 모든 짐을 짊어짐으로써, 그분은 인간의 고통의 극한을 경험하신다. 우리의 삶이 그분이 짊어진 십자가이기에, 그리스도는 우리의 고통을 겪으시는데, 이는 사랑 안에서 하느님과 일치된 인간을 낳기 위한 것이다. … 육화 안에 우리를 당신 자신에 일치시키며, 그리스도는 십자가위의 고통과 죽음에 의해 우리를 영적인 탄생으로 이끄시는데, 이러한 그분의 수난은 당신 자녀들을 위한 산고인 것이다. 그리스도에서 우리를 회복시키고, 구원하는 것은 바로 그분의 수난에 의해서이다. 그래서 그분의 수난은 곧 우리의 위로가 되고, 죄에 대해

---

8 Ibid, 116, 126-128.

우리를 안전하게 지켜주시는 방어막(보호수단)이 된다. 즉, 죄는 사랑에 의해 무력화되기에 그분의 수난은 우리를 '사탄'(악)으로부터 구해주신다. … 우리는 '자비의 홍수'(flood of mercy)인, 그분의 피에 의해 치유되고 깨끗하게 씻겨지며, 수난의 힘에 의해 자비와 은총을 통해 죄로부터 용서받아 천국의 기쁨으로 들어 올려 진다.9

모성의 수고에 의해 우리는 치유(restoring)와 거듭남(reforming)을 통해서 어머니 그리스도 안에서 온전한 참자아에 이르게 된다. 자비와 은총의 어머니로서의 그리스도는 우리가 온전한 영적 탄생에 이르게 될 때까지, 그리고 우리를 충만한 천국의 지복 속으로 데려가실 때까지 당신 자신의 생명으로 우리를 먹이시면서 친절하게 우리를 '지켜주신다(117-118).

예수님 옆구리의 상처에 대한 묵상 또한 이러한 모성적 주제를 제시해주고 있다. 여기에서 또다시 우리는 출산과 관련된 비유를 보게 된다. 즉, 고통과 죽음의 상징인 그리스도의 상처는 탄생과 생명의 장소인 자궁이 되고 있다. 그리고 여기에서 흘러내리는 피와 물은 아이를 낳는 생물학적인 과정과 세례성사와 성체성사를 통한 새로운 영적 탄생 모두를 언급하고 있다. 이러한 상징 속에서, 그리스도의 상처는 교회를 낳는 자궁이고, 자궁이 곧 교회인 것이다. 어머니로서, 그리스도는 세례성사를 통해 교회라는 자궁 안에서 우리를 낳고, 당신 자신의 피로써 그 자궁 안에서 우리를 양육하신다. 여기에서 줄리안은 좀

---

9 bid, 127-129; 133-134.

더 나아가 교회 안에서 그리스도의 모성성은 진정으로 그분이 겪으신 고통의 열매임을 전하고 있다. … 이처럼 십자가상에서 그리스도의 죽으심과 그분 안에서 우리가 새롭게 태어나는 것 사이의 관계성을 보며, 줄리안은 어머니의 산고의 고통이라는 관점에서 그리스도 수난의 고통을 기술하고 있다. 그리스도의 수난은 사랑 안에서 하느님과 일치된 인류를 낳고 있는 것이다.

그리하여 줄리안의 비전 안에서, 교회는 그리스도 자비의 통로인데, 이는 곧 그리스도가 당신의 모성적 수고를 계속해 나갈 수 있는 양식인 것이다. 교회 안에서 우리는 가르침으로 우리를 안전하게 '지키시고', 말씀과 성사로서 우리를 먹이고 우리의 상처를 치유하시는 참 어머니를 발견한다(121).

그리스도의 창에 찔린 가슴과, 목마름, 그리고 그분의 피 또한 어머니로서 그분이 우리를 낳는 사랑을 상징적으로 보여주는 역할을 하고 있다. 그분의 찢어진 가슴은 끝없는 사랑을 드러내주고 있다 (135-136).

기다림과 인내의 어머니: 자녀의 참된 성장을 위해

어머니는 출산할 때만이 아니라 자녀가 성숙함에 이르게 될 때까지 많은 면에서 그 자녀를 위해 그리고 그 자녀와 함께 고통을 겪는다. 크나큰 자애로움과 연민으로, 어머니 그리스도는 우리를 영적으로 분만하기 위해 십자가 위에서 고통을 받으신다. 즉, 끊임없이 계속되는 우리의 영적탄생의 여정에서, 마치 어머니가 아이에게 젖을 먹이듯이, 당신 생명의 양식으로 우리를 먹이시면서 그분은 쉼 없는 산고를 겪고 계신다. 그리스도가 자녀들을 먹이시는 것은 진실로 그분이 우리와 함께 '고통 받았음'의 열매이다. 지혜로운 어머니로서, 그분은 해악으로부터 자녀들을 보호할 뿐 아니라 우리의 상처들을 선으로 바꾸시면서, 우리가 실수로부터 배우고 성장하는 가운데 넘어질 때 우리와 함께 고통을 겪으시면서 우리가 천국의 낙원으로 들어 올려질 때까지 한없이 다정하게 우리를 지켜주시고 보호해주신다.[10]

> 자녀가 자라면서, 자녀가 고통을 겪으면 어머니도 고통을 겪는다. 하지만 그 징벌을 통해 자녀들이 덕성과 지혜를 얻게 되면, 그러한 보다 큰 선을 위해 어머니의 지혜는 자녀들이 고통을 겪는 것을 허락하신다. 그리고 그러한 것이 우리들에게 도움이 된다면, 그리스도 역시 연민과 동정 안에서 우리와 '함께 고통 받으신다.' … 연민 안에서, 어머니는 자녀들의 보다 큰 이익(good)을 위해서 계속해서 고통을 겪으신다(118).

그리스도는 우리를 위해 고통 받고, 우리를 키우고, 이끄시며, 심지어 필요할 때는 징벌을 허락하시기까지 하시는데, 우리가 그분 안에서 온전한 영적인 탄생에 이를 수 있도록 이 모두가 어머니의 자애로운 수고 속에서 이루어진다. 세상의 어머니는 자신의 자녀가 무너지는 것을 허용한다할지라도 그리스도의 모성은 결코 우리를 멸하게

---

10 Ibid, 186-232.

하지 않고 넘어지는 것으로부터 우리를 일으키시고 강하게 하며, 심지어 우리가 넘어지는 것을 선으로 바꾸시면서 자녀의 참된 성장을 위해 수고하신다. 우리의 구원을 위해 자신의 모든 지향을 두고 있는 어머니 그리스도의 수고에 의해서 우리는 성장하고, 강해지며 실존적으로 치유된다(119). 모성적 수고 속에서, 그분은 인내롭게 우리를 가르치시는 자비로운 안내자이면서, 친절하게 우리를 치유하고자 부단히 애쓰시는 간호사이다(120). 이러한 여정 안에서 모성의 수고는 그리스도처럼 인간의 본성을 개선하여 완전하게 하고 강화시켜준다. 즉, 자라면서 우리는 그분의 특징을 취하게 되는데 이는 태어날 때부터 아이가 부모와 어떤 유사점을 지니듯이, 그런데 그 유사점이 그가 성장해가면서 더욱 뚜렷해져서 심지어 때로는 부모의 독특한 특징을 지니게 되는 것처럼, 이러한 모성적 수고에 의해 우리는 우리 안에서 그리스도의 삶을 더욱 더 반영하기 시작한다.[11]

    결국 우리는 그분의 모성적 사랑을 신뢰하게 되고, 줄리안은 어머니에 대한 자녀의 본성적 의존에 대해서도 얘기하고 있다. 즉, 고통 받거나 두려울 때, 아이는 도움을 청하며, 서둘러 어머니에게로 달려간다: 우리의 경우, 자비를 위해 어머니 그리스도에게로 가게 되는 것은 바로 우리의 죄를 보게 될 때이다.[12] 고통 받거나 두려울 때, 사랑 안에서 우리를 안전하게 지켜주시리라는 신뢰 속에 우리는 자비와 연민의 어머니의 품으로 달려간다.

    우리는 종종 자신의 넘어짐과 비참한 죄가 드러날 때 두려움과 수치

---

[11] Ibid, 121.
[12] Ibid, 118-119.

심으로 어찌할 바를 모른다. 그러나 이때 주님은 어린아이가 어머니에게 재빨리 달려가는 것처럼 당신에게 매달리고 도움을 구하기를 원하신다. 여기서 지혜로운 어머니께 대한 확신이 필요하다. 어머니 그리스도는 우리가 슬퍼하고 눈물을 흘리는 것이 우리에게 더 유익하다고 생각하시면, 안타깝고 불쌍히 여기면서도 때가 될 때까지 기다리신다. 이것이 어머니 그리스도의 우리에 대한 사랑이시다. 주님은 우리가 행복할 때나 슬플 때나 항상 어머니의 사랑을 믿고 신뢰하는 어린아이의 본성을 취하기를 원하신다(119).

온유와 자비의 어머니: 섬김의 영성으로

자비의 어머니이신 그리스도는 우리가 죄로 고통 받을 때 우리를 위로해주시는 치유의 '위로자'로서, 그분 안에서 우리는 어머니의 확실한 보호와 무상의, 그리고 무조건적인 사랑의 확신을 발견한다. 그리고 이러한 그리스도의 모성적 이미지를 통해, 줄리안은 우리에게 신적인 위로와 자비의 가장 설득력 있고 감동적인 모습을 제시해주고 있다.[13]

자비로운 구원의 계시로서, 그리스도는 자신이 바로 하느님이 우리에게 주시는 사랑의 가르침 그 자체가 되고 있다. 그리스도는 친절과 자비와 은총의 모성성으로 우리의 고통에 대한 천상의 치료제(divine remedy)가 되어 주신다. … 그리스도를 보는 것은 고통 한가운데서도 하느님의 사랑과 자비를 보고 위로와 용기를 발견하는 것이

---

13 Ibid, 241.

다. 그러한 그분의 사랑과 그분 안에서의 일치는 절망으로부터 우리를 구원하며, 우리가 세상 안에서 죄와 맞서 싸우는데 있어서 인내하기 위해 필요한 힘과 용기를 준다.[14] 이것이 바로 온통 깨어지고 부수어진 칠흙같이 어두운 세상 한가운데서도 우리를 살게 하는 한줄기 생명의 빛이고 우리는 이를 십자가 위 예수 그리스도안의 지극한 겸손과 온유, 자비, 섬김의 모성적 사랑 안에서 발견한다.

우리가 하느님을 직접 볼 순 없지만, 우리는 육화한 아들 안에서 하느님을 알 수 있다. 하느님께서 계시하신 바로 그대로의, 볼 수 없는 하느님(unseable God)을 우리는 인간 예수 그리스도 안에서 본다. 그분은 영원 속에서 우리가 보상으로 받게 될 비전일 뿐만 아니라 이곳 지상에서 우리의 빛이시다(153).

우리는 *Showings* 안에서 '어머니 그리스도'를 수식하는 형용사와 부사로 '친절한(kind), 사랑스러운(loving), 부드러운(tender), 상냥한(sweet), 자비롭게(mercifully), 온화하게(tenderly), 정중하게(graciously)' 등의 단어를 사용하는 것을 볼 수 있다. 줄리안은 모성에 속하는 모든 아름다운 일과 사랑스럽고 친절한 섬김이 예수 그리스도의 고유한 일이라고 말하고 있다(120-121).『사랑의 계시』에서는 당신의 자녀들을 위해 그리고 그들과 함께 고통을 겪는 어머니의 따뜻하고 연민어린 수고가 줄리안이 자비로운 그리스도의 모성성을 묘사하기 위해 사용하는 주된 이미지가 되고 있다.

---

14 Ibid, 151-152.

어머니의 섬김은 가장 가깝고(nearest) 가장 잘 준비되어 있고(readiest) 가장 확실합니다(surest). 자연스럽기에 가장 가깝고, 사랑스럽기에 가장 잘 준비되어 있으며, 진실하기에 가장 확실한 것입니다(60).

모든 것 안에서 완전히 우리 어머니가 되기를 바라시는 그리스도는 동정녀의 자궁 안에서 자신을 낮추어 준비하셨고, 모성에 속하는 의무와 섬김을 행하기 위해 친히 인간이 되셨다. 그분 외에는 완전한 섬김을 행할 수 없고 또 아무도 이루지 못했다. 하느님의 모성적 측면으로 돌아감은 바로 삶의 길인 자비로 되돌아감을 뜻한다. … 영혼은 가장 낮고 비천하고 온유할 때에 가장 높고 고귀하고 가치가 있습니다.… 하느님은 본질적으로 온화하십니다. 다시 말해서, 하느님은 친절하고 본성적인 선이십니다(122-123).

자비의 근원은 사랑이며, 자비의 작용은 사랑 안에서 우리를 보호하는 것입니다. … 자비는 풍부한 연민과 섞여 사랑 안에서 사랑스럽고 친절하게 작용합니다. 왜냐하면 자비는 우리를 보호하며 모든 것을 우리에게 유익하도록 변화시켜 줍니다. 자비는 사랑 때문에 우리가 어떤 한계에서 실패하는 것을 허락하며, 우리는 실패하기 때문에 넘어지고 넘어지기 때문에 죽습니다. 우리는 생명이신 하느님을 보고 느끼지 못하기 때문에 죽습니다. 우리의 실패는 두렵고 수치스럽고 우리의 죽음은 슬프지만, 이 모든 것에도 사랑스러운 연민의 눈이 결코 우리를 외면하지 않고 자비의 작용은 그치지 않습니다. 자비는 부드럽고 온유한 사랑으로 우리를 보호하고 인내하며 생기를 주고 치유해 줍니다(288-289).

III. 오늘날 우리 시대의 자화상

　21세기에 들어선 오늘날 우리는 여기저기에서 '다음 시대'가 기약될 수조차 없을 것 같은 전문화와 존재 및 가치의 위기라고 할 수 있는 총체적인 위기감을 느낀다. 70~80년대가 민주화와 사회정의라는 과제와 목숨을 건 힘겨운 씨름을 해왔다면, 21세기의 오늘날 우리 사회는 고도의 과학기술 문명이 이루어낸 최첨단 자본주의 문화와 그 어느 때보다도 풍요로운 물질적 혜택을 구가하면서도 온갖 종류의 비리와 잔인한 폭력성이 난무하는 죽음의 문화 속에 살고 있음을 느낀다. 이러한 세태 속에서 여성들 또한 극도의 혼란 속에서 자신들의 고유한 창조적 소명이라 할 수 있는 고귀한 모성을 포기한 채 출산의 권리와 양육의 의무를 거부하고 있는 모습 속에서 우리는 무언가 심상치 않은 시대의 총체적인 위기감을, 잃어서는 안 될 소중한 무엇인가를 잃어가고 있는 듯한 깊은 상실감과 안타까움을 느낀다. 사회구조적인 문제는 물론 상당히 복합적이고 다층적인 문제들로 인한 이렇듯 위태로운 시대적 징표들 속에서 줄리안이 말한 예수님안의 모성성이 21C를 살아가는 우리들에게 전하는 신앙적 메시지는 무엇일까? … 그리고 오늘날 우리 시대의 현주소라 할 수 있는 OECD국가들 가운데 세계 최저 출산율, 하루 평균 40여명이 자살하는 세계 제 1의 자살공화국이라는 오명 하에, 청소년 행복지수 세계 꼴찌등 너무도 부끄러운 자화상 속에서, 십자가위에 처절하게 매달려계신 예수 그리스도안의 모성성이 오늘날의 우리들 각자에게 전하는 궁극적인 삶의 메시지는 진정 무엇일까?

1. 아이들이 죽어가고 엄마들이 병들어가고 있다!

하루 평균 약 40여명이 자살하는 나라, 그중에서도 청소년 자살률이 1위라고 한다. '부패공화국'을 넘어 '자살공화국'의 오명이 붙은 지는 이미 오래… 한 달이면 1,200명, 1년이면 14,000여명이 스스로 목숨을 끊는 나라, 그래서 같은 기간 미국의 총기사고에 의해 살해된 사람들의 숫자보다도 그리고 아프가니스탄에서 전쟁기간에 죽어갔던 사람들보다도 우리나라의 자살자수가 월등히 높았다는 사실에 우리는 경악을 금치 않을 수가 없다. 어디 그뿐인가. 사람을 살리는 '생명'의 문화가 아닌 '죽음'의 문화 속에 무수한 아이들이 죽어가고 있고, 그 속에서 생명을 낳아 키우는 모성마저도 뿌리 채 흔들리며 죽을 것 같이 아파하면서 병들어가고 있다. 다음은 극단적이긴 하지만 이러한 현상을 드러내주는 최근에 부모에 의해 살해된 아동학대의 실례이다.[15]

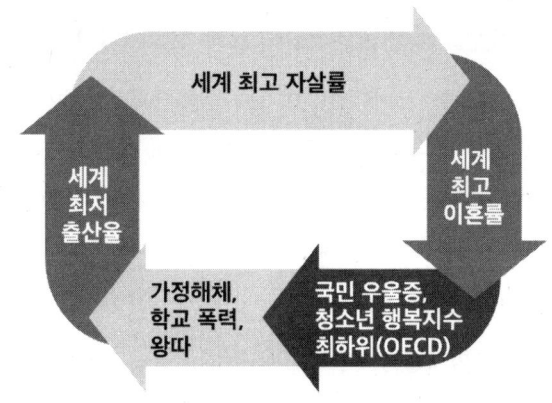

---

15 『품』, 2016 5-6(제 123호), 한국가톨릭여성연구원, 15.

사건 가	초등학생 아들을 학대, 살해한 뒤, 훼손하여 3년이나 냉동고에 보관해 오다 발각됨. (2016년 1월 16일)
사건 나	친아버지가 딸을 5시간이나 구타하여 사망하자, 시신을 이불로 덮어 10개월 동안 방치. 친아버지는 신학대학에서 겸임교수와 개척교회를 맡고 있는 사람으로, 목사가 끔찍한 범죄를 저질렀다는 것에 더 큰 분노를 부름. (2016년 2월 3일)
사건 다	22살 동갑내기 부부가 게임 중독에 빠져 생후 2개월 된 딸을 방치하여 사망에 이르게 함. (2016년 3월 10일)
사건 라	친부와 계모가 7살 아동에 대해 소변을 가리지 못한다는 등의 이유로 밥을 굶기고 화장실에 가둬 놓는 등 학대해오다 아동이 사망하자 암매장. 부모는 아동이 거리에서 실종되었다고 발뺌하다가 범죄 사실이 드러남. (2016년 3월 12일)
사건 마	아픈 언니를 위해 함께 지내며 어린 조카들을 돌보던 이모가 말을 듣지 않는다는 이유로 3살짜리 조카를 여러 차례 발로 걷어 차 숨지게 함(2016년 3월 16일)
사건 바	3살배기 남자아이가 대소변을 제대로 가리지 못한다는 이유로 엄마와 동거하는 남자의 폭행으로 숨짐(2016년 6월 25일)

2. 흔들리는 모성

이처럼 깊이 병든 죽음의 문화 속에서 뿌리 채 흔들리며 방황하는 현대 모성의 자화상을 우리는 다음의 사례들 속에서도 찾아볼 수 있다.

사례1) 30대 여성, 때 이른 우울증: 분리불안증에 아토피까지 심한 5세 아들 때문에 올 초 법률 사무소를 그만둔 김은영(가명, 35)씨는 우울증을 앓고 있다. "아이만 보면 화가 나요. 나만 영영 사회에서 뒤떨어질 것 같고요." 지난해 시댁과 살림을 합친 라디오 방송작가 나윤정(가명, 36)씨도 마찬가지다. "육아 때문에 합쳤는데도 퇴근 시간만 되면 우울해요. 거기선 내 이름은 없고 누구의 아내, 며느리로서만 존재하니까요."

30대 우울증을 앓는 여성들이 늘고 있다.… 원인도 갱년기와는 다르다. "자식들이 떠나간 뒤 인생의 허무를 느끼는 40~50대의 '빈둥지 증후군'과 달리, 육아·살림에 대한 불안증, 정체성 혼란을 동반한 심리적 우울증이 대부분이다, … '우리'보다 '나'가 우선인 개인주의 첫 세대에 속하는 30대들의 우울증에는 자기 정체성을 확립하지 못한 상태에서 이런저런 역할을 떠안다보니 부작용이 생기는 경우가 많다."라고 세브란스 병원 남궁기 교수는 설명하고 있다.(「조선일보」 2007, 11/13, A12 사회면 기사)

사례2) "정신적으로 애 키우는 게 제일 힘들고요, 제일 싫은 거는 집안일하는 거고, 일하는 게 제일 마음이 편해요. 뭔가 얻는다는 느낌이 중요하다고 생각해요. 집안일은 얻는다는 느낌이 없으니까 스트레스를 많이 받는 거 같아요(여행사근무, 33세)…" 이러한 분석결과에서 알 수 있는 점은 … 전업주부의 경우 양육과 가사노동에 전념하지만, 그것이 자신의 자아실현과는 별개의 것임을 느끼기 시작한 것이다.16

▶ 가부장적 사회에서 인간의 기본권인 여성의 자아실현에는 사회적·가정적 제약이 따른다. 사회적 성차별도 문제이지만 특히 여성의 육아와 가사 전담이라는 성역할은 여성의 자아실현에 커다란 걸림돌이 되고 있다.17(매일경제, 1991, 2/1)

사례3) '자식 팽개치는 부모들':18

---

16 신경아, "1990년대의 모성의 변화 (희생의 헌신에서 욕구를 가진 인간으로)", 『모성의 담론과 현실』, 401.
17 「매일경제」, 1991년 2월 1일자.

"… 요즘 젊은 부모들의 자식 사랑이 예전 같지 않다는 사실이 잘 드러나는 곳이 이혼법정이다. … 예전에는 자기보다 아이의 미래를 소중하게 생각했다.… 그러나 지금은 아이보다 자기 삶을 더 중시하는 쪽으로 사고방식이 바뀌고 있다. … 자식을 짐으로 여기는 부모가 많아지면 어린이 학대도 늘 수밖에 없다. 맞벌이가 늘면서 육아를 부담스러워하고 일찍부터 남의 손에 맡겨 감정의 끈이 느슨해진 탓…"
(「조선일보」, 만물상 2012년 6/5)

사례4)『대한민국 부모』-이승욱, 신희경-
참혹한 현실"은 사회가 아프다고 신음한다. … 요즘 아이들에게 엄마는 '미친년', 아빠는 '찌질이'에요. 이들이 상담을 하면서 마주친 병리현상의 밑바닥은 한마디로 공허함이라고 했다. 이 소장은 "내 인생은 뭔가라는 자기 안의 공허감으로 엄마들은 자녀를 하나하나 옭아매는 포식자가 된다. … 비참함은 아버지가 더하다. 이 소장은 아버지에게 사교육비를 댈 수 있도록 돈 잘 벌어주는 이외의 역할을 요구하지 않는 요즘 세상을 '아버지 절멸시대'라고 말했다. … 공허감 속에 짓눌려 살아가는 부모, 부부간의 관계도 깨져버린 껍데기만 남은 가정에서 아이들은 제대로 자랄 수 없다. 저자들은 "부모가 먼저 남이 아닌 자신의 내면을 마주하며 … 자아를 찾은 다음 함께 살 길을 찾자고 당부…"하고 있다. (「경향신문」 2012, 7/3)

▶ "가정 역할 약해지면서 가출 늘어"(「조선일보」2012년, 7/26,)
청소년 가출 원인 1위는 ' 부모와의 소통 부재': 55%

---

18 「조선일보」, '만물상', 2012년 6월 5일자.

▶ 아동학대의 85%가 가정에서 부모에 의해 일어나고 있다(「TBC방송」 2016년, 6월).

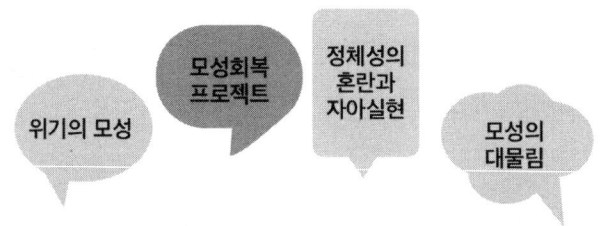

사례5) "마더쇼크"19

"… 이런 와중에 여성들이 낙담하고 좌절하는 시기가 있다. 바로 결혼과 육아이다. 사회인으로서 자아실현을 꿈꾸는 많은 여성이 '엄마 노릇'을 하기 위해 주저앉는다(33).… 엄마로서의 삶도 중요하지만 한 개인으로서의 삶이 피폐해져 간다고 느끼기 때문이다. 아이를 위해 정말 나 자신을 포기해야 하는 것일까?(27) … 아이를 위한 선택이지만 엄마는 행복하지 않은 것이다. 행복하지 않은 엄마는 엄마로서의 자기효능감과 자존감을 점점 잃게 된다…"(37).

▶ 성 모니카는 위대한 어머니 중의 한 사람으로 그 모습이 그려진다. 쉼 없는 기도로 방탕한 아들 아우구스티노를 회두시킨 여인이다. 이 세상에 가장 위대한 존재는 분명 어머니들이다. 어느 시대, 어느 곳을 둘러보아도 위대한 어머니들은 무수히 많다. 그 힘을 우리는 모성이라고 한다. 하지만 요즈음 세태를 보면서 눈살을 찌푸릴 때가 많다. 아무리 세상이 변해도 절대로 변하지 않을 것 같았던 모성도 흔들리

---

19 EBS 〈마더쇼크〉 제작팀 지음, 『마더쇼크』, 중앙북스, 2012.

는 세상이 왔음을 감지한다.

두 가지 부류로 슬픈 엄마들의 자화상을 그려보게 된다. 첫째 유형은 엄마가 자식이 싫어(그 이유야 여러 가지지만) 자식들을 버린다. 둘째 유형은 변질된 모성이다. 그들은 철저한 이기주의에서 자식을 사랑한다. 자식에게 어머니의 사랑을 보여주는 것이 아니라 어머니의 이기심을 가르친다. 어머니의 상처를 대물림한다. 슬픈 일이다.'여자는 강하고 어머니는 위대하다'는 말이 무색해진다. 미련한 처녀들이 아니라 미련한 어머니로 전락되는 것이 마음 아프다. 그 어떤 연습도 필요 없던 위대한 모성이었건만 왜 이리도 이기적으로 변질되어 가는지 가슴이 아프다. 아무리 거친 세상일지라도 어머니가 있기 때문에 그나마 세상은 아름다울 수 있었는데 … 세상의 모든 자식들의 얼굴에는 어머니의 얼굴이 있다. …20

IV. 우리가 가야할 길: 온전한 어머니성의 회복

1. 하느님 앞의 자아인식: 상처의 치유와 회개

아이들 대상 프로그램을 제작해 오던 중 아이들의 문제는 결국 '어머니'의 문제와 깊은 연관선상에 있음을 알게 된 EBS 〈마더쇼크〉 제작팀은 '모성 탐구' 워크숍을 통해 나양한 사실을 접할 수 있었다. '모성 탐구' 워크숍을 진행해보니 생각보다 많은 엄마들이 자신의 '부족한 모성', '왜곡된 모성'으로 괴로워하고 있었던 것이다. 하나같이 아

---

20 "야곱의 우물", 「매일 성서묵상」 중에서 인용(2012, 3월호).

이를 사랑하는 일이 뜻대로 되지 않는 것에 괴로워했고 자신이 아이를 망치는 것은 아닌지 걱정했다. 모성회복을 위해 모인 100명의 엄마들은 '모성 회복 프로젝트'의 첫날, 자신이 가진 문제의 발단이 어린 시절 경험한 정서적 트라우마, 즉, 친정엄마에게서 받은 어린 시절의 상처 때문이라는 것을 알게 되었다. … 가장 소중하고 친밀한 존재인 '어머니'에게서 받았던 '정서적 상처'들이 자신도 모르게 질긴 쇠사슬처럼 자신들의 아이에게 이어지는 것, 그것이 바로 '모성의 대물림'이었음을 깨달았다. 이내 '모성 회복 프로젝트'가 진행된 장소는 울음바다가 되어 버렸고, 이야기를 털어놓으며 눈물을 쏟아내는 엄마들 … 엄마들을 일으켜 줄 힘은 어디에서 찾을 수 있을까? … 엄마들은 당신의 모성은 괜찮은가 하는 질문에 누군가 물이 가득 찬 댐의 수문을 연 것처럼 내면의 고통을 쏟아냈다. 오늘날의 엄마들에게 모성 회복은 당장 해결해야 할 최우선적인 과제였다.[21]

　모든 것이 '돈'으로 환산되는 최첨단 자본주의 문화 속에서, 그리고 생명을 양육하는 사회의 큰 틀인 교육마저도 무너져 내리고 오직 '경쟁'과 '성공'만이 독주하는 현 세태에서, 생명을 잉태해서 양육하는 사랑의 근원지인 모성마저도 이러한 세태에 압도되어 뿌리 채 흔들리는 정체성의 혼란을 겪고 있음을 보게 된다. 그리고 그렇듯 길을 잃고 방황하는 여성들의 모습 속에서 모성성의 회복은 오늘날 시급히 다루어져 할 주과제가 되었고, 그 시작은 눈물로 얼룩진 엄마들 내면의 깊은 아픔, 즉, 하느님 앞에 상처로 일그러진 자신의 참자아를 인식하고 치유하는 것에서 출발한다.

---

21 『마더쇼크』, 279-280.

2. '나' 중심을 넘어 '너'에게로: 전인격적인 자기실현의 의미

위에 제시된 사례들을 통해서 우리는 오늘날 여성들 안에서 그토록 화두가 되고 있는 자아실현의 문제가 'Na'세대로 표방되는 개인주의 문화와 함께 이 사회전체를 지배하는 큰 지배담론이 되어가고 있음을 느낀다. 그리고 그 속에서 '나'를 내어주는 희생과 헌신의 전통적 모성은 낡고 고리타분하며 부담스럽기만한 이름으로 치부되고 있는 것 또한 사실이다. 하지만 인간이 걸어가야 할 궁극적이고도 진정한 '자기실현 및 완성'이란, '나'의 욕구만을 위해 끊임없이 채우고 드러내며 올라가기만을 갈망하는 그 어떤 화려한 것이 아니라, 오히려 나를 낮추어 상대방을 따뜻하게 섬기고 배려하는 가운데 요구되어지는 힘겨운 자기포기와 비워냄에 있음을 우리는 줄리안이 전한 십자가위의 그리스도의 모성성안에서 발견하게 된다. 이것이 바로 공동의 선과 진리와 정의를 위해 세상의 모든 위인들과 성인, 성녀들이 걸어간 길이었고, 우리들 각자가 자신들의 삶의 자리에서 온힘을 다해 추구해야할 궁극적인 자기실현의 의미가 아닐까.… 모든 생명체가 스스로가 아닌 밖으로부터 자양분을 섭취하며 성장해가듯이, 인간 역시 홀로의 힘으로 자라거나 성장할 수 없으며, 누군가가 베풀어주는 그 사랑을 먹고 그 사랑을 통해 변화하며 성장해간다. 그것이 생명의 본질이며 법칙임을 우리는 알고 있다. 그리고 인간에게 있어서 이러한 사랑의 출발은 바로 생명을 잉태해서 낳아 키우는 여성들안의 모성성안에서 시작되고, 그러한 과정에서 한 생명을 온전한 인격체로 키워내기 위해 필연적으로 요구되어지는 '나'를 내어주는 헌신과, 끝없는 인내, 깊은 겸손과 배려, 크고 작은 희생적 사랑과, 보살핌의 정서 속에 이루어지는 삶은, 그 자체로서 충분히 아름다운 자기실현의 의미가 될 수 있다고 본다. '나'의 성취와 안위가 그 무엇에 앞서 우선시되는 이기적이고 지극히 세속적 의미에서의 '(시장적) 자아실현'을 넘어, 구체적인 일상에서 '나'를 넘어 타인에게로 향하는, 그래서 다른 이의 완성에 헌신하는 '대승적 의미의 자기실현', 그것이 오늘날 여성들안에서 회복되어져야 할 가장 고귀한 창조적 소명이자 정체성이며, 또한 인간이 인간에게 줄 수 있는 가장 거룩하고 아름다운 사랑의 유산이 아닐까. 그리고 그것이 바로 남녀노소를 떠나 누구나가 각자의 자리에서 온힘을 다해 추구하며 걸어가야 할 전인격적인 자기실현의 길이며 우리는 그러한 사랑의 완성을 줄리안이 전한 어머니 예수님의 모성성 안에서 발견한다.

> 여성 그리스도인으로서의 자기실현이란 잃어버린 하느님의 여성성과 모성성을 의식화하고 이를 회복함으로써 여성의 자기원형인 지혜-소피아의 삶을 실현하고 그 속에서 온전한 인간으로서 잃어버린 여성으로서의 정체성을 회복할 수 있게 된다.[22]

* 모성의 성장

지금까지 우리는 여러 가지 실례를 통해 생명을 낳아 키우는 인간적 모성이 사실은 온갖 상처들로 찢기고 헤어진 지극히 불완전한 모성임을 알 수 있었다. 이렇듯 불완전한 인간적 모성이 온전한 모성의 전형인 그리스도 예수님의 참 사랑에로 이르는 여정이 바로 오늘날

---

[22] 김병주, 『여성의 자기실현』 (다산글방, 2010), 213-214.

그토록 화두가 되고 있는 '나' 중심의 시장적 자아실현에서 전인격적인 자기실현의 길로 나아가는 여정이 되고 있음을 또한 살펴보았다. 그리고 이러한 여정의 시작은 바로 불완전한 인간적 모성에 대한 깊은 자아인식, 즉 창조주 하느님 앞에 자신 안의 부족한 인간적 본성에 대한 회개

신적모성: 예수님의 모성

인간적모성
(상처로 얼룩진

하느님 앞의 자아인식, 상처의 치유와 회개, 말씀과 기도, 십자가 사랑과 부활의 영성

의 고백에서 출발한다. 그 뒤에 이어지는 상처의 치유와 회복의 여정 안에서 온전한 모성성으로의 성장이 이루어지고, 그럴 때 비로소 우리에게 주어진 자녀들을, 생명체를 건강하게 양육할 수 있는 모성적 지혜와 사랑의 힘이 주어진다. 그리스도 예수님 안의 십자가 사랑 안에서 구현된 모성적 사랑과 지혜만이, 불완전한 인간적 모성을 넘어서서, 그리고 온통 혼탁하고 병든 죽음의 문화 한가운데서도 이러한 현실적 장애물들을 뛰어넘어 온전하고 건강한 생명체를 양육할 수 있는 참생명의 길이 될 수 있음을 우리는 줄리안이 전한 '어머니 예수님' 안에서 새롭게 확인할 수 있었다.

위에서 자기 가슴을 상처 내어 그 피로써 새끼를 기르는 펠리칸 새의 그림(미국 루이시애나주의 문장)은 성체의 상징인, 당신의 피로써 우리를 먹이는 인류의 어머니인 그리스도의 모성성을 상징하고 있고 이는 줄리안의 어머니 예수님 안에서 구현된 모성적 영성의 핵심이 되고 있다.[23]

또한 Virginia Ramey는 자신의 저서 『하느님의 여성성』(*The Divine Feminine*)에서24 여성을 세상을 향한 조력자(Ezer)로 보고 이를 '섬기는 종'(servanthood)으로 묘사하고 있다. 그리고 여기에서 **조력자**란 자발적으로 약하고 도움이 필요한 이들을 돕기로 선택한 강하고 자주적인 사람을 의미한다. 즉, 섬기는 종' 이란 굴욕적인 의미에서의 종이 아니라 오히려 진정성 있고 내적으로 힘 있는 선택을 할 수 있는 우월한 위치에서 우러나오는 섬김을 의미하며, 이는 예수님과 성서에서 보여 지는 그대로, 창조주 하느님이 당신의 피조물들을 향해 취하셨던 그러한 종류의 섬김을 의미한다: 너희들 가운데 첫째가 되고자 하는 이는 누구라도 다른 이들을 섬기는 종이 되어야 한다(마태 20:27).

이러한 **주체적인 섬김의 영성**이 바로 줄리안이 전하고 있는 예수 그리스도의 십자가 사랑 안에서 구현된 모성적 지혜의 핵심이고, 불완전한 인간의 모성이 자아인식과 회개의 여정을 통해 그리고 사랑의 원천인 말씀과 기도 안에서 온힘을 다해 도달해야 할 궁극적인 자기완성의 지점임을 알 수 있다.

---

23 Virginia Ramey Mollenkott, *The Divine Feminine*, The Crossroad Publisshing Comany, 1984, 46.
24 Ibid, 75-76.
Woman⇒ the channel of God's ezer(=helper) in Hebrew to the world⇒ servanthood. 'Ezer' is the one who is strong and autonomous, who willingly chooses to come to the aid of the one who is weak and in need. Servanthood is not humiliating slavery but rather service from the vantage point of authentic, inner powered choice. The kind of servanthood the Creator assumes toward Her/His creatures, taught by Jesus and depicted in the Christian Scriptures: "Whoever will be chief among you, let that one be your servant"(Matthew 20,27).

나가는 글

14c 유럽 전역을 휩쓴 흑사병과 전쟁의 폐허 속에서 한 생을 오롯이 하느님께 봉헌한 은수자, 노르위치의 줄리안. 그녀는 예수님의 고통을 온몸으로 느끼기 위해 21c의 현대인들에게는 기이하게까지 느껴질 수도 있을 중병을 앓는 것을 은총으로 청하며 죽기를 소망했던, 그 시대, 그 지역에서는 신심의 귀감이 되고 본보기가 되었던 경건한 한 여인이었다. 결국 서른 살 무렵 그녀의 청원은 이루어졌고 죽음의 고통 속에서 생생한 계시를 체험하며 이를 『Showings』(하느님 사랑의 계시)라는 한권의 책으로 남겼다. 한치 앞도 보이지 않을 만큼 칠흑같이 어두운 시대에 줄리안은 자신이 받은 하느님 사랑의 계시로 '넘어져도 괜찮아, 모든 것이 잘 될 거야. 인간의 구원을 위해 죄는 필요하며… 그 모든 죄악 속에서도 하느님은 모든 것을 선으로 이끄시며 끝내는 모든 것을 온전케 하실 것'이라는 하느님 사랑에 대한 궁극적인 희망의 비전을 제시했다. 이를 통해 상처와 고통으로 얼룩진 시대의 아픔을 위로하고 절망 속에서도 한줄기 강력한 희망의 빛을 제시해주고 있다.

서른 살 무렵, 죽음의 고통 속에서 받은 생생한 계시들을 평생에 걸쳐 묵상하고 관상하면서 줄리안은 이를 견고한 신학적 진리로 잉태해서 출산하는 가운데 또 하나의 놀라운 신학적 비전을 제시한다. 즉 여성에 대한 폄하가 극에 달해 있었던 당시, 십자가위 예수님의 사랑을 모성적 사랑의 원형으로 제시하면서 이를 인류 구원과 치유의 원천으로 제시하고 있다. 줄리안은 인류의 영적 탄생을 위해 십자가에 죽으시기까지 수난당한 고통의 어머니, 나아가 인간의 성장을 위해 참고 기다리시는 인내의 어머니, 그리고 이 모두를 온유와 자비라는 더할 나위 없이 깊은 겸손과 섬김의 영성으로 행하시는 어머니로, 예수 그리스도의 모성을 그리고 있다. 그리고 이를 상처로 얼룩지고 일그러진 불완전한 인간적 모성이 궁극적으로 도달해야 할 모성의 원형이자 사랑의 완성으로 제시하고 있다. 십자가에 못 박혀 죽으시기까지 자녀들을 사랑한 예수 그리스도안의 어머니 사랑만이 온갖 상처와 아픔과 절망으로 얼룩진 시대의 고통을 치유하고 회복할 수 있는 구원의 문이 될 수 있음을 줄리안은 전하고 있다. 이는 좀 더 구체적으로, 일상 안에서 그러한 어머니의 사랑만이 치유할 길 없는 깊은 상처를 치유하고, 꺼져가는 생명을 살리며, 까마득한 절망의 늪에서 헤매이고 있는 이들의 손을 잡아주고, 나아가 온통 죽음의 문화로 치닫고 있는 현 세태를 생명과 사랑의 문화로 역전시킬 수 있는 가장 강력한 힘이며 진정한 구원의 생명수가 될 수 있음을 보여주고 있는 것이라고 본다. 그리고 이러한 비전이 바로 오늘날 길을 잃고 뿌리 채 흔들리며 극심한 정체성의 혼란을 겪고 있는 여성들 안에서, 나아가 남녀노소를 떠나 모든 이들 안에서 회복되고 추구되어져야 할 궁극적인 인간의 길이며 소명이 아닐까 한다. 이러한 모성의 진정한 의미를 한 알의 밀알 속에 고스란히 담고 있는 다음을 이 글의 마무리로 인용하면서 글을 맺는다.

▶ 밀알은 땅에 떨어져 썩어야 싹을 틔울 수 있다. 어찌 밀알뿐이겠는가. 모든 씨앗은 땅에 뿌려지면 같은 결과를 낸다. 씨앗 자체가 썩어 양분이 되고 그 양분을 딛고서 새로운 싹이 돋아나는 것이다. 평범한 이치지만 생각하면 무서운 자연의 신비다. 동물의 세계도 마찬가지다.

약육강식의 사회에서 연약한 짐승들이 살아남는 것은 순전히 어미의 희생 때문이다. 그러기에 새끼를 둔 어미는 죽음의 위험 앞에서도 달아나지 않는다. 이 모성애가 종족 번식을 가능케 하고 있는 것이다.

하찮은 미물의 세계에서도 이렇듯 자신을 희생함으로써 싹을 틔우고 새끼를 키운다. 자연의 이치와 본능에 따른 행동이라고 하지만 내용 자체는 너무나 감동적이다. 인간 사회는 어떤가. 그들보다 못한 사람들이 많아지고 있지 않는가. 희생하지 않으려 하고 자신을 낮추는 것을 어리석다고 생각한다. 밀알이 썩기는커녕 한 알 그대로 남아 있는 것이다. 그러니 이 시대, 희생은 연약한 삶들의 행동이라 생각하는 것은 당연한 귀결이다.

그러나 희생 없이는 누구도 썩는다는 행위를 체험할 수 없다. 그리고 썩지 않으면 하늘의 생명력은 주어지지 않는다. 불안과 허무, 삶의 무미건조함이 팽배한 것은 이 때문이다. 밀알이 썩지 않는데 어찌 새싹이 돋아나겠는가. 희생하지 않는데 어찌 삶의 기쁨이 주어지겠는가. 그러니 썩어야 한다. 누군가를 위해 썩는 행위를 실천해야 한다. 이것이 자연의 법칙이고 사랑이다. 그러기에 사랑은 생명력을 주는 행위라고 하지 않았던가.

나무와 풀들이 건강한 것은 보이지 않는 뿌리가 건강하기 때문이다. 뿌리가 튼튼하면 줄기와 잎은 당연히 튼튼해진다. 화려한 꽃과 알찬 열매의 결실은 보이지 않는 뿌리에 달려 있다. 뿌리는 무엇인가. 희생과 사랑이 아닐런지. 밀알이 썩는 행위가 아닐런지. 그러니 우리는 씨앗으로 돌아가 싹을 틔우고 보이지 않는 흙이 되어야 한다.[25]

---

[25] 신은근, "생활 속의 복음, 밀알의 교훈",《평화신문》, 2006년.

참고문헌

김병주.『여성의 자기실현』. 다산글방, 2010.
김유미.『노리치의 줄리안 영성 연구』. 서강대학교, 2007.
노리치의 줄리안/엄성옥 옮김.『하느님 사랑의 계시』. 은성출판사. 2007.
신경아. "1990년대의 모성의 변화(희생의 헌신에서 욕구를 가진 인간으로)".『모성의 담론과 현실』, 2007.
신은근. "생활 속의 복음, 밀알의 교훈".「평화신문」, 2006년.
한순희. "노르치 줄리안의 영성".『문화예술과 영성』, 2006.
EBS <마더쇼크> 제작팀 지음.『마더쇼크』. 중앙북스, 2012.
Margaret Ann Palliser, O. P.. *Christ, our mother of mercy*. Walter de Gruyter & Co., 1992.
Virginia Ramey Mollenkott. *The Divine Feminine*. The Crossroad Publisshing Comany. 1984.

불의 여인 시에나의 카타리나

강운자 루실라

시에나의 카타리나(1347-1380)

들어가는 말

하느님의 섭리가 우리에게는 늘 놀라움으로 다가오지만, 우리는 오늘 또 한 사람의 철저한 역설의 주인공을 만나려고 한다. 그 어느 때보다 여성의 존재가 공적인 영역에서 배제되었던 어두운 시기에, 그 누구보다도 열정적인 사랑으로 33년이라는 짧은 생애를 하느님과 그의 백성을 위해 온전히 불태웠던 한 여인이 있었다.

그녀는 정식 교육을 받지 못한 것이 정상으로 여겨졌던 중세의 한 시기를 격렬하게 살면서 역설적이게도 신비가, 중재자, 신학자, 설교자, 간호사, 교회 박사라는 심상치 않은 호칭으로 불린, 그래서 오늘날까지도 우리에게 강렬한 메시지를 전해주는 불의 여인 시에나의 카타리나이다.

시에나의 카타리나, 그녀는 누구인가? 한 평생 그녀를 그렇게 열정적으로 타오르게 했던 결정적인 동인은 무엇이었을까? 현대를 사는 우리에게 그녀의 신비적인 삶과 메시지가 주는 의미는 무엇일까?

I. 카타리나의 배경

카타리나가 살았던 14세기의 유럽은 우리 시대와 마찬가지로 폭력과 질병 불확실한 미래관의 특징을 보여준다. 교회도 예외는 아니었다. 교종은 아비뇽으로 달아났고, 교회는 갈라졌으며 나라와 도시와 수도회들과 사람들 역시 분열되었다.

또 다른 차원에서 그 시대 유럽을 초토화시켰던 흑사병은 사회와 교회의 정상적인 삶의 방향을 완전히 뒤 바꾸어놓는 계기를 마련했다. 교회는 활력이 떨어지고 목적의식을 잃었으며 수도생활 역시 위기에 처해 있었다. 그 모든 상황에서도 하느님의 섭리였을까, 유럽의 어떤 곳에서는 그 어느 때보다도 신비주의자들의 움직임이 두드러졌다.

한 마디로 카타리나의 배경이 되었던 14세기의 사회와 교회는 출구를 찾기 어려운 암흑 속에 있었고, 교회에서는 개혁의 외침이 고조되고 있었다. 바로 그 시대의 관심사와 영성을 반영했던 역작 '신곡'의 저자 단테도 정통 교회의 복구를 위해 싸웠던 페트라르카도 교회의 개혁을 주장했던 사람들이었다.

원인은 복합적이었다. 그러나 좀 더 깊숙이 들여다보면 교회 구조, 즉 성직 구조에 더 많은 원인을 전가할 수 있다. 그리스도의 성직대신 세속 권력의 다툼과 금력의 행사장이 되어버린 교회의 부패에는 성직자들의 타락이 있었다. 이런 교회에서는 "하느님의 모습을 지니셨지만 하느님과 같음을 당연한 것으로 여기지 않으시고 오히려 당신 자신을 비우시어 종의 모습을 취하시고 사람들과 같이 되셨던… 그래서 당신 자신을 낮추시어 죽음에 이르기까지, 십자가의 죽음에 이르기까지 순종하셨던"(필립 2,6-8) 예수 그리스도의 가난과 겸손의 자리를 찾기가 어려웠다.

당시 카타리나의 조국 이탈리아의 정치구조는 도시국가들로 이루어진 모자이크와 같았다. 이 도시들은 내부 간에 분쟁이 많았고 그 안에는 교종과의 분쟁도 있었다. 교권과 제권의 다툼이 두드러졌던 사건은 프랑스 왕 필립과 교종 보니파시오 8세의 사건이었다.

교권과 제권의 권력 확보를 시도했던 보니파시오 교종에게 대응했던 필립 왕은 프랑스 교구들의 바티칸 경비 분담금 납부를 금지해

버렸다. 그러자 보니파시오는 필립 왕을 파문했고, 필립은 그의 측근들을 풀어 보니파시오 교종에게 보복했다. 보니파시오는 몇 달 후 세상을 떠났고, 우여곡절 끝에 결국 프랑스에 우호적이었던 추기경단이 추대한 베르트랑 드 고트가 1305년 클레멘스 5세 교종으로 선출되었다. 교종은 프랑스 왕권의 지배를 받았고 교회사에서 지울 수 없는 분열의 단초를 제공했다. 일명 '교종의 프랑스 아비뇽 거주'의 시대가 열렸다. 그렇게 분열이 분열을 낳는 교회분열의 시발점이 되었다.

카타리나는 이처럼 도시국가들 간에, 도시국가들과 교종 간에 전쟁과 폭력이 한창이었던, 또 흑사병으로 유럽이 황폐화되고 그리스도교 세계가 둘 또는 셋으로 분열되어 목적의식을 상실했던 혼돈의 상황 속에서 태어났다.

II. 카타리나의 세계

카타리나는 1347년 3월 25일 성보영보축일에 이탈리아의 시에나에서 태어나 1380년 4월 29일 로마에서 세상을 떠났다.

양모 염색업자였던 아버지 야고보 베닌카사(Giacomo Benincasa)는 신심 깊은 다정한 사람이었고, 어머니 라파 피아첸티(Lapa Piacenti)는 명랑하고 완강한 성격의 소유자였다. 카타리나는 부모의 이 기질들을 고루 물려받았던 것 같다. 이 부부는 스물다섯 명의 자녀를 두었는데, 카타리나는 스물네 번째였다. 쌍둥이로 같이 태어났던 요안나는 유모에게 보내졌으나 곧바로 죽었고, 카타리나는 유일하게 모유를 먹고 자랐다. 계속된 출산으로 위의 아이들에게는 할 수 없었던 일이었다.

그 때문이었는지 어머니는 다른 아이들보다 카타리나를 더 사랑했고, 그만큼 더 많은 영향력도 행사했다.

대부분의 전기 작가들이 말하는 카타리나는 명랑하고 활발하고 사교적인 아이였다. 그런 성향 때문에 가족들과 친구들의 사랑을 독차지하곤 했다. 카타리나는 거의 항상 두 살 위인 오빠 스테파노와 같이 놀았고, 결혼한 언니 보나벤투라를 따르고 좋아했다.

1. 첫 만남

1353-1354년 카타리나는 자신의 인생에서 큰 의미를 갖게 될 이른 바 "근본 체험"을 했다. 여느 때처럼 오빠 스테파노와 같이 언니 보나벤투라 집에 다녀오던 어느 날 밤이었다. 그녀는 갑자기 언덕 위에 멈추어 섰고, 계곡 건너편 도미니코 성당 위에 계신 예수님을 보았다. 그분은 교종의 옷을 입고 계셨고, 사도 베드로와 바오로와 복음서 저자인 요한이 그분을 보필하고 있었다. 예수님은 카타리나를 똑바로 보시고 다가오시어 십자가를 그으며 그녀에게 강복하셨다.

이 첫 만남은 어린 카타리나의 영혼과 그의 전 생애에 깊은 흔적을 남겼다. 그녀는 아무에게도 이 체험을 이야기하지 않았지만, 그때부터 그리스도에 대한 강렬한 매력에 이끌려 지속적인 변모의 길로 들어섰고, 사실상 그리스도와 완전한 일치에 이르렀던 것이다.

그의 삶은 완전히 바뀌었다.[1] 어린 카타리나는 표현하기 어려운 하느님에 대한 갈증을 느꼈고, 사돈이었던 토마소 델라 폰테에게서

---

1 Johannes Jörgensen, *Santa Catalina de Siena*, 30. Fontis, Buenos Aires.

들었던 사막의 교부들을 본받고자 하는 열망으로 고독을 찾기 시작했다. 토마소는 이후 도미니칸 사제가 되었고 카타리나의 첫 고해 신부가 되었다.²

1년 후 카타리나는 다시 성모님과 예수님의 환시를 보았다. 성모님은 카타리나에게 아들 예수님을 안겨주셨고, 어린 카타리나는 이것이 자신을 예수님께 봉헌해야 한다는 표지로 알아들었다. 그녀는 성모상 앞에서 자신의 정배는 예수님 외에 다른 사람이 될 수 없다는 약속의 동정서원을 발하면서 자신을 주님께 봉헌했다.

그렇게 카타리나는 예수 그리스도에 대한 사랑과 영혼들의 구원에 대한 열정이 자랐던 삶의 첫 단계를 지나고 있었다. 지극히 높으신 분의 그림자가 그녀를 감싸고 어린 소녀의 마음에 말씀을 건네셨다. 성화의 과정은 재빨리 진행되었다. 그만큼 카리스마 역시 풍성했다. 그녀는 깊은 기도와 묵상과 고행으로 그 은총에 철저한 응답을 드릴 줄 알았다. 심지어 수도원에 입회하고 싶어서 사내아이처럼 머리를 자를 생각도 했었다. "어릴 때부터 도미니칸 수사가 되고 싶어 했으나 망토회원으로 만족해야만 했다."³

그러나 그녀의 단식과 지나친 고행과 긴 기도는 집 안에서 문제가

---

2 카타리나의 언니 니콜루치아는 팔미로 델라 폰테와 결혼했는데, 카타리나 형부의 동생이었던 토마소(Tommaso dalla Fonte)는 1349년 흑사병으로 부모를 잃었다. 카타리나보다 일곱 살 많고 열 살에 고아가 된 그를 카타리나의 부모가 데려다 함께 살게 되었다. 그는 카타리나가 좋아했던 성인전을 자주 읽어주면서 좋은 영향을 주었고, 이후에는 카타리나를 지도했던 사람에서 그녀의 지도를 받는 충실한 제자가 되었다. 매우 유력한 설에 따르면 그의 중개로 카타리나가 카푸아의 라이문도를 알았을 것이라는 것이다: Cf. ARRIGO LEVASTI, *My Servant. Catherine*, Westminster, Md: Newman Press, 1954, 15.

3 LLAMEDO Juan José O.P., *conferencia Catalina de Siena y la Iglesia*, Valencia, 1999

되었고, 어머니의 힐책을 불러왔다. 자신의 영감을 충실히 따르려는 것과 가족들과 함께 생활하는 것을 조화시킨다는 것이 결코 쉽지 않았다.

카타리나가 열두 살이 되자 가족들은 당시 관습에 따라 적절한 배우자를 찾기 시작했다. 카타리나는 이런 가족들의 압력에 곧바로 저항했으나 나중에는 이런 집안의 분위기를 자연스럽게 받아들이면서 축제에도 가고 어른들의 세계에 점차 빠져들었다. 마치 예수님께 자신을 봉헌했던 첫 결심을 잊어버린 것 같았다.

그러던 중 1362년 언니 보나벤투라가 아이를 낳다가 갑자기 세상을 떠났다. 가장 가까웠던 언니의 죽음은 카타리나에게 지울 수 없는 충격을 주었다. 그녀는 깊은 슬픔 속에서 인생의 허무함을 느꼈고 어린 시절 자신이 했던 봉헌을 떠올리며 새롭게 했다. 그녀가 회개, 하느님께로 돌아감이라고 했던, 죽음도 갈라놓지 못하는 분 하느님께 자신을 봉헌하기로 재차 결심했던 것이다.

15살 소녀의 이 현명한 선택은 곧 가족들의 심한 반대에 부딪혔다. 가족들은 새 사제였던 사돈 토마소에게 그녀를 말려달라고 부탁했다. 그러나 그는 오히려 카타리나에게 결혼 계획을 거부한다는 표시로 머리카락을 자를 것을 제안했다.

가족들은 그녀가 제정신을 차리도록 다 같이 합심하여 제재를 가했다. 먼저 집에서 일하는 사람을 내보내고 그 일을 모두 카타리나에게 시키면서 심하게 다루었다. 다음에는 그녀가 하느님을 생각하면서 혼자 있을 수 있는 공간과 시간을 빼앗아 버렸다. 카타리나는 몹시 괴로웠으나, 곧 이런 삶의 변화를 유익하게 이용하여, 다시 생기발랄한 모습을 되찾았다.

누구도 끼어들 수 없는 자신의 마음 안에 '내면의 방'이라는 기도의 장소를 마련했던 것이다. 빨래를 하고 음식을 만들면서 계속 하느님과 함께하는 방법을 찾아냈다.

그러던 어느 날 카타리나의 아버지는 흰 비둘기 한 마리가 기도하고 있는 카타리나의 머리 위에 나타난 것을 보았다. 이후 그는 회개하여 그녀의 오빠들에게 남편 찾는 일을 그만두게 했고, 그녀가 하느님께 한 서원을 지키도록 도와주었다. 즉 다시 집안일을 하는 하인을 고용하고 그녀가 혼자 조용히 기도할 수 있는 방을 돌려주었다.

2. 만텔라테회 입회

카타리나는 수도원에 가거나 결혼을 하지 않고도 주님께 봉헌된 삶을 자유롭게 살 수 있는 방법을 찾아야 했다.

당시 그곳에는 도미니코 수도복을 입고 자기 집에 살면서 기도하고 가난하고 병든 이들을 돌보는 일에 전념했던 '만텔라테(Mantellate 망토) 도미니코 참회의 회'라는 단체가 있었다. 이 단체 회원들은 주로 과부들이었다. 카타리나가 오늘날 도미니칸 평신도회라 할 수 있는 이 단체에 입회하려고 하자, 어머니 라파 부인은 물론 만텔라테 회원들까지도 그녀가 너무 어리다는 이유로 받아들이려 하지 않았다. 그러나 그녀는 그 모든 반대를 꺾고 도미니코회 수도복을 입는 망토회원이 되었다. 그녀의 나이 18세였다.

카타리나는 그 도시에서 처녀로 그 회의 수도복을 받은 최초의 사람이었고 최고의 사람이 되었다. 그녀 이후에 많은 처녀들이 그녀의 뒤를 따라 입회했던 것이다.

3. 하느님과 온전한 일치

이때부터 카타리나는 은수생활을 하면서 강력한 기도생활과 극단적인 고행을 시작했다. 시에나의 도미니코 성당에 매일 미사를 가는 것 외에는 전혀 외출을 하지 않았다. 그녀는 일상화된 고행으로 음식을 전혀 먹을 수 없었다. 먹으면 심한 통증을 느꼈고, 억지로 먹은 것은 도로 내 뱉어야만 했다. 그렇지 않으면 온 몸이 붓고 경련이 일어났는데, 이런 현상은 죽을 때까지 그의 삶의 일부가 되었다. 카타리나가 28세가 되었을 때 그의 몸은 건강했을 때의 반으로 줄어들었다.

또한 이 시기 카타리나는 자신과의 대면을 통해 자기 인식을 하게 되었고, 끈질긴 유혹 속에서 순수한 마음을 가질 수 있도록 간청했다. 하느님은 그녀의 기도를 들어주셨고, 호세아서 2,21-22에서 약속하신 성실의 유대로 그녀와의 일치를 이루셨다. "나의 약혼 선물은 정의와 공평, 한결같은 사랑과 뜨거운 애정이다. 진실도 나의 약혼 선물이다." 그렇게 (20세 무렵) 예수 그리스도와의 신비스런 약혼을 체험했다.

카타리나의 세계는 일대 전환기를 맞이하고 있었다. 이전에는 세상과의 관계를 온전히 끊어야만 하느님과 일치할 수 있다고 믿었다. 그런데 이제는 고통 속에 있는 어려운 이웃 형제들과 일치하면서 하느님과의 일치를 이루라는 내적인 부르심을 피할 수 없었다. 하느님은 "눈에 보이는 형제를 사랑하지 않는 사람은 눈에 보이지 않는 하느님을 사랑할 수 없다"(1요한 4,20)라는 진리를 그녀 마음 안에 새겨주셨다.

4. 사람들 안에 계신 하느님을 섬김

1370년까지 3년 동안 온전한 고독 속에서 하느님께 자신을 봉헌했던 카타리나는 이제 온 힘을 다해 가난하고 병든 이들 안에 계신 하느님을 섬기기 위해 자신의 수방에서 나왔다. 그녀는 만텔라테의 회원으로서 이 일에 온전히 투신했으나, 더불어 중상모략과 비방으로 고통을 당하기도 했다. 계속 욕을 해대는 나병환자 테카, 말버릇이 사나운 팔메리나, 아무도 다가가지 않았던 암 환자 안드레아 등에게 봉사했다. 안드레아는 자신을 돌보는 카타리나를 부정한 여자라고 고발하기도 했다. 카타리나는 이 불쌍한 여자의 모습에서 상처 입은 그리스도의 모습을 떠올렸다.

어느 날 그녀는 안드레아의 반감을 극복하려고 그녀의 상처를 닦아낸 악취나는 물을 마셨다. 그런데 신비롭게도 그 역겨움은 마치 예수님의 생명과 피를 마시는 것과 같은 환희로 변화되었다. 그 후 예수님은 카타리나를 찾아오시어 그녀의 심장을 무한한 사랑이신 당신의 심장과 바꾸어 주셨다. 이후에도 여러 차례 있었던 신비체험은 그녀가 가장 가난한 자매형제들에게 자신을 내어준 후에 일어났다.

카타리나는 어디서나 가난하고 고통 받는 이들 안에서 그리스도의 얼굴을 보았다. 그들을 돌보고 섬기는 것만이 아니라, 옷과 음식과 집안 살림에 필요한 물건들까지도 내어주었다. 이런 카타리나의 낭비를 아버지 야고보가 용인하고 있다는 가족들의 비난도 피할 수 없었다. 그러나 그녀는 멈출 수가 없었다. 도미니코가 그랬던 것처럼, 밤에는 고독 속에서 하느님과 함께했고, 아침에는 가난하고 병든 이들 안에 계신 하느님을 섬기기 위해 거리로 나갔다.[4]

카타리나의 이 특별한 사랑이 사람들에게 알려졌고, 불화와 배반이 판을 치던 시에나에서 그녀는 하느님을 알고 하느님과 함께 생활하는 사람으로, 사랑과 평화, 열정과 기쁨, 권위를 가진 사람으로 인정받게 되었다. 사람들은 그녀와 함께 하기 위해 모여들었고 마침내 요즘 말로 카사모, 그녀를 사랑하는 친구들과 제자들의 가족(Famiglia)이 생겨났다.

카타리나의 열정적인 봉사의 생활이 절정에 다다랐을 때인 1370년 그녀는 심한 병에 걸려 '신비적 죽음'을 체험했다. 주위 사람들은 그녀가 죽었다고 생각했다. 그러나 그녀는 극적으로 회생했고 슬픔에 잠겨있던 제자 가족들에게 큰 기쁨을 가져다주었다. 그러나 이 체험 이후 카타리나는 엄청난 무게의 희생을 치러야 했다. 죽어서 하느님과 함께 하고 싶어 했던 그녀의 바람에 대한 하느님의 응답은 그녀를 다시 살게 한 것이었다. 그녀의 소명은 이 사건으로 더 자명해졌다. 이 세상에 더 머물면서 남은 생애를 다른 사람들에게 하느님을 증거하는 것이었다.

5. 전체 교회를 향한 봉사

카타리나의 무대는 전체 교회로 확장되었다. 그녀의 사명은 가난한 이들을 돌보면서 온 세상에 하느님의 말씀이 퍼지도록 선포하는 것이었다. 1370년에서 1374년 사이에 카타리나의 권고를 통해 수많

---

4 설교자들의 회 초기 회헌에는 설립자인 도미니코 데 구스만의 삶의 면모를 전해주는 말씀이 있다: "서로 간에 혹은 이웃들과 함께할 때라도 하느님과 함께 하느님에 대해서만 말하라."

은 죄인들과 교만한 지식인들이 자신의 잘못을 깨닫고 하느님께로 회개했고, 분열된 집안들과 적대적인 파벌들이 화해를 했다. 그녀를 만났던 악명 높은 죄수들은 자신의 죄를 뉘우치며 눈물을 흘렸다.

이 기간에 많은 이들이 그의 제자 가족이 되었을 뿐만 아니라, 시에나 밖의 평신도들, 고위 성직자들, 사회 지도자들, 통치자들을 만나 그들을 회개로 이끌었다. 1374년 카타리나가 피렌체를 방문했을 때 많은 사람들이 그녀를 만나고 싶어 했다. 아마도 그곳에서 카타리나는 처음으로 귀족 출신 도미니칸 학자였던 카푸아의 라이문도(Raimondo da Capua)를 만났던 것 같다. 그는 이후 그녀의 가장 친한 친구이자 고해 신부가 되었고 그녀의 첫 전기를 썼다. 그해 그곳에서 열렸던 도미니코회 총회에서는 라이문도를 카타리나의 고해 신부로 지명했다.

1374년 7월 카타리나는 또 한 차례의 흑사병으로 황폐해진 시에나로 돌아왔고, 있는 힘을 다해 환자들을 돌보았다. 그녀의 헌신적인 봉사에 감명을 받았던 다른 만텔라테 회원들과 라이문도를 비롯한 다른 도미니칸 수사들도 함께했다.

카타리나보다 17년 연상이었던 라이문도는 교회와 정계에서 존경과 명성을 지닌 사람이었다. 카타리나는 그의 영향으로 사회에서 점점 더 중요한 역할을 수행하게 되었다. 또한 흑사병이 도는 동안 그녀가 보여주었던 놀라운 사랑과 용기, 봉사에 대한 소문이 다른 도시들에도 퍼졌다. 그런 연유로 피사의 시장은 그녀를 피사로 초청했다. 카타리나는 처음에 사양했으나, 도시국가 간의 평화와 협력, 경제적이고 영적인 유익을 위해 그의 초청을 받아들여, 1375년 라이문도, 바르톨로메오, 토마소와 함께 피사로 떠났다.

피사에서는 카타리나 자신에게도 중요한 영적 신비체험이 있었다. 1375년 4월 1일 성녀 크리스티나 성당에서 영성체 후 기도를 하고 있던 그녀에게 주님께서는 당신 상처의 고통을 함께하기를 원하셨다. 예수님의 오상이 그녀의 손과 발에 새겨진 것이다. 겉으로 보이는 상흔은 없었으나 그 고통은 평생 그녀를 떠나지 않았다. 또 그때부터 카타리나의 설교는 불과 같았고 더 강해졌다. 그녀의 뜨거운 말씀들이 모든 계층의 사람들의 마음을 움직였고 그들을 회개로 이끌었다.

6. 혼돈 가운데서 설교

1375년 7월 다시 피사로 돌아온 카타리나는 교종 그레고리오가 성지탈환을 위한 십자군 조직을 촉구했다는 소식을 들었다. 그녀는 다시 사람들을 하느님께로 회개시키려는 마음으로 힘차게 설교를 시작했다.

그녀가 피사에 있는 동안, 프랑스 아비뇽에 거주하던 교종은 피렌체에 필요한 곡물 공급을 거부했고, 피렌체는 볼로냐, 밀라노와 함께 토스카나 동맹에서 교종에게 저항했다. 8월 14일에는 교종과 전쟁을 일으켰던 이들이 피렌체에서 권력을 잡았고 이탈리아의 다른 도시들도 이 반란을 지지했다. 이런 사태를 보면서 몹시 마음이 아팠던 카타리나는 교종에게 충성할 것을 촉구하면서 동시에 십자군을 위한 열정적인 설교를 했다.

1375년 말 카타리나는 고향 시에나로 돌아왔는데 시에나 역시 교종에게 저항했던 토스카나 동맹에 가담했다는 것을 알게 되었다. 그러나 그녀는 고통 중에 뜻밖의 위로를 얻었다. 자신의 중재로 평화와 기쁨을 찾았던 젊은 귀족 스테파노 마코니가 그녀의 제자 가족에 들어와 그녀의 충실한 비서가 되었던 것이다. 그의 도움으로 카타리나는 아비뇽의 그레고리오 교종에게 직접 편지를 썼다. 토스카나 동맹과 화해하고, 로마로 돌아올 것을 주장했고, 약속대로 십자군을 조직할 것과 경건한 사람들을 고위 성직자로 임명하여 교회를 과감히 개혁할 것을 촉구했다.

1376년 2월 11일 교종은 법정에서 공개적으로 피렌체 지도자들과 부딪다. 재판에 출두했던 피렌체 지도자들은 자신들이 공언했던 충성을 저버렸고 그레고리오는 피렌체에 파문을 내렸다. 그러자 그때까지 피렌체 편이었던 이탈리아의 다른 도시들이 갑자기 등을 돌렸다.

이런 상황을 보면서 카타리나는 비탄에 빠졌다. 그녀는 1376년 4월 1일까지 시에나에 있었고, 기도를 통해 사회와 교회의 이 비극을 새로운 시각으로 보게 되었다. "기도 중에 그는 이슬람교도들과 그리스도교인들이 모두 함께 그리스도의 상처 입은 옆구리로 들어가고 있고, 자신이 그들을 향하여 평화의 올리브 가지를 쳐들고 있는 광경을 본 것이다. 교종에게 반기를 든 전쟁은 교회의 몰락을 뜻하는 것이 아니라 활력과 순수함을 가지고 새로 태어나기 위해 땅에 떨어져 죽는 밀알의 신비를 상징하는 것이었다. 이 비극을 통해 결국 교회는 개혁을 이루게 될 것이다."5

카타리나는 새로운 힘과 기쁨을 얻었고, 피렌체의 교종당의 지도자에게 편지를 썼다. 피렌체와 교종과의 화해를 위한 중재자의 역할을 하겠다는 내용이었다. 교종당이 그 제안을 받아들였고, 카타리나

---

5 매리 엔 파툴라/성도미니코선교수녀회 옮김, 『시에나의 성녀 가타리나의 가르침』(분도, 1997), 31.

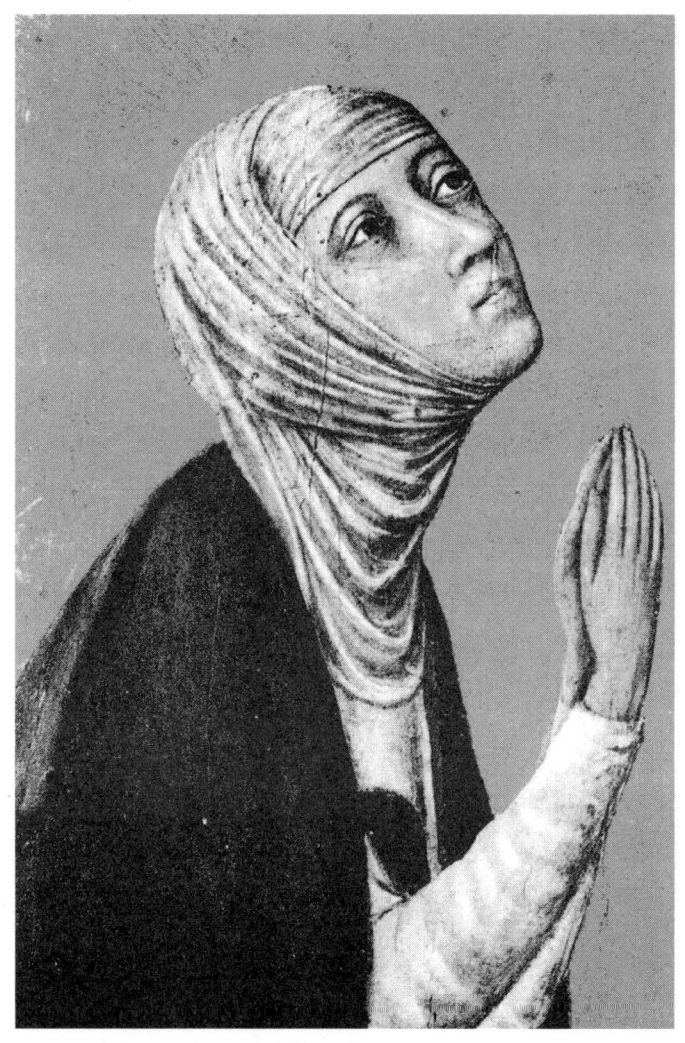

강력한 기도 생활과 극단적인 고행을 했던 카타리나

는 1376년 6월 18일 약 22명의 제자들과 함께 아비뇽에 도착했다. 그녀는 여러 차례 교종을 만나 피렌체인들을 너그럽게 대해 줄 것을 요청했고 로마에 돌아가기로 했던 약속을 지키도록 촉구했다. 그리고 결국 9월 13일 약속대로 그레고리오 11세는 로마를 향해 출발했다.

7. 수도원 설립

고향에 돌아온 카타리나는 오랫동안 품어왔던 생각을 실행했다. 그녀의 제자들 중 수도생활로 부르심을 받은 이들을 위해 봉쇄수녀원을 설립한 일이었다. 그런 와중에도 이탈리아를 돌아다니면서 온 힘과 열성을 다해 설교를 했고, 수천 명의 사람들이 그녀의 설교를 들으러 몰려들었다.

1377년 10월 카타리나가 중재 부탁을 받고 발 도르시아에 잠깐 가 있는 동안, 시민들은 그녀가 시에나를 거슬러 반역을 계획했다고 고발했다. 이런 비난은 카타리나의 마음을 몹시 아프게 했다. 그녀의 유일한 계획이라면 사람들을 하느님께로 회개시키는 것이었기 때문이었다. 그런데 발 도르시아에서 카타리나는 글을 쓸 수 있는 은총을 받았다. 하느님께서 그녀의 마음을 쏟아놓을 수 있도록 허락해주신 것이었다. 카타리나가 그곳에서 라이문도에게 보낸 편지에는 기도 중에 했던 많은 체험들을 말하고 있다. 그 내용들이 그녀의 책 『대화』의 핵심이 되었다.

12월에 카타리나는 시에나로 돌아왔다. 그레고리오 11세 교종은 그녀에게 그를 대신하여 피렌체인들과 협상해줄 것을 부탁했다. 그 때문에 카타리나는 이듬해 1378년 봄에 피렌체로 갔다. 그녀는 시민들에게 파문을 준수하도록 촉구했다. 하느님과 일치되어 살아가는 영혼에게서 발산되는 매력과 경건함이 이 도시에서도 많은 친구들을 얻게 해주었다.

그런데 당시 피렌체에서는 파문준수로 경고를 받았던 사람들이 하층민들에게 폭동을 일으키도록 선동했다. 그리고 카타리나는 자신도 모르는 사이에 이 정치적 문제에 휘말리게 되었다. 카니자니 집안을 포함한 부유한 교종당원들이 그들 공격의 표적이 되었다. 게다가 반대자들은 그녀가 부당한 경고를 함부로 촉구하여 폭동을 부추겼다고 비난했다. 1378년 6월 폭도들은 카타리나가 머물고 있던 집 마당까지 들어와 그녀를 죽이려 했고, 그녀는 기쁘게 순교하려고 했다. 이 기쁨과 용기가 오히려 그들을 무력하게 만들었고, 결국 그들은 순교의 꿈을 이루지 못해 슬퍼하는 카타리나를 남겨둔 채 떠나야만 했다.

8. 우르바노 6세 교종과의 운명

1378년 3월 27일 아비뇽에서 돌아왔던 그레고리오 11세가 세상을 떠나자, 바리의 대주교였던 바르톨로메오 프리냐노가 우르바노 6세라는 이름으로 교종이 되었다. 그러나 그의 독단적인 성격과 정신병적인 징후는 일부 추기경들과 불화를 일으켰다. 급기야 5월 16일 그에게 저항했던 프랑스 추기경들이 교종 별장인 아나니로 철수했고, 8월 9일 우르바노 6세 교종 선출의 무효를 선언했다. 이유는 로마 폭도들이 무서워서 이탈리아인을 교종으로 선출했다는 것이었다. 그들은 9월 20일 폰디에 모여서 제네바의 로베르토 추기경을 다시 대립교종으로 선출했고, 10월 31일 그가 클레멘스 7세로 즉위했다.

오상을 받은 카타리나

1378년 7월 18일 피렌체는 우르바노 6세와 화해했고, 카타리나는 거기서 큰 역할이 없었다. 그녀는 다시 조용히 고향 시에나로 돌아와 1378년 10월에 '책'(『대화』)을 완성했다. 카타리나는 내심 로마에 머물면서 교종을 돕기를 바랐으나, 시에나 시민들의 비판과 잦은 여행에 대한 만텔라테 회원들의 불만을 들으면서, 피렌체에서 했던 일들이 다 무익했었다는 생각을 했다.

그러나 결국 우르바노 6세의 문서 초청으로 카타리나는 24명의 제자들과 함께 1378년 11월 23일 로마에 도착했다. 그들이 머물렀던 비아 산타 끼아라 집에는 시에나 순례자들과 카타리나를 만나려는 수많은 사람들이 모여들었다. 그들은 자선으로 생활했고 때로는 카타리나 자신이 빵을 구걸하러 거리에 나가기도 했다.

9. 카타리나의 패배와 죽음

하느님의 일을 '망치는' 사람이란 말은 그녀 자신을 가리키는 것이었다. 그녀는 자신이 교종을 로마로 돌아오게 하지 않았더라면 교회의 분열은 없었을 것이라고 생각했다. 있는 힘을 다해 교회 개혁을 위해 일했지만 결국은 폭군으로 미움을 받고 있는 교종을 방어하고 있을 뿐이었다.

그녀는 피사와 루카에서 우르바노 6세에 대한 반역을 막는 일에 헌신했으나 그들은 그녀를 무시했다. 피렌체는 그녀의 도움 없이 로마와 화해했고, 그녀의 도움을 웃음거리로 만들었다. "그 시대에 그녀의 정치적인 활동을 살펴본 사람이라면, 누구라도 그녀의 일생은 한 올 한 올 엉키고 꼬여서 최악의 실패를 가져왔다고 생각했을 것이다. 그녀가 한 일들은 제대로 된 것이 없었다."[6] 그녀는 그 모든 일로 고통을 당했고 책임감을 느꼈다.

그녀와 가까웠던 사람들에게 바쳤던 헌신적인 사랑 역시 제대로 되지 않았다. 그들은 그녀를 사랑했고 지지했으나 일부는 그녀를 배신했고 떠나갔다. 라이문도는 두려움 때문에 그녀가 간절히 바라던 순교를 거부했다. 그녀가 시에나에 남겨두고 떠났던 그의 제자 가족들은 그녀가 떠난 지 두 달 만에 흩어져버렸다. 그녀가 제자 가족에게 쏟았던 사랑은 아무 열매도 맺지 못했던 것이다.

로마에서는 경건한 사람들을 모아 교종을 지지하고 그의 개혁을 도와 줄 '성청 평의회'를 조직하려고 했으나 그 역시 실패했다. 가장

---

[6] 위의 책, 36에서: Alice Curtayne, *Saint Catherine of Siena*, London, Sheed and Ward, 1932

신뢰하고 사랑했던 친구마저 그녀와 함께하기를 거부했다. 카타리나는 자신이 철저히 또 완전히 패배했다는 것을 알았다.

교회의 분열과 불행한 사태에 대한 그녀의 책임감은 정신만이 아니라 육체까지도 짓눌렀다. 1380년 1월부터 건강은 급속히 악화되었고, 그녀의 몸은 갈증으로 타는 것 같았다. 1월 29일 우르바노 6세에게 저항하는 폭동 소문이 퍼졌을 때 그녀는 심한 경련을 일으켰다. 48시간 동안 악마들이 그녀의 삶이 무의미했음을 조롱하는 느낌과 싸워야 했다.

그녀는 먹지도 마시지도 않았지만 매일 성 베드로 대 성당에 가서 미사를 드리고 교회의 일치와 개혁을 위해 기도했다. 사순절 셋째 주일에도 미사에 갔다가 늘 하던 대로 잠깐 멈추어서 성당 내부 정면에 있는 지오토의 모자이크를 바라보았다. 제자들이 탄 작은 배가 풍랑에 휩싸여있는 그림이었다. 그날 그 배의 모습이 유난히도 크고 생생하게 카타리나를 압도했다. 분열과 죄로 무너져가는 교회의 모습을 보았던 것이다. 그녀는 그 배 전체의 무게를 자신의 어깨에 느꼈지만 파선을 막을만한 힘이 없었다.

그날 이후 카타리나는 다시 걸을 수 없었다. 2월 26일 주일에 그녀는 하느님이 그녀 몸의 '혈관'을 취하여 교회를 위해 자신을 바치도록 '새롭게' 하시는 것을 느꼈고 몸은 마비되었다. 친구들은 그녀가 곧 죽을 것이라고 생각했다. 그러나 카타리나는 교회의 회개를 위해 그 고통을 봉헌했고 두 달을 더 살았다.

4월 29일 주일 새벽에 친구들은 카타리나가 다시 악마의 공격과 조롱을 받는 듯 싸우고 있는 소리를 들었다. 카타리나는 하느님께 자신의 심장을 받아 교회를 위해 써 주시기를 기도했고, 하느님은 환시로 그녀의 심장을 받아 그녀의 피로 교회를 강복하시는 것을 보여주셨다. 아침 9시 카타리나는 알레사의 팔에 안겨 33년 동안 누구보다 굵고 짧고 치열하게 살았던 세상을 하직했다. 그녀의 마지막 말은 자신에게 그리스도의 성혈의 자비가 내려지기를 큰 소리로 청하는 것이었다.

III. 카타리나의 저술

카타리나는 위대한 저술가들 중에서도 특별한 자리를 차지하고 있다. "그녀의 신비적인 가르침은 모든 시대의 영성의 역사에서 가장 중요한 이정표들 중의 하나가 되고 있다."[7]

여러 작가들이 비교 분석했던 그녀의 편지들은 사도 바오로의 서간들처럼 그녀가 복음을 깊이 인식하고 있었음을 입증하고 있다. 그녀는 성무일과를 즐겨 읽었는데, 성무일과를 하면서 정배와의 달콤한 대화에 빠져들곤 했다.

모든 역사가들은 하나 같이 그녀가 읽을 줄도 쓸 줄도 몰랐다는 것을 말하고 있다. 그러나 그녀는 지적이고 활동적인 여성이었고 두 세 명의 비서들에게 자신이 쓰고 싶었던 것을 받아쓰도록 했다. 비서들은 그녀가 전적으로 신뢰했던 제자들이었고, 여러 차례의 탈혼(éxtasis)상태에서 말했던 것들을 받아쓰도록 했었다. 그것은 적지 않은 논쟁을 불러일으키기도 했으나 분석할 수 있는 것이 아니었다. 어쨌든 중요한 것은 그녀의 작품이 우리한테까지 넘어왔다는 사실이다. 그리고 그의 저술들은 그녀가 교회 박사들 가운데 한 사람이 되게 했던 근거들이 되었다.

---

7 *Los grandes Maestros de la vida espiritual*, Madrid, BAC, 1973.

그녀의 첫 전기 작가들은 카타리나가 귀족 출신이었던 망토회원 중의 한 자매로부터 글을 배웠을 것이라고 추정한다.8 카타리나는 스무 살 쯤 자신의 독방에서 공부를 시작했으나 그다지 진전이 없었던 것 같다. 몇 주 후 그녀는 예수님께 기도했다. "주님 당신이 좋으시다면 제가 교회 안에서 성무 일과를 읽고 당신께 찬미를 드릴 수 있도록 오셔서 저를 좀 도와주십시오. 그러나 당신 뜻이 아니라면 기꺼이 지금처럼 무지한 채로 갈 것입니다." 그때 이후로 카타리나는 능숙하게 읽게 되었다. 그런데도 가끔은 읽었다기보다 알아맞히었다고 할 수 있다. 라이문도에 따르면 잘 읽게 해달라고 기도했을 때 글자를 아는데도 제대로 읽을 수가 없어서 그랬다는 것이다. 이런 점을 볼 때 카타리나의 지식의 본성은 이성적이기보다 순수한 직관에서 오는 것임을 알 수 있다.9

사실 학교 교육을 받거나 신학을 공부하거나 신학 책을 읽은 적이 없는 그녀가 자신의 저술들에서 스승과의 내적인 대화로 엮어진 위대한 신학을 펼치고 있다는 것이 놀랍기만 하다. 그뿐만 아니라 당시 그녀가 속하고 있던 사회와 가족들에게서 익혔던 것들 역시 전해주고 있다. 성녀를 연구하는 우에르가 신부는 그것은 '씹는 것이 아니라'(no masticada), 도미니칸 틀의 영성을 형성하는 분위기에서 '빨아들이는'(sorbida) 문화를 보여준다는 것이다. 그렇게 그녀에게 속했던 평신도들, 수도자들, 다양한 신분의 가족들을 풍요롭게 했다. 그들 대부분은 교육을 많이 받은 사람들이었다.

대화와 기도와 편지들은 서로 다른 문체의 세 장르라고 할 수 있다.

---

8 카타리나가 속하고 있던 그룹의 Alessia Saracini라는 자매였을 것이다.
9 JÖRGENSEN, Johannes, Santa Catalina de Siena, Fontis, Buenos Aires, 88-89.

1. 대화

'하느님의 섭리에 관한 책'이라고도 하는 『대화』는 카타리나의 삶을 적은 것 외에 다른 것이 아니다. 『대화』에서는 있는 그대로의 그녀가 잘 그려져 있다. 교회를 힘겹게 하는 악(惡) 때문에 고통 속에 있던 카타리나는 자비와 섭리에 대한 관상에 빠져들었고, 신뢰와 고난을 동시에 표현하면서 그 신비적 일치를 정확하게 요약했다.

『대화』의 각 페이지들은 생동감이 넘친다. 하느님을 향한 그녀의 존재와 사명을 알게 하는 말로 다할 수 없는 외침들이 들어 있다. 서문에서는 하느님의 영광과 영혼들의 구원을 열렬히 갈망하는 한 영혼의 고뇌를 볼 수 있다. "주님 당신의 영광을 위하여 세상을 구하여 주십시오." 그녀는 알고 있던 것을 쓴 것이 아니라 존재하고 살았던 것을 썼다. 그러기에 섭리 안에서 우리가 그 뜨거운 외침을 찾지 못한다면, 결정적으로 잃어버릴 수도 있는 일련의 신비적인 체험들을 모아놓았다. 같은 분위기에서 사람들과 교회에 대한 하느님의 자비로운 약속과 자신의 구원을 찾는 사람들을 가르치시는 하느님의 응답을 파악할 수 있다.

최근의 연구 결과에 따르면 『대화』는 1377년 12월과 1378년 10월에 씌어졌고 단번에 쓴 것이 아니라 계속적인 여러 작업들을 통하여 완성되었다고 한다.

2. 편지들

55개의 고문서에서 381개의 편지들이 우리에게 전해지는데, 그

중에 7개의 편지만이 카타리나가 제자들에게 직접 받아쓰게 한 원본으로 간주되고 있다. 나머지는 그녀의 사후 그녀의 서기들이 수집하여 모아 놓은 것들이다.

수취인은 매우 다양하다. 교종, 왕 등의 고위 인사들만이 아니라 아주 단순한 사람들에게까지 걸쳐있다. 주제의 범위 역시 매우 광범위하다. 따라서 풍부한 믿음과 지혜의 말씀으로 권고하는 그녀의 역량을 알아볼 수 있다. 편지들에 나타난 공통점은 다음과 같다.

— 예수 그리스도 그의 불타는 사랑
— 교회를 위한 그리스도의 수난
— 사람들을 하느님께로 이끌려는 지칠 줄 모르는 열성
— 하느님의 계획과 성소의 품위를 따라 살라는 다정하고 강력한 요구, 또는 잘못에 대한 고발.

그녀의 편지에 등장하는 이미지는 전기 작가들이 전하는 것보다 훨씬 더 실제적이고, 더 생생하고 친숙한 느낌을 준다. 편지들에는 확실히 그녀의 모성애, 여성의 심리, 사람들과 함께하는 고통과 공감의 능력이 들어 있다.

3. 기도

카타리나가 생을 마치기 전 2년 동안 그가 입으로 했던 26개의 기도문이 우리에게 전해지고 있다. 그 모든 기도문들은 그녀의 내적 생활의 예민함과 신적인 생활과 신학적인 반성의 견고함을 반영하고 있다.

IV. 카타리나의 메시지

카타리나는 삶으로 **성녀**이고 삶의 가르침으로 **박사**이다. 카타리나의 수많은 신비체험은 우리가 알아듣기 어려워 보인다. 그러나 그녀의 역동 안에 들어가 그녀의 열정적인 인격을 알고 나면 그녀가 자신의 신비적 체험에 바탕을 둔 하느님 인식에 대해 지극히 평범하고 일반적으로 소개하고 있다는 것을 쉽게 이해하게 된다. 카타리나는 사람들의 생활을 알았고 그 삶의 체험으로부터 그리스도인 생활이 진보할 수 있도록 이끌었다. 이 "여성의" 능력이 오늘날 그녀의 삶과 가르침을 통해 그를 찾는 수많은 사람들의 신앙의 길을 동반하고 있다. 그녀가 던졌던 문제 제기와 방향이 오늘을 사는 우리에게도 여전히 동등한 가치가 있기 때문이다.

1. 기본 원리

- 자기 인식과 하느님 인식
- 내면의 방
- 하느님의 진리
- 죄에 대한 증오와 통회의 마음
- 하느님께 가는 길인 예수 그리스도: 다리
- 사랑의 여성- 사랑의 세 단계
- 그리스도의 피, 사람을 향한 하느님의 무한한 사랑의 표현
- 이웃 안에서 하느님에 대한 사랑

2. 특징

배타적이거나 과장된 것이 아니라 영성의 길에서 가장 강조하고 있는 것들이다.

- 사람이 자신 안에서 자기 자신으로부터(존재하지 않음), 하느님으로부터(존재함), 하느님의 선성으로부터 얻는 인식.
- 하느님에 대한 무조건적인 사랑을 위해 "자기 자신에 대한 사랑"을 극복, 하느님 안에서 하느님을 위해 아무것도 원하지 않고, 심지어 자기 자신마저도 원하지 않는다.
- 예수 그리스도께서 이루신 구원의 표현으로서의 "피", 사람에 대한 하느님의 효과적이고 섭리적인 계시
- 다른 사람 안에 계신 하느님에 대한 사랑, 교회를 위한 열의와 열정의 샘.

3. 요소들

카타리나가 계속 다루었고, 그의 가르침과 생각을 알 수 있고 정의할 수 있는 다섯 가지 요소들이 있다.

1) 내면의 방

카타리나가 신자들을 지도할 때 했던 절박한 초대가 있다. 존재의 깊은 내면에서 "내면의 방으로 들어가라"는 것이다. 거기서 우리는 우

리가 존재하고 살고 생각과 느낌과 감정을 인정할 수 있다는 것을 의식한다. 거기서 우리가 누구이고 하느님은 누구이신지, 믿는 이에게 이웃은 누구인지를 알게 된다.

내면의 방은 카타리나 영성의 기둥이고 우리에게도 하느님을 만나기 위한 우선적인 조건이 된다. 이 방에서 나갈 수 없다. 외부의 어떤 외침에도 나갈 수 없다. 카타리나는 가족의 박해를 받았을 때 이 방을 발견했고 체험했다. 그와 같이 우리에게도 외적인 어떤 어려움이 있다 해도 우리 자신의 주인이 될 수 있는 자유를 아는 것이 중요하다.

내면의 방은 깊은 곳에서 **사람 안에 내재하시는 하느님의 선하심을 마주하고** 살기 위해 자기의 내면에 집중하는 것이다. 신앙인은 그 빛 외에 다른 것을 보지 않으려고 자신의 영혼 안에 있는 그곳으로 피신한다. 그리고 이 진리의 통찰에서 이동하려고 하지 않는다. 사물의 진정한 척도인 하느님에게서 오는 진정한 비전에서만 움직이기를 원한다.

이런 의미에서 내면의 방으로 들어가는 사람은 존재하지 않음(no-ser)에 대한 깊은 확신을 습관적으로 살아간다. 그 때문에 항상 매 순간 하느님의 존재와 일에(*en el ser y el obrar de Dios*) 의지해야 할 절대적인 필요성을 느낀다. 당연한 귀결로서, 불쌍한 피조물에게 쏟아주시는 하느님의 무한한 선하심에 응답하려는 긴장 안에 사는 것이다. (애정과 결과에서, 내적인 사랑과 외적인 일들에서) 영혼이 내면의 방에 묵을 때 침묵과 친해지고 그 안에서 하느님의 선하심을 알고 이해하고 맛본다. 거기서 하느님을 만나기 때문이다. **카타리나는 단지 내년의 방을 말하는 것이 아니다. 자기 인식과 하느님 인식의 내면의 방을 말한다.**

2) 자기 인식과 하느님 인식

카타리나는 영혼이 내면의 방에 머무를 때 하느님께 대한 저항할 수 없는 매력을 체험하게 되고, 자기 인식과 하느님 인식이라는 이중적인 체험을 통하여 영적인 성장의 길로 들어선다는 것을 발견했다. 카타리나에게서 이 두 가지 인식은 영성생활 전체의 근간이고, 내면의 도시를 건설하는 견고한 바탕이었다.

카타리나가 시대를 초월하여 자신의 모든 저술에서 시종일관 강조하는 이 이중의 인식에 대한 끈질긴 부르심은 개인적인 체험을 바탕으로 하고 있다. 그녀의 지도 신부는 그것을 다음과 같이 설명했다.

… 환시 초기에 우리 주님께서 기도 중에 그녀에게 나타나셔서 다음과 같이 말씀하셨다: '딸아, 내가 누구인지 또 너는 누구인지 알아야 한다. 이 두 가지를 알면 너는 행복할 것이다. 너는 아무 것도 아닌 존재이며 나는 나다. 너의 영혼이 이 진리를 간파한다면, 원수도 결코 너를 속이지 못할 것이고, 그의 모든 계략을 물리칠 것이며, 그 어떤 것도 나의 계명을 거스르지 못할 것이고, 쉽게 은총과 진리와 평화를 얻을 것이다'… 그리고 나는 무엇을 해야 합니까? 나를 생각해라, 나도 너를 생각할 것이다.[10]

여기서 말하는 자기 인식이란 소크라테스가 '너 자신을 알라'고 했을 때 생각하는 인간적인 반성을 말하는 것이 아니다. 카타리나는 설

---

10 RAIMUNDO DE CAPUA, op. cit, 61. en Mujer, Doctora de la Iglesia y co-patrona de Europa.

교자들의 회와 그의 가르침이 영향을 받았던 성 아우구스티노의 궤도에 자리한다. 히포나의 성인은 자신의 고백록에서 말한다.

> 나를 아시는 분이시여, 당신이 나를 아시는 것처럼, 나도 당신을 알기를 바랍니다.[11]

자기 인식의 한편에만 치우친다면 우리는 우리 자신의 한계, 불완전함, 약함, 부적절함, 죄만을 인식하게 된다. 이것을 인정하는 것이 필요하다. 그러나 전부는 아니다. 우리는 하느님의 모상으로 창조되었고 천부적인 품위를 가진 존재이다. 우리 안에는 하느님이 주신 세 가지 힘이 있다. 아버지 하느님으로부터 받은 기억과, 아들 그리스도로부터 받은 지혜와 지적인 힘, 또 성령으로부터 오는 사랑 또는 관대함의 의지이다.

더불어 우리는 하느님의 무한한 사랑을 받는 사람들이다. 하느님은 '대화'에서 "나는 네가 생겨나기 전부터 너를 사랑했다"라고 영혼에게 말씀하신다. 우리에 대한 사랑은 말로 다 할 수 없기에 기꺼이 우리를 은총으로 다시 태어나게 하셨다. 즉 외아들 예수 그리스도께서 사랑으로 쏟아 흘린 피로 우리를 새롭게 창조하셨다. 단지 사랑만이 마음이 완악한 우리를 이끌어 은총으로 되돌아오게 하고 진리를 깨닫게 해 줄 것이라는 것이다.

카타리나가 경험했던 하느님의 사랑은 '**미친 사랑**'이었다. 하느님은 우리에 대한 사랑으로 실성하셨다. 죄 많은 우리를 구하시려고 그

---

[11] 성 아우구스티노, 「고백록」 10장 1절.

의 아들을 보내기까지 하셨다. 그런 사랑은 합리적인 사랑이 아니다. 카타리나는 그 사랑을 오직 '미친 사랑'이라고 표현할 수밖에 없었다.

하느님이 우리를 창조하신 이유는 하나이다. 우리와 사랑에 빠졌기 때문이다. 우리에게 입혀주신 첫 옷은 사랑이다. 우리가 우리 안에 있는 아름다움을 들여다볼 때 우리는 우리를 지으신 창조주의 아름다움을 보고 그와 사랑에 빠지게 된다. 우리 각 사람은 하느님 창조의 작품이다.

우리는 '절대자'로 인하여 존재함을 인정하는 것을 말한다. 그분은 결코 누군가가 대신할 수 있는 분이 아니시다. 그분은 거저 우리를 존재하게 하신 분이시다. 이런 하느님 인식에 대한 체험으로부터 우리 삶의 계획과 그의 진실하심과 선하심과 아름다움에 대한 사랑을 발견할 수 있고, 그와 같아지고자 갈망할 수 있다. 그래서 악과 죄에 대한 혐오감이 생겨난다. "우리는 사랑으로 창조된 나무이다. 사랑하지 않고서는 마음을 열고 '너'와 친교를 맺고 관계를 맺으면서 살 수 없다."12 이처럼 사랑으로 우리를 열게 한다.

카타리나는 하느님을 다음의 세 방향에서 보았다.

- ◆ 하느님은 사랑이시다.
- ◆ 하느님은 자비이시다.
- ◆ 하느님은 섭리이시다.

---

12 Cfr. Carta 94.

3) 진리 안에서 사는 것

카타리나는 우리 내면의 거처에 분리할 수 없는 두 개의 수방이 있다는 것을 깨달았다. 자기 인식의 방과 하느님의 선하심에 대한 인식의 방이다. 카타리나는 우리가 이 두개의 방 중에서 어느 하나를 빼버려서는 안 된다고 경고한다. 그 경우 실망이나 교만에 빠질 위험이 있다는 것이다. 하느님을 모르고 우리 자신만을 안다면 나약함의 무게로 떨어질 수 있기 때문이다. 반면 자신이 얼마나 나약한 존재인지를 알지 못하고 하느님만을 안다면 오만에 떨어질 수 있기 때문이다.

두 방은 분리할 수 없는 것이지만 하나는 다른 하나를 내포하고, 다른 하나에게 생명을 주는 원천이 된다. 카타리나는 이것이 불과 같다고 보았다. 불을 옮겨 붙일 때, 그 불꽃이 옮겨지기 전에, 본래의 불꽃이 위로 치솟는 것을 볼 수 있다. 하느님의 사랑은 불의 원천과 같고, 우리는 옮겨 붙인 불꽃과 같다. 불꽃이 옮겨 붙기 전에 위로 타올라야 하듯이, 우리도 하느님의 무한한 사랑과 자비를 인식하는 방에 포함된 자기 인식의 방에 머물러야 한다는 것이다. 따라서 카타리나는 서로가 하나가 되는 것이 필요하고, 그래야 완전해 질 것이라고 결론짓는다.13

우리 존재의 심연에서 드러나는 하느님의 사랑은, 우리로 하여금 우리 본성에 뿌리를 두고 있는 악과 죄를 물리치도록 고무한다. 용서하도록 마음을 열어주고, 우리 약함을 통하여 하느님을 만날 수 있도록 해준다. 하느님은 우리의 가난을 받아들이시고 그를 향하여 또 다른

---

13 Cfr. Carta 49.

사람들을 향하여 조건 없이 우리 자신을 개방하도록 변화시켜주신다.

진리 안에서 우리 자신과 하느님에 대한 인식은 하느님이 우리의 근원이시고 중심이시며 목적이심을 인정하게 한다. 그분의 은총과 권능은 피조물 안에서 활동하고, 인간의 자유와 본성의 리듬을 존중하면서 초월에 대한 그들의 갈망을 충만함에로 이끌어 준다. 카타리나는 육적이고 영적인 것, 인간적이고 신적인 것, 자연적인 것과 초자연적인 것을 분리하는 모든 이원론을 넘어선다. 전인적인 인간의 시각과 통합에 대한 분명한 기준을 제시한다. 인간의 모든 것, 심리와 문화와 물리적인 실재 등이 각각 자기실현을 이루어야 한다. 즉 진리 안에서 사는 것은 영적인 희생을 치르는 것이 아니라, 인간적인 성장의 수로를 내면서, 성령의 생명에 깊이 밀착하여 함께 가는 것이다.

4) 예수 그리스도와 교회에 대한 열정

우리 자신과 하느님에 대한 인식의 진리 안에 뿌리를 내리고 있는 내면의 방에 머물 때 우리 앞에 인간적인 성숙의 길이 열린다. 우리 안에 계신 하느님의 사랑을 발견하고 사랑의 나무가 되어야 하는 긴급함을 느낀다. 즉 맛있는 과일을 내기 위해 뿌리를 잘 내리고 커가는 것을 말한다. 카타리나는 그를 위해 우리가 십자가 나무에 접목되어 있어야 한다는 것을 말한다. 그리스도께서 인간의 본성에 접목되심으로써 우리는 하느님 생명의 수액을 받았다.

그리스도는 아버지의 넘치는 사랑을 우리에게 알려주시기 위해 인간 본성에 접목된 생명의 나무이시다. 그는 결정적으로 전 인류를 신적인 부유함에 일치시켰고, 그래서 피조물은 맛있는 과일들을 낼 수 있다. 그의 정맥에서 흐르는 수액은 "생명"이신 분의 활력을 가지고 있기 때문이다.

그러나 더 있다. 그리스도는 인간 조건만을 취하신 것이 아니라 사람을 아버지와 화해시키시어, 사람이 생명의 나무가 되게 하시려고 사람을 십자 나무에 접목시키셨다. 카타리나는 하느님께서 우리에게 지니신 사랑을 발견했고, 그의 사랑이 인간의 교만함을 부순다고 생각했다. 카타리나는 그리스도를 하늘과 땅을 이어주는 "다리"로서, 아버지와 맺은 계약의 갱신으로 받아들였다.

하느님께 가는 길은 그리스도 말고 다른 길이 없다. 그녀가 사용한 이미지는 길, 문, 짐꾼들이다.

― 예수 그리스도를 통하여 온전한 여행을 갈 수 있다.
― 예수 그리스도를 '다리'와 같다고 본 것은 그녀의 가장 독창적인 이미지이다.
― 다리 없이 우리는 하느님께 이를 수 없다.

죄로 인하여 세상에서는 그에게로 가는 길이 끊어졌고, 우리 힘으로는 하느님께 갈 수가 없다. 다리는 하늘에서부터 땅을 이어주는 것이지, 땅에서 하늘을 이어주는 것이 아니다. 우리는 여정의 시작부터 하느님과 함께 있다. 우리가 걷고 있는 다리가 바로 예수님이시고, 예수님은 하느님이시기 때문이다.

거기에는 자비의 다리가 있다. 자비의 벽과 지붕들이 있고 그것들은 덮여 있다. 길을 가다보면 가벼운 식사를 할 수 있는 가게들이 있다. 이 **가벼운 식사들은 성사들**이다. 하느님의 자비가 육화되어 이 땅에 오셨고, 엄중한 하느님의 정의가 내리는 벌에서 인간을 구하셨다. 신심 깊은 영혼은 진리의 빛 속에서 이 다리를 건너가고, 교회의 사제들로부터 생명의 빵과 포도주를 먹고 마심으로 새로워진다.

다리에는 한 개의 **문**이 있다. 이 문은 아주 높이 달려 있으며, 아주 좁지만 하늘나라로 들어갈 수 있는 유일한 문이다. "나는 땅에서 높이 들어 올려 지면 모든 사람을 나에게 이끌어 들일 것이다"(요한 12,32) 이 다리를 통하여 예수님은 모든 인류를 선으로 이끄시고 하늘나라의 잔치에 참여하도록 하셨다. 이 다리를 건너는 영혼들은 열렬히 하느님을 찾는 이들이다. 그들은 죄로부터 깨끗하여져 완덕을 향해 끊임없이 투쟁하는 이들이다. 카타리나는 그들과 그들이 싸우는 투쟁으로 거의 넋을 잃을 지경이었다.

다리 여행에는 단계들이 있다. 불완전한 단계, 더 완전한 단계, 가장 완전한 단계이다. 즉 어떤 이는 아주 최소한의 것을 한다. 어떤 이는 계명을 지킨다. 어떤 이는 복음을 따라 살려고 노력한다. 이것은 영성생활의 세 단계와 같다. 정화의 단계, 조명의 단계, 일치의 단계이다. 카타리나는 정화와 조명이란 말을 쓰지 않는다. 그보다는 영혼의 단계인 세 개의 계단을 말하는데, **그리스도의 발과 옆구리와 입이다.**

첫 번째 계단은 사랑을 의미하는 그리스도의 발이다. 사랑이 영혼을 움직이듯이 발이 몸을 움직여주기 때문이다. 이 계단에 오른 영혼들은 그들의 감정의 지배를 받는다. 특히 두려움, 고통에 대한 두려움에 의해서이다. 많은 이들이 두려움 때문에 이 첫 계단에서 떨어져나간다.

두 번째 계단은 그리스도의 옆구리에 난 상처이다. 그리스도의 옆구리에 이른 사람들은 사람들을 향한 그리스도의 사랑을 보게 되고, 사랑으로 충만해진다. 그리고 자신의 죄로부터 돌아서서 새롭게 변화되기 시작한다.

세 번째 계단은 그리스도의 입이다. 그리스도의 입에서 영혼은 죄악의 전쟁으로부터 휴식을 취하면서 평화를 맛본다. 그들은 전쟁을 치르고 나서 그리스도의 사랑으로 충만해진 사람들이다. 다리 아래를 흐르는 홍수는 이 계단에 오른 자들을 해치지 못한다.

이 세 번째 계단에서 네 번째 계단으로 올라 갈 수 있다. 그곳은 하늘이다. 하늘에 이른 영혼들은 완전한 사랑과 순명을 이룬다. 그들은 자유로이 하늘의 안팎을 거닐며 천국의 행복을 맛보고 만나는 사람들을 돕는다.

그녀는 다리 위에서 맺게 되는 하느님과의 관계에 대해서도 말한다. 종과 친구, 자녀들 즉 딸과 아들에 대해 말한다. 사람들은 누구나 자신의 체험을 통해 하느님을 말할 수 있다. 베르나르도는 배우자라는 표현을 썼다. 카타리나의 아버지는 염색업자였고 일하는 종들을 거느리고 있었다. 따라서 카타리나는 종이 무엇을 하는 사람인지, 친구가 누구인지, 자녀가 된다는 것이 무엇인지도 알고 있었다. 그러나 그녀는 배우자라는 표현을 쓰지는 않았다. 하느님께 오르려면 계단이 필요하다. 카타리나는 그 계단이 종으로부터 시작하여 친구가 되고 자녀가 되는 것이라고 생각했다. 특이하고 위대한 점이라면 인간이 하느님의 친구이자 동시에 자녀가 될 수 있다는 것이고 그 둘은 함께 갈 수 있다는 것이다.

5) 피와 불

카타리나에게 그리스도의 구원의 피는 피조물을 향한 하느님의 조건 없는 사랑의 보증이고 하느님의 무한한 섭리의 표시였다. 그리스도의 피 안에서 취하고, 씻고, 빠지고, 포식하고, 옷 입으라는 등의 권고가 거기서부터 나왔다.

『대화』에서 하느님은 카타리나에게 자신을 불로 드러내신다. 그렇다면 "그의 본성도 불이라는 것"을 이해할 것이고, 사랑해야 한다는 것을 이해할 것이다. "영원하신 하느님 당신의 본성 안에서 저를 알 것입니다. 그렇다면 더없이 소중한 사랑이시여, 저의 본성은 무엇입니까? 그것은 불입니다. 당신이 사랑의 불외에 다른 것이 아니기 때문입니다. 당신은 모든 것을 모든 피조물을 사랑으로 만드셨습니다."14

사죄경을 받을 때 성혈의 뜨거움을 체험하는 것을 말한다. 그때 모든 것을 정화하는 것이 불이라는 것을 알게 된다. 우리를 정화하는 불은 피와 합쳐진 것이라는 것을 알 수 있다. 사랑의 불은 하느님의 어린양에게 상처를 입히고, 그의 피를 쏟게 한다.

히브리인들은 희생 제물의 피를 마실 수 없었다. 생명의 피는 하느님께만 속했기 때문이다. 그러나 이 계약은 예수님 안에서 새롭게 된다. 예수님은 제자들에게 당신 피를 마시라고 하셨다. "만일 너희가 사람의 아들의 살을 먹지 않고 피를 마시지 않으면, 너희는 생명을 얻지 못한다"(요한 6,53) 생명의 근본이 그 피 안에 있다. 예수님의 성혈을 마시는 사람은 그분의 생명의 힘을 자신의 것으로 마시는 것이다. 예수님 안에서 하느님의 생명과 그 백성의 생명이 결합되고 하나가 된다.

---

14 *Dialogo*, 506-507.

내 살을 먹고 내 피를 마시는 사람은 내 안에 머무르고, 나도 그 사람 안에 머무른다(요한 6,56).

우리의 가장 깊은 갈망과 목마름을 채워주는 것은 예수님의 성혈이다. 우리의 끝없는 사랑의 주림을 채워줄 수 있는 것은 오직 예수님의 성혈 안에서 발견되는 무한한 사랑이다. 이유는 하느님이 우리를 사랑 때문에 창조하셨기 때문이다. 따라서 사랑이 없으면 생명을 유지하지 못한다. "나는 사랑의 힘으로 너희 영혼을 창조했다. 따라서 너희는 사랑 없이는 살지 못한다. 사랑은 진실로 너의 양식인 것이다."[15]

카타리나는 성체가 바로 하느님 사랑의 불로 우리를 양육한다는 것을 깨달았다. 성체를 영하는 우리는 불로서 불을 맞는 것이다. 즉 우리의 갈망과 사랑의 불꽃으로 성사를 받음으로 우리가 바랬던 만큼의 불을 받는 것이다. 이 사랑의 불꽃은 나눈다고 해서 작아지는 것이 아니다. 그리스도의 성혈에 불을 붙이는 사랑의 불꽃은 우리 각자와 모두 안에서 타올라 온 세상을 비추고 뜨겁게 하는 불길이 된다.

카타리나는 그리스도와 같아져서 그의 피 속에 잠기고 사랑의 모닥불로 타오른다. 그렇게 그녀의 삶은 말씀의 빛살이 되는 것 외에 다른 것을 바라지 않았다. 그녀는 그리스도의 구원 활동에 일치하여, 인류 구원을 위해, 감미로우신 그리스도의 신부인 교회의 개혁을 위해 자신의 삶을 바치기를 원했다.

카타리나는 강렬한 사랑으로 교회를 사랑했고, 평생 교회를 위해 일했다. 로마에서 지내고 있던 어느 날 그녀는 베드로 성전에 가서,

---

15 시에나의 카타리나, 『대화』, 성찬성, 서울, 바오로딸, 1997, 110; 326.

베드로 성인이 예수님과 함께 물위를 걷고 있는 모자이크를 바라보았다. 순간 그녀는 자신이 마치 교회의 짐을 짊어지고 있는 것처럼 느꼈다. 그녀는 한 평생 교회를 위해서 살았던 것처럼 그녀의 마지막 기도 역시 교회를 위한 것이었고, 교회를 위해 자신의 삶을 바치는 것이었다.

카타리나는 교회가 그리스도의 신비체이자 보편적인 몸이라고 생각했다. 교회의 두 본성, 거룩하면서도 인간적인 두 면을 함께 보았다. 교회는 그리스도 자신이고, 교회가 사랑 위에 세워졌기에 아무런 부족함이 없다. 교회는 하느님께 속하는 하느님의 다리이다. 교회는 하느님의 포도주를 저장하고 있는 지하의 술 창고이다. 교회는 거룩하다. 성령과 성사들과 성인들로 이루어졌기 때문이다. 교회는 구원의 성사이다. 카타리나는 그것을 믿었다. 그러나 동시에 교회 안에 있는 죄를 보았다. 그래서 교회가 어떻게 거룩하면서도 죄 중에 있는가를 다루었다.

V. 이 시대에 다시 만나는 카타리나

오늘날에도 신비가 카타리나의 메시지와 의미는 매우 현실적인 타당성을 갖는다. 현대 사회와 교회가 당장 붕괴의 위기에 처해 있다거나, 새롭고 상이한 뭔가가 생겨나고 있어서가 아니다. 그보다 그녀의 시대와 작금의 사람들이, 그녀의 손과 그녀의 삶 안에서, 그녀가 불러일으켰던 영원한 행복에 이르기 위해, 역사를 받아들이고 역경에 맞설 수 있는 열쇠를 보기 때문이다. 따라서 카타리나의 가르침이 오늘날에도 실천적인 현재성을 가져오는 세 가지를 간단히 볼 것이다.

1. 혼돈의 세상과 사회 앞에서

카타리나는 하느님과의 감미로운 신비의 일치 안에만 머물지 않았다. 그녀는 혼돈의 세상 한 가운데서 자신의 삶으로 외쳤다. 구조의 변화는 사람들의 깊은 마음속에서부터 시작된다는 것을. 이 깊은 인간의 마음속으로부터 나오지 않는다면, 인간의 이기주의가 정화되지 않는다면 모두 함께 조화로운 삶을 살아갈 수가 없다.

신앙생활과 하느님 체험은 신앙인들로 하여금 정의와 평화를 위해 투신할 것을 요구한다. 고통당하는 사람들이 있는 사회에서 신앙인은 무관심으로 일관할 수 없다. 백성들의 부르짖음을 들으셨던 탈출기의 하느님은 그들을 내버려 두실 수가 없으셨다. 당신의 현존을 찾고, 고통당하고 억압받은 이들에게 말을 해줄 사람을 보내달라고 했던 여자들과 남자들 가운데서 끊임없이 당신을 드러내셨다. 그리고 말씀하셨다. "'있는 나'께서 나를 너희에게 보내셨다"(탈출 3,14) 구출하고 살리고 일치시키려는 긴급함이 없다면 하느님 안에서 생명도 없다.

본질적인 것을 살아야하는 시간이다. 무너지고 있는 낡은 제도가 있다면, 죽어가는 구조가 있다면, 무너지고 죽도록 내버려두어야 한다. 죽어야하고 사라져야 한다면, 우리 자신과 하느님 인식에 대한 실제적인 체험으로부터 내부로부터 뭔가 새로운 것을 건설하는데 모두가 투신해야 한다. 그곳에서 타인 즉 사람은 무관심의 대상이 될 수 없다. 현 시대에도 구조적인 모순과 악과 무관심으로 죽어가는 수많은 사회적 약자들, 중동의 난민들, 위안부 할머니들, 세월호 참사 희생자들과 남은 가족들, 강정마을 사람들, 해고 노동자들이 있고, 우리 모두의 집인 지구 생태계를 위협하고 죽음으로 내모는 갖가지 폭력들이 있다.

2. 평화의 선구자

세상의 갈등들은 더 이상 우리를 놀라게 하지 않는다. 안전 보장은 없고 지구의 반은 전쟁 중이다. 카타리나의 형상은 우리 생활과 마음의 움직임을 화합하도록 우리를 초대하는데서 두드러진다. 평화는 진리와 정의를 위한 조건 없는 투신으로부터 나온다는 것을 알면서 말이다. 부도덕에 대한 진정한 고발을 하게하는 연민과 자비를 조화시키는 것이 긴급한 일이다. 그런 연후에야 미움과 이기주의에서 야기되는 폭력을 뿌리 뽑을 수 있을 것이다.

카타리나에게 있어 진정한 평화는 화해하는 마음으로부터 나온 것이었다. 하느님의 이름을 부르고 살고 행동하는데 부끄럽지 않은 마음이다. 2016년 5월 27일자 한겨레신문 제1면에는 1980년 광주항쟁의 마지막 보루에서 총상을 입었던 한 여성의 '오월의 일기'가 공개되었다. "죽음보다 더 두려운 건 부끄러움이었다"라고 썼던 이 여성의 고백이 부끄러움 없이 아니 부끄러울 틈을 주지 않고 살아가는 우리 대다수의 사람들을 더 부끄럽게 했다.

부끄러움은 하느님 현존의 열매이고 하느님을 기억하는 덕이다. 부끄러움은 회개로의 부르심이다. 사람은 먼저 자신과 화해하고 하느님과 화해하는 것이다. 그리고 하느님과 인류를 화해시키는 것이다. 하느님과 함께하는 삶에서는 복수심이나 폭력성이나 무정함이 결코 생길 수 없다.

3. 교회와 사회 안에서 여성

우리는 여성의 역할에 대해 토론의 여지가 없는 역사적 시기를 살고 있다. 지금은 역사적으로 박탈되었던 일련의 여성의 권리들이 어느 정도는 회복되었다. 그러나 아직 갈 길은 멀다. 물론 역사적인 한계에도 불구하고 계속 길을 열었던 소수의 사람들이 있었다. 그들은 여성들과 사회를 향하여 말을 했던 이들이고, 어째서 여성들이 본받아야 할 모델이 되지 못하는지를 물었던 이들이다.

가부장적인 제도 교회 안에서 여성은 누구도 대신할 수 없는 중요한 주역이다. **여성들은 복음 선포자들이다.** 손에서 손으로 횃불을 건네주는 전달자들이다. 변화를 향한 의식을 가지도록 일깨워주고, 마찬가지로 사회적 변화를 촉진하기 위한 활동가들이다. 하느님 나라의 봉사자로서 복음을 설교하는 여성은 어떤 교구에서처럼 거저 부리는 하녀도 아니고 잔치집의 요리사도 아니며 식솔들이다.

신앙의 여정에서도 여성들의 영적 동반자의 역할과 상호 책임에 대해 말할 수 있다. 우리는 영적인 스승과 리더가 부족한 사회와 교회 안에 살고 있다. 여기서 여성들의 대체할 수 없는 역할을 주목한다. 들을 수 있는 능력, 삶에 대한 보편적인 시각, 여성의 모성적인 성향을 꼽는다. 많은 세월동안 여성들의 소리는 침묵 속에 묻혀 왔었다. 그러면 오늘날은 어떤가? 질문은 열린 채로 남아 있다.

카타리나의 영향력을 보고 또 우리 어머니 교회를 생각하면서 중요한 결정과 조언과 통치에서 여성이 있었고, 강단에서 외교관계 등에서도 여성의 역할이 분명히 있었다. 여성은 본성상 충만한 온유함으로 이런 영역에 다가갈 수 있도록 불리었고, 남자들의 마음에 다가가 이해하고 용서하고 받아들이는데 봉사했다. 인문학자인 김경집 선생은 "대한민국을 구할 방법은 '엄마'와 '인문학'에 있다고 말한다."16

> 교회는 신부이자 어머니인 진정한 모습을 되찾을 때이고, 사회는 진정한 여성의 가치를 잃어버려서는 안 되는 때이다: 직관, 귀 기울여 들을 수 있는 능력, 고통, 항구함, 이해 등이 오늘날 사람들의 문제에 구체적인 응답을 하도록 도울 것이다. 또한 지나치게 딱딱하고 신축성 없고 비난적인 태도들을 부드럽게 하는데 확실히 훌륭한 도움이 될 것이다.

이 점에서 카타리나 역시 선구자였다. 그녀는 우리가 현실화의 새로운 길을 발견하는데 도움이 되는 많은 빛을 내뿜고 있다. 그녀의 활동을 보는 것으로도 충분하다. 그때나 지금이나 여성의 활동적인 현존으로 풍요롭게 될 수 있는 많은 영역들이 있다는 것을 헤아릴 수 있다. 지금보다 당시의 교종과 추기경들, 정치인들과 수도자들, 성직자들과 평신도들이 더 유순했었을까? 그렇지는 않았을 것이다. 그런데도 카타리나는 그들 앞에서 힘차고 진지한 자신의 소리를 냈고 듣도록 했다. 그리고 무시도 당했다. 그러나 그렇다고 그만두지 않았다. 협상을 하고, 설명을 하고, 자신의 주위에 모여든 사람들을 "가족"으로 모으고, 기도하고, 여행하는 등 여타의 일들을 했다.

---

16 김근수, 인문학자 김경집 선생 "복음을 인문정신으로 바라보아야 할 때" 인터뷰에서, 2016년 5월 25일, 가톨릭프레스.

VI. 카타리나 메시지가 주는 현실적 의미

카타리나가 살았던 14세기 상황은 우리 시대를 비추는 거울이 되고 있다.

14세기	21세기
교회분열/ 사회분열	갈라진 교회/ 남북·동서 분열/ 빈부격차
많은 변화, 불확실, 인문주의 태동, 미래에 대한 불안	대지진 등 기후변화, 불안전, 공포, 불확실한 미래에 대한 회의
십자군/ 이슬람교도/ 프랑스와 이탈리아/ 교종과 도시국가들 간의 분쟁과 폭력	IS테러 폭력/ 팔레스티나, 이라크, 미국, 시리아 등/ 국가들 간의 경제 정보 경쟁, 폭력
교회구조, 성직 부패/ 육욕, 물욕	교회제도화 & 스캔들/ 믿음 상실/ 부축적
성소 없는 성직자 수도자	성직자 수도자들의 세속화
페스트 전염병…	에이즈, 에볼라, 메르스… 등

카타리나의 삶이 21세기의 우리 세상과 교회에 주는 의미는 무엇일까?

◆ 하느님의 '미친 사랑'으로 감도되어 살아야 함을 일깨우고 있지 않는가?
◆ 카타리나는 우리로 하여금 그리스도처럼 평화의 중재자가 되기 위한 용기를 가지도록 초대한다. 그것은 그리스도를 따라 십자가에 못 박히신 또 다른 그리스도가 되라는 것이며 필연적으로 수반되는 고통과 박해와 거부를 받아들여야 한다는 것이 아닐까?
◆ 카타리나는 교회에 대한 깊은 사랑을 우리에게 가르쳐준다. 그것은

무비판적인 방관의 침묵이 아니었다. 진정한 사랑은 침묵으로 죽어가는 상황을 말로 또는 서면으로 고발할 수 있는 용기와 지혜가 아닐까?

◆ 카타리나는 젊은 나이에도 불구하고 그 시대의 아픔을 안고 있던 많은 이들의 어머니가 되어주었다. 우리 역시 재해, 전쟁, 폭력, 질병 등 갖가지 아픔을 겪고 있는 세상과 사회적 약자들을 모성애로 품어주고, 갈등 상황에서 연민과 자비를 조화시킬 줄 알아야 한다는 것이 아닐까?

◆ 카타리나는 관계성의 명수였다. 그녀에게 친구는 하느님의 선물, 하느님의 각별하고도 친밀한 사랑을 받는 선물이었다. 우정은 서로에게 하느님의 온유한 현존을 가져다주고 다른 이들에게는 하느님께 대한 찬미와 영광의 선포가 된다고 생각했다. 그러기에 사랑 안에서 해야 할 말을 할 수 있었다. 진리 없는 사랑이 없고 사랑 없는 진리는 없다는 것을 보여준 것이 아니겠는가?

◆ 카타리나는 큰 갈망을 가진 열정의 여인이었다. 하느님과 일치하고 복음을 선포하고 전 인류 가족의 선을 갈망했다. 갈망은 우리 마음을 확장시킨다. 그녀는 하느님께 "당신은 좁지 않은 큰마음을 지어주셨으니 만인을 향한 사랑의 방을 가질 수 있습니다"라는 말씀을 드렸고, 하느님은 "무한한 하느님인 나는 네가 무한한 것으로 나에게 봉사하기를 원한다. 너에게 무한한 것이라고는 너의 영혼의 갈망밖에 없다"라고 대답하셨다. 우리가 하느님을 향한 카타리나의 열정을 가질 수 있다면, 우리의 사소한 만족에서 벗어나 자유로울 수 있을 것이다.

◆ 오늘날 세상의 많은 사람들은 정체성의 부재를 겪고 있다. "나는 누

구인가?" 카타리나의 이 질문은 현대의 사람들에게도 긴급한 문제가 된다. 돈과 권력과 신분에 바탕을 둔 그릇된 정체성의 질병에는 카타리나의 자기인식과 하느님 인식이 치료를 위한 처방이 될 것이고, 우리 존재와 정체성의 중심에 계신 하느님의 현존을 발견할 수 있을 것이다. 그렇게 정체성을 찾는 사람들의 굶주림을 채워 줄 수 있지 않을까?

◆ 우리 존재의 핵심에는 우리를 존재하게 하시는 하느님의 사랑이 있다. 그곳이 신비를 열어주는 관상기도의 자리이고, 그곳이 사랑과 용서로 기쁨을 주시고, 그의 선을 맛보게 하시는 하느님을 만나는 곳이다. 카타리나의 평화와 역동과 신뢰와 겸손의 비밀이 바로 그곳에 있다. 정식 교육을 받지 못했던 젊은 여인이 위대한 설교자가 될 수 있었던 근거도 거기에 있다. 그녀에게 말하고 들을 수 있는 자유를 준 곳도 그곳이었다. 그렇게 그 시대의 온갖 큰 문제들에 자신을 던질 수 있는 용기를 가질 수 있었다. 관상기도는 바로 오늘 우리에게도 가장 절실하고도 긴급히 요청되는 시대적 처방이 아닐까?

◆ 믿음을 잃어버린 시대 안에서 카타리나는 철저하고 확고한 여성의 신앙, 직관, 온유, 다정함, 귀 기울여 들음, 고통을 참아 받음, 인내, 항구함, 이해, 관계성 등 여성적 가치의 회복이 그 어느 때보다도 필요하다는 것을 말해준다.

나가는 말

하느님 덕분에 지난해 4월 카타리나의 고향 시에나에 다시 갈 기회를 가졌었다. 마침 공개강좌를 한 이후 그녀에 대한 남다른 사랑이 마음속에 한 자리를 차지하고 있던 터라, 진한 감회가 밀려왔었다. 그녀가 살았던 시대로부터 몇 백 년이라는 세월이 흘렀음에도 시에나는 아직도 그녀의 생생하고도 치열했던 삶의 역동을 기억하고 있었다. 그만큼 그녀가 남긴 삶의 흔적이 강렬하고도 진정한 것이었기 때문이리라. 고백하건대 하느님의 것은 실로 지울 수가 없다.

그중 강렬한 인상을 주었던 포스터를 주목하게 되었는데, 예수 그리스도의 상처 난 옆구리에 성녀가 입을 대고 있는 그림이었다. 우에르가 신부의 말처럼 도미니칸 안에서 빨아들이는 문화를 묘사한 것일까? 옆에서 동행하던 수녀가 "쭉쭉 빨고 있다"라는 표현을 써서 웃음을 터트렸지만, 신비하고 격렬했던 그녀의 삶을 생각하면서 숙연해지는 순간이었다. 아마도 그녀는 사랑하는 이의 상처를 자신의 입술로, 온몸으로 감싸고 싶었을 것이다.

아직도 시에나는 카타리나에게 깊이 빠져 있었고, 그녀의 치열했던 복음적 삶의 흔적들이 평탄치 않은 비탈길마다 묻어 배어나는 듯했다. 어쩌면 그 시대는 그녀의 그런 극단적인 삶이 필요했고, 성령께서는 그녀를 통하여 그 시대의 사람들에게 뭔가 의미심장한 말씀을 건네고 싶었을 것이다. 비록 여타의 사람들이 그런 표징을 읽어내지도 알아보지도 못했을 지라도…. 그렇게 그녀의 짧았던 한 생은 사랑하는 정배와 함께 인간적인 실패의 막을 내려야 했다.

카타리나는 시대의 분열과 고통을 피하지 않고 직면했다. 그리스도처럼 '자기 시대의 사회와 교회의 온갖 문제들의 혼탁함 속에서 죽기'를 마다하지 않았다. 그녀는 정치, 교회 지도자들에게 직접 또는 서면으로 설교했다. 그리고 정확하게 그들의 잘못을 지적하고 그리스도인의 의무를 일러주었다. 그녀는 감옥으로, 가난한 사람들과 병자들을 돌보러 거리로 나갔다. 모든 사람을 향한 하느님의 사랑과 자비를 긴급히 전하려는 열망으로 자신을 온전히 소진했다.

카타리나는 불을 지르러 오셨던 그리스도의 그 '불'에서 붙여진 산불꽃이었다. 그녀에게 불을 붙였던 그 성령께서 오늘 우리를 향해서도 그 불꽃을 당기시고 계신다. 아직도 우리가 사는 이 세상은 그 불을 필요로 하고, 그런 의미에서 카타리나의 메시지는 우리 안에 불을 놓는 불이다. 어제와 오늘과 내일의 불이고 영원한 불이다.

참 고 문 헌

메리 T. 말로운/안은경 옮김.『여성과 그리스도교 2』. 서울: 바오로딸, 2009.
메리 앤 파툴라/성도미니코선교수녀회 옮김.『시에나의 성녀 가타리나의 가르침』. 서울: 분도출판사, 1997.
루미 뽈 기그/안응렬 옮김.『시에나의 성녀 가타리나의 편지』. 서울: 기쁜소식, 1999.
P. M. 빈제/도미니코선교수녀회 옮김.『시에나의 가타리나와 함께 하는 기도』. 서울: 성바오로, 1996.
시에나의 가타리나/성찬성 옮김.『대화』. 서울: 바오로딸, 1997.
전달수.『그리스도교 영성역사』. 서울: 가톨릭출판사, 2005, 67-71.
조던 오먼/이홍근 · 이영희 옮김.『가톨릭 전통과 그리스도교 영성』. 서울: 분도출판사, 1991, 248-250.
CATALINA DE SIENA, *EL DIALOGO*, BAC, Madrid, 1955.
GILLETT LAURA, *THE SECRET OF THE HEART A Theological Study of Catherine of Siena's Teaching on the the Heart of Jesus,* Pars Dissertationis ad Lauream in Facultate S. Theologiae apud Pontificiam Universitatem S. Thomae in Urbe, ROMAE, 1992.
F. SANPEDRO RODRIGO, *CATHERINE OF SIENA ON SUFFERING Human Suffering in the Light of Christ Crucified,* ROMAE, 1991.
MARY JEAN DORCY O.P., *St. Dominics's Family*, Illinois, 1983, 177-178.
O'DRISCOLL MARY O.P., *MERCY FOR THE WORLD A study of Intercession in the Life and Writings of Catherine of Siena*, Dissertatio ad Doctoratum in Facultate Theologiae apud Institutum Spiritualitatis Pontificiae Universitatis Gregorianae, ROMAE, 1981.
PAUL HINNEBUSH O.P., Dominican Ashram vol.18, *St. Catherine of Siena, Exchange of Hearts,* Mar. 1999, 3-9
TIMOTHY RADCLIFFE OP, *St. Catherine of Siena Patroness of Europe, A letter to the Dominican Order,* published April 2000 to celebrate the naming of St. Catherine of Siena as one of the Patrones of Europe.

카타리나 연표

불의 여인, 시에나의 카타리나
신비가, 중재자, 신학자, 설교자, 간호사, 교회박사

1347년 3월 25일	이탈리아 시에나 출생
1353년	그리스도를 만나는 첫 '신비체험'
1354년	자신을 하느님께 봉헌
1362년	언니 보나벤투라 사망
	자신의 봉헌을 갱신 - 가족의 반대에 부딪힘.
	머리카락을 자르면서 가족의 결혼 계획을 거부
1365년경	도미니코제3회, 만텔라테에서 수도복을 받음
	이후 3년간 은수자로 살면서 강력한 기도생활과 극단적인 고행을 시작.
	읽는 법을 배움.
1368년	예수님과의 '신비적 약혼' 체험(호세 2,21-22)
	전환기: 고독으로부터 나와 어려운 이웃형제들과 일치하면서 하느님과 일치를 이루라는 내적 부르심 느낌(1요한 4,20)
1370년	'신비적 죽음' 체험, 카타리나의 소명이 더 분명해짐
	더 넓은 영향권에서 더 광범위한 활동 시작,
	시에나 밖의 평신도, 성직자, 지도자, 통치자들과 교류
1370-1374년	수많은 죄인들과 지식인들을 하느님께로 인도.
	그녀의 '제자 가족'이 생겨남.
1374년	피렌체에서 카푸아의 라이문도 O.P. 만남, 카타리나의 고해 신부와 지도자가 됨
	시에나에서 재차 발생한 흑사병 환자들을 돌봄
1375년	피사에서, 피사와 루카시가 교황을 반대하는 동맹에 가담하지 않도록 설득.
	성지회복을 위한 십자군을 위해 설교
4월 1일	피사의 성녀 크리스티나 성당에서 예수의 상처에서 나오는 빛이 자신을 꿰뚫는 오상의 신비체험, 이후 그녀의 설교는 불과 같이 더 강해짐.
6월	시에나에서 사형선고를 받았던 페루의 젊은 귀족 니콜로 디 톨도의 귀족 니콜로 디 톨도의 처형된 머리를 받음.
1376년	교황 그레고리오 11세가 피렌체를 파문. 교황과 피렌체의 화해를 중

	재하기로 자청.
1378년-1379년	우르바노 6세 요청으로 로마도착, 분열 속에서 그를 지지함.
	우르바노와 클레멘스 두 교종은 서로를 파문, 그리스도교 세계가 둘로 분열.
	계속 교회 일치와 개혁을 위해 기도하고 힘을 씀, 분열의 장본인으로 비난을 받음
	사람들이 가장 증오하는 교황 편에 서야 했던 고통을 겪음.
	완전한 실패감으로 영적 투쟁마저 한계에 이름
	이 시기 그녀의 모든 '기도들'이 생겨남.
	건강 악화
1380년	로마폭동, 분열이 심화되면서 그녀의 병도 악화
	심한 갈증으로 몸이 타는 것 같았고,
	먹고 마실 수 없는 상태에서 자신을 조롱하는 악마들과 싸움
2월 26일	전신 마비
4월 29일	33세의 나이로 세상을 떠남

열정의 사도 예수의 성녀 데레사*

이명인 소화 데레사

예수의 성녀 데레사(1515-1582)

들어가며

인터넷이 나타나면서 인류는 가히 날개 달린 네 바퀴 인간이 되어 빛의 속도를 무색할 정도로 세상을 휘저어 다니고 있다. 기계문명의 발달과 기술의 혁신이 인류에게 이로움을 선사하지만, 하느님 없이 인간을 규명하고자 하는 시도는 오히려 인간의 존엄성을 약화시키고 인간 존재 내에 새겨진 자신의 가치를 파멸로 이끌기도 한다.[1] 이렇게 과학의 발달과 빠르게 움직이는 문명 앞에서 역설적으로 사람들은 영적 가치에 매력을 느끼고 분주히 찾고 있다. 이러한 양분된 시대 안에서 예수의 성녀 데레사 탄생 500주년을 맞는 2015년은 그리스도인으로서 어떻게 하느님을 관상하고 진리를 살아가야 하는지 자문하며 쇄신하는 계기를 마련해 주었다.[2]

무신론과 극단적인 신심이 동시에 확산되고 개인주의가 만연한 현시대에 예수의 성녀 데레사의 가르침은 신앙과 삶의 조화를 이루며 살아가는데 도움을 줄 것이라 생각한다. 본고에서는 16세기 스페인의 역사적 배경을 살펴본 후 성녀의 생애를 따라가며 성녀의 활동 안에서 만나는

---

* 한국에서 이 분에 대한 명칭으로 사용하는 것은 프랑스의 소화 데레사 성녀와 구분하기 위해 대(大) 데레사, 또는 출신지역 이름을 붙여 아빌라의 데레사 등으로 불린다. 그러나 여기에서는 한국천주교주교회의에서 공식 사용하고 있는 '예수의 성녀 데레사'로 부르기로 한다. 『가톨릭교회교리서』 2704번 (CBCK, 2011).

1 맨발 가르멜 수도회, 『2009년 파티마 세계총회 문헌』, 10.
2 2009년 가르멜 총회의 결정에 따라 2010년에서 2014년까지 성녀의 작품읽기가 있었다. 한국에서는 2006년부터 남자가르멜회의 윤주현 신부가 『가르멜 총서』 번역 작업을 시작했다. 2014년 7월에는 남녀가르멜 수도회의 주체로 성녀에 대해 권위 있는 전문가인 마로토 신부와 막시밀리아노 신부를 초청하여 강의가 있었다. 이 외에도 한국에서 가르멜 정신을 뿌리로 하여 설립자의 영성을 사는 전교가르멜 수녀회에서는 2015년 서울, 인천, 부산에서 일반인 및 〈예수의 데레사 기도학교〉 수료자들을 위한 피정을 실시하였다.

영성과 그 특징을 21세기에 살고 있는 여성의 눈으로 읽고자 한다.

I. 16세기 스페인의 역사적 배경

1. 시대 상황

예수의 성녀 데레사가 활동하던 16세기 스페인의 가톨릭교회는 정치적, 종교적으로 국가와 긴밀하게 결합되어 있었다. 교황 알렉산드로 6세에 의해 '가톨릭 국왕'이라는 작위가 주어진 가톨릭 부처(夫妻) 왕들을 위시해서 그 이후의 스페인 국왕, 즉 카를로스 1세와 펠리페 2세는 유럽과 아메리카의 군주로서의 권위를 누렸으며 주민을 통합하기 위한 일치의 중심으로 가톨릭 신앙을 활용하였다. 그래서 가톨릭은 다른 종교들과는 공존할 수 없게 되었으며 신앙의 일치를 거스르거나 파괴하는 행위는 하느님을 거스르는 죄일 뿐 아니라 사회를 어지럽히는 중대한 범죄로서 국법에 의한 처벌의 대상이 되었다.3 스페인 종교 재판소4는 신앙생활과 시민생활을 통제하였으며 특히 신앙을 분열시키는 모든 형태의 원인들을 검열하였다. 예수의 성녀 데레사는 당시의 분위기를 잘 알고 있었으며, 세상이 온통 뒤끓고 있다고 비판하며 스페인 교회 책임자들의 무분별함을 가리켜 그리스도를 다시 치형하기 위해 백 천 가시 증언을 내세우고 있다고 분노하기도 했다.5 성녀 역시 종교 재판소에 불려가기도 하였으며,6 저서에서 이들

---

3 다니엘 데 파블로 마로토, 『성녀 데레사의 기도영성』, 기쁜소식출판사, 144 이하 참조.
4 스페인 종교 재판소는 가톨릭 국왕 부처 시대에 교황의 승인으로 1478년에 설립되었다.

을 빗댄 이야기를 쓰기도 하였다.7

르네상스가 시작되고 바로크 문화가 만연하는 분기점으로 이 시대의 아빌라는 당시 스페인의 대표적인 도시로8 귀족들과 기사들 그리고 개종한 유대인 부호들이 많았다. 예수의 성녀 데레사 할아버지는 돈으로 하층 귀족 작위를 사서 주류사회로 편입한 '개종 유대인'이었다. 당시 스페인에서는 아랍인이나 유대인의 피가 족보 안에 있는 사실이 확인되면 사회진출의 길이 막혔다.9 하지만 바야돌리드 국립문서고에서 발견된 성녀의 할아버지의 개종 서약서로 성녀의 할아버지가 유대인이었음이 확실하게 드러난 것은 1945년이었다.10

데레사 시대의 사회와 교회에서 여인들은 활동 영역이 부모와 남편의 범위로 제한된 가운데 오직 집안일에만 전념하도록 강요되고 배움의 가능성이 완전히 차단된 채 거의 봉쇄 수준으로 집안에서 생활할 수밖에 없는 삶을 살아가고 있었다.11 이는 여성들의 복장에서도

---

5 예수의 데레사/최민순 옮김, 『완덕의 길』 (서울: 바오로딸 출판사, 2006), 1장 5절.
6 성녀 예수의 데레사를 종교재판에 회부되게 한 책은 *Libro de las misericordias de Dios*로 한국어 출판도 이 제목으로 되어있으나(예수의 데레사/서울가르멜 여자수도원 옮김, 『천주자비의 글』, 분도출판사, 1983), 일반적으로 『자서전』이라고 한다(이하 『자서전』으로 표기). 1574년 에볼리 공작 부인은 이 『자서전』을 종교 재판소에 고발하였다. 그리고 예수의 성녀 데레사를 '조명주의자'라로 고발하여 성녀는 두 군데의 종교 재판소에서 조사를 받았다. 다니엘 데 파블로 마로토, 『성녀 데레사의 기도영성』, 기쁜소식출판사, 176-179 참조.
7 『완덕의 길』 에스코리알 본에는 겁 많은 종교재판소 검열관들을 놀라게 하기 위해 상당히 비판적인 글을 실었다. 여기서 성녀는 그 어떤 종교재판관도 독자들로부터 자신의 내적 스승이신 그리스도와 그분이 가르치신 '주님의 기도'를 빼앗아 갈 수 없다고 지적하였다. 다니엘 데 파블로 마로토, 『성녀 데레사의 기도영성』, 179.
8 다니엘 데 파블로 마로토, 『성녀 데레사의 기도영성』, 131 재인용.
9 윤주현, 『성녀 데레사가 초대하는 기도여정』, 기쁜소식출판사, 40.
10 방효익, 『예수의 데레사 입문』, 수원가톨릭대학교출판부, 66.
11 다니엘 데 파블로 마로토, 『성녀 데레사의 기도영성』, 475.

알 수 있는데 무슬림의 영향을 받은 탓으로 여성들은 가리개를 쓰고 다녔다. 남성들의 시선이나 남편의 질투, 여성들에게 가해지는 여러 제약들을 감안해 공공장소에서 다닐 수 있기 위한 것이었다. 사회에서나 가정에서 여성이 독립적인 한 인격체로서 살아가지 못했던 시대였다.

2. 영성 운동

16세기 스페인에서는 다양한 영성운동이 있었다. 정신기도[12]를 중시하는 이들과 구송기도만 주장하는 이들이다. 예수의 성녀 데레사의 영성을 이해하기 위해서는 역사적인 배경 중 특히 당시 교회 내에서의 기도논쟁에 대해서 아는 것이 중요하다. 전자는 구송기도와 예식 그리고 전례기도를 배제한 채 정신기도만이 그리스도교 생활에 있어서 유일한 가치가 있다고 주장하였다. 반면 후자는 신비주의적 성향과 정신기도 실천에 반대하였다. 학자들은 소수의 사람들만이 정신기도에 이를 수 있기에 이 기도는 많은 사람들에게 해를 끼친다고 주장하였다.

또한 개신교를 비롯해 당시의 여러 이단 운동에 물드는 것을 염려한 스페인의 교권은 여인들과 문맹자들이 정신기도를 하는 것에 대해 상당히 엄격한 잣대를 들이댔다. 악마에게 쉽게 속을 수 있다는 생각

---

12 묵상기도 또는 마음기도, 정신기도 등 몇 가지 용어가 현재 혼용되고 있다. 성녀가 사용한 용어는 'oración mental'이다. 『성녀 데레사가 초대하는 기도여정』에서 윤주현 신부는 "인간 영혼의 주요 능력인 지성, 기억, 의지를 바탕으로 상상과 추리 묵상 나아가 정서적인 교감과 의지적인 결단까지 모두를 포함해서 예수님과의 총체적인 인격적 만남과 대화를 지향하는 의미"에서 '정신기도'라 번역하고 있다. 윤주현, 『성녀 데레사가 초대하는 기도여정』, 38-39 참조.

에서 정신기도를 위험한 것으로 간주하였으며, 구송기도는 여자들만을 위한 기도라는 고정관념에 여인이 정신기도를 계속한다면 유혹에 빠져 신앙생활을 실패할 것이라는 인식이 만연하였다. 이렇게 기도에 관한 논쟁에서 데레사는 정신기도의 필요성을 강조하였으며 반대하는 신학자들을 거슬러 "도대체 알기나 하고 이런 말을 합니까?"[13]라고 강하게 항의하며 정신기도를 옹호하였다.[14] 구송기도를 할 때에도 자기가 어떤 분과 이야기를 나누며, 자기가 누구인지를 분명하게 인식하면서 한다면 구송기도에서 정신기도로 넘어갈 수 있으므로 두 가지 기도를 구분하는 것은 어리석다고 보았다. 또한 '주님의 기도'를 정성껏 바친다면 주님께서 완전한 관상의 경지로 우리를 이끌고 가실 수 있다고 하였다.

II. 예수의 성녀 데레사는 누구인가?

'아빌라의 데레사'로 알려진 예수의 성녀 데레사는 1515년 3월 28일 스페인 아빌라에서 태어났다. 그의 나이 13살 때 어머니의 죽음으로 사춘기를 보내며 성모님이 어머니를 대신해 주도록 기도하며 의탁하였다.[16] 기사소설을 읽으며 이 세상의 매력에 빠져 있던 데레사는

---

[13] 예수의 데레사, 『완덕의 길』 22장 2절.
[14] 예수의 데레사, 『완덕의 길』 22장 1절. "입으로 외우면서 그 말씀을 다 알아듣고 하느님과 이야기하고 있다는 것을 의식하면, 그것이 곧 정신기도이면서 구송기도입니다."
[15] 예수의 성녀 데레사를 직접 보고 그린 초상화로, 성녀가 화가의 실수를 용서해달라고 빌었다는 일화가 있다.
[16] 예수의 데레사, 『자서전』, 1장 7절 참조.

예수의 성녀 데레사 초상화[15]

기숙학교에서 한 수녀를 만나 수도생활을 꿈꾸다 1535년 11월 2일에 수도원 입회를 반대하는 아버지 몰래 집을 나와 아빌라의 가르멜수녀원인 〈강생 수녀원〉에 입회하여 2년 후에 서원을 하였다. 그러나 환경과 음식의 변화 그리고 고행으로 병을 앓게 되어 치료를 받아야했고, 병을 앓으면서 읽게 된 『제삼 기도 초보』[17] 책으로 기도에 많은 영향을 받았다. 24세 때에는 병세가 악화되어 나흘간이나 혼수상태에 빠지기도 했으며,[18] 육체적 고통으로 일생 동안 많은 어려움을 겪었다.

중년기에 접어든 성녀는 건강은 회복하였으나 본성적 경향에 따라

---

17 오수나의 프란시스코(Francisco de Osuna) 수사의 저서로 기도 방법에 대해 설명하고 있다. 이 외에도 성녀가 영향을 받은 책은 성 아우구스티노의 『고백록』이다.
18 예수의 데레사, 『자서전』, 37장 참조.

살면서 기도에도 많은 시간을 할애하는, 세상과 하느님 사이에서 양다리를 걸치는 삶을 이어가고 있었다.[19] 1553년 성녀의 삶을 결정적으로 변화시킬 중대한 사건이 일어났는데 그것은 기도소에서 본 상처투성이 그리스도의 성상(聖像)이었다.[20] 성녀는 이 성상을 바라보며 영혼이 송두리째 무너지는 체험을 하였다. 예수님이 당하신 처절한 고통을 바라보며 자신을 향한 주님의 헤아릴 길 없는 사랑을 깨치며 그분을 잊은 채 살아온 자신의 모습을 대면하고 회심의 눈물을 흘렸다.

이후 성녀는 자신의 삶에 보다 철저히 투신하기 시작하였으나 한 번의 회심으로 삶이 온전히 자리 잡히는 것은 아니었다. 1556년 성령 강림절에 다시 한번 성녀는 자신의 일생에서 중요한 순간을 맞게 되었다. 성녀를 연구하는 학자들은 이 순간이야말로 성녀가 완전히 하느님께로 돌아서게 되는 결정적, 최종적 회심이라고 말한다.[21] 그것은 '영적 약혼'이라고 일컫는 체험으로서, 성녀는 내면에서부터 신비스러운 주님의 말씀을 들었으며 동시에 탈혼 체험을 하였다. 그 후 성녀는 여러 신비체험을 하면서 자신과 인류를 향한 하느님의 무한한 사랑을 깨닫고 그 사랑에 응답하려는 원의를 키워 갔다.

항상 많은 영성가들과 상의하고[22] 언제나 교도권에 순명하며 자신의 영성생활을 확장시켜 나갔다. 나아가 기도생활에 관해 서로 조언을 하고 영적인 교류를 하던 지인들과 함께 좀 더 철저하게 수도생활을 하기 위해 성녀는 수도회를 개혁하기로 하고 1562년 아빌라에 맨

---

19 예수의 데레사, 『자서전』, 1장 17절 참조.
20 1553년 또는 1554년으로 학자에 따라 차이가 있다. 『영원한 신비가』 저자 요셉글린은 1553년(89)으로, 『예수의 데레사 입문』 저자 방효익은 1554년(27)으로 표기하고 있다.
21 윤주현, 『현대인을 위한 성녀 데레사의 영성』, 39.
22 예수의 데레사, 『자서전』, 23장 2-3절.

발 가르멜수녀원을 시작으로 20년 동안 스페인 전역에 17개의 맨발 가르멜수녀원과 십자가 성 요한과 함께 2개의 맨발 가르멜 남자 수도원을 설립하였다. 수도원을 설립하는 동시에 주위의 요청과 새로운 수도회의 필요에 따라 여러 권의 책을 저술하기도 하였다.

'영적 약혼'의 은총을 받은 후 16년이 지난 1572년, 아빌라의 강생 수녀원에서 원장으로 봉사하며 십자가의 성 요한을 지도 신부로 모시고 수도 공동체의 쇄신을 위해 투신하고 있을 때, 예수의 성녀 데레사는 십자가 성 요한이 집전한 미사를 봉헌한 후 수난하고 부활하신 예수님을 체험하게 되었다. '영적 혼인'[23]으로 불리는 이 체험으로 비로소 성녀는 예수님을 온전히 자신의 정배로 받아들이고 사랑으로 그분과 일치하였다.

1582년 10월 4일 성녀는 68세의 나이로 "저는 교회의 딸입니다"[24]라는 말을 남기며 그토록 원하던 하느님 품에 안겼다.

III. 예수의 성녀 데레사의 활동을 통해 본 영성

1. 맨발의 가르멜 남녀 수도회 창립자

성녀의 사후에 초창기 회원들 사이에서 예수의 성녀 데레사를 '개혁가'(改革家)로 부를 것인지, '창립자'(創立者)로 부를 것인지 호칭에

---

23 "이 못을 보아라. 이것은 오늘부터 네가 나의 신부가 되리라는 표시이다. … 내 영예는 너의 것이고, 네 영예는 나의 것이다." 『아빌라의 성녀 데레사의 소품집』 중 〈영적보고서〉, 35.
24 윤주현, 『성녀 데레사가 초대하는 기도여정』, 30.

아빌라의 강생 수도원을 나서는 예수의 성녀 데레사를
기념하는 동상

대해 논쟁이 계속되었지만, 맨발 가르멜 수도회 학자들 사이에서 '창립자'라는 의견의 일치를 보았다.25 그리하여 오늘날 통상적으로 성녀를 '창립자'로 호칭한다. 초기에는 자신이 속한 수도회의 정신을 개혁하기 위해서였으나 본질적으로는 기존의 수도회가 가진 카리스마와는 다른 것으로, 교회의 설립자가 받은 고유한 카리스마로 세운 맨발 가르멜을 기존의 완화 가르멜로부터 독립된 다른 수도회로 인준을 하

---

25 윤주현, 『성녀 데레사가 초대하는 기도여정』, 34.

였기 때문이다. 논쟁 가운데에서 주목할 만한 것은 창립자라기보다 가르멜 수도회의 개혁자라고 하는 성녀의 역할에 대한 변론인데[26] 이것은 교회 내에서 당시 여성에 대한 인식을 적나라하게 보여주고 있다.

16세기 당시 스페인 교회가 자주 이단 시비를 제기하였던 정신기도를 실천하기 위해 성녀는 위험한 환경에서 특히 1559년 『금서목록』[27]과 더불어 모든 기도 관련 서적이 공식적으로 단죄된 시점에서 여인이자 수녀의 신분으로 온전히 기도에 전념하기 위해 자신이 속한 가르멜 수도회를 개혁하였다. 물론 개혁의 동기에는 페스트로 인해 수도회의 규율이 완화된 것과 루터의 종교개혁으로 위기에 처한 가톨릭 교회를 쇄신하기 위해 엄격한 봉쇄 속에서 기도와 침묵 중에 복음의 정신을 살려냄으로써 교회에 영적인 힘을 불어넣어 주기 위한 것도 있었다. 또한 성녀가 당시 살고 있던 〈강생 수녀원〉의 내적 요소들도 무시할 수 없었다. 이 수녀원은 150명 이상으로 이루어진 대규모 공동체로 수녀들이 온전히 수도생활에 전념할 수 있는 여건이 되지 못했다.[28] 하느님 사랑에 불탄 신심 깊은 이들이 개혁에 대한 논의를 한 것은 자연스러운 현상으로도 볼 수 있을 것이다.

가르멜 수도회를 개혁하는 일은 쉽지 않았다. 당시 여성이 수도회를 개혁 또는 창립한다는 것은 매우 어려운 일이었다. 그러나 창립에

---

[26] "데레사는 여인임에도 남자들을 개혁한 개혁자이시다. 어느 누가 그런 소리를 들었을까? 여인이면서 파괴하는 것, 그것은 쉽게 설득될 수 있다. 여인이면서 무질서하게 만드는 것, 그것 역시 어렵지 않게 믿을 수 있다. 그러나 여인이면서 고치는 것, 여인이면서 개혁하는 것, 그것은 전대미문의 새로움이다." 다니엘 데 파블로 마로토, 『성녀 데레사의 기도 영성』, 101 재인용.

[27] 금서목록 서문에는 "모든 사람에게 그 누구도… 이 목록에 나오는 책들을 읽지 못하도록 명령하고 금하며 권고한다"라고 쓰여 있다. 『성녀 데레사의 기도 영성』, 177.

[28] 『성녀 데레사와 신비체험』, 127.

부정적 입장을 가진 주교와 사제들에게도[29] 성녀는 인간적인 카리스마로 교만하지 않고 당당하면서도 겸손하게 자신의 의도를 제시하여 협력을 이끌어내었다. 남성중심 사회에서 정신기도를 할 수 있는 법적으로 보장받은 공간을 확보하기 위해 봉쇄를 규정하고[30], 기도의 삶을 위해 요구되는 고요함과 독립성을 유지하기 위해 공동체 회원의 숫자를 13명으로 축소하여[31] 제도적으로 여성들의 자주독립권을 쟁취하도록 그 기반을 마련한 것은 참으로 혁신적인 업적이라고 할 수 있다. 예수의 성녀 데레사는 수도회 창립자로서 시대의 환경에 소극적으로 대응하지 않고, 자신이 여성으로서 하느님께로부터 받은 선물을 용기 있게 펼쳐 나가는 적극적이고 강인하며 열정적인 여인의 모습을 보여준다.

2. 저술가

성녀는 수도회를 창립하는 가운데 틈틈이 글을 썼다. 글을 쓰게 된 동기는 주위의 요청에 의한 것이었지만 하느님의 사랑을 충만히 받은 은혜를 나누고 싶은 영적 모성으로 그 사랑을 표현해 낼 수밖에 없었을 것이다. 자신이 체험한 하느님 사랑에 대해 구수한 입담으로 풀어내는 만연체의 작가로서 이해하기 힘든 신비적인 내용을 다양한 비유를 통해 쉽게 설명하고 있다.

---

29 1577년 당시 교황대사인 펠리페 세가(Felipe Sega)는 데레사에 대해 평가하기를 "여성들에 대한 성 바오로의 가르침에 맞서 나쁜 교설을 만들며… 싸돌아다니고 차분하지 못한 여자"라고 말했다. *Diccionario Santa Teresa de Jesús*, Monte Carmelo, 1011.
30 『창립사』 31장 46절.
31 예수의 데레사, 『완덕의 길』 27장 6절.

성녀가 쓴 작품들로는 자서전격인 글로 자신의 생애에 대한 이야기와 동시에 자신이 살아낸 '기도방법'에 대한 글로 『자서전』32이 있다. 당시 하느님에 대한 보편적인 개념은 심판관이었으나 성녀는 자신 안에서 활동하시는 자비로운 하느님을 이야기하고 있다. 많은 이들이 성녀로부터 영향을 받았는데33 특히 유대인이며 여성 철학가인 '에디트 슈타인'34이 친구 집을 방문했을 때, 서재에서 발견한 예수의 성녀 데레사의 『자서전』을 밤새워 읽고 동이 터오는 새벽녘에 "이것이 바로 참된 신앙"이라고 감탄하였을 뿐 아니라, 곧바로 가톨릭교회에서 세례를 받기 위해 성당으로 갔다는 유명한 일화가 전해오고 있다.

자신이 세운 봉쇄 수녀원의 수녀들을 위해 쓴 『완덕의 길』은 완덕을 향해 나아가는 모든 그리스도인이 읽어야 할 필독서 중의 하나이다. 『완덕의 길』은 두 개의 편집 본(本)35이 있는데 한국어로 번역된 것은 '바야돌리드 본'이다. 성녀가 먼저 저술한 '에스코리알 본'은 교회 안에서 여성의 권리와 지위에 대해 옹호한 발언이 많아서 보다 더 솔직한 성녀의 모습을 볼 수 있으며, 훨씬 더 우리에게 친숙함을 준다.

수도회 창립에 관한 연대기적인 역사를 서술한 『창립사』에서는

---

32 예수의 데레사/서울가르멜 여자수도원 옮김, 『천주자비의 글』을 일반적으로는 『자서전』이라고 한다.
33 예수의 성녀 데레사로부터 영향을 받은 이들은 십자가의 성 요한, 성 프란치스코 살레시오, 성 알퐁소 리고리오, 안토니오 클라렛, 샤를르 드 푸코, 아기 예수의 데레사 등 많은 이들이 있다. 요셉글린, 『영원한 신비가』, 17-18.
34 현상학의 대가(大家) 에드문트 후설의 제자인 에디트 슈타인은 유대인 가정의 자녀에서 독일의 쾰른가르멜에 입회하여 1934년 '십자가의 데레사 베네딕타'라는 수도명으로 서원하였다. 1942년 폴란드의 아우슈비츠 수용소에서 사망하여 1998년 시성되었다.
35 제1편집본은 에스코리알 왕립 도서관에, 제2편집본은 바야돌리드 가르멜수녀원에 보관되어 있다. 통상 보관되어 있는 장소의 이름을 따서 '에스코리알 본', '바야돌리드 본'이라고 부른다. 한국에서 번역된 것은 '바야돌리드 본'이다. 제1편집본이 번역된다면 여성에 대한 성녀의 인식을 아는 데 매우 도움이 될 것이다.

성녀의 인간적인 면을 볼 수 있으며, 삶의 절정에서 인간의 영혼을 '성'(城)에 비유한『영혼의 성』은 성녀의 작품에서 정점을 이루는 최고의 작품으로 꼽히고 있다. 인간의 영혼을 수정처럼 맑디맑은 보석 같은 궁전으로 보는 시각은 여성적인 섬세함이 대단히 돋보이는 비유이다. 그 외에도 자신의 신비생활을 보여주기 위해 고해사제들에게 쓴 것으로 단순한 메모의 성격인〈영적 보고서〉와 아가를 읽으면서 체험했던 기쁨과 이해를 자매들과 함께 나누고 싶은 소망에서 기록한〈아가 묵상〉,36〈하느님께 부르짖음〉을 한 권으로 묶은『아빌라의 성녀 데레사의 소품집』그리고 최근에 번역 출판된『예수의 데레사 서간집 제1권』이 있다. 특히〈하느님 사랑에 관한 생각〉은 지극히 내밀한 비망록으로 기도 가운데 하느님의 영을 이해하지 못하는 학자들의 과도한 지성주의를 비판하고 있다. 또한 학자들과 마찬가지로 여성들 역시 성경으로 양육되어야 할 권리에 대해 언급하고 있다.37

여성들에게는 교육의 기회가 주어지지 않을뿐더러 정신기도조차 제한받는 상황에서 성녀는 시대의 장벽을 뛰어 넘어 저술을 통해 관상기도에까지 진보할 수 있도록 인도하는 영적 동반자로서의 리더십을 과감하게 발휘하였다. 또한 자신이 체험한 신비기도를 누구나 이

---

36 편집자들의 손을 거치면서 '아가 묵상'으로 바뀌어 이렇게 부르기도 한다. 자필 원본은 없고 사본만 남아있다. 처음으로 이 묵상집을 편집한 그라시안 신부가 "여자는 교회에서 묵묵히 있어야 한다는 성 바울로의 말씀에 열성을 내어" 데레사에게 그 원본을 태워버리라고 명령했고 그 분부를 듣는 순간 성녀는 그 책을 불 속에 던져버렸다. 성서를 모국어로 발행하는 것과 읽는 것을 모두 금지하였으나 단지 영적 저서 안에서 성서 구절을 번역해서 쓰는 것은 허용된 당시 상황에서 데레사는 이런 기회를 잘 이용한 것으로 볼 수 있다.『아빌라의 성녀 데레사의 소품집』중 '하느님 사랑에 관한 생각' 해설부분 184-185 참조.
37 "우리 여성도 주님의 풍요로움을 체험하는 기쁨을 빼앗긴 채 그대로 있어야 할 이유가 없습니다."『아빌라의 성녀 데레사의 소품집』중〈하느님 사랑에 관한 생각〉1, 8.

해할 수 있도록 쉽게 풀어내기 위해 다양한 문학소재로 저술하는 문화적 소양도 높이 지니고 있었다. 이렇게 대담하면서도 자유롭게 자신의 견해를 피력하는 모습에서 성(性)의 울타리를 뛰어 넘는 용기를 볼 수 있다.

IV. 새롭게 읽는 영적 보화

1. 데레사의 영성 안에 드러나는 여성성

하느님을 사랑하는 방식에서 가장 먼저 이루어지는 것은 하느님을 향한 호칭이다. 성녀는 교회 안에서 오랜 세월 동안 전해져 온 전통을 뒤따르는 가운데 수도생활을 혼인신분에 비교했다. 그래서 성녀는 수녀들을 포함해서 자신을 "그리스도의 신부"(자서 4,3; 완덕 22,7) 라고 불렀다.[38] 자연히 예수 그리스도는 '신랑'인 것이다. 이러한 호칭은 여성이 아니면 선뜻 부르기가 쉽지 않은 애정의 표현이다. 더 발전하여 『영혼의 성』에서는 신비적 관상에서 이루어지는 사랑의 마지막 단계를 설명하기 위해 '약혼과 혼인'이라는 상징을 사용한다. 이러한 표현들이 어떤 대단한 새로움을 제시했다고 볼 수 없다고는 할지라도 하느님을 '대왕님', '영원한 임금님'[39]으로 표현함으로 당연히 그분을 사랑하는 '신부'는 '왕후'가 되는 품격을 부여하였다.[40] 이러한 품격에 맞

---

38 다니엘 데 파블로 마로토, 『기도의 영성』, 312.
39 예수의 데레사, 『완덕의 길』 22장 1절.
40 "오, '주님의 신부'란 얼마나 대단한 품위입니까? 그것은 우리의 주님이시오 임금이신

신비 경험 중에 있는 예수의 성녀 데레사
(로마, 승리의 마리아 성당의 부조, 베르니니 작품)

게 여성의 영혼을 준비시켜 나가도록 하였다. '신랑을 사랑하게 된 영혼'은 그분과 관계되는 모든 은총(탈혼, 죽음, 고통, 환희, 기쁨)을 체험하는 것이 가능하다고[41] 함으로써 여성이 한 인격체로 존중받지 못하는 시대에 하느님의 정배로 새로운 정체성을 갖게 한 것이다.

예수의 성녀 데레사는 완덕을 향해 나아가는 데에 필요한 사랑을

분을 기쁘게 해드리도록 온 힘을 다 쏟게 하기에 맞갖은 품위입니다." 『아빌라의 성녀 데레사 소품집』, 222.
41 『아빌라의 성녀 데레사 소품집』, 199.

말할 때 '순수 영신적 사랑'과 '영적이며 동시에 감성적인 사랑' 두 종류로 나누고 있다.42 성녀는 하느님께 대한 사랑으로 자신을 온전히 봉헌하는 지고지순한 사랑을 강조하였다. 참다운 사랑을 방해하는 말들인 '내 생명', '내 사랑', '내 행복' 등의 정다운 표현은 오직 '임'(주님)을 위한 말에만 쓰라43고 말한 데에서 이것은 영적인 '동정성'으로 이해할 수 있다. 그리스도의 정배에게 당연히 요구되는 것이다. 아무것도 남김없이 하느님께 통째 "오, '주님의 신부'란 얼마나 대단한 품위입니까? 그것은 우리의 주님이시오 임금이신 분을 기쁘게 해드리도록 온 힘을 다 쏟게 하기에 맞갖은 품위입니다."『아빌라의 성녀 데레사 소품집』222로 자신을 바치는 행복이 예사로운 복이 아니라는 것을 딸들에게 말하며 '이탈'을 강조한 것도44 순수한 사랑의 연장선으로 이해될 수 있으며 이러한 것들은 성녀의 여성성이 드러나는 표현으로 볼 수 있다.

성녀가 '아가'를 읽으면서 체험했던 기쁨과 이해를 자매들과 함께 나누고 싶다는 소망에서 쓴 『아가 묵상』을 비롯해서 거의 대부분의 저서들에서 볼 수 있는 일관된 것은 바로 자신의 딸로 표현되는 수녀들과 나아가 하느님을 알뜰히 섬기고자 원하는 열심한 신자들을 향한 애정이다. 딸들을 하느님께로 이끌기 위해 원숙한 경지에 이른 어머니의 영적인 가르침인 것이다. 영적 어머니로서 자녀들을 사랑하고 보호하며 구원으로 이끌어 가는 역할을 한 것에서 성녀의 영적 모성의 충만함을 볼 수 있다.

---

42 예수의 데레사,『완덕의 길』4장 12절.
43 예수의 데레사,『완덕의 길』, 7장 8절.
44 예수의 데레사,『완덕의 길』, 8장 1절.

2. 기도의 가르침 안에서의 여성성

16세기 전반기의 스페인은 고전문화와 성경문화 그리고 르네상스 문화가 꽃핀 중요한 중심지였으며 유럽과 같이 교회의 개혁운동과 영성과 신비서적의 생산에 있어 높은 수준에 있었다. 그러나 그리스도교 신자들의 문맹률, 특히 여성의 문맹률이 아주 높았던 시대에 성녀는 상당히 높은 문화적 소양을 갖춘 스페인 여인이었다.[45]

앞에서 살펴본 대로[46] 당시 기도 논쟁에서 학자들은 여성이 기도하는 것을 원하지 않았다. 여성이 할 수 있는 기도는 겨우 '구송기도'였다. 그러나 성녀는 구송기도뿐 아니라 '정신기도'까지 할 수 있도록 기도에 대한 정의를 알기 쉽게 제시하며 그 방법을 설명하였다. "정신기도란 자기가 하느님에게 사랑을 받고 있다는 것을 알면서 그 하느님과 단둘이서 자주 이야기 하면서 사귀는 친밀한 우정의 나눔이라고 생각합니다"[47]라는 기도 정의에서 성녀의 여성스러운 직관력을 볼 수 있다. 하느님과의 관계를 표현하는 데에 있어 '단둘이서', '친밀한', '사랑을 받고 있다는' 등의 표현은 사랑하는 두 사람 사이의 침묵에서도 서로의 감정을 감지할 수 있는 여성의 직관력이며, '사랑하는 이'와 '사랑받는 이'의 친밀하고 내밀한 관계를 참으로 사랑스럽고 비밀스럽게 표현함으로써 기도가 무엇인지 한층 더 쉽게 이해하는 데에 도움을 준다.

---

45 여성의 90% 가 문맹률이었으며 유대교로부터 개종한 사람들은 70% 정도였다. 다니엘 데 파블로 마로토/윤주현 옮김, 『기도의 영성』, 158.
46 16세기 스페인의 역사적 배경 2)영성 운동 참조.
47 예수의 데레사, 『자서전』, 8장 5절.

나아가 성녀는 기도가 항상 추상적인 아름다움만은 아니라는 것을 말하고 있다. 기도의 길에서 많이 진보하기 위해서는 "많이 생각하는 일이 아니고 많이 사랑하는 일"[48]이며 "안일과 기도는 서로 용납될 수 없다"[49]라고 하였다. 많이 사랑한다는 것은 사랑하는 대상을 향한 실천을 포함하는 것이다. 그래서 참다운 기도를 식별하기 위해서는 "그 후에 따라오는 결과와 실천으로 알아보는 것"[50]이라고 하였다. 사랑은 죽음을 능가하는 것이기에 진정한 사랑이라면 상대방을 향한 온전한 헌신이 가능하다. 성당에 고요히 앉아 하느님을 묵상하는 것도 기도이지만 이것은 일차적인 단계이지 완성된 단계가 아니다. 성녀가 말하는 기도는 '냄비 그릇 가운데서도'[51] 하느님의 현존을 발견하는 것이다.

예수의 성녀 데레사는 그리스도인의 궁극적 목표인 하느님과 일치에 도달할 수 있는 두 가지의 일치 형태인 신비적 일치와 의지적 일치에 대해 이야기한다.[52] 성녀 자신이 체험한 신비적 일치는 선물로서 주어지는 순수한 은총으로 전적으로 하느님의 의지에 달려 있다. 그러나 의지적 일치는 우리가 오직 하느님의 뜻을 따르는데 마음을 두고 힘써 나아가면 주님이 도우시어 이르게 되는 일치이다.[53] 이것이 진정한 일치이며 기도는 실천을 요구하는 것으로[54], 기도와 삶의

---

48 『영혼의 성』 4궁방 1장 7절.
49 예수의 데레사, 『완덕의 길』, 4장 2절.
50 『영혼의 성』 4궁방 2장 8절.
51 『창립사』 5장 8절.
52 『영혼의 성』 7궁방 참조.
53 『영혼의 성』 5궁방 3장 3절.
54 『영혼의 성』 7궁방 4장 6절 "기도란 결국 이것을 위한 것입니다."

일치는 하느님 사랑과 이웃 사랑으로 요약되는 복음의 정신과 같은 것이다. 결국 기도의 목적은 하느님과 함께 우정을 나누며, 주님과 교회의 선을 위해 봉사하는 것이다.[55] 현대 가톨릭 교회는 예수의 성녀 데레사를 본받을 기도의 스승으로서 '교회 박사'로 선포[56]하였다.

3. 신비가의 현실적 감각

성녀의 이미지를 그린 여러 그림들과 신비체험을 하였다는 이유로 신비가의 인상이 짙은 성녀이지만, 삶의 구석구석을 훑어보면 예수의 성녀 데레사에게서는 현실적이고 유머감각이 풍부한 면이 많이 드러난다. 신비가인 자신을 저 세상에 두발을 딛고 있는 사람이 아니라 이 세상, 바로 이 물질세계에 발을 딛고 구체적인 삶을 살아가는 사람으로 소개하며 진정한 신비가는 일생을 통해 십자가에 못 박힌 구원자의 길, 그리스도의 종으로서의 길을 걸어가야 한다는 것[57]이 성녀의 지론이다. 성녀의 글은 입담이 좋아서인지 문체가 좀 장황하긴 하지만 미사여구나 과장이 없는 솔직함이 돋보이고 있다. 이러한 인간적인 매력에서도 성녀의 현실적인 감각을 읽을 수 있다.

수도회를 창립할 때 일어난 유명한 일화 중 하나는 성녀의 유머 감각을 드러내 보여준다. 어느 해 1월에 아빌라를 떠나 날씨가 춥기로 유명한 부르고스에 창립하기 위해 여행을 하였을 때, 마침 폭우가 쏟

---

55 예수의 데레사, 『완덕의 길』, 1-2장 참조; 『영혼의 성』 7궁방 4장 6절.
56 교황 바오로 6세는 1970년 9월27일 예수의 성녀 데레사를 교회 박사로 선포하였다.
57 『영혼의 성』 7궁방 4장 8절 "정말로 영적인 인간이 되는 길을 알고 싶습니까? 그것은 다름 아닌 하느님의 종이 되는 것, 십자가의 낙인이 찍힌 종이 되는 것입니다. … 무엇을 어떻게 해야 모든 사람을 기쁘게 하고 섬길 수 있는가를 생각해야 합니다."

아져 아를란손 강물이 다리 위로 넘쳐흘러 사륜마차가 더 이상 나갈 수 없게 되자, 성녀는 자기가 만일 빠져 죽으면 일행은 즉시 되돌아가라고 말하고는 제일 먼저 그곳을 건너갔다. 그러나 성녀가 탄 마차가 다리에서 그만 넘어져서 떠내려 갈 뻔하였다. 성녀는 이 위험을 모면하기 위해 마차에서 뛰어내리며 이렇게 말했다. "아, 주님, 이래서 당신은 친구가 그렇게 적으시지요!" 어느 누구보다 하느님과의 친밀한 관계를 형성하고 있는 성녀이지만, 이런 상황에서 다리를 건너게 된 것에 대한 감사에 앞서 사랑하는 이를 고생시킨 데에 대해 투정할 수 있는 유머 감각이 우리로 하여금 성녀에게 더 친근하게 다가갈 수 있게 해 준다. 이 여행을 한 것은 생애의 마지막 해인 1582년으로, 성녀는 67세로 몸과 마음이 많이 쇠약해져 있던 때였다.[58]

    수도원 창립에서 오는 많은 어려움 앞에서 성녀는 하느님께 대한 전적인 신뢰와 함께 어려움을 극복하기 위해 자신의 지혜를 십분 발휘하며 위기를 모면해 나갔다. 그래서 아무리 성녀의 창립에 반대한 고위 성직자라 하더라도 일단 성녀와 만나서 대화를 한 후에는 완고하던 마음을 급회전하여 성녀의 창립에 대해 호의적으로 변할 정도였다. 어려움 앞에서 그저 하느님께 기도만 하고 있는 것이 아니라 자신이 할 수 있는 것이 무엇인지 고민하고 그 일을 위해 발 벗고 나서는 적극성이 있었다. 이런 모습은 바로 여성을 뛰어 넘은 어머니의 강점이라고 할 수 있다. 성녀는 사회와 교회에서의 여성의 위치를 안타까워하였지만 동시에 여성이 지닌 장점을 충분히 인식하면서 자신이 할 일을 설정해 나간 것이다. 성녀의 인생연륜에서 나오는 지혜의 산물

---

58 『성녀 데레사와 신비체험』, 77.

이라고 할 수 있을 것이다.

4. 복음의 시선으로 본 시대의 도전과 연대

복음서를 통해 알 수 있는 예수님 사명의 핵심은 하느님 나라에 대한 열정과 가난한 사람에 대한 연민이다. 하느님의 자비로우심에서 출발한 연민은 바로 사람과 삶을 바라보시는 하느님의 존재방식으로 예수님을 통해서 고스란히 드러나고 있다. 성녀는 이러한 연민과 애정의 눈으로 당시 가난한 사람들과 약자를 복음적 관점에서 바라보았다고 말할 수 있다.[59] 성녀가 지닌 하느님 사랑에 대한 열정은 성녀의 감성을 민감하게 하여 시대의 징표를 읽고 시대의 가난한 자인 여성과 연대하는 데에 과감하게 도전하는 데에 힘을 실어 주었다.

수녀원을 창립하는 결정적인 계기가 된 것은 프랑스에서 개신교 운동이 활발하다는 소식을 전해 들었을 때였다. 단 한 명이라도 구할 수 있다면 천 번이라도 목숨을 내어놓을 수 있다고 작정하였지만 여자의 몸으로 할 수 있는 게 없음을 깨닫고는 의기소침했다. 그러나 "나는 비록 작기는 할망정 내 안에 있는 것을 가지고 일하기로 결심"하여 교회를 지키는 이들과 교회의 방패가 되는 설교가, 학자들을 위하여 기도에 전심하여 돕기로 하였다.[60] 아무리 활동이 자유롭지 못한 여

---

[59] 이 부분에 대해 반대의견을 제시하는 사람도 있다. 즉 성녀가 그리스도교의 영성생활을 묘사하기 위해 성의 웅장함과 아름다움, 진주와 다이아몬드 그리고 수정 크리스탈만을 사용했다는 데에서 이런 의견을 제시하였다. 그러나 우주의 위대한 전체를 상징적으로 드러내기 위해 피조물계를 통틀어 가장 값진 것들을 생각하지 않을 수 있을지 의문이다. 다니엘 데 파블로 마로토, 『성녀 데레사의 기도 영성』, 320 참조.

[60] 예수의 데레사, 『완덕의 길』, 1장 2절.

성의 처지이지만 시대의 변화를 감지하면 그것을 위해 과감하게 행동으로 옮겼다. 또한 신대륙의 정복에서 스페인의 모험가들에 의해 엄청난 희생을 치러야 하는 원주민들의 인간으로서의 품위를 부르짖으며 그들의 구원을 위해 기도하였다.[61]

수녀원을 창립할 때 성녀의 염원은 초대 교회의 이상을 다시금 재현하려는 것이었다. 먼저 수녀원에서 수녀들 사이의 절대적인 평등이 이루어지도록 하였다. 당시 성녀가 살던 수녀원에서는 세상 삶과 마찬가지로 사회적 신분에 의한 불평등한 신분이 계속 유지되었다. 부유층 수녀들은 수녀원에서 활동 공간으로 두 세 칸의 공간이 주어진 반면 가난한 수녀들은 공동 침실을 사용하였으며, 수녀들은 은인들과 친분관계를 유지하기 위해 수도원 응접실에서 오랜 담화로 시간을 보내야 하는 때도 있었다. 성녀는 소위 은인이라는 사람들이 수녀원에 경제적 혜택을 준다는 명목으로 수도생활에 간섭하려는 것을 막고 오로지 그리스도의 가난을 살고 자립하면서 수도생활을 하기 위해 가문과 조상, 가족이 가진 명예로부터 오는 모든 것들을 없애고 연금이 없는 새로운 형태의 가난한 수도원을 설립하기로 결정하였다.

또한 성녀는 수녀들에게 고해 신부를 선택할 수 있는 자유를 주어야 한다고 강조하였다. 당시에는 수도원에 한 명의 고해 신부가 있어 다른 고해 신부를 청하는 것을 아주 큰 위험으로 생각하고 있었다. 그러나 성녀는 마음이 억눌리는 일이 없도록 수녀들에게 거룩한 자유를 누릴 것을 강조하였다.[62] 자신의 영적 상태를 펼쳐 보일 고해 사제마

---

61 『성녀 데레사와 신비체험』, 145.
62 예수의 데레사, 『완덕의 길』, 5장 5절 "주교가 되실 분에게 주님의 사랑으로 내가 청하는 바는, 수녀들에게 이러한 자유를 주시고, 이곳처럼 작은 고장에서는 누구누구가 학덕이 있는지 곧 알게 되므로 그러한 분들을 대할 수 있는 자유를 거부하시지 말라는

아빌라

저 마음대로 선택할 수 없는 제한된 상황을 개선하려는 이러한 노력은 그 당시 그리 쉬운 도전은 아니었을 것이다.

성녀는 수도원에 성소자를 받아들일 때에도 개종한 유대인들을 배격하지 않았다. 당시 스페인에서는 개종한 유대인들에 대한 사회적 차별이 성행하였다.63 성녀 또한 개종한 유대인의 후손이기도 했지만 하느님을 오롯이 섬기기를 원하는 이면 누구나 자신의 원의를 실현할 수 있도록 국가의 정책에도 상관없이 사회적 차별을 배격하는 모습에서 시대의 약자들에 대한 따뜻한 시선을 느낄 수 있다. 그렇다고 순수 혈통인 지원자를 받아들이지 않은 것은 아니다. 성녀가 사랑하고 존경하는 이는 바로 하느님을 열렬히 섬기는 사람이었다.

것입니다."
63 '순수혈통법령'(유대인과 모로인 혈통에 물들지 않은 사람을 구별하는 법령)을 도입한 다른 수도회에서는 개종한 유대인을 성소자로 받아들이지 않았다. 윤주현, 『성녀 데레사가 초대하는 기도여정』, 40.

수녀원 창립에 도움을 준 어느 부인64에 대한 이야기에서 여성에 대한 성녀의 인식을 알 수 있다. 이 부인이 태어났을 때, 이미 딸이 넷이나 있었으므로 부모가 아주 서운하게 여겼다는 이야기를 듣고 성녀는 "사람은 하느님의 생각을 알 도리가 없으니 자기에게 무엇이 좋은지 모르고, 또 딸이 얼마나 행복의 근원이 되며, 아들이 어떠한 불행의 씨앗이 되는지 알지 못합니다. 그리고 모든 것을 다 아시고 만물을 창조하신 주님께 맡겨 드리려는 생각도 없이 기뻐해야 좋을 사정을 죽도록 슬퍼하곤 합니다"65라며 하느님의 섭리에 대한 무지함에 한탄하였다. 이는 불과 몇 년 전 우리 시대의 자화상을 보는듯한 묘한 인상을 준다.

5. 공동체의 친교

성녀가 친교에 대해 중요하게 생각했다는 것을 알 수 있는 것은, 엄격한 규율 속에서 공동체 생활을 하는 수녀들이지만 공동체 친교를 위해 자신을 계속해서 성찰해 나가도록 권고하며 친교의 활성화를 위해 공동휴식의 중요성을 강조한데에서도 볼 수 있다. 지금도 맨발의 가르멜 수도회에서는 이러한 전통을 소중히 지키고 있다. 육체적이고 심리적인 면에서 평화를 지니기 위해서 성녀가 강조하는 것은 자매애, 모든 피조물에서의 이탈 그리고 참다운 겸손이다. 사랑의 계명이 세상에서 그 법도대로 지켜진다면 다른 계명을 지키는 데에도 큰 도움이 되지만, 한쪽으로 기울게 되면 한 단체에 있어 아주 해독을 끼치

---

64 1571년 알바데토르메스 수녀원 창립에 도움을 준 프란치스코 데 벨라즈께즈(Francisco de Velazquez)의 부인이다.
65 『창립사』 20장 3절.

는 것으로 아주 조심해야 된다고 강조하였다.66 그리고 공동체에서 누가 더 연장자인지, 누가 더 일을 많이 했는지, 누가 더 인정을 받는지 등의 말과 생각은 아예 하는 일이 없도록 당부를 하며 이러한 것은 페스트나 같다고 단호하게 강조하였다.67 이렇게 겸손과 이탈도 상호 간의 사랑과 마찬가지로 공동체 안에서 매우 중요하다고 보았다. 수도 공동체 및 본당에서의 단체를 통해 공동체의 친교가 지역교회의 활성화를 위해 대단히 중요하기에 어머니의 잔소리 같은 성녀의 이런 세세한 조언은 매우 유익했다. 한 사람의 미성숙한 행동이 공동체 전체를 분열과 갈등으로 상처 입히는 경험을 종종 볼 수 있기에 성녀가 강조하는 사랑, 이탈, 겸손의 중요성이 더욱 강조되어야 한다. 기도는 친교를 통해 무르익고 완성되어 가는 것이다.

또한 성녀는 함께 기도를 실천하고 기도에 대해 대화를 나누며 그와 관련해서 각자가 가진 결점들을 서로 교정하기 위해 다섯 명의 친한 벗들과 함께 모임을 만들고자 했다.68 모두가 함께 환경으로부터 기인하는 실재적인 위험과 함정으로부터 교회를 더 잘 방어하기 위한 목적으로 기도 공동체, 기도 모임을 만들자는 것이다.69 이것은 겸손한 생활과 좋은 영적 지도자의 가르침에 순종하여 악마의 장난에 휘둘리지 않고 올바로 분별하여 어떻게 하느님을 더욱 더 기쁘시게 해 드릴 수 있는가를 의논하기 위해서였다. 영성생활에서도 개인주의 성향이 강해지는 경

---

66 예수의 데레사, 『완덕의 길』, 4장 4-7절 참조.
67 예수의 데레사, 『완덕의 길』, 12장 4절.
68 예수의 데레사, 『자서전』, 7장 20절; 16장 7절 참조.
69 1982년 성녀 서거 400주년 기념 때 이러한 정신으로 스페인 가르멜 사제들이 G.O.T(Grupos de Oración Teresiana)를 만들었다. 한국에서는 1990년부터 전교 가르멜 수녀회가 "예수의 데레사 기도학교"라는 명칭으로 이 모임을 하고 있다.

향에 맞서 '나눔'과 '경청'을 통해 친교를 강화해 나갈 수 있다.

현대는 정신수련의 목적으로 다양한 명상방법이 성행하고 있다. 가톨릭교회 내에서도 영성생활의 증진을 위해 많은 모임과 기도방법이 소개되고 있으며 신자들의 호응이 대단하다. 하지만 기도생활을 개인적인 기도에 국한시키거나 자신의 기도에 지나친 확신을 갖는데서 오는 위험을 늘 염두에 두고 신중해야 할 것이다. 교회의 교도권 아래에서 영적 동반자를 중심으로 기도하는 이들이 함께 기도하고 나누며 결심한 바를 실천하는 소그룹의 친교에서 나아가 교회 공동체의 보편된 친교로 심화 발전되는 것이 바람직하다고 본다. 이것이 '교회의 딸'이기를 원했고 그렇게 사셨던 성녀의 간절한 바람이기도 하다.

나가며

하느님을 사랑하는 사람은 자신만의 고유한 방법으로 하느님과의 관계 안에서 그 사랑에 응답한다. 이렇게 나만의 고유한 사랑의 표현방식이 영성이다. 예수의 성녀 데레사는 어떻게 사랑하는 하느님과 우정을 나누었는지 특히 여성으로서 성녀가 살아 온 영성은 어떠했는지에 대해 간략하게 알아보았다. 그럼으로 이 글은 예수의 성녀 데레사라는 삶의 대해(大海)에서 눈에 보이는 몇 개의 돛단배에 이름을 붙여 항구로 끌고 온 것일 뿐이다.

16세기 남성 중심의 사회에서 자신의 이상을 실현하기 위해 지치지 않고 온 삶을 교회를 위해 투신한 여장부 예수의 성녀 데레사는 그 존재 자체로 여성들에게 힘과 용기를 주고 도전의식을 심어준다. 평범한 소녀가 주위의 종교 분위기에 영향을 받아 자신의 영혼을 구원하기 위해 수녀원에 들어갔으나 하느님에 대한 사랑을 체험하고는 철저하게 예수 그리스도를 따르고자 방해가 되는 모든 것을 극복하는 일대결심을 하며 수도회의 설립자로서, 저술가로서 하느님이 주신 용기와 지혜로 여성의 고유한 장점을 최대한 살려 충만한 삶을 살았다. 이것은 하느님을 향한 성녀의 열정과 의지가 있었기에 가능한 것이었다.

    모든 시대는 그 시대가 요구하는 모델을 통해 새로운 도전의식을 갖도록 자극한다. 오늘날의 사회는 권위주의나 가부장제의 굴레에서 벗어나 자유와 평등을 향해 발전해 가고 있지만 여전히 삶을 구속하거나 부자연스럽게 하는 어떤 이념이나 사회관습이 남아 있는 것 또한 사실이다. 21세기에 전개되는 우리 삶의 동반자이며 자매이고 어머니인 예수의 성녀 데레사는 우리가 어떠한 의식을 갖고 대담하면서도 지혜롭게 세상과 교회의 선을 위해 살아가도록 가르쳐 주는 것일까? 자신 앞에 놓인 상황에서 "나의 모든 용기를 불러일으킬 필요가 있었습니다"[70]라는 성녀의 자기 다짐처럼 하느님에 대한 사랑의 열정으로 적극적으로 삶을 살아간다면 여성으로 인해 세상은 더욱 풍요로워지고 교회는 더 발전해 가며 삶은 더욱 아름다워 질 것이다.

    인내[71]

    그 무엇에도 너 마음 설레지 말라
    그 무엇도 너 무서워하지 말라

---

[70] 예수의 데레사, 『자서전』, 8장 7절.
[71] *Obras Completas* n.6, 1159, E.D.E..

모든 것은 다 지나가고
님만이 가시지 않나니
인내함이 모두를 얻느니라.
님을 모시는 이
아쉬울 무엇이 없나니
님 하나시면
흐뭇할 따름이니라.

인내(예수의 성녀 데레사의 친필)

참고문헌

다니엘 데 파블로 마로토/윤주현 옮김. 『성녀 데레사의 기도 영성』, 가르멜총서 2. 기쁜소식 출판사, 2012.
마르셀 오클레르/부산가르멜 여자수도원 옮김. 『아빌라의 데레사』. 분도출판사, 2007.
마리 에우젠 지음/박태용 옮김. 『나는 하느님 뵙기를 원합니다』. 가톨릭출판사, 1998.
방효익. 『예수의 데레사 입문』. 수원가톨릭대학교출판부, 2010.
세쿤디노 카스트로/윤주현 옮김. 『성녀 데레사의 그리스도 체험』, 가르멜 총서 6. 기쁜소식출판사, 2012.
에마뉘엘 르노/고성 가르멜 여자수도원 옮김. 『성녀 데레사와 신비체험』. 기쁜소식 출판사, 2015.
예수의 데레사/윤주현 옮김·해설. 『성녀 데레사 소품집 제1권』, 가르멜 총서 16. 기쁜소식 출판사, 2015.
_____/서울가르멜 여자수도원 옮김. 『창립사』. 기쁜소식출판사, 2011.
_____/최민순 옮김. 『완덕의 길』. 바오로딸 출판사, 2006.
_____/최민순 옮김. 『영혼의 성』. 바오로딸 출판사, 2003.
_____/서울가르멜 여자수도원 옮김. 『천주자비의 글』. 분도출판사, 1983.
요셉글린/차순향 옮김. 『영원한 신비가』. 가톨릭출판사, 1991.
윤주현. 『현대인을 위한 성녀 데레사의 영성』, 가르멜 총서 15. 기쁜소식출판사, 2015.
_____. 『성녀 데레사가 초대하는 기도여정』, 가르멜의 향기 1. 기쁜소식출판사, 2013.
_____. "아빌라 영성강좌", 2008.
윤주현 옮김·해설. 『예수의 데레사 서간집 제1권』, 가르멜 총서 11. 기쁜소식출판사, 2014.
이범규. 『성녀 데레사의 영성에서 본 '하느님과의 일치'』, 가르멜의 향기 12. 기쁜소식출판사, 2015.

기타

맨발 가르멜 수도회. 『파티마 세계총회 문헌』. 2009.
『예수의 데레사 사전』(*Diccionario Santa Teresa de Jesús*). Monte Carmelo. 2000.

예수의 성녀 데레사 연표

1515년 3월 28일	스페인의 아빌라에서 아우마다의 데레사 탄생
1529년	어머니 아우마다의 베아트리체 부인이 사망함. 어린 데레사는 대성당의 성모상 앞에서 어머니가 되어달고 호소함.
1531년	언니(세페다의 마리아)의 결혼으로 아버지는 성녀를 아우구스띠노 수녀회가 운영하는 <은총의 성모 수녀원> 기숙사에 보냄
1532년	건강 악화로 수녀원을 떠남
1533년	언니 집으로 가는 길에 숙부 댁에 잠시 머묾. 신심서적 통해 수도성 소결심
1535년. 11월 2일	강생 수녀원에 입회
1537년	서원
1538년	중병에 걸림. 오수나의 『제삼 기도 초보』 읽음
1542년	회복
1560년	창립 계획
1562년 6월	『자서전』 집필 시작
8월 24일	아빌라의 성요셉 수녀원 헌당식
12월	『완덕의 길』 집필 시작
1563년	「회헌」 작성
1565년	『자서전』 완성.
1566년	『아가 묵상』 집필
1567년	『완덕의 길』 완성 가르멜회 총장(루베오 신부)으로부터 창립 계획에 대한 인가 받음
1568년	말라곤과 바야돌리드 수녀원 창립
11월 28일	두루엘로에 최초의 남자 맨발가르멜 수도원 헌당식
1569년	톨레도에 이어 파스트라나 수녀원 창립. 『하느님께 외침』 집필. 파스트라나 수도원 창립
1570년	살라망카 수녀원 창립. 알칼라 학생 수도원 창립
1571년	알바데토르메스 수녀원 창립, 아빌라의 강생 수녀원 원장으로 임명
1572년 1월 19일	십자가의 성 요한 신부와 담화 중 "영적 결혼"으로 표현하는 경험을 함
1573년	『창립사』 집필 시작, 그라나다와 라페뉴엘라 수도원 창립
1574년	세고비아 수녀원 창립
1575년	베아스와 세비야 수녀원 창립, 알모도바르 수도원 창립
1576년	수녀원 창립을 금지당하고 톨레도 수녀원에 은거. 「수녀원 시찰법」

	집필. 카라바카 수녀원 창립
1577년	『영혼의 성』완성, 데레사적 개혁에 대한 박해 심해짐. 십자가의 성 요한 신부가 원 가르멜회 측에 의해 톨레도 감옥에 갇힘
1579년	세가 교황대사가 맨발가르멜회를 원 가르멜회에 종속시킴. 바에사 수도원 창립
1580년	교황 그레고리오 8세에 의해 맨발 가르멜회 수도회로(OCD) 독립 승인.
	비야누에바데라하라, 팔렌시아 수녀원 창립
1581년	알칼라 총회에서 맨발가르멜회 회헌 인가. 소리아 수녀원 창립
1582년	부르고스, 그라나다 수녀원 창립
10월 4일	오후 9시 알바데토르메스 수녀원에서 선종 (그레고리오 달력에 따라 10월 15일로 축일이 수정됨)
1614년	교황 바오로 5세에 의해 시복
1622년	교황 그레고리오 15세에 의해 시성
1970년	교황 바오로 6세에 의해 '교회 박사'로 선포

저서

- 주요저서

    1562『자서전-천주 자비의 글』

    1566『완덕의 길』

    1574『창립사』

    1577『영혼의 성』

- 소품 또는 작은 저서

    『영적 보고서』

    『아가 묵상』

    『하느님께 외침』

    「회헌」

    「수녀원 시찰법」

    「시」

    「충고와 금언」

    『영적 결투』

    『풍자』

-『서간집』

온유함으로 세상의 고통에 맞서 희망을 일군 여인, 마들렌 소피 바라

최혜영 엘리사벳

마들렌 소피 바라(1779-1865)

들어가면서

성녀 마들렌 소피 바라는 국제 여성 수도회인 성심수녀회와, 세계 여러 나라에 자매학교를 둔 성심학교의 설립자로서, 19세기 초 프랑스 대혁명의 여파로 불신과 반종교적인 성향이 지배적이었던 사회에서 "예수 성심의 영광을 드러내기 위해" 교육 활동에 혼신의 노력을 다한 탁월한 교육자, 행정가이며 영성가이다.

그녀는 돌아가시기 이전부터 성인으로 칭송되었고, 1865년 사망할 당시 그와 뜻을 함께하는 수녀들이 86개 수녀원에 3,500명의 회원들이 있었으며, 새로운 개척을 위해 일생 동안 많은 여행을 하였고, 14,000통의 편지가 남아 있을 만큼 활동적으로 생활하였다.

마들렌 소피는 당시로선 드문 나이인 85세라는 긴 세월 동안 시대의 풍상을 겪어내며 한 수도회를 충실히 이끌어가면서 인간적으로도 성숙의 길로 나아가게 되는데, 평균 수명이 길어지고 활동적인 생활에 익숙한 현대인에게는 친근하게 다가가 많은 것을 배울 수 있게 해주는 생활의 멘토가 되어줄 것이다.

또한, 19세기 프랑스처럼 오늘날 21세기 한국 사회도 불신과 물질 중심의 세계관에서 어떻게 신앙인으로 살아갈 수 있을까 하는 면에서 큰 귀감이 될 수 있다. 마들렌 소피를 '마리아 안에 녹아든 마르타', '신비가이며 교육자'로 평하기도 하는데, 루카 복음서의 마르타와 마리아의 모습을 조화롭게 사신 분으로 평범한 일상 가운데서도 성인이 될 수 있는 길을 제시해 준다.

I. 하느님을 향한 갈망: 마들렌 소피를 형성한 요소들

성녀 마들렌 소피를 한 인물로 조명하기 위해서는, 그녀의 가족관계나 성장 배경은 물론, 당시의 시대적 배경, 종교적 배경 등을 살펴보아야 한다. 한 개인의 삶 안에 얼마나 많은 요소들이 복잡하게 얽혀 있는가? 이들을 '하느님을 향한 갈망'이라고 말할 수 있지 않을까?

1. 개인적 배경

마들렌 소피는 1779년 12월 12일, 포도 재배를 주로 하는 아름다운 농촌 마을 프랑스 주아니에서 1남 2녀의 막내로 태어났다. 소피가 태어나던 날, 마을에 원일 모를 큰 화재가 발생하여 예정보다 2개월이나 빨리 태어났는데, 아이의 생명이 위태로워서 불길이 꺼지자 곧바로 성 티보 성당으로 데려가 마들렌 소피라는 이름으로 세례를 주었다. 약골로 태어난 소피는 평생 신체적인 허약함과 계속되는 질병에 시달려야 했다.

소피의 어머니는 섬세하고 예민한 감수성을 지닌 지혜롭고 교육받은 여성으로 막내인 어린 딸에게 내면의 사랑을 극도로 내어 쏟았다. 반면, 아버지는 인자하고 완고하였으며 말이 없는 분으로, 술통을 만들고 자기 소유의 포도원에서 포도를 재배하며 생활해 나간 소부르주아 출신으로, 교육은 받지 못하였다. 소피는 아버지에게서 땅을 알고 생명의 주기를 배웠다. 소피는 성장과정에서 부모님의 각기 다른 성격의 차를 수용하여 균형을 이루는 것을 배웠고, 다양성과 고유성, 보편성과 유일성을 수용하여 동시에 통합해내는 관대함의 정신을 갖게 되었는데, 이는 독창성 있는 소피 영성의 확고한 기초가 되었다.

소피와 어머니와의 정서적 관계는 각별히 친밀하였고, 모녀간의 감성적 교감은 아주 뛰어났다. 소피의 타고난 감성은 사랑 받고 사랑할 줄 알았으며, 어머니의 애정과 고통, 크고 작은 여러 정서를 민감하게 알아차릴 수 있게 되었다. 소피는 어머니의 사랑을 한 몸에 담뿍 받으며 가족의 단란한 기쁨, 포도밭에서 함께 놀던 친구들과의 우정, 주아니 마을 언덕에서 보이는 자연이 아름다움을 맛보며 비교적 행복하게 자라났다. 소피에게는 풍요한 애정과 따뜻함, 명랑함, 쾌활함이 있었고, 외향적이고, 낙관적이며, 창조적인 상상력도 지니고 있었다.

소피는 화재가 나던 날 태어났기에 스스로를 '불의 아이'로 불렀는데, 풍부한 성격의 소유자로 사리가 분명한 정신과 따사로운 마음을 지니며, 수줍어하다가도 대담하고, 개방적이면서 동시에 내성적이고, 유동적이면서도 의사표현이 분명한 아이였다. 이 재기발랄하고 자그마한 아이는 너무나도 강렬하게 타올라 좀처럼 꺼지지 않는 그런 불같은 의지력을 가지고 있었다. 그녀는 호기심이 많은 아이였고 어떻게 하면 모든 것이 잘 돌아가게 할까 방법을 찾아냈다.

소피의 인격 형성에 부모님 못지않게 큰 영향을 끼친 사람은 오빠 루이 바라(Louis Barat, 1768-1845)였다. 소피보다 11살 위인 그는 소피의 대부이기도 했는데 소피가 유년기, 청소년기를 통하여 받았던 모든 교육은 거의 오빠의 독자적인 지도에 의한 것이었다. 그는 예수회 사제 지망 신학생으로 신학교 졸업 후 주아니 모교에서 교사 생활을 하면서 소피의 교육을 도맡게 된다. 그는 소피에게 수도자가 될 것을 권하며 지적교육, 신앙교육, 사회교육 등 최대의 교육을 하였는데, 그리스어, 라틴어 같은 고전어와 당대의 외국어인 스페인어와 이탈리아어, 그리고 문학, 역사, 심지어는 식물학과 천문학, 수학까지도 배우게 했다. 출옥 후에는 16세의 소피를 파리로 데려가서 보다 넓은 세상에서 신앙교육 내지는 영성교육을 받도록 하였다.

다방면의 공부로 말미암아 소피는 심사숙고하고 종합하는 능력, 분석 사고 능력, 감성과 이성의 통합, 강인하고도 끈질긴 인내와 용기를 계발하고 깊은 의지를 갖게 되었다. 나이에 비해 성숙하여 사람들을 잘 다루거나 원만하게 지도하고, 나아가 동물이나 자연에 대한 사랑으로까지 확장, 예술적 측면의 개화마저도 이루게 되었다.

한편, 그녀가 받은 교육과정은 '포기를 배우는 변화 과정'이기도 하였는데, 유년기의 즐거움이나 어머니와의 친밀한 관계 및 자기 자신의 감정에서 해방되는 힘을 기르는 정서적 포기, 세속적 학문의 즐거움을 포기하는 단계를 통해, 어떤 것에도 애착을 가지지 않고, 모든 것을 희생함으로써 누리는 순수한 자유에 이르기 위한 포기라고 할 수 있다. 이러한 포기의 단계를 통하여 소피는 언제나 끊임없이 자아와의 투쟁을 의식하고 있었다. 자기의 윤리관과 자기 자신 사이의 갈등, 그리고 자제력의 확장 등은 완전함을 추구하고 온전히 성령께만 따름으로써 극복하고자 했다.

2. 시대적 배경

18세기 중엽에서 19세기에 걸쳐 프랑스에는 정치 혁명이 일고 있었고, 프랑스대혁명(1789)의 전조가 보이기 시작하였다. 유년기 내내 혁명을 준비하는 사회의 공포 분위기에서 성장하였다. 근대사회를 이룩하려고 구체제의 파괴에 전력을 기울이던 중이었고, 볼테르(Voltaire)나 루소(Rousseau), 디드로(Diderot) 같은 철학자들에게서 '무신론적 개인주의'와 '반종교적 사상'의 영향을 받았으며, 그 여파로 프랑스 사회와 교회는 전통적 가치가 흔들리고 붕괴되는 위기를 겪어야만 했다.

1790년 '프랑스 성직자 시민법'이 가결되어 '프랑스 교회 독립주의'(Gallicanisme)의 움직임이 있어, 성직자들은 더 이상 로마 교황청에 소속되지 않고, 자유로이 분리되어 프랑스 정부의 관할하에 있게 되었다. 이때 오빠 루이는 신학생으로서 성직자 시민법에 반대하는데, 파리 은신생활 중 고발당하여 바스티유 감옥에 갇히게 된다. 오빠가 감옥에 갇혀 있던 20개월(1793.5-1795.2) 동안, 청소년기의 마들렌 소피는 부모와 함께 불안과 절망, 죽음의 위험과 공포의 시간을 나날이 겪어내야 했다. 이때 그림으로 예수 성심의 이미지를 처음 보게 되는데, 예수 성심과 성모 성심이 함께 있는 이 그림은 당시 반혁명의 상징으로 간주되었다. 부모들은 위험에도 불구하고 이 그림을 거실 벽에 걸어 놓고 루이의 생명을 위해 그리스도께 기도하였다. 소피는 오빠가 그리스도와 신앙, 교회에 충실했던 사람으로 신앙으로 인하여 죽음의 위협을 받았다는 강한 인식을 지니고 있었기에, 어린 시절부터 신앙에 대한 확고한 인식, 곧 그리스도께의 신앙이란 반드시 고통을 동반한다는 확고한 의식을 내면에 심화하게 된다.

한편, 혁명으로 동요되었던 사회가 혁명 이후 실제로 쇄신되었거나 개혁이 실현되었던 것은 아니었다. 공포 정치가 끝날 무렵 오인집정관(五人執政官) 정부 기간(1795-1799) 중 프랑스의 수도 파리에는 쾌락주의가 밀려 들어왔고, 가난한 농민들의 생활 상태와 공장 노동자들의 힘든 생활은 도시의 산업이 개혁됨에 따라 더욱 비참해졌다. 특권이 파괴되고 모든 프랑스 사람들의 법적 평등은 선포되었으나, 뿌리 깊은 불평등은 그대로 남아 있었다. 혁명 이후 새로운 상류계급이 된 부르주아 계급은 모든 것을 할 수 있게 되었고, 무산 계급은 비참해졌는가 하면, 특권이 없어지고 망명당한 귀족 계급은 산업사회 경향의 분위기 속에서 적응을 못하고 가난해지기만 했다. 이렇듯이 여러 계층 간에는 만인의 평등, 즉 형제자매적 관계란 찾아볼 수 없었고, 오직 사회적 불균형과 불평등, 일부 층의 쾌락 추구, 상호 책임감의 부재, 국민 교육의 부재가 사회의 전반적 특징을 이루고 있었다. 소피는 오빠의 권유에 따라 파리에 와서 생활하면서 혁명 이후의 사회적 불안 현상을 피부로 더 가까이 느낄 수 있었다.

3. 종교적 배경

마들렌 소피는 자라면서 가르멜회에 대한 매력을 느껴왔을 뿐 아니라 천성적으로 관상적인 사람이었다. 그의 기도는 관상적 기도였고, 하느님께 대한 흠숭과 찬미, 예수 그리스도의 생애와 신비에 대한 매력, 예수 그리스도와의 일치융합으로 이루어졌다. 훗날, 소피는 '기도와 내적 정신'을 성심수녀회 정신의 기초라고 말한다. 예수 성심과 일치 융합하기 위하여, 예수님의 내적 성향을 힘껏 배워 알지 않고서는 흠숭하올 예수 성심을 합당하게 찬미할 수가 없기 때문이었다. 내적 정신을 이루는 구성 요소란 자기 자신의 완전한 포기, 하느님과의 긴밀한 결합, 예수 그리스도와의 일치, 성령의 활동에 대한 즉각적 순종이라고 볼 수 있다.

마들렌 소피는 프랑스 혁명의 폭력과 혼란 속에서 젊은 시절 늘 불안과 두려움이 있었고, 또 강한 얀센주의[1]의 영향으로 열등감과 죄의

식에 시달려야 했다. 소피의 고향이며 어린 시절을 보낸 욘 강 지역 주와니는 얀센주의의 영향이 강했던 곳이었고, 오빠 루이는 얀센주의적 신심을 가졌던 사람으로 소피에게 큰 영향을 주었다. 그는 신체적으로 허약했던 어린 소피에게 철저한 고행과 극기, 완벽주의를 추구하는 등 엄격하게 많은 것을 강요하는 동시에 무서운 하느님 상을 주입하였다.[2]

다행히도 마들렌 소피는 그 후, 파리에서 만난 조셉 바랭 신부를 통해 얀센주의의 영향에서 어느 정도 벗어나 부드럽게 수정되고 위로를 받았는데, 드 투르넬리 신부와 바랭 신부가 교육 받은 성 쉴피스 신학교는 프랑스 영성학파의 영향권 아래 있었다. 소피는 성 쉴피스의 '그리스도의 마음과 성체와의 긴밀한 관계'에 대하여 깊은 감동을 받았다. 또한 성 이냐시오의 정신은 예수 성심을 통하여 '하느님의 보다 큰 영광'을 마음에 새기도록 가르쳐 주었다. 영신수련에서 예수의 생애를 맛들이도록 소개하는 인간적인 방법과 그의 마음의 신비에 다가가는 길을 제시하였다. 예수회원들의 성심 신앙실천 및 전파방법들을 통하여, 예수의 사랑에 기꺼이 응답하는 사도적 열성과 더불어, 여성의 깊은 심성으로서 그리스도의 마음에 친밀히 다가서는 자신의 고유한 성심 영성을 독창적으로 형성해 나갔다.

그녀는 1824년 샹베리(Chambéry) 교구 사제인 파브르(Joseph Marie Favre, 1791-1838)를 영적 지도자로 만나면서 새로운 영적 여정을 걸을 수 있게 된다. 파브르 신부는 소피에게 부드럽고 온화한 하느님

---

[1] 얀센주의는 트리엔트 공의회(1545~1563) 이후 나온 것으로, 예정신학에 뿌리를 두었으며 인간 본성이 약하고 죄스럽다고 보았다.
[2] 당시 프랑스에서는 고해성사를 하여도 즉시 사죄를 받지 못하였으므로 영성체하기가 어려웠다.

상을 갖게 하고, 하느님의 사랑에 신뢰하도록 안심을 시킨다.3 예수 성심의 영성대로 "어린이와 같이 순결하고 단순하라"라고 가르치며 "예수 성심 안에 한 마음 한 뜻"(Cor unum et anima una in cor de Jesus)을 모토로 제시했다. 이 영성은 18세기 투르넬리에게도 영향을 미쳤던 바, 따뜻함과 부드러움이 풍부하며 하느님의 사랑을 깊이 이해하고, 예수 성심에 대한 깊은 신심을 다른 사람과 나누도록 하였다. 이는 로마에서 생겨난 영성으로 소피가 프랑스 이외의 다른 세계와 접하게 된 계기를 주었으며 성심수녀회가 새로운 세계에 마음을 열고 로마와 교황청과의 관계, 선교적 열성 등 국제적 시각을 갖는 데에도 도움을 주었다.4

이런 영성적 배경 안에서 소피 바라는 수녀회 최고 책임자로서 긴 생애를 통해 내적 변혁의 과정을 지나며 성심수녀회 영성의 주요 특성들을 만들어냈다.

---

3 소피는 외적으로는 많은 사도직을 수행하면서 놀랄 만한 양의 일을 할 수 있었지만, 내면적으로는 많은 불안과 고통에 시달렸다. 소피가 1833년 총원장직을 그만 두려고 했을 때 파브르 신부는 총원장직을 수행하는 것이 하느님의 뜻이라고 말하면서, 불신과 두려움이 용기를 잃고 약하게 하고 좌절시키는 것이라고 경고한다. 그는 "1) 기도와 삶의 균형을 유지하라. 2) 가능하면 일을 다른 사람에게 맡겨라. 3) 보속에 대하여 생각하지 말라. 너무 심한 고행을 못하도록 하고, 편식하지 말고 잘 먹고 충분히 자도록" 충고한다. 완벽함을 버리고 자유롭게 살도록 가르쳐 준 파브르 신부의 충고로 총원장직을 계속 수행하게 된다.
4 성심수녀회가 문을 연지 얼마 안 되는 1818년 아메리카 선교를 시작한다.

II. 예수 성심의 영광을 위하여

1. '성심'이라는 이름의 수도회 설립을 위한 첫 영감들

19세기 유럽 사회에서는 '예수 성심과 마리아 성심'에 대한 신심이 널리 확산되어, 많은 수도회들이 '성심'이라는 이름으로 설립되었다.5 프랑스 대혁명의 여파로 반성직주의, 반교회적 분위기에서 '예수 성심'은 그리스도에 대한 신앙을 상징하며 증거한다고 할 수 있겠는데, 성심수녀회 설립에 대한 영감도 어떤 개인이 아니라 몇 사람의 비전이 모여 서서히 꽃을 피게 된다.

첫 번째 영감은 레오노르 드 투르넬리(Léonor de Tournély, 1767-1797)에게서 온다. 파리 생 쉴피스 신학교 사제였던 그는 1794년 예수회를 모델로 창설된 '성심사제회'(Pères du Sacré-Coeur)에 입회하여, 장차 예수 성심을 섬기는 수녀회를 창설해서 젊은 여성들을 교육시킬 영감을 받게 된다(1795년). 이는 "성 이냐시오의 회헌으로 수녀회를 창설하되 여성에 맞게 회헌을 적용하여, 봉쇄생활을 하면서 교육과 환자 치료를 담당하도록 하는" 것이었고, 수도생활의 틀을 유지하면서도 다양한 방법의 사도적 투신이 가능한 수도생활 형태를 바랐다.

비슷한 시기에 그녀는 오빠 루이 바라의 지도를 받으며 장차 수도생활을 하기 위해 파리에 와 있었는데, 이때 '작은 수녀회'에 대한 첫

---

5 교회사적으로 성심 신심이 대중적으로 가장 꽃피우게 되었던 것은 17, 18세기 프랑스 영성에서이며, 성심께 봉헌하는 수도단체들이 1650년과 1668년 사이에 많이 창립되어, 이 신심의 내적 발전도 많이 이루어지게 된다. 요한 에우데스(Jean Eudes 1601-1680) 신부가 예수 성심과 성모 성심에 대한 신심을 꾸준히 증진시켰고, 1648년 Autum 대성당에서 예수성모성심 축일미사가 거행되었다.

영감을 품게 된다. "성체께 대한 사랑으로 상처받은 예수 그리스도의 성심을 밤낮으로 조배하는 작은 공동체를 젊은 여성들과 더불어 이루는 것입니다…교대로 성체 앞에 나아가 조배를 계속할 수 있는 수녀가 스물네 명이 된다면, 너무나도 숭고한 이 목표를 어느 정도 이룰 수 있으리라 보고 있습니다…"6

투르넬리 신부와 마들렌 소피 각각의 영감이 서로 만나게 된 것은 조셉 바랭(Joseph Varin, 1769-1850) 신부를 통해서였다. 그는 1797년 투르넬리 신부의 후임으로 '성심사제회' 원장이 되어 전임자가 맡은 계획을 실천하게 되는데,7 1800년 여름 신덕회 분원과 여성 수도회를 설립하도록 프랑스에 파견된다. 그는 루이 바라를 통해 마들렌 소피를 만나게 되고 그 해 11월 21일 소피와 다른 세 명의 여성들은 '예수의 사랑받는 자매회'(Dilette di Gésù)에서 수도 서원을 발하게 된다.8

투르넬리 신부의 계획과 소피 바라의 계획에 공통점이 있다면 바로 '그리스도의 성심'이라는 상징이며, 부활하신 예수 그리스도의 열린 성심에서 솟아나는 '새로운' 생명이 모든 순간에 깃들어 있다는 것을 전하는 것으로, 그 방법은 지도 계층의 젊은 여성들을 교육함으로써 그리스도교 가치관으로 사회에 변혁을 가져오는 것이었다. 이처럼 두 사람의 비전이 또 한 사람 바랭 신부를 통하여 이루어져 갔으니, 한 수도회의 설립은 가히 "개인의 부르심과 교회의 계획이 서로 만나

---

6 여기서 24명이라는 숫자가 중요한 것이 아니라 많은 흠숭자가 니오기를 바란다는 표현이다.
7 '성심사제회'는 1799년 '신덕회(Pères de la Foi)'에 속하게 되고, 신덕회는 후에 예수회[프랑스에서 1773년 해체되었다가 1814년 복귀]에 소속된다. 그러나 1828년 6월 법령으로 예수회 학교와 신학교가 다시 폐쇄된다.
8 당시 프랑스에서는 수녀들이 수도복을 입거나 공공연하게 서원을 하며 봉쇄생활을 할 수 없었는데, '예수의 사랑받는 자매회'는 1799년 6월 로마에서 시작한 수녀회였다.

는" 공동체적 일이라고 하겠다.

2. 예수 성심의 사랑과 성체 신심

프랑스 혁명으로 혼란했던 사회 분위기에서 "예수 성심에 대한 사랑"과 "교육에 대한 열정"으로 태어난 이 여성 공동체는 1801년 아미앵(Amiens)에서 첫 공동체를 열고 기숙학교와 통학학교(가난한 어린이에게 무상으로 교육하는 학교)를 동시에 시작한다. 그러나 얼마 지나지 않아 '예수의 사랑받는 자매회' 로마 공동체와 결별하여, 이곳 프랑스 공동체는 '그리스도교 교육 수녀회'(Des Dames de l'Instruction Chrétienne)라는 이름으로 독자적 승인을 받게 되고,9 1806년 총회에서 마들렌 소피는 종신직 총원장에 선출된다.

설립자가 된 마들렌 소피의 영성은 성심수녀회의 영성으로 자리 잡아갔다. 그가 가족에게서 받은 신앙의 유산이나 교육, 환경의 영향이나, 18·19세기 프랑스 대혁명 전후 프랑스 사회의 영성도 성심수녀회를 통해 전파되는데, 무엇보다 '상처 입은 예수 성심'에 대한 신심과 '성체성사'를 통한 흠숭과 보상의 정신이 특징적이라 하겠다.

소피는 십자가상에서 상처 입은 예수 성심을 지속적으로 묵상하고 관상하는 가운데, 골고타의 그리스도를 따르고 그곳에 항구하게

---

9 정부가 수도생활 자체에 부정적이었던 당시 상황에서 '성심(Sacré-Coeur)이라는 말을 쓰기가 어려웠다. 또한 1804년 6월 22일에 공포된 '메시도르 포고령'에 의하면 황제의 칙령에 의한 공식 승인 없이 여성 수도회나 단체의 구성은 불법이었다. 그 후 1815년 왕정이 복고되면서 '성심'이라는 이름을 붙이고 회헌을 쓰게 되었으며, 1826년 교황청 인가를 받아 '성심수녀회'라는 이름의 교황청 직속 수녀회가 되었고, 1827년 프랑스 국가의 승인을 받아 합법화되었다.

머무는 데 투신했다. 예수 성심은 마음, 동굴, 사랑의 불, 난로, 샘, 우물, 우리(양떼) 등의 이미지로 표현되었는데, 예수를 따르는 이들은 예수 성심 안에 머물고 그 사랑을 세상에 전파하고자 하였다.

소피에게 골고타는 점진적인 공간, 종종 고통스러운, 변모의 장소였으며, 부활과 부활절의 세계에 들어가기 위한 조건이었다. 다른 길은 없었고 둘러가는 것도 불가능하다. 십자가의 강조는 얀센주의의 그림자가 아니라 그 신학과 많이 갈등해야 했던 점이다. '자신을 내어주는 사랑(self giving Love)이야말로 세상을 변화시키는 힘'이라는 것이 그녀가 의식하고 깨달은 것, 곧 그녀의 확신이었다. 골고타 위에서 창에 찔린 예수 성심은 바로 그 힘이 일어나는 장소이다.

마들렌 소피가 애정을 담아 예수를 가리키는 데 가장 많이 사용한 단어는 '예수의 마음'이었는데, 예수의 '내면성'을 나타내는 '예수 사랑의 거처', '사랑의 기관'이었다. 예수의 인간적 심장은 그 자체로 그의 인격을 찬미하는 것이며, 그것은 그리스도의 신성과 인성이 결합되는 신비를 나타낸다.[10] 인간의 심장으로 상징된 예수의 사랑이 '하느님이신 예수의 사랑', '하느님과 사람에 대한 인간 예수의 사랑', 그리고 '인간 예수의 애정의 정서적 통합'을 뜻하였다. 소피에게는 예수의 마음이야말로 모든 것이 종착되는 '중심이자 목적'이며, 따라서 예수의 마음 이외의 다른 모든 것은 이차적인 것이었다.

19세기 영성 생활의 중심은 '예수 그리스도'로서, 사람들은 그리스도를 본받고, 그리스도를 따르고, 그리스도와 하나가 되고, 그리스

---

[10] 19세기에 성심께 봉헌되는 많은 수도단체들이 설립되고 성심 신앙 실천 운동이 일어났다. 이는 예수의 육체적 심장이 신앙 실천의 물리적인 대상이며, 예수의 사랑이 신앙 실천의 공적 대상이다. 신체적 심장이 사랑의 상징으로 경배되었음을 보여준다.

도처럼, 그리스도와 함께 살고자 하는 열망이 컸다. 이러한 영성의 열기를 유지하고 발전 심화시키기 위해서 여러 신심들이 제시되었는데, 수도회와 신심 단체에서는 개인의 성체 조배와 지속적인 성체 조배 운동이 성행하였다. 성체 조배는 19세기 관상생활을 가장 일반적이고 깊이 있게 표현한 형태로서, 19세기에 생긴 수도회들은 지속적인 성체 조배, 공동체나 개인의 장시간 성체 조배, 성체 신심 행위 등 성체에 대한 특별한 공경을 고백한다. 성심에 대한 신심은 그리스도의 수난을 성체 신심에 결부시키는 관계가 강조된다.

성체성사는 '옆구리를 창에 찔리신 예수 성심의 신비에 참여하도록' 우리를 이끌며, 우리 형제자매들의 고통과 희망 한 가운데서 예수님의 죽음과 부활을 기념하고 실현하게 한다. 성체성사를 살아계시는 그리스도께 대한 흠숭으로 여겼는데, 성체성사는 그리스도의 고통과 죽음과 창에 찔림, 영광과 변모의 순간을 영원하게 만드는 것이다.

소피에게는 팔을 벌리신 그리스도 가슴의 공간이 우리의 소명, 곧 관상과 활동의 깊은 연관을 통찰하게 해 주며, 그리스도의 성심은 우리 삶의 두 측면을 관상하도록 균형점이 되어 준다. 여기에서 온전히 관상적이고, 온전히 세상에 개방된 내적 균형이 자리하게 된다. 이 성심의 공간은 하느님 사랑으로 변모하도록 이끄는 터전이다. 내적 균형과 내적 평정을 확인하도록 회복하는 장소이다. 우리 삶의 한 복판에서 또 존재의 핵심에서 우리는 이 사랑을 예수 성심으로 드러낸다. 예수 성심과 일치하여 그 사랑을 드러내는 바로 그 안에 마들렌 소피와 성심회의 이 영성의 기본적인 면모가 담겨 있다.

3. 여성교육을 통한 성심의 사랑 전파

마들렌 소피와 성심수녀회가 '예수 성심의 영광을 위하여' 선택한 수단은 교육이었다. 『성심교육 지침서』(Plan of Studies)는 1805년 바라 수녀가 저술한 성심교육을 위한 기본지침서이다. 이 교육계획서의 새로운 점은 수사학, 물리학, 천문지리학 등 남학생을 위한 교과목을 대담하게 선택하거나, 여학생들에게 맞게 새로운 교과 과목을 선택하거나 축소하였던 점, 성장 단계에 맞춰 교육계획을 잘 조직한 점 등이다. 수사학까지 포함하는 교과과정을 짜는 일은 당시로서는 대담한 시도였으며 여성 교육의 발전을 의미한다. 여성들도 그리스도교 가치를 바탕으로 사회의 구성원이 될 수 있다는 사실을 알려주기 때문이다. 19세기 일반적인 여성교육은 학생들이 훌륭한 어머니가 되게 하는 것, 편지를 잘 쓰고 교양 있게 얘기를 잘 하는 것 정도였으나,[11] 마들렌 소피는 젊은 여성들이 이 세상을 변혁시키는 역할을 해야 한다고 생각하였고, 이는 다분히 정치적 색채를 띠고 있다고 볼 수 있다. 이것은 특히 당시 보수적 환경에서 받아들이기 힘든 여성의 이미지를 제시했기에, 시대에 앞서 대담한 결정을 내린 것으로서 수준 높은 여성 교육의 물꼬가 트인 셈이다. 또한 교육이 늘 목표로 삼는 것은 여성들이 장차 자신이 처한 사회 환경에서 복음을 증거하는 데 헌신하도록 준비시키는 것이었다.

성심학교에서는 여성들이 성찰하는 능력을 키워야 한다고 강조했

---

[11] 19세기 당시 여성들은 단지 집에 머물며 보조 역할을 하고 단순한 일을 하는 부드럽고 섬세한 존재라고 보았다. 전통적으로 여성들에게는 라틴어도 철학도 가르치지 않았는데, 라틴어와 철학은 여성을 깨어나게 하는 위험한 학문이라고 생각했기 때문이다.

는데, 올바른 가치관을 가지지 않으면 일생동안 품위를 가지지 못하기 때문에 생각하는 법을 가르쳐야 한다고 생각한 것이다. 이것은 강하고 독립적인 여성, 당당히 자기주장을 할 수 있는 여성을 교육함으로써, 당시에는 비록 의식하거나 알지 못했지만 결국 여성운동을 시작하고 있었다. 성심교육은 여성들의 독립된 판단이나 자율성을 강조하고, 여성들 자신들에게 주어진 제한된 범위의 책임 영역에서 생각과 행동의 자율성을 지니도록 교육하였다. 이를 통해 장차 주부나 어머니의 역할을 잘 할 수 있도록 하면서도, 자유롭게 생각하고 행동할 수 있게 하였다. 즉, 여성으로서 지성과 정서 발달에 유의하여, 모든 학습에 수반되는 지적 활동을 통해 판단력과 비판력을 기르고 지식을 넓혀 가면서, 자신의 존재 의미와 자신이 속해 있는 우주의 의미를 발견하는 것이다.

나아가 마들렌 소피는 경험을 통해 교육에서는 획일화를 엄격히 적용할 수 없다는 것을 알았다. 상황을 정확하게 판단하고 지역 현실에 따라 교육방식을 현명하게 적용하여야 한다고 주장한다. "나중에 교육계획안을 수정해야 한다고 생각합니다. 기본을 세운 다음 각 나라에 따라 나름대로 맞춰갈 것입니다. 여성교육은 국가마다 다릅니다…"(1839년 5월 28일 서한).

III. 예수 성심의 사도 마들렌 소피의 영성

마들렌 소피의 생애는 오로지 "예수 성심의 영광을 위하여" 성심수녀회의 교육적 사명에 헌신한 것으로 요약할 수 있다. 예수의 마음이야말로 모든 것이 종착되는 '중심이자 목적'이며, 따라서 예수의 마음 이외의 다른 모든 것은 이차적인 것이 되고 만다. 마들렌 소피는 자신을 드러내기보다 수도회를 통해 자신이 온전히 봉헌되기를 바랐기에 초상화나 사진 한 장 남기기를 원치 않았다. 또한 성심수녀회의 설립자라는 말을 듣는 것도 불편해 했다. 수녀회의 진정한 설립자는 '예수 성심'이시라고 생각했기 때문이다.

마들렌 소피가 의도한 바는 아니지만 그녀는 성심수녀회와 성심학교의 설립자로서, 또한 '겸손과 애덕의 성녀'로서 그녀가 걸어온 길을 따르고자 하는 많은 후배들에 의해 추앙을 받고 있다. 한 사람의 신앙인으로서 온전히 하느님의 뜻을 따르고자 노력했던 그녀의 삶은 오늘날의 그리스도인들에게도 매우 큰 의미가 있다고 본다. 마들렌 소피가 추구했던 삶의 여러 측면을 오늘날 현대적인 관점에서 살펴보면 다음의 특징들이 두드러진다.

1. 일상의 영성: 활동 속의 관상

마들렌 소피에게 있어 예수 성심께 영광을 드리는 것은 매일의 일상생활에서 이웃과 상황에 대하여 열린 마음으로 살아감으로써, 그리스도의 열린 마음과 자신의 열린 마음이 동화되고 일치되어 감을 뜻하는 것이었다.

가르멜 수녀가 되어 관상생활을 통해 하느님께 나아가고자 했던 개인적 소망과 달리, 마들렌 소피는 확장되어 가는 수도회의 책임자로서 여러 나라에 새로운 수도원과 학교를 설립하기 위해서 수많은 여행과 업무를 수행해야 했으며, 신분 사회에서 다양한 계층의 사람들을 만나야 했다.

소피는 일상 안에서 그리스도의 가치를 회복하고 구현하려고 했고, 활동 속에서 관상의 삶을 실현하였다. 매사에 있어 그리스도의 내적 마음 자세를 지니는 것이 기도시간 그 자체보다 더 소중하며, 그날그날의 활동에서 그리스도의 마음가짐을 의식함으로써, 오히려 기도생활에도 발전이 있는 것으로 보고 있다. 즉, 일상 삶 안에서 그리스도의 마음을 의식하고 그리스도의 내면의 이끌림에 따라 삶의 자세를 취하는 것이다.

이것은 성령의 인도에 따라 살려는 열망과 떼어놓을 수 없다. 소피는 자주 신비적인 황홀경을 체험했는데, 언제나 이러한 사건들을 감추거나 애써 무시하였고, 영적 오만에 빠지지 않도록 겸손하게 자신을 낮추었다. 그녀는 황홀경의 신비체험을 하면서도 동시에, 자신에게 부과된 현실적인 모든 일들에 대한 정확한 지식과 판단력을 잃지 않는 현실주의자였다. 신비체험에 대한 외적 현상에 대해서는 언제나 비판적인 통찰력을 잃지 않고 이에 접근하였다. 마들렌 소피는 기도의 실천가로서 영적 가르침들이 그녀의 편지 안에 나타나는데, 사무적 내용에서 시작하여 영적 내용으로 자연스럽게 옮겨가 기교가 없는 언어로써 자신의 통찰력을 표현하였다.

2. 통합의 영성: 인생의 시련 속에서 모두를 관대하게 품음

마들렌 소피는 20대의 젊은 나이에 종신직 총원장직을 맡게 되어 85세로 선종하기까지 원장직을 수행해야 했는데, 1851년(72세) 이후에는 거의 성인으로 추앙되었다. 그녀는 긴 인생 여정을 통해 자신을 잘 통합하여 감으로써 풍부한 인간성을 잘 소화하였다. 관대함의 정신은 소피 영성의 독창성의 확고한 기초가 되었는데, 이는 성장과정에서 부모의 각기 다른 성격을 수용하고 루이 오빠에게서 받은 훈육과 다양한 교육내용도 한 몫을 한 것으로 보인다. 혁명 후의 파리의 생활 모습에서 사회의 다양한 변모의 추이들을 지켜보면서, 다양한 사람들과 마음으로부터의 인간관계를 맺는 능력을 신장시켰다. 교회의 다양한 영성 전통의 수용하여 자신의 것으로 삼아 이를 새롭게 자신의 영성으로 소화해 낼 수 있었다. 그러므로 소피의 관대함의 정신은 통합성과도 연결이 된다.

인간관계 안에서 온갖 오해와 박해와 핍박을 받아야 했던 마들렌 소피는 성심수녀회 설립자로서 관대함을 지니고, 어떠한 고난과 위기 앞에서도 하느님의 선하신 뜻과 그분의 섭리에 자신을 맡기고 의탁하려고 애썼다. 자신의 신체적인 나약함과 인간적인 약점, 한계 가운데에서도 자유로움과 내면의 평화를 갖게 된 것은 신앙의 용광로에서 자신을 단련한 통합의 과정으로서 인생의 큰 결실이라고 할 수 있겠다.

소피는 예수 성심이 하느님의 분노를 막아주는 방어자이며 보호자라고 말했으며, 십자가에서 창에 찔리신, 그런 사랑의 그림자 아래서 스스로의 평화를 찾았다. 소피는 말이나 선행보다 영성 생활의 질이 이 세상에서 더 많은 것을 이루어낸다고 확신했다.

한편, 소피는 예수 성심과의 '일치 융합'(unity and conformity) 속에서 하느님과의 관계 및 모든 인간관계의 길을 찾았으며, 성모 마리아에게서, '모두를 포용하는 관대한 마음의 열린 관계', 곧 예수의 열린 마음과 떼어놓을 수 없는 마음의 연결을 발견했다.

3. 관계 중심의 여성적 리더십

마들렌 소피의 탁월한 학문적 소양과 뛰어난 덕성에도 불구하고, 계급의 구별이 뚜렷했던 신분 사회에서 귀족 출신이 아닌 여성으로서 지도자의 역할을 수행하는 것은 쉬운 일이 아니었다. 귀족 출신의 회원들 사이에서 리더십을 발휘해야 했고, 귀족 계급 자녀들을 위한 기숙학교를 운영하면서 귀족들이나 교회의 고위 성직자들을 상대해야 했다.

수녀회 창립 초기, 〈예수의 사랑받는 자매회〉의 창립자로 자처하던 생테스테브 신부와 어려운 관계에 놓이게 되는데, 그가 제시하는 규칙이 아니라 예수회의 규칙을 따라야 한다고 주장하였기 때문이다. 이는 20대 여성으로는 예외적인 일이었다. 당시 여성을 리더로서 받아들이려 하지 않는 분위기였고, 여자는 늘 남자의 지시를 받아야 했으며 법적으로 남자 없이 여자 혼자 행동할 수가 없었다.

성심수녀회가 프랑스를 넘어 다른 나라로 진출함에 따라서는 프랑스 교회 독립주의자들과, 교황권 지상주의자(울트라 몬타니즘) 사이에서 어려움을 겪어야 했다. 소피는 프랑스적이면서도 세계주의자로 모원이 로마에 있어야 한다고 생각했는데, 프랑스 정부와 파리 주교들이 소피가 로마에 머무는 것을 원치 않았다. 이는 성심수녀회의 확장과 문화 사이의 긴장과 충돌이라 할 수 있다.[12] 또한 봉쇄 없이 공동체로 생활하는 방식이 너무 자유분방한 것으로 느껴졌고, 주교들은 당국의 허락 없이 여행을 못 했으나, 소피는 법적 지위가 없었기에 여

---

12 시성과정에서 소피는 매우 반성직주의적이었다는 평가를 받았는데, 이는 사제들에게 반대 의견을 냈기 때문이었다.

행을 마음대로 할 수 있었던 점도 비난의 대상이 되었다.

당시 모든 리더가 귀족 출신이었기 때문에, 서류에 사인을 해야 하는 종신 원장이었음에도 불구하고 원장으로 인정받지 못할 때가 있었다.13 소피는 주교나 수녀들 사이에서 끊임없이 갈등을 겪게 되었는데, 당장 자신의 목적을 성취하지 못하더라도, 관계를 소중히 여겼으며 인내롭게 상황이 나아지기를 기다렸다.

그러는 가운데 그는 단 한 명의 설립자이며 하나로 일치시키는 사람으로 마치 유품처럼 전설이 되었다. 리더는 일치를 위해 일해야 했고, 때로는 위기 자체가 일치를 가져오기도 했다. 이처럼 소피는 성심수녀회 안에서 일치의 초점이면서 또한 비판이 표적이 되기도 하였는데, 관계가 잘 될 때는 소피의 관계 능력이 잘 통했지만, 어려울 때는 불행하였다.14 평생을 통해 소피는 사람을 대하는 인간관계의 중요성을 강조했는데, 진솔한 대화를 기반으로 개인적인 친밀감과 우정을 중요시하였다.15 소피는 서서히 지도자로서 두각을 나타냈는데, 소피의 통치 방법이 역할이나 권위에 의존하기보다 우정이라는 형태로 중개되었기 때문이었다. 그녀의 리더십은 강요하고 주장하기보다는 초대하고 제안하는 방식이었다.

소피는 타협하는 능력—그녀는 '평화를 위해'라고 불렀다—이 탁월하였고, 평생 성심수녀회를 통솔해 가면서 거듭하여 타협의 기술을

---

13 파리 아프르 대주교는 모원으로 사용되던 호텔 비롱에 거주하며 소피를 총원장으로 인정하지 않았다. 이에 1847년 모원을 투르(Tours)로 옮기려고 하던 중, 그분이 돌아가심으로써 문제가 해결되었다.
14 엘리사벳 갈리친이나 으제니 드 그라몽 수녀와 의견 차이로 어려운 관계에 있었을 때 끝까지 신의를 지켰다.
15 1818년 성심수녀회의 아메리카 선교를 떠났던 성녀 필리핀 뒤셴(1769~1862)과의 우정은 각별했다.

발휘했으며, 다루기 힘든 상황이나 완고한 사람들 주위에서 이런 방법으로 적절히 길을 찾아나갔다. 그녀는 설득하는 재능이 있었고, 사람의 마음을 얻고, 애정과 우정의 연대를 이루는 방법이 있음을 알게 되었고, 원수를 만들지 않으면서도 수녀회를 위한 목표를 달성하는 데 재능을 쓸 수 있다는 것을 알았다.

4. 온유와 인내의 교육 영성

마들렌 소피는 시성되면서 '겸손과 애덕'의 덕성이 뛰어난 성녀로 추앙되었는데, 오늘날의 언어로 표현하자면 '온유와 인내의' 덕으로 표현할 수 있겠다. 그녀는 혁명기의 대혼란 속에서 긴 세월을 겪어내야 했고, 한 수도회의 최고 책임자이며 교육자로서 복잡하고 어려운 인간관계와 골치 아픈 일들, 허약한 신체로 많은 업무와 여행을 감당해야 했다.

이러한 삶을 가능하게 했던 것은 하느님과 일치되어 창에 찔린 예수 성심에 대한 흠숭과 보상의 정신이었다. 이러한 내적 힘이 없었다면 고통과 역경 속에서 굳세게 살아남지 못했을 것이다. 그녀의 내적 정신과 굳셈의 중심에는 하느님을 향한 불타는 사랑과, 창에 찔린 예수 성심과 통고의 성모 성심에 대한 생생한 믿음이 자리 잡고 있었던 것이다.

또한 온유와 인내의 영성이야말로 모든 부모와 교사, 교육을 담당하는 이들에게 필요한 덕목이라고 생각된다. 소피는 자신을 출산하는 어머니이며 모성적인 여성의 상징이며 그것이야말로 자신의 소명이라고 말했다.

자주 인용되는 "한 영혼을 위해서라도 지구 끝까지 가기를 마다하지 않겠습니다"라는 그녀의 말 속에서 교육자의 마음이 바로 어머니의 마음임을 드러낸다.

"용기를 새롭게 하고 하느님께 크게 의탁하십시오… 매일 온유와 무한한 인내를 실천하는 데에 특히 유의하십시오… 단호할 필요가 있지만, 그것은 [하느님의] 은총으로 인간 본성을 극복하면서도 그것을 파괴하지 않는 이 자질[인내]로 누그러뜨려야 합니다"16라고 말했다.

성녀 마들렌 소피의 생애는 인간적으로 참으로 파란만장하였다. 격동의 한 세기를 온갖 혼란과 고통을 겪으며 정면으로 투쟁하여야 하였고, 불굴의 의지로 그녀에게 맡겨진 삶을 온전히 살아내야 했다. 하느님을 향한 그녀의 신앙은 나약한 한 인간을 용광로에서 금이 제련되듯 위대한 한 성인으로 성숙시켰으며, 한 수도회의 설립자로서 지도력을 발휘하도록 하였고, 젊은이들을 양성하는 훌륭한 교육자로서 명성을 얻게 하였다.

그러나 그녀의 유일한 목적은 모든 활동에서 "예수 성심의 영광을 드러내기 위한" 것이었다. 이 목적은 교육을 통한 사명, 곧 "예수님의 사랑을 발견하고 알리는" 교육, 특히 젊은이들에 대한 교육으로 드러난다. 그녀의 소망을 이어가는 성심교육은 "그 어떤 사회정치적 이념이나 시대적 조류가 세상의 변화를 주도하는 것 같을지라도, 이를 뛰어넘는 '마음의 교육, 곧 사랑의 교육'으로 이를 과감히 맞서 대처함으로써 예수 그리스도의 마음을 통한 교육으로 모든 시대를 열어가야 한다"라는 확신을 실천한다.

---

16 필 킬로이, 앞의 책, 411 참조.

또한 마들렌 소피의 삶은 현대 그리스도인들에게 일상의 소중함을 일깨우며 활동 속에서 관상의 삶을 살도록 촉구하고, 인생의 시련 속에서 관대하게 모두를 품어 안을 수 있는 통합의 영성을 가르쳐 준다. 또한, 모성적이고 여성적인 리더십과 온유와 인내의 영성을 배우도록 이끌어준다. "나는 마음이 온유하고 겸손하니 내 멍에를 메고 나에게 배워라"(마태 11,29)라는 예수님의 가르침을 몸으로 체현하면서, 불의와 죄로 상처 입은 세상을 예수 성심 사랑의 힘으로 변혁시키려는 마들렌 소피의 비전은 오늘날도 우리에게 큰 빛이며 희망으로 다가온다고 하겠다.

참고문헌

김효성.『성녀 마들렌 소피이 영성과 '예수의 마음'』, 마들렌 소피이 영성 5. 서울: 성심수녀회, 1999.

성심수녀회/채훈 옮김.『성심수녀회 교육정신과 학습계획(Plan of Studies)』. 서울: 성심수녀회, 2008.

_____/성심수녀회 옮김.『예수 성심 수녀회 회헌- 교황청 소속 사도적 수도회』. 서울: 성심수녀회, 1987.

성심수녀회 한국관구 편.『예수성심의 영광을 위해: 한국 진출 35주년 기념』. 서울: 성심수녀회, 1991

_____.『엠마오의 길: 한국성심수녀회 50년사(1956-2006)』. 서울: 성심수녀회, 2006.

_____ 편역.『우리가 태어나던 날들: 짧게 본 성심수녀회 역사』. 서울: 성심수녀회, 1998.

드 샤리, 잔/최순자 옮김.『회헌의 역사: 성심수녀회 초기 형성사』. 서울: 성심수녀회, 2002.

비르노, 마리-떼레즈/최순자 옮김.『성녀 마들렌 소피이의 은사: 성심수녀회 창립자』. 서울: 성심수녀회, 1984.

윌리암스, 마가렛/이경 옮김.『성심수녀회 창립자 성녀 마들렌 소피이: 예수 성심의 사랑을 온 누리에』 I, II, 부천: 성심여자대학 출판부, 1991.

최혜영. "마들렌 소피 바라의 영성과 살아있는 성심교육 전통".「신학과 철학」24(2014/봄): 127-156.

카렐, 마리 프랑스/김효성 옮김.『성녀 소피 바라의 성심교육전망: 현대에 적용하기 위해』. 서울: 성심수녀회, 2007.

칼란, 루이즈/안은경 옮김.『하느님의 등불 성녀 필리핀 뒤셴』. 서울: 미디어나이테, 2013.

킬로이, 필/박은미·박정미 옮김.『성녀 마들렌 소피이 바라』. 서울: 성바오로출판사, 2012.

성녀 마들렌 소피 바라 연표

1779년 12월 12일	프랑스 주와니에서 출생하여 성장기까지 머묾
1800년 11월 21일	성모자헌축일에 동료 수녀 세 명과 파리에서 첫서원을 함
1801년	프랑스 아미앵에서 성심학교 개교
1805년	『성심 교육 지침서』(Plan of Studies)를 처음 집필함.
1806년	성심수녀회 총원장으로 선출으로 종신토록 총원장직을 수행함
1815년	성심수녀회 회헌 집필
1818년 3월 21일	필리핀 뒤셴과 3명의 수녀를 미합중국으로 파견
1839년	성심수녀회가 분열의 큰 위기를 맞음
1865년 5월 21일	예수승천대축일에 선종
1875년 무렵부터	시성을 위한 자료조사에 들어감
1893년 10월 2일	자료조사를 위해 시신을 확인했을 때 관과 옷은 습기 때문에 곰팡이 가 났는데도 시신은 전혀 상하지 않아 새로운 수도복을 입혀 납으로 만든 관에 다시 모셔짐.
1904년 4월 29일	프랑스의 모든 수녀회가 위협을 당해 소피 바라의 관이 브뤼셀 근처 제트로 이동됨
1908년 3월 27일	제트에서 소피 바라의 시신이 전혀 상하지 않고 보존됨을 발견
1908년 5월 24일	복녀로 시복되어, 5월 25일을 축일로 지정됨. 시신이 유리관에 모셔서 제트의 성심 성당에 안장됨
1925년 5월 24일	시성되어 성녀 마들렌 소피 바라로 불림
1934년 7월 22일	로마 성 베드로 대성전에 다른 창설자들과 함께 동상이 세워짐. 성녀의 시신이 모셔진 유리관을 보존하기 위해 제트에 새로운 성당이 세워짐
2009년 6월	성녀의 시신이 모셔진 유리관이 프랑스 파리 성 프란시스 하비에르 성당에 안치됨.

갈바리아 영성, 메리 포터

강영옥 루시아

메리 포터(1847-1913)

들어가는 말

칸트(I. Kant, 1724~1804)가 인간의 순수이성으로 도저히 알 수 없는 세 가지를 '신', '사후세계', '영혼불멸'이라고 규정한 이후, 죽음과 관련된 생각들은 미지의 영역으로 밀려나게 되었다. 인간의 순수이성으로 논증할 수 없다고 규정된, 죽음과 관련된 이 영역들은 '진리', '객관', '과학', '학문', '근대성'에서 점차 멀어지게 되었다. 그리하여 현대 사회에서 '죽음'과 관련된 영역은 행복한 일상을 위협하는 요소로 간주되며, '죽음에 관한 말'도 금기시되는 경향이 있다. 일상적인 삶의 울타리 밖으로 죽음을 몰아냄으로써 살아있는 사람들의 평안을 유지하려는 것처럼 보인다.

죽음은 삶과 점차 분리되어 오늘날 현대인은 '잘 사는 일'(well-being)에는 관심이 높지만, '잘 죽는 일'(well-dying)에 대해서는 특수 분야(병원, 장례식장, 종교의례 등)에 종사하는 사람들에게 위임하는 형국이다. 죽음에 관한 말은 이성을 넘어서서 신앙의 영역으로 넘겨졌고, 사후세계는 종교적 진리로서 무조건 믿어야 할 신앙의 대상으로 간주되기에 이르렀다.

'인간은 누구나 죽는다!' 이 자명한 사실을 어떻게 받아들여야 할까? 파스칼은 우리가 가장 모르면서도 또한 피하지 못하는 것이 바로 죽음이라고 설파하였다.

이승에는 오래가는 참된 만족이란 없으며, 우리의 모든 쾌락은 헛된 것에 불과하고 우리의 불행은 무한하며 또 결국 우리를 계속 위협하는 죽음이 머지않아 우리를 영원히 소멸시킬 것이다. 내가 아는 모든 것은 내가 마침내 죽어야 한다는 사실이다. 그런데 내가 가장 모르는 것 또한 바로 내가 피하지 못할 이 죽음인 것이다.[1]

파스칼은 우리의 모든 행위와 사고는 우리가 희망할 영원한 삶이 있는가, 없는가에 따라 매우 상이한 노선을 취할 수밖에 없다고 보았다. 즉, 죽음과 사후세계를 어떻게 받아들이느냐에 따라 이승에서의 삶에 큰 영향을 미친다는 것이다. 실존주의 철학자, 하이데거(1889-1976) 역시 그의 철학적 사고를 죽음이라는 한계상황으로부터 시작한다. 인간이란 죽음을 향한 존재이며, 죽어야 하는 유한한 존재이다. 죽음이란 삶 속의 가시처럼 뽑아서 없애 버려야 할 것이 아니라, 가장 인간적인 것이 드러나고 있는 인간 본질의 표현이라고 그는 말한다.[2]

사실, 우리는 살면서 어떤 방식으로든지 자신의 죽음과 관계를 맺고 있다. 죽음은 인간의 가장 극단적인 가능성으로서 이미 인간의 존재 안에 깊이 파고 들어와 있다. 인간은 죽음에서 벗어날 수 없도록 내던져져 있고 인간은 초월할 수 없는 가능성과 나름대로 관계하고 있다. 사후세계는 미지 세계에 대한 호기심 때문이 아니라 그것이 인간의 현재 삶을 규정하기 때문에 근원적인 문제로 다가온다.

그리스도교의 진리 선포는 예수님의 십자가상 죽음의 사건에서 시작된다. 십자가상 죽음이 일어났던 갈바리아 현장은 수난의 기억(memoria passionis)을 상기시키는 장소이다. 독일신학자, 메츠(J. B. Metz)에 의하면, 그리스도교 신학은 고난에 대한 회상을 그 중심으로 삼으며, 십자가에 돌아가신 주님을 회상함으로써 현대 사회가 제한하

---

[1] 파스칼, 『팡세』.
[2] 하이데거, 『존재와 시간』.

는 인간의 자유를 넓혀갈 수 있다고 보았다. 예수님의 수난을 회상하면서 동시에 자유로운 미래를 열어가는 것, 이것이 그리스도교 신앙의 종말론적 언표라고 그는 말한다.3

예수님의 수난을 회상하면서 미래를 열어가는 공간을 메리 포터(1847-1912)는 '갈바리아'라고 말한다. 인간의 가능성이 다하는 지점에서 하느님의 영역이 드러나는 공간, 주님 수난의 현장인 갈바리아를 메리 포터는 그리스도교 신앙의 중심으로 갖다 놓는다. 그런 의미에서 메리 포터가 현대인에게 던져주는 메시지는 매우 강렬하면서도 핵심적인 사안이다. 현대인이 가장 이해하기 힘든 십자가 영성을 새로운 방식으로 일깨워주기 때문이다. '인간은 누구나 죽는다'라는 보편적 진실을 삶의 영역으로 끌고 들어와 삶과 죽음을 통합한 '생명'의 의미를 새삼 일깨워준다. 이 글에서는 '마리아의작은자매회' 수녀회 설립자인 메리 포터의 영성을 다루게 될 것이다. 그녀의 삶과 영성을 이해하기 위해 우선 당시 영국의 시대적 상황을 살펴보기로 하자.

I. 시대적 배경: 19세기 영국

1534년 헨리 8세는 교황청과의 갈등을 빚으면서 영국교회의 수장으로 등극하고 가톨릭교회와의 분리를 선언하였다. 이후 국교회(영국성공회)는 왕, 귀족, 교회의 삼자관계에서 정치와 종교의 긴밀한 관계가 유지되었다. 국교회는 가톨릭과 프로테스탄트 비국교도의 정치권

---

3 J. B. Metz, *Glaube in Geschichte und Gesellschaft*, 92.

유입을 원천적으로 막기 위한 목적으로 단체법(The Corporation Act, 1661)과 심사법(1673) 등의 법을 제정함으로써 비국교도들에게 공직 참여를 금지시켰다. 종교적으로 정치적으로 확고한 입지를 다져온 국교회는 18세기까지 영국 내 주류세력으로서의 특권을 누리는 반면, 타종교인들은 사회적 차별을 받아야만 했다. 그러다가 산업혁명을 거치면서 시민세력이 점차 커지고 민주사회로 이행되는 과정에서 정치적, 종교적 지형 변화가 일어났다.

19세기 영국은 민주화 과정으로 나아가기 위해 정치적, 종교적으로 자유주의 개혁을 단행하던 시기였다. 특히 1850년대 이후 영국은 시대 변화에 발맞추어 국교회의 특권을 폐지하고 타종교에 대한 정책을 크게 변화시켰다. 이에 따라 영국 내에서 가톨릭이나 개신교 등 비국교회파들의 활동이 활발하게 전개되는 국면을 맞이한다. 19세기 영국 사회는 왕정에서 민주사회로 이행되는 과정이었으며, 종교의 영역에서도 국교회의 특권이 비판받았다. 다른 종교의 권리를 인정하는 종교적 다원성을 수용하지 않을 수 없는 상황으로 치달았다. 1828년 심사법이 폐지되고 1829년 가톨릭 해방법(The Catholoc Emancipation Act)이 제정되었는데, 이는 가톨릭 신자의 시민적 자유가 확장되고 나아가 정치적 권리를 획득하는 것을 의미하였다.[4]

1850년 9월, 교황 비오 4세는 영국 가톨릭의 교계를 복원시킴으로써 영국 내 가톨릭교회는 활기를 띠며 성장할 수 있었다. 메리 포터는 신심 깊은 어머니의 영향으로 자연스럽게 가톨릭교회의 신앙 분위

---

[4] 이화용, "영국 민주화의 여명(1832-1880)", 「국제정치논총」 Vol. 46 No.1(2006): 283-303 참조; 정희라, "차별에서 평등으로: 종교적 불평등 폐지를 위한 19세기 영국의 개혁-옥스브리지의 종교 심사 폐지", 「영국 연구」 13권0호(2005): 57-88 참조.

기 속에서 성장하였다. 19세기 영국의 시대적 배경은 메리 포터가 가톨릭 영성을 바탕으로 수녀회를 설립하는 데 긍정적으로 작용하였다.

II. 메리 포터의 생애

메리는 1847년 11월 22일 윌리엄 포터(William Norwood Potter)와 메리 마틴(Mary Anne Martin) 사이에 4남 1녀 중 막내로 태어났다. 아버지 윌리엄은 영국 중산층 출신의 개신교인이었지만 종교에 그다지 관심이 없었다. 어머니 메리는 성공회 성당에서 세례를 받았으며, 빅토리아 시대의 전형적인 여성상을 지니고 있었다.

결혼(1838년) 후, 포터 부인은 이웃에 사는 아일랜드 사람의 가톨릭 신앙에 이끌려 1845년 사우스워크의 성 조오지성당에서 가톨릭 신자로 개종하였다. 포터 부인은 가톨릭 신앙에 매우 열성적이었고, 자녀들도 모두 가톨릭 세례를 받도록 하였다. 다섯 번째 아이를 임신하였을 때 포터 부인은 결핵을 앓게 되는데, 기도로 그 아기를 성모님께 봉헌하였다. 태어난 아기는 성모 마리아의 이름을 따라 '메리'라는 이름으로 가톨릭 세례를 받는다. 그런데 메리가 태어난 지 1년 후, 아버지는 가정을 버리고 오스트레일리아로 떠나고, 포터 부인은 혼자 다섯 아이를 양육해야만 하였다. 포터 부인은 신심 깊은 가톨릭교회의 분위기 안에서 가정을 꾸려 나갔다. 막내딸로 태어난 메리는 어릴 때부터 병약하여 폐결핵, 선천적 심장 장애를 앓았고, 성인이 된 후에도 만성기관지염, 유방암, 류마티스 관절염 등 병치레를 많이 하였다.

메리는 자라면서 가톨릭 신심이 돈독하였고, 기도와 봉사의 삶에

자신을 헌신하기로 다짐하였다. 오빠의 친구인 갓프리와 약혼하였지만, 메리는 파혼하고 수도자가 되기로 결심하였다. 그녀는 하느님께서 자신에게 원하시는 일이 무엇일까 깊이 고민하였고, 자신의 길이 수도자임을 알아 차렸다.

처음에는 '성모 마리아와 죄인들의 회개에 헌신하는' 가르멜회에 이끌렸다. 그러나 지도 신부인 부르크 신부는 그녀의 적성으로 보아 활동 수녀회가 더 좋으리라고 조언하였고, 아이를 가르치는 '노틀담수녀회'나 가난하고 병든 사람을 돌보는 '성 빈첸시오수녀회'를 추천하였다. 그러다가 그랜트 주교의 추천으로 브라이튼에 있는 '자비의수녀회' 수도원에서 "마리아 안젤라"라는 이름으로 수련생활을 시작하였다. 그러나 서원을 앞두고 그녀의 수도 성소가 '자비의수녀회'가 아니라는 것이 판명되어 켄싱턴의 '승천수녀회'로 옮기는 것이 낫다는 결정이 내려졌다.

수녀회를 옮기기 전, 어릴 적부터 병약한 메리는 선천성 심장질환으로 1870~1873년까지 집에 머물며 요양한다. 그녀의 몸이 수도생활을 계속할 수 있는 건강상태가 아니었으므로 잠시 집으로 돌아와야만 했다. 병으로 인한 육체의 고통을 겪으면서, 고독과 두려움, 기도조차 할 수 없는 무력감을 그녀는 체험하게 된다. 죽음을 앞둔 사람들에게 영적인 도움이 절실하다는 것을 알게 되었고, 가능하다면 육체적 도움도 줄 수 있는 무언가가 필요하다고 생각하기에 이르렀다.

1871년 말경 메리의 마음속에는 죽어가는 이들의 영원한 구원에 대한 염려가 생겼고, 위대한 영적 결실은 임종 시, 육체가 죽어 없어지기 전에 얻어질 수 있다는 확신을 가지게 되었다. 우연히 페이버 신부가 번역한 성 루이마리 드 몽포르의 "성모 마리아께 대한 진정한 신심"에 관한 글을 접하였는데, 그 책은 그녀의 삶에 결정적 영향을 미치게 된다. 그 책을 통해 메리는 "성모 마리아의 손을 통하여 자신을 영원히 그리스도께 봉헌"하는 지향을 갖게 되기 때문이다. 메리는 곧바로 저자의 권유대로 33일 동안 준비를 하고 1872년 12월, 그녀 자신과 전 생애 그리고 자신이 가진 모든 것을 마리아를 통해 예수님께 바치겠다고 서약한다.[5]

이 시기 병상에서 지내는 동안 메리는 자신이 나아갈 신앙의 길을 새롭게 모색하였다. 1874년 10월 4일 로사리오 축일에 메리는 '죽어가는 이들을 위해' 열심히 기도하였다. '죽어 가는 죄인들의 영혼을 마지막 순간까지 영원한 벌로부터 구하고자' 기도를 바친다. 그해 11월 6일, 그날을 그녀는 "부름받은 금요일"이라고 칭하는데, 기도 중에 소

---

5 패트릭 도허티/마리아의작은자매회 옮김, 『마더 메리 포터』, (계성출판사, 1988), 41-42.

리를 듣는다. "내가 너를 뽑은 것은 네가 가서 영원히 썩지 않을 열매를 맺으라는 것이다." 이에 메리는 "왜 저를?"이라고 답하자, "세상의 약한 자들을 내가 택하였노라"라는 말씀을 듣는다. 메리는 "주께서 당신 종에게 말씀하신 대로 이루어지기 바랍니다"라고 응답한다. 그러한 영적 체험 가운데 메리는 성모님을 향하였고, 영적 일치를 이루었으며, 자신에게 주어진 은총의 촛불을 밝히면서 표현할 수 없는 평화로운 느낌을 지닌다.6

다음날 아침 영적인 주제에 대한 소책자를 읽던 중에 그녀는 "임종하는 이들에 대한 성모 마리아의 돌보심"이란 문구를 접하게 되고, 그 순간 섬광처럼 그녀에게 모든 것이 분명하게 인식된다.

> 성모 마리아를 향한 사랑이 어느 때보다도 강렬하게 내 안에서 솟구쳤다. 나는 기도를 드렸고 기도 중에 성모님의 목소리가 메아리치듯 나에게 들려왔다. '네가 이 일을 하는 것이 나의 뜻이다.' 나는 무릎을 꿇고 기도하였다.7

드 몽포르의 마리아 영성과 메리의 개인적인 체험이 어우러져 이제 그녀가 가야할 길은 분명해졌다. 지도 신부인 몬시뇰 버츄에게 메리는 자신의 소명에 대해 설명하길,

> 저는 임종하는 이들을 위하여 기도하는 것이 제게 주어진 일이라고 믿습니다. 그러므로 그들을 위해 지속적으로 기도할 수 없는 수녀회

---

6 같은 책, 45.
7 같은 곳.

라면 저는 들어갈 수 없습니다. 하느님께서는 죽어 가는 이들을 마지막 순간에 구원하는 일에 헌신할 수녀회를 세움으로써 그분의 자비를 드러내고자 하십니다.8

메리는 새로운 수녀회가 필요함을 절실히 깨달았고, 그 설립에 대한 밑그림을 그려 나갔다. 1876년 7월 18일 성 가밀로 축일에 메리는 교황 비오 4세에게 그녀가 시작할 일의 정신과 목표에 대해 다음과 같이 썼다.

저는 하느님께서, 갈바리를 그 정신과 모델로 하는 새로운 수녀회가 교회 안에 있어야 한다는 당신의 뜻을 제게 보여주셨다고 확신합니다. 1874년 '성모의 원죄 없으신 잉태' 축일에 주님께서는 "성모성심을 찬미하라"고 말씀하시는 것 같았으며, 그 말씀이 제 영혼 안에 한 사업을 열매 맺게 하였습니다. 저는 지금 제 자신의 마음보다는 고통을 품은 성모 성심으로 살아가고 있습니다. 저는 갈바리 산상에서 우리의 어머니가 되셨고, 우리를 위해 고통 받으셨으며 성혈의 근원이신 성모 성심을 찬미합니다. … 수녀회의 멤버들은 성모 성심 안에 한 몸이 될 것이며, 하느님 앞에 성모 성심을 내어놓고 성모님의 자녀들을 위해 이 타락한 세상에서 간구할 것입니다. 특히 가장 도움을 필요로 하는 사람들, 즉, 매일 죽어 가는 8만 명의 교회 식구들을 위해 기도할 것입니다. 성모님 자신이 갈바리 산상에서 예수님이 흘리신 성혈과 그의 죽음 곁에서 간구하셨듯이 말입니다. 바로 이러한 성모

---

8 같은 책, 47.

님의 일을 위하여 저는 교황님의 허락과 축복을 간청하는 바입니다.9

1877년 1월 노팅엄 교구의 백쇼주교는 메리와 면담한 자리에서 임종하는 사람들에게 헌신할 수녀회 설립의 가능성을 열어주었고 1877년 7월, 마침내 '마리아의작은자매회'라는 수녀회가 시작되었다.

1913년 4월 9일 메리 포터는 영원한 주님의 품에 안식을 얻었으며, 요한 바오로2세 교황에 의해 1988년 가경자로 선포되었다.

III. 메리 포터의 영성

메리 포터의 영성을 한 마디로 표현하자면, '갈바리아 영성'이라고 말할 수 있을 것이다. 갈바리아는 예수님의 십자가상 죽음을 매우 생생하게 현실적으로 드러내는 현장이다. 메리 포터의 영성은 매우 구체적이면서도 삶과 죽음을 아우르는 현장인 갈바리아를 직시하도록 우리를 이끈다. 메리의 영성은 언뜻 보기에 성모 신심을 위주로 하는 것 같지만, 그 깊이에 있어서 하느님의 선하심에 바탕을 두고 있다. 하느님의 선하심은 예수님의 십자가 사건을 통해 이 세상에 알려진다. 메리의 영성은 이러한 십자가 영성에 깊이 정초되어 있다. 선하신 하느님에 근거하여(성부) 하느님의 일을 실천할 때(성자) 그 실천 과정에 성모 신심(성령)이 자리하는 구조를 보여준다. 다시 말해, 예수님의 성혈을 통해 하느님의 선하심이 세상에 알려지고, 십자가 영성에 대

---

9 같은 책, 70-71.

한 깨달음을 통해 성모님과 같은 마음으로 마리아의작은자매회 수녀님들은 다시 실천에 나서게 된다. 따라서 선하신 하느님 ⇒ 예수 그리스도의 성혈 ⇒ 갈바리아의 성모 ⇒ 또 다른 갈바리아의 실천이라는 해석학적 순환도식이 성립된다(그림 참조).

```
           선하신 하느님
          게쎄마니 영성
성모 마리아의              메리 포터의
    모성    예수님의 십자가   마리아 영성
          갈바리아 영성
         마리아의작은자매회
```

갈바리아의 영성을 바탕으로 삼아 수녀회를 설립하기 위해 메리는 온 몸과 온 마음을 다하였다. 1877년 4월 10일 영국에서 수녀회가 시작될 즈음 지도 신부인 셀리 신부는 "성모 통고의 수녀회"나 "마리아의 가족"이라는 이름을 지으려 했고, 동료인 브레이양은 "성모 성심의 수녀회"라는 명칭을 내세웠으나 메리는 "성모 성심의 딸이 되길 원치 않았다. 성모님을 사랑하시는 분은 바로 내 안에 계신 그리스도이기 때문이다" 그리하여 백쇼주교는 "마리아의작은자매회"라는 명칭을 지어주었다.

수녀회 명칭에서 알 수 있듯이 마리아의작은자매회는 그리스도를 따르는 제자로서의 신원 의식을 지님과 동시에 더욱 더 철저하게 주님의 뜻을 실현시키기 위해 마리아의 영성을 바탕으로 삼는 것을 알 수 있다. 따라서 메리의 영성은 성모 신심과 더불어 그 핵심에 예수님의 십자가 영성이 자리한다. 예수님의 십자가는 선하신 하느님에 대한 체험을 반영하고(게쎄마니 영성), 성모 마리아의 모성을 바탕으로 죽어가는 이들을 돌보는 메리 포터와 마리아의작은자매회의 활동은 갈바리아 영성을 반영한다. 메리 포터가 남긴 글과 생애를 통해 영성적 특성을 몇 가지로 정리해 보면 다음과 같다.

1. 임종하는 이들을 위한 돌봄 영성

메리는 임종하는 이들을 위한 일에 기도와 헌신하라는 특별한 소명을 받는다. 1874년 로사리오 주일의 부르심을 메리는 다음과 같이 기록한다.

> 로사리오 주일부터 저는 임종하는 이들을 위하여 기도하는 일에 전적으로 몰두해 왔습니다. 제가 믿기로는 이 일이 제게 맡겨진 사업이 아닌가 합니다. 하느님의 은총을 벗어난 채 죽어 가는 죄인들 때문에 제 가슴은 한없이 에입니다. 하루 종일 저는 임종을 당하는 영혼들을 위해서 기도하고 있습니다. 하느님께서 이렇게 하시도록 제게 강요하시는 듯합니다.[10]

---

10 같은 책, 44.

메리 포터가 "내가 부름 받은 날"이라고 표현하는 1874년 11월 첫째 금요일의 영적 체험도 같은 맥락에 있다.

저는 임종 자들을 위하여 기도하는 일이 제게 맡겨진 사명이라고 믿습니다. 임종자들을 위한 그침 없는 기도 말입니다. 하느님은 마지막 시각에 죽어가는 죄인들을 구제하는 사업에 헌신하는 수도회를 교회에 일으키심으로써, 당신의 연민을 끝까지 보이시어 당신 자비를 베푸시고자 하십니다.11

저는 하느님께로부터 마지막 고통 중에 있는 영혼들을 돕기 위해 제 자신을 헌신하라는 소명을 받았습니다. 그러한 목적을 위해 헌신하는 수녀회에 간다하더라도 저의 관심은 갈바리아에서 성모님이 그랬던 것처럼 다른 사람들의 임종 시 직접 돕는 것뿐입니다. 나는 모든 것에서 성모님을 닮고 싶습니다. 그분은 죽어가는 이들을 도우려 하십니다. 왜냐하면 그들은 성모님의 자녀이며 그들 속에서 예수님을 보기 때문입니다. 갈바리아의 정신에 헌신한 수녀회는 이 시대에 특히 필요한 것 같습니다. 교회가 지금 상징적으로 주님과 함께 십자가에 못 박히고 있지 않습니까?12

메리의 성모신심은 가장 먼저 '임종하는 자들을 돌보는 곳'에 집중되어 있다. 따라서 임종하는 사람들을 위한 돌봄 영성을 특징으로 한다.

---

11 같은 책, 45.
12 같은 책, 57-58.

2. 성모님의 모성

1874년 12월, 메리 포터는 성모의 원죄 없으신 축일에 특별한 체험을 하는데, 그날을 스스로 '생애 최고의 날'이라고 고백한다. 이러한 은총의 체험은 그녀의 삶의 중심이 되었고, 마리아의작은자매회의 특징이 되었다. 메리는 '임종하는 이들을 회심시키는 데 성모 성심에게 의탁해야 한다'고 느꼈다. 드 몽포르 성인의 성모 신심에 깊이 심취하였던 메리는 "성모 마리아의 손을 통하여 자신을 영원히 그리스도께 봉헌"하는 지향을 이미 가지고 있었다. 메리의 성모 신심은 구체적으로 죽어가는 사람들을 돌보라는 특별한 소명으로 다가왔고 흔들리지 않는 확신감을 심어 주었다. 그녀는 주님께서 성모 성심께 대한 신심을 자신에게 가르치고 계시며 "나의 어머니의 성심을 현양해 드려라"고 말씀하시는 것처럼 느꼈다.

> 제가 임종하는 이들을 구원하기 위해서 얼마나 기도에 몰두해 왔는지 하느님은 아십니다. 지금 생각하면 주님께서 기도라는 놀랍도록 효과 좋은 방법을 제게 주셨다고 봅니다. 그리고 이 타락한 세상에서 당신의 자녀들, 특별히 가장 위급한 사람들 곧 임종하는 이들을 위해서 간구하고 계시는 성모성심을 우리가 당신 앞에 모시고 내세우는 것이 당신 뜻임을 보여주셨다고 봅니다.[13]

자애로운 성모 성심에 대한 이러한 그녀의 생각은 매우 새로운 것

---

13 같은 책, 47.

이었다. 메리는 즉시 "내 심장으로 살지 않고 성모님의 심장으로 살아가며 갈바리에서 그토록 괴로움 당하신 성심과 하나가 되어 죽는 이들을 위해서 기도하였다." 또한 메리는 '참된 신심'을 실천하는 일과 임종하는 이들을 위하여 기도에 헌신하는 일이 별개의 두 가지 신심이 아니고 사실은 똑같은 신심임을 깨달았다. 모든 은총이 성모 성심을 통하여 전해지며, 자애로운 성심께 드리는 신심은 곧 임종하는 이들을 위하여 회개와 은총을 얻어내는 방법임을 알게 되었다. 임종하는 이들을 위하시는 성모 성심의 일을 함께 나누며 영혼들의 어머니가 되는 마리아의 모성을 함께 나눔으로써 '참된 신심'에 이르는 길을 터득한 것이다. 임종하는 이들은 마리아의 자녀들이며, 마리아께서 당신을 도우라고 우리를 부르신다는 것이다.

> 우리는 임종하는 이들에게 헌신하는 것이 주님의 어머니시며 또한 우리의 어머니이신 성모님께 가장 특별하고 커다란 기쁨이 된다는 것을 알고 있습니다. 세상의 어머니들도 만일 그녀가 없을 때 다른 이가 자기의 죽어가는 아이를 돌보고 어머니처럼 간호해주고 그녀 대신에 어머니의 모든 역할을 수행하고 무엇보다 아이의 영적 갈구를 채워준다면 얼마나 고마워하겠습니까? 하물며 천상의 어머니께서는 당신의 죽어가는 자녀들을 돌보는 이들을 얼마나 사랑스럽게 보시겠습니까? 이 수녀회의 정신과 모범은 갈바리아의 고통입니다. 마리아께서 십자가 아래서 그리스도를 바라보셨듯이 그들은 성체를 우러러보기 원하며 또한 성모님과 하나가 되어 죽어가는 이들을 간호할 것입니다. 그들은 임종의 방을 또 다른 갈바리아로 만들 것입니다.[14]

어머니가 집을 비우는 사이에 죽어 가는 자녀를 돌보고 어머니처럼 간호하며 어머니의 모든 역할을 대신하는 사람이 있다고 합시다. 그 어머니의 고마움은 어떠하겠습니까? 그렇다면, 임종하는 당신 자녀들의 머리맡을 대신 지켜주시는 사람들을 바라보시는 우리의 천상 어머니 마리아의 시선은 얼마나 정겹겠습니까?

성모 마리아의 모성으로 임종자들을 돌보는 일은 "이제와 저희 죽을 때, 저희 죄인을 위하여 빌으소서"라는 성모송의 구절과도 일치하는 대목이다. 메리 포터의 유언장에는 이런 구절도 있다.

> 성하께서는 우리 사업이 성령께 영감 받은 것임을 아마 인정하실 것입니다. 갈바리아에 혼신을 기울이는 하나의 단체입니다만 모두가 성모님과 같은 신심, '참된 신심'을 갖고 있음이 분명합니다.

임종자들을 특별히 돌보는 일은 성모님의 모성을 통해 서로의 마음이 닿아 일치하는 것이다. 임종자의 방은 또 다른 갈바리아의 현장이며 예수님의 십자가상 죽음을 통한 구원이 새롭게 체험되는 곳이다. 그 현장에 어머니의 마음으로 함께 하는 것이 성모님의 모성에 기반한 메리 포터의 영성이다.

3. 십자가 영성

메리 포터는 성모 신심만을 추구하지 않았고 근원적으로는 십자가 영성에 정초하고 있다. 수도회의 설립 취지를 1875년 4월 28일

---

14 같은 책, 54-55.

〈임종하는 이들을 위한 신심에 관하여〉에 나타난 수도회 설립 취지에서 메리의 영성을 살펴볼 수 있다.

> 겟쎄마니 동산의 고통의 신비는 완전히 묵상적인 것입니다. 겟쎄마니에 연이어 갈바리아의 수난이 따랐습니다. 그리스도의 신부들이 주님께서 사랑하시는 일, 즉 죽어가는 이들을 구원하는 일에 자신을 헌신하고자 할 때, 그들은 스스로 세상을 멀리하며 올리브 동산에서 고통받는 예수 성심과 하나가 되어 그들 존재 전체를 이 헌신에 바치는 것입니다. 관상적인 것과 활동적인 것을 조화시켜 갈바리아의 성모 마리아와 같은 마음으로 임종의 침상에 스스로 함께 있기를 원합니다.15

메리는 겟쎄마니와 갈바리아를 구분한다. 겟쎄마니는 십자가 수난을 앞두고 깊은 묵상에 잠긴 예수님을 반향한다. 예수님은 자신에게 다가오는 폭력적인 죽음을 피하지 않았다. 오히려 그의 메시지가 거부되는 경향이 강해짐에도 불구하고 의도적으로 예루살렘을 향하였다. 예수님은 자신에게 다가오는 죽음을 이미 생각하였을 뿐만 아니라, 실존적으로 죽음과 더불어 살았다. 예수님의 죽음은 하느님에 대해 포기하지 않는 인간이 어디까지 변해야 하는 지를 잘 보여준다. 제자들은 죽음 앞에 아무 대책도 세우지 않는 예수님을 포기한다. 그들은 겟쎄마니에서 잠들어버리고 예수님이 체포되자 달아난다. 그러나 예수님은 자신의 일이 실패하는 것을 보면서도 하느님이 하시는

---

15 같은 책, 53.

일만이 가치가 있다는 사실을 믿고 하느님을 부르면서 자신이 변할 것을 받아들인다. "아빠 아버지, 아버지께서는 어떤 일이든 하실 수 있사오니, 이 잔을 저에게서 거두어 주소서. 그러나 제가 원하는대로 하지 마시고 아버지께서 원하시는대로 하소서"(마르 14, 36). 하느님의 침묵 앞에서도 예수님은 '하느님의 함께 계심'에 준한 실천을 실행한다. 루카복음은 십자가상에서 예수님의 마지막 말씀을 "아버지, 제 영을 당신 손에 맡기옵니다"(23,46)라는 기도로서 전한다. 이 말씀은 선하신 하느님을 중심으로 마지막까지 자신을 변하게 한 예수님의 최후를 잘 드러내준다. 이처럼 게쎄마니의 영성은 선하신 하느님에 대한 끝없는 신뢰를 보여준다.

사실, 우리가 사는 이 세상은 모순과 불합리가 뒤섞인 곳이다. 그러한 세상에 선한 질서를 긍정할 수 있는 시선은 선하신 하느님에 대한 굳건한 신앙으로부터 싹튼다. 인간 세상에 공존하는 선악의 경계를 무너뜨리고 마지막 순간까지 아름답고 선한 창조세계를 희망하면서 자신을 내던질 수 있는 사람은 참으로 의인이며 하느님의 종이다. 그는 인간의 한계상황 속에 갇혀 있지 않고 그 한계를 무너뜨리면서 하느님께 나아간다. 하느님의 뜻을 따라 자신의 생명까지도 내놓음으로써 '하느님의 함께 계심'을 몸으로 증명하기에 그의 고난은 다른 사람들을 구원하는 의미를 갖는다. 신학적으로 해석하자면, 많은 사람의 죄악을 짊어지고 스스로를 속죄의 제물로 내놓음으로써 그는 하느님으로부터 새로운 삶을 얻게 되고 새로운 공동체를 형성하게 된다. 다른 사람을 위하여 스스로 고난을 짊어지는 이러한 대속사상은 신학적으로 깊이 도달한 하느님 인식과 관련되어 있고, 예수님의 십자가 영성과도 연결된다.[16] 메리는 수녀회가 설립되길 기다리면서 이 일이 하느님의 선하신 일이라는 확신을 가지고 있었다. 하느님의 섭리가 이 일의 방향을 설정하고 방법들을 동원할 것으로 믿었다. 만일 자신의 죽음이 이 일을 위한 제물로 받아들여져야 한다면 그녀는 기꺼이 목숨까지 받칠 준비가 되어 있었다. 메리 포터는 십자가의 영성을 깊이 체득하고 있었다.

메리 포터가 무염시태축일에 처음 터득한 그리스도 신비체의 의미는 그녀의 영성을 다져주었다. 1872년에 이미 메리는 페이버 신부가 번역한 성 루이마리 드 몽포르의 "성모 마리아께 대한 진정한 신심"에 관한 논문을 접했고, 그 책을 반복하여 읽음으로써 성모 마리아의 손을 통하여 자신을 영원히 그리스도께 봉헌하기로 결심한 바 있다. 1874년 12월 메리는 그리스도의 성혈을 찬미해야 하는 의미를 비로소 깨닫게 되었고 성모 성심과 예수 성심의 일치점을 발견하였다. 그녀의 성소는 죽어가는 이들에 대한 하느님의 자비를 청하기 위해 성모님과 일치하는 것이었다. 그러나 하느님의 계시에 비추어볼 때 하느님의 자비도, 마리아의 중재와 거룩함도, 죽어가는 이의 구원까지도 예수님의 십자가 사건과 깊이 연결되어 있다. 메리는 '성혈'이라는 말로써 예수의 십자가 구원사건을 나타낸다. 1875년 몬시뇰 버츄에게 쓴 메리의 편지에 잘 나타나 있다.

제가 앞으로 무엇을 보게 될지 말씀드릴까요? 하느님의 백성은, 그들을 위해 갈바리아에서 흘린 피이며 구원의 대가인 성혈을 깊은 사랑으로 찬미할 것입니다. 저는 이러한 신심이 성모 성심께로부터 일어

---

16 E. Schillebeeckx, Jesus. An Experiment in Christology, p 285-288.

나 교회를 통해 확산될 것이라는 말을 하고 싶습니다. 성인들의 기쁨은 말할 것도 없고 천사들도 성혈을 통해 더 많은 죄인들이 회개함을 축하하고 기뻐할 것입니다. 이는 교회에 많은 도움이 될 것이고 고통받는 연옥 영혼들에게는 지극한 안도와 구원이 될 것입니다.

갈바리아에서의 성모님의 고통과 주님 성혈의 의미를 메리는 깊이 깨달았고, 1875년 2월 20일 성체 앞에서 생명과 진리의 영이신 성령을 찬미하고 공경하였다. 하느님을 위한 일이 전능하신 성령의 힘에 의하지 않고서는 이루어질 수 없으며, 하느님께서 쓰시는 도구가 성모님과 일치하지 않고서는 완전하게 될 수 없다고 생각하였다. 인류의 구원 사업은 성령의 힘으로 순결하신 마리아께서 그리스도의 어머니가 되었을 때 시작된 것이기 때문이다.

4. 갈바리아 영성

갈바리아는 십자가 사건을 통한 구원이 이루어지는 현장이다. 그곳은 인간적인 죽음의 영역을 넘어 하느님의 자비와 사랑으로 새로운 생명이 시작되는 지점이다. 사랑의 근원이신 하느님께서는 스스로 인간이 되어 당신의 사랑을 밖으로, 특히 갈바리아에 넘쳐흐르게 하셨으며, 당신 교회를 굳건히 하시고자 사랑의 사람을 보내셨다. 천상은총의 어머니의 중재와 교회의 봉사 덕택으로 그 사랑은 인간의 마음 속에 계속 넘쳐흐른다. 그러므로 마리아의작은자매회는 갈바리아 현장에서 해야 할 특별한 애덕의 사명을 갖는다. 그것은 설립자인 메리 포터가 하느님의 자비에 함께 해야 할 필요성을 깨달았기 때문이다.

이러한 영성을 바탕으로 메리 포터는 성모 마리아를 모시고 갈바리아에 서서 임종하는 이들에게 예수님의 고귀한 성혈을 나눠주는 직분을 맡게 되었다. 1874년 12월, 메리는 영성 지도 신부에게 다음과 같이 그 경위를 기록하여 보냈다.

하루는 묵주기도의 열다섯 신비를 다 하고 났는데 성모께서 "네 마음의 열성은 내가 준 것이다"라고 하시는 말씀을 확연하게 느꼈습니다. "감실에 잠겨 있는 저는 고귀하신 성혈에 가득히 취하고 심취되었으며 주께서 '나의 보배로운 성혈을 봉헌하라!' 하시는 말씀을 들었습니다. 성령의 권능과 역사하심에 의해서 마리아의 원죄 없으신 성심은 영보의 순간에 어머니의 심장이 되었으며, 마리아의 태중에서 아기의 혈관으로 보배로운 성혈이 흘러 들어가기 시작한 것입니다.

성모 성심과 성혈 그리고 성령이여! 싸워 승리하소서. 하느님께 기도드리며 이 모든 것과 함께 제 자신을 바칩니다.

예수님의 성혈은 마리아로부터 온 것임을 메리는 깨달았다. 극도로 상심한 어머니의 눈 앞에서, 영혼들의 구속을 위해 한 방울 한 방울 성혈이 넘치게 흘러나온 것은 갈바리아 산상이었다. 그녀는 똑같은 그 보혈이 미사성제에서 봉헌됨을 깨달았고 성작 안에 담겨진 성혈을 공경해야 한다는 생각이 들었다. 성혈에 대한 신심은 날이 갈수록 커졌다. 지도 신부에게 보낸 편지의 구절에서,

제가 앞으로 내다보는 일이 무엇인지 말씀드릴까요? 우리 구원의 값,

갈바리아에 흘려진 피, 보배로운 성혈께 커다란 신심을 가진 하느님의 백성을 내다보고 있습니다. 이 신심이 마리아의 성심의 지성소에서 일어나 온 교회로 퍼질 것이라고 말씀드리고 싶습니다.

수도회의 정신과 모델은 갈바리아가 될 것입니다. 마리아께서 십자가의 발치를 바라보셨듯이, 회원들은 성체를 우러러 볼 것입니다. 지고한 성덕을 열망하지 않고서는, 또 은총에 충실하려면 그 같은 성덕에 도달하지 않고서는 아무도 갈바리아의 신비에 몰입할 수 없을 것입니다. 갈바리아에 살면서 거룩한 사람이 되지 않기는 매우 어려운 노릇입니다.

십자가의 성혈은 어머니 마리아의 성혈과 육적으로 연결되어 있고, 다시 성작의 성혈과 연결된다. 성모 신심은 예수의 십자가상 구원 의미를 일깨우고 실천으로 연결된다. 따라서 관상과 활동이 연계되어 나타난다.

나가는 말

오늘날 우리나라 사람들은 대부분 병원에서 죽음을 맞이한다. 삶의 마지막을 '사람답게 죽고 싶다'는 살망은 커지고 있지만, 현실에서는 그렇지 않다. 국민건강보험공단이 2014년 성인 1,500명을 대상으로 한 설문조사에서 '병원'에서 생을 마치고 싶다는 사람은 16.3%에 불과했다. 57.2%는 '가정', 19.5%는 '호스피스 · 완화 의료기관'이라고 답했다. 그러나 현실은 정반대였다. 2010년 통계청 통계를 보면 질병으로 사망한 65세 이상 노인의 81.1%는 병원에서 숨을 거두었고, 15.1%만 집에서 죽음을 맞이하였다. 그해 말기 암환자가 사망 전 3개월간 지출한 건강보험 의료비(7012억 원)도 사망 전 1년간 쓴 의료비(1조 3922억원)의 50.4%에 달한다. 불편하고 비싼 연명치료 속에서 세상을 이별한 것이다.17 현대 의학이 발달할수록 사람답게 죽는 일이 어려워 보인다. 이러한 상황 속에서 메리 포터의 영성을 우리는 다시 되새겨 볼 필요가 있다.

메리 포터는 갈바리아 영성을 바탕으로 새로운 성모 신심에 기반한 '마리아의작은자매회'를 설립하였다. 마리아의작은자매회는 온 세상의 임종자들을 구원한다는 독특한 사명을 지니고 설립되었다. 메리 포터의 정신에 따라서, 임종하는 이들을 위하는 사명이 수녀회의 가장 큰 특징이다. 회헌은 다음과 같이 말한다.

> 회원들은 임종하는 이들에게 하느님의 자비를 비는 목적에서 자신의 수도생활과 특히 간곡한 기도, 지극히 거룩한 성자께 대한 경건한 흠숭 그리고 자신의 모든 자선사업과 희생을 영위한다. 그리고 이 일을 함에 있어서 십자가의 발치에 서 계신 성모 마리아를 항상 함께 모시며, 또 당신의 자녀 신자들의 임종을 지키시는 어머니 직분을 겸손하고 소박하게 함께 나누는 것이다.

마리아의작은자매회 수녀들은 하느님의 선하심에 바탕을 두고 실

---

17 최희진, 〈웰다잉-마지막까지 평화롭게〉 "사람답게 죽는 건, 권리다", 〈경향신문〉 2016.01.24.

천에 임한다. 주님께서 가난한 사람들을 특별히 사랑하시기에 자매들도 그들을 사랑한다. 하느님께서 병자와 고통받는 이들을 사랑하시기 때문에 자매들도 그들을 사랑한다. 모든 선의 근원이신 하느님과의 일치 안에서 수도생활을 추구하였고, 동료들도 하느님과의 일치 안에서 생활하기 위한 참된 순명이 수도정신과 수녀원 규칙으로 나타난다.

하느님께서는 우리 모두를 함께 이어주실 것입니다. 또한 우리가 서로 다른 사람을 사랑하고 주위에 있는 것들을 사랑할 수 있게 해주십니다. 이는 기도와 그들을 위해 우리가 하도록 허락받은 모든 일들을 행함으로써 실천될 수 있습니다.

메리 포터의 이러한 영성을 통해 우리는 그리스도교 신앙의 핵심으로 돌아가 죽음의 의미를 다시 되새겨 볼 수 있다. 그리고 나는 죽음을 어떻게 이해하고 있으며, 주변의 죽어가는 사람들을 위해 무엇을 할 수 있는가? 다시금 성찰하게 된다.

참고문헌

남기은 엮음. 『영성의 향기: 수도회 창립자들의 영성』. 성바오로출판사, 1998.
마리아의작은자매회 엮음. 『'죽이는' 수녀들의 이야기』. 성바오로출판사, 2003.
메리 포터/성찬성 옮김. 『마리아의 작은 길 – 그 영적 가르침』. 기쁜소식, 1993.
박미영. "마리아의작은자매회 영성". 「영성생활」 2003년 5월호.
이화용. "영국 민주화의 여명(1832-1880)". 「국제정치논총」 Vol.46 No.1(2006): 283-303.
정희라. "차별에서 평등으로: 종교적 불평등 폐지를 위한 19세기 영국의 개혁-옥스브리지의 종교 심사 폐지". 「영국 연구」 13권(2005): 57-88.
파스칼/김희보 옮김. 『팡세』. 종로서적, 1995, 112 참조.
패트릭 도허티/마리아의작은자매회 옮김. 『마더 메리 포터』. 계성출판사, 1988.
하이데거/전양범 옮김. 『존재와 시간』. 동서문화사, 2015, 336-346 참조.
Metz, J.B.. *Glaube in Geschichte und Gesellschaft*. Mainz, 1977.
Schillebeeckx, E.. *Jesus. An Experiment in Christology*. trans. H. Hoskins, New York, The Seabury Press, 1979.

메리 포터 연표

1847년 11월 22일	영국에서 출생
1868년-1873년	수도자가 되기 위한 여정
1868년 12월 8일	자비수녀회 입회(청원자)
1869년 7월 30일	수련 생활을 시작
1870년 6월 23일	퇴회(병약함으로 인해 귀가)
1874년-1875년	새로운 수녀회에 대한 생각
1874년 11월 6일	"부름받은 금요일" 체험
1875년 4월 28일	"임종하는 이들을 위한 신심에 관하여" 탈고
1877년 7월 2일	"마리아의작은자매회" 설립
1913년 4월 9일	선종
1988년 2월 8일	가경자로 선포됨

작은 사랑의 용광로,
성녀 소화 데레사

정인숙 젬마

소화 데레사(1873-1897)

들어가는 글

신비가란 신비체험을 한 사람으로서 하느님께서 우리 안에 사랑스레 현존하심을 증거하는 사람이다. 신비체험이란 성령의 은사의 활동을 통해 느끼게 되는 수동적 체험으로써 영혼에 미치는 하느님의 활동을 심리적으로 인식하는 것이다. 그리고 이 신비체험을 통하여 완전한 사랑을 성취하게 되므로 이는 영성생활의 꽃이라 할 수 있다. 영성생활에 있어 수덕생활과 신비생활은 그리스도교 성덕의 핵심인 사랑의 완성에 이르는 동일한 길의 두 단계이기도 하다.[1] 물론 하느님은 자유로운 분이시니까 처음부터 신비체험을 주실 수도 있지만, 통상 수덕생활을 충실히 해나간 이들에게 이 은총을 주신다. 수덕생활을 하면서도 사랑을 실천하지만 인간의 의지로 실천하는 사랑은 언제나 흠이 많고 부족하다. 그래서 이 사랑을 하느님 친히 성령의 작용을 통해 완전하게 해주신다. 오늘 우리가 만나게 될 성녀 소화 데레사도 이 사랑을 간절히 원했고, 청했다. 두 번째 자서전에서 성녀는 이렇게 말한다.

'사랑의 학문', 아! 그렇습니다. 이 말씀이 제 영혼의 귀에 기쁘게 울려 옵니다. 저는 이 학문밖에는 원하지 않습니다. 그 학문을 위해서는 '아가'에 있는 신부와 같이 "제 모든 재화를 다 바치고서도 아무것도 바치지 않은 것같이 여겨집니다." 우리를 하느님의 마음에 들게 하는 것은 사랑밖에 없다는 것, 이 사랑만이 제가 탐내는 보물이라는 것을

---

1 조던 오먼/이홍근 옮김, 『영성신학』 (왜관: 분도출판사, 1997), 143-149.

저는 너무나 잘 압니다.[2]

그리고 데레사는 자신의 생애 끝에 자신의 사랑에 대하여 말하기를, 그의 사랑이 시간과 함께 자라나 그 사랑이 깊이를 헤아릴 수 없을 만큼 심연이 되었으나 그것은 큰 바다에 떨어진 이슬 한 방울도 못 되는 것이기에, 데레사는 예수님이 자신을 사랑하시는 것처럼 그분을 사랑하려면, 주님의 사랑을 빌려야 하고, 그래야만 마음이 놓인다고 말한다.[3] 그가 원했던 사랑은 바로 예수님이 지니셨던 사랑이었다. 그리고 데레사 영성의 핵심인 작은 길, 즉 영적 어린이의 길도 바로 예수님이 지니셨던 사랑을 얻기 위한 길인 것이다.

I. 역사적 배경

19세기 말, 자연과학이 발달하면서 프랑스에서는 과학이 행복을 가져다 줄 것이라는 생각이 퍼져나가고, 무신론과 함께 반교회주의 사상이 확산되었다. 그리고 이로 인해 '파리의 콤뮈나르' 혁명당원들은 성직자들을 살해하고, 교회에서 세운 학교들의 문을 닫게 하였다. 그러나 종교적으로는 예수 성심께 대한 신심이 확산되었고, 파리의 몽마르트언덕에 예수성심대성당을 건립하였다. 선교에 대한 많은 관

---

[2] 자서전 2, 1앞『성녀 소화 데레사 자서전』안응렬 역.(서울: 가톨릭출판사, 1998), 246: 성녀 소화 데레사 자서전에는 3개의 자서전 원고가 있다. 이를 편의상 1, 2, 3이라고 표시한다. 그리고 그 다음의 표시는 비판본 원전에 기재된 원고의 번호 표시다. 그리고 다음의 쪽수는 번역본의 쪽수다.

[3] 자서전 3, 35앞, 346.

심과 전례운동 그리고 가톨릭 사회운동 단체들이 생겨났으나, 17세기 네델란드의 얀센에 의해 시작된 얀센주의는 교회로부터 여러 번 단죄되었음에도 불구하고 프랑스 교회에 많은 영향을 주고 있었다.

얀센주의는 인간 본성이 원죄로 인해 완전히 부패해서 인간 자유의지 스스로는 아무런 선(善)도 할 수 없으므로 절대적으로 하느님의 은총만이 요구된다고 하면서, 하느님을 정의의 심판관으로서 아주 엄격하게 인간을 심판하는 분으로만 보게 하였다.[4] 이러한 얀센주의의 경향은 19세기 말까지 이어졌으며, 하느님은 사랑이시라는 측면은 거의 잊혀지고, 예수 성심을 공경하는 신심도 그 강조점이 예수 성심의 인간을 향한 불타는 사랑이 아니라 죄를 기워 갚는 속죄의 측면만이 강조되었다. 그래서 이런 속죄를 위한 고행행위가 당시 수도 생활에서 상당한 비중을 차지하였고, 이로 인해 소화 데레사가 살았던 리지외 가르멜수녀원에서도 편태나 고행을 하는데 사용할 쐐기풀이 많이 길러지고 있었다.[5]

II. 하느님 체험과 영성

하느님께 가기 위한 길은 우리의 주님이신 예수 그리스도만이 유일한 길이다. 그러나 예수님께 가기 위한 길은 여러 갈래가 있다. 말하자면 여러 가지 영성이 있다. 그런데 하느님은 소화 데레사 성녀에게

---

4 김희중, "얀센주의",『한국가톨릭대사전』8, (왜관: 분도출판사, 2003), 5921-5925.
5 예수 아기의 마리 외젠/대전 가르멜 여자 수도원 옮김,『하느님의 사랑이 나와 함께 자랐습니다』(서울: 가톨릭출판사, 1997), 33-35.

한 가지 길을 가르쳐 주셨으니, 이는 성녀가 '작은 길'이라고 부르는 '영적 어린이의 길'이다. 그러나 성녀를 이 길로 이끄시기 전에 하느님은 성녀에게 큰 은총을 일찍이 베푸셨으니 그것은 성덕에 대한 갈망이었다.

데레사가 9살쯤 되었을 때, 잔 다르크 성녀전을 읽는 동안 그를 본받고 싶은 큰 충동과 함께 하늘의 영감을 느꼈다. 그리고 자신은 영광을 위해서 태어났으며, 자신의 영광은 드러나지 않고 오직 큰 성녀가 되는 것이라고 생각하며 성덕을 향한 열망을 품게 되었다. 그리고 이 열망은 계속되어 수도 생활을 통해 자신의 나약함과 불완전함을 계속 보게 되어도 줄어들지 않고, 항상 '큰 성녀'가 되겠다는 대담한 마음을 지녀왔다.6 이러한 성덕을 향한 열망이야말로 성녀로 하여금 하느님을 체험하게 했으며, 그의 영성의 길을 가도록 이끌었다.

1. 사랑은 겸손의 길

소화 데레사에게 있어서 성녀가 된다는 것은 사랑의 산 정상에 오르는 것을 그리고 그것은 동시에 예수님을 온전히 사랑해 드리는 것을 의미했다. 그래서 착복식 준비피정에서 성녀는 "저는 주님을 무척 사랑하고 싶어요! … 이제껏 사랑받으신 것보다 훨씬 더 사랑해 드리고 싶어요!"7라고 '예수의 아녜스'란 수도명을 받은 언니 폴리나에게

---

6 자서전 1, 32앞, 95-96; 이러한 열망에 대해 아빌라의 데레사도 자신의 자서전에서 언급하고 있다: 아빌라의 데레사/서울 가르멜 여자 수도원 옮김, 『자서전(천주 자비의 글)』 13,2, (왜관: 분도출판사, 2000), 109-110.
7 편지 75, 101-102. 편지의 번호는 비판본 원전을 따랐고, 다음의 쪽수는 번역본을 따랐다: 앙드레 꽁브 엮음/부산 가르멜 여자 수도원 옮김, 『예수 아기의 성녀 데레사의 편지』

편지를 썼다. 그러나 사랑의 길이란 자기 비허의 길이자 완전한 내적 가난의 여정이었다. 특히 영적인 메마름을 통하여 주님은 이 길로 이 끄셨으며 결국 그는 이렇게 고백하였다. "원장님, 당신도 아시다시피 저는 성녀가 되기가 늘 원이었습니다. 그러나 아! 저를 성인들과 비겨 볼 때면, 구름을 찌르는 높은 산과 행인들의 발에 채이는 초라한 모래 알 사이에 있는 것 같은 엄청난 차이가 그들과 저 사이에 있음을 늘 인정했습니다."[8] 특히 기도의 스승인 대 데레사와 자신을 비교해 볼 때, 늘 메마른 기도의 상태에 있었던 데레사는 자신의 작고 약함을 인정하는 작은 자가 되었다.[9]

겸손이란 하느님의 빛 안에서 자신이 누구인지를 올바로 보는 것이다. 모든 주권이 하느님께 있음을 그리고 자신에게 허락된 모든 것은 받은 것임을 깊이 깨치며 하느님 앞에서 가난한 자신의 본 모습을 보고 자신의 피조성(被造性)을 깨치는 것이다. 예수님은 긴 여정을 통해 데레사에게 이러한 진리를 깨닫게 해주셨다. 그는 "어찌보면 나는 제법 겸손한지도 모르지요… 하느님은 내게 진리를 보여 주셨기에, 나는 모든 것이 하느님한테서 온다는 것을 뚜렷이 느낍니다"[10]라고 고백한다. 겸손이란 진리를 깨친 자의 특징이다. 그리고 이때 모든 일에 있어서 하느님의 주도권을 인정하고 받아들이며, 모든 것을 하느님께 희망할 줄 아는 영적인 어린 아이가 된다.

그러나 겸손의 길을 걷고 그 진리를 깨치는 일은 쉬운 일은 아니다.

(왜관: 분도출판사, 1994).
8 자서전 3, 2뒤, 275.
9 편지 160, 252-253: 1894년 4월 3일.
10 예수의 아녜스/대전 가르멜수녀원 역, 『성녀 소화 데레사의 마지막 남긴 말씀』 (*Novissima verba*) (서울: 한국천주교중앙협의회, 1992), 77.

이에 대해 데레사는 많은 이들이 이 길을 걷지 않을 것이라고 한다: "예수님의 친절과 자애로운 사랑은 얼마나 조금밖에 알려지지 않았는지요! … 그분의 보화를 누리려면, 우리는 자신을 낮추고, 우리 자신의 무가치함을 보아야 하는데, 많은 영혼들은 그렇게 하지 않을 것입니다."11 자기 비허의 겸손의 길로 이끄신 주님의 손길을 충실히 따른 데레사는 자신이 어느 쪽으로 달려야 할지를 잘 알고 있었다. "제가 올라가는 것은 첫 자리가 아니라, 끝자리입니다. 저는 바리사이와 함께 앞으로 나아가는 대신에 가득히 믿는 마음으로 세리의 겸손한 기도를 넙니다"12라고 성녀는 고백한다.

2. 사랑은 신뢰와 위탁의 길

데레사는 1891년 10월 푸르 신부님과의 피정을 통해 "몹시 끌리기는 하면서도 감히 나아가지 못했던 신뢰와 사랑"의 길을 걷기 시작하지만, 1893년 2월 20일, 언니 폴리나가 원장이 된 후로 사랑의 길을 걸을 수 있었다고 한다. 그러던 차에 1894년 9월 14일에 리지외 가르멜수녀원에 입회한 언니 셀리나가 가져온 성경 선집(選集)에 있었던 구약의 말씀들을 통하여 자신의 '작은 길'을 발견할 수 있었다. 데레사는 성덕에 이르는 곧고 가까운 그리고 새로운 작은 길을 찾고 있었고, 잠언 9,4의 "누가 아주 작은 자이거든 내게로 오라"13는 말씀

---

11 편지 261, 414.
12 자서전 3, 36뒤, 350.
13 잠언 9,4의 말씀은 "어리석은 이는 누구나 이리로 들어와라!"이다. 그러나 오역을 통해서도 하느님께서는 일을 하신다.

을 읽었을 때, 자신을 위한 말씀이라고 생각했다. 왜냐하면 이미 데레사는 작은 자가 되었기 때문이다. 그리고 그 부르심에 응답한 '아주 작은 자'에게 주님께서는 어떻게 하시는가 하고 다른 구절을 찾으니, 이사야 66,12-13의 "어머니가 자기 아이를 귀여워하는 것같이, 나도 너희를 위로하고 너희를 품에 안고, 무릎에 놓고 흔들어 주겠노라"는 구절이 눈에 들어왔다. 데레사는 무척이나 기뻤다. 찾았던 답을 들었던 것이다.

데레사는 이 말씀들을 통하여 그에게 늘 인자하신 왕이셨던 예수님 안에서 새로운 모성적 얼굴을 보았다. 어릴 때, 엄마의 팔 안에서 천국에 들어갈 해결책을 찾았던 것처럼,14 이번에는 무의식적으로 예수님의 팔 안에서 그 해결책을 찾았던 것이다. "저를 하늘까지 들어올려 줄 승강기는 오! 예수님, 당신의 팔입니다. 이렇게 되면 저는 커질 필요가 없을뿐더러, 오히려 '작은 채로' 있어야 하고, 점점 더 작아져야만 합니다."15 이를 통해 데레사는 하느님의 사랑은 자비로운 사랑이라는 새로운 인식에 이르렀고, 이제 그의 작음과 약함은 겸손의 길로 그녀를 이끄는 것을 넘어 예수님을 향한 신뢰와 위탁의 길을 열어 젖혔다.

그래서 데레사는 자신의 작은 길을 설명해 달라는 큰 언니인 성심의 마리아 수녀에게 이렇게 설명한다:

이 길이란, 아버지의 품에서 아무 겁 없이 잠이 드는 어린 아이의 '탁 믿는' 마음 그것입니다…. "누가 '아주 작은 자'이거든 내게로 오라"

---

14 자서전 1, 5뒤, 28-29.
15 자서전 3, 3앞, 276.

하고 성령께서 솔로몬의 입을 빌려 말씀하셨으며, 또 이 '사랑의 성령'은 "작은 자들에게 인자가 베풀어진다"(지서 6,6)고도 말씀하셨습니다. 마지막 날에 "주께서 당신 양떼를 목장으로 데려가시고 어린 양을 모아서 당신 가슴에 꼭 껴안으시리라"(이사 40,11)는 것을 하느님 성령을 대신해서 이사야 예언자가 우리에게 일러 주십니다.16

이렇게 하느님께서 작은 자들에게 하시는 초대와 또한 그들에게 베푸시는 자비를 성경의 말씀을 빌려 설명하면서, 작은 길이란 그러한 하느님의 자비에 대한 온전한 신뢰와 위탁임을 "아버지의 품 안에서 아무 겁 없이 잠이 드는 어린 아이"의 모습을 통해 설명하고 있다. 그러나 인간에게 있어서 작은 자가 된다는 것은 쉽지 않은 일이다. 자신이 가난하고 힘없는 자임을 인정하고 받아들이며 작은 자로 남아 있어야 하기 때문이다. 즉, 겸손 가운데 머물러야 하기 때문이다. 사실 이는 우리의 인간 본성을 거스르는 일이다. 그래서 데레사는 "작은 자가 되기 위해서는 빛나는 온갖 것에서 아주 멀리 떨어져 있고, 아무 것도 느끼지 못하는 것을 좋아 하면서, 자신의 작음과 가난을 사랑하고 주님의 자비를 맹목적으로 신뢰해야 한다"17고 힘주어 말한다. 이러한 맹목적인 신뢰는 하느님 앞에 선 겸손한 인간의 모습이자 또한 그것을 넘어 하느님을 인격적인 아빠, 아버지로 대할 줄 아는 영적으로 진보한 이의 모습이다. 그는 하느님 아버지의 자비로우신 사랑을 믿고, 보는 것을 희망하기에 맹목석으로까지 신뢰하는 것이다. 그리고 성녀는 그 작은 자들에게 하느님께서 요구하시는 것은 어떤 위대

---

16 자서전 2, 1앞, 246-247.
17 편지 197, 329-330.

한 일이 아니라 '탁 믿는 마음'인 신뢰와 감사의 정을 요구하실 뿐이라고 설명한다.[18]

그러나 이러한 신뢰와 오롯한 위탁의 태도가 하루아침에 주어지는 것은 아니다. 하느님의 자비에 기대어 끊임없는 연습이 필요하다. 데레사는 "주 나를 죽이신대도 나는 주께 의탁하오리"라는 정도로 신뢰가 자리 잡기까지 상당한 시일이 걸렸다고 고백하고 있다.[19] 또한 생의 마지막에 이르러서는 성녀의 하느님께 대한 신뢰와 위탁은 심연을 이루었다. 그래서 자서전의 맨 마지막에 이렇게 기술하고 있다: "저는 무엇보다도 막달레나의 행동을 본받습니다. 예수님의 마음을 기쁘게 하는, 놀랍다기보다도 차라리 사랑 가득한 대담이 제 마음을 끄는 것입니다. 그렇습니다. 비록 죄라는 죄는 모두 마음에 지니고 있다 하더라도, 저는 뉘우침으로 터지는 가슴을 안고 예수님의 품으로 달려들 것이라 느낍니다. 저는 예수께서 당신에게로 돌아온 탕자를 얼마나 사랑하시는지를 알기 때문입니다. 하느님께서 자애를 앞질러 베푸시어 제 영혼을 대죄에서 보호해 주셨기 때문에 믿음과 사랑을 가지고 하느님께서 올라가는 것은 아닙니다."[20] 이제 영혼의 어둔밤 가운데서 주님의 자비를 깊이 깨친 데레사는 첫 번째 자서전에서 막달레나보다 자신이 더 주님의 사랑을 받았노라고 하는 비교를 넘어

---

18 자서전 2, 1앞-뒤, 247.
19 소화 데레사의 마지막 남긴 말씀, 36.
20 자서전 3, 36뒤-37앞, 351. (이 부분은 필자의 번역이다) 이에 대하여 "마지막 남긴 말씀"에서 보충 설명을 하고 있다: "내가 주님께 이렇듯한 신뢰를 가지는 것은, 대죄에서 나를 지켜 주셨기에 그런 줄 아는 이가 있을 만도 하겠습니다. 어머니, 그런 이에게 나는 비록 사람이 범할 수 있는 모든 죄를 다 지었대도, 언제나 같은 신뢰를 가지겠으며, 헤아릴 수 없는 그 숱한 죄라도, 타는 불 속에 던져진 한 방울의 물처럼 느낄 거라고 말해 주십시오"(위의 책, 43: 7월 11일).

막달레나의 행동을 본받는 깊은 겸손과 함께 하느님의 자비에 대한 신뢰와 위탁 그리고 사랑을 가지고 그분께 나아가는 모습을 보여준다.

3. 하느님 사랑의 체험

영적 어린이는 무엇보다도 먼저 인간을 향한 하느님의 자비로운 사랑을 깊이 깨달은 사람이다. 그래서 그 사랑에 사랑으로 응답하고 싶은 깊은 원의를 지닌 사람이기도 하다.[21] 왜냐하면 사랑은 사랑으로 밖에 갚을 수 없기 때문이다.[22] 그러나 데레사는 인간이 가지고 있는 사랑이란 이기심으로 물들은 흠집투성이의 사랑임을 잘 알고 있었다. 그래서 주님의 "사랑"으로 영원히 일치하기를 원하였다.[23] 성녀는 이렇게 기도하였다. "아, 당신을 사랑하기 위해서/ 수천의 마음을 / 나에게 주세요! / 그러나 아직도 매우 적어요 / 예수님, 최고의 아름다움이시여 / 당신을 사랑하기 위해서 / 당신 자신의 신적인 마음을 제게 주세요."[24] 그래서 주님께서는 데레사의 가난한 마음과 당신께 대한 그 무조건적인 신뢰와 간절한 원의를 보시고 그녀를 찾아오셔서 당신의 사랑을 성녀의 마음 안에 태워주셨다.[25] 1895년 6월 11일 셀리나와 함께 하느님의 인자하신 사랑에 자신들을 희생 제물로 바친

---

21 자서전 1, 82뒤, 236: "이제 제게는 예수님을 미칠 듯이 사랑하는 외의 다른 원은 아무 것도 없습니다."
22 십자가의 성 요한/방효익 역주/윤주현 감수, 『영혼의 노래』 9,7: 가르멜 총서 18 (서울: 기쁜소식, 2016), 151.
23 기도 6, 2앞("좋으신 하느님의 인자하신 사랑에 희생 제물로 나 자신을 바침", 자서전, 359).
24 시 24,31: Thérèse de Lisieux, OEvres complètes, ed. Cerf et DDB, 1992, 700.
25 편지 197, 330 참조.

다음, 6월 14일, 금요일 '십자가의 길'을 하다가 데레사는 "사랑의 불화살"을 맞는 은총을 받는다.26

소화 데레사가 체험한 이 은총은 예수의 성녀 데레사의 "영혼의 성"에서 말하는 제6 궁방에서 일어나는 전형적인 신비체험 가운데 하나이다. 이미 데레사가 하느님과의 깊은 사랑의 일치에 들어갔음을 보여주는 신비체험이다. 이 사랑은 데레사가 열네 살 때부터 느낀 인간적인 사랑의 열정과는 아주 다른 불꽃 속에서 타는 듯이 느낀 초자연적인 사랑이었다.27 이러한 체험은 성녀 소화 데레사에게는 단 한 번뿐이었고, 다시 여전한 메마름 속으로 돌아갔다. 그러나 이러한 신비체험은 성녀의 영혼을 풍요롭게 하였고, 데레사는 자신의 영혼 안에서 일하시는 하느님의 은총을 느낄 수 있었다. 이 초자연적 사랑은 자신을 속속들이 파고들며 특히 자신을 정화시키는 사랑의 불로 인식되어 연옥을 무서워할 수 없다고 했다.28

그리고 1896년 4월 5일 이 사랑의 불은 완전한 사랑의 일치를 위하여 데레사를 신앙의 어두운 밤 속으로 인도했다. 비록 데레사가 하느님의 사랑으로 불타올라 그 타는 듯한 사랑을 느꼈지만 아직도 영혼이 지니고 있는 애착들에서 정화될 필요가 있었다.29 그리고 이러

---

26 "소화 데레사의 마지막 남긴 말씀", 37: 7월 7일; 성녀 아빌라의 데레사는 "자서전" 29장 13절에서 이 은총을 "이건 육체적 고통이 아닙니다. 영신적인 것입니다"라고 했다. 그리고 이 체험을 "영혼의 성", 제6 궁방 2장에서 자세히 설명하고 있다: 예수의 데레사/최민순 역, 『영혼의 성』(서울: 바오로딸, 2009), 154-159.
27 "소화 데레사의 마지막 남긴 말씀", 37-38 참조.
28 자서전 1, 84앞-84뒤, 240-241: 성녀 대 데레사 역시 그 사랑의 불이 영혼 안에 타오르면 영혼이 싱싱해지며, 동시에 자신의 모든 죄가 사해졌다는 것을 경건하게 믿을 수 있다고 했다(예수의 데레사, 『영혼의 성』, 제6 궁방, 4,3, 173-174).
29 십자가의 성 요한/방효익 역주/윤주현 감수, 『어두운 밤』 II,3,3: 가르멜 총서20 (서울: 기쁜소식, 2016), 182-183 참조.

한 시련은 데레사에게서 천국을 사모하는 데에서 오는 일체의 모든 자연적 만족감을 모두 빼앗아 버렸다.30 이제 천국을 생각하는 것은 싸움의 주제가 되어버렸고 그것이 어찌나 어둡던지 성녀는 이 캄캄한 '터널' 속을 지나봐야 안다고 하였다. 데레사의 신앙을 둘러싸고 있는 어둠에 대한 묘사는 매우 인상적이며 성녀는 하느님을 모독하는 말을 할까봐 겁이 날 정도였다.31 가끔 반짝이는 햇빛이 잠깐 그녀의 어두움을 훑으며 비추면, 잠깐 시련이 멈추지만 그 다음에는 이 햇빛을 본 기억이 그 어두움을 배가하는 것이다. 이러한 배경 위에서 데레사는 주님께서 자신이 견딜 수 있을 때, 그 시련을 보내주신 주님의 자비를 말하고 있다.32

이러한 신앙의 어두운 밤은 또 다른 신비체험으로써 데레사는 자기 자신의 연옥을 위하여 선택한 예수님의 사랑의 불이라는 것을 알고 있었다. 그리고 이러한 사랑의 불은 그가 예수 안에서 완전히 변화될 때까지 그의 영혼을 불태울 것이다. 귀양의 어두움 가운데서, 사랑으로 살기를 열망하면서, 데레사는 자신의 "작은 길"을 계속해서 걷는다. 그녀 "허무"와 가난을 사랑하면서, 불태우며 변화시키는 사랑에 신뢰를 갖는 것이다.33

그러나 이 정화 가운데서도 영혼은 하느님을 위해 천 번이라도 자

---

30 자서전 3, 7뒤, 285-286.
31 자서전 3, 6뒤-7앞, 283-284.
32 자서전 3, 7뒤, 286.
33 자서전 2, 3뒤, 258: 십자가 성 요한은 이 모든 것이 어두운 관상을 통해 이루어지는 것이고, 관상 안에서 영혼은 자연적인 기댈 곳이 없어지고 비워짐을 겪는다고 한다. 결국 영혼이 정화된다는 것은 마치 불로 쇠의 녹을 녹여 없애버리는 것처럼 영혼이 늘 간직하고 있던 습관적 결함들과 애착들을 영혼 안에서 다 빼앗는 것이고, 다 소멸시키고 비워놓는 것이라고 한다(어두운 밤 II, 6,5, 196 참조.).

신의 목숨을 내놓을 만큼 하느님을 엄청나게 사랑한다. 영혼이 하느님을 그렇게 사랑하기 때문에 하느님 외에 다른 곳에는 마음을 둘 수도 없으나, 자신이 너무 초라하기 때문에 하느님께서 자신을 사랑하신다고 믿을 수도 없게 된다.34 그러나 데레사는 끝까지 하느님을 신뢰하였다. 그리고 그의 생애 끝에는 오직 사랑만이 있었다. 사랑이 아닌 다른 빛은 없었다.35

그리고 하느님께서는 이렇게 깨끗해진 영혼을 당신과 은밀하게 결합시켜주시려고 데레사로 하여금 1896년 여름날 저녁 대침묵 시간 동안 "얼의 날음"이라는 또 다른 신비체험을 하게 하셨다.36 이러한 탈혼은 하느님의 위대하심을 알게 하고, 자아인식과 깊은 겸손을 그리고 세상 사물을 가볍게 여기고, 위대하신 하느님을 섬기는 데 소용이 되지 않는 것은 다 쓸데없다는 것을 깊이 깨치게 된다.37 또 한 편 이 은총의 효과는 영혼으로 하여금 하느님께 대한 사랑으로 불타게 하며, 하느님의 뜻이라면 온갖 방법을 다 써서라도 하느님을 섬기고

---

34 어두운 밤 II, 7,3, 201; 어두운 밤 II, 7,7, 206 참조.
35 데레사는 성 아우구스티노의 데레사 수녀에게 이렇게 말하였다. "만약 당신이 안다면 ─그는 나에게 말하기를─ 내가 빠져있는 그런 어두움 가운데서, 나는 더 이상 영원한 생명을 믿지 않습니다; 이 죽어야할 인생 이후에는 더 이상 아무 것도 있는 것 같지 않습니다; 내게는 모든 것이 사라져 버렸고, 사랑 이외에는 아무 것도 남아있지 않습니다": *Procès informatif ordinaire* (Roma: Teresianum, 1973), 402.
36 "소화 데레사의 마지막 남긴 말씀", 45: 7월 11일; 십자가의 성 요한, "영혼의 노래", 13,6, 184: "성령의 이런 방문에서는 영혼이 성령과 친교를 나누도록 강한 힘으로 영혼을 황홀하게 만든다. 이 황홀함이 영혼을 육체로부터 벗어나게 하고 아무것도 느끼지 못하게 만든다. 또한 육체 안에서 이루어지는 행동을 의식하지 못하는데 그것은 이미 하느님 안에서 행동하기 때문이다. 그래서 성 바오로가 자신의 들어 올림에 대하여 자기 영혼이 몸째 그리되었는지 몸을 떠나 그리되었는지 알 수 없었다고 했다"(2코린 12,2). 이 체험에 대한 정확한 연도는 없으나 필자가 추정하여 넣은 것임.
37 예수의 데레사, "영혼의 성", 제6 궁방 5,10, 190.

싶어 하는 열망이 솟구치는 것이다.38 이러한 열망을 우리는 소화 데레사의 두 번째 자서전에서 볼 수 있는데, 성녀는 참으로 대담한 원의를 가지고 하느님과 세상의 구원을 위해서 군인, 사제, 사도, 학자 그리고 선교사가 되고 싶었던 것이다. 그리고 성녀의 선교에 대한 열정은 훗날 성녀를 '선교의 주보성인'이 되게 하였다.

그리고 또 다른 효과는 그 사랑의 힘이 크기 때문에 하느님을 섬기는 일이라면 천만 번을 죽어도 시원치 않을 그런 마음이 생긴다. 그래서 무엇이든 자기가 하는 일은 작게 보고, 우리 주님의 도우심만 있으면 모든 것이 다 쉬운 일이라고 믿기 때문에, '순교자들이 자신들이 당하던 그 고통을 왜 아무렇지도 않게 여겼는가를 환히 알게 된다'39고 한다. 마찬가지로 소화 데레사 역시 천만 번이라도 주님을 위해 죽고 싶은 순교에 대한 강한 열망을 드러내고 있음을 볼 수 있다. 비록 순교가 어릴 적 꿈이고, 가르멜수녀원의 삶 속에서 이 꿈을 실현할 수 있다고 생각했지만, 그 강렬한 사랑의 힘은 천만 번을 죽어도 시원치 않아 결국 성녀에게 모든 종류의 순교를 원하게 하였다.40 그리고 이 사랑의 힘은 영혼으로 하여금 고통을 주시어 주님을 위하여 참을 수 있기를 간절히 원하게 하는 것이다.41

또한 이러한 자신의 모든 원의를 실현할 수 있는 방법을 찾고자 했으니, 1코린토 13장을 통해 하느님께 가는 가장 확실한 길은 애덕이며, 사랑은 모든 성소를 포함하고, 사랑은 모든 것이라는 것 그리고

---

38 위의 책, 제6 궁방 4,15, 181.
39 위의 책, 제6 궁방, 4,15, 181.
40 자서전 2, 3앞, 255-256.
41 예수의 데레사, "영혼의 성", 제6 궁방, 4,15, 181.

사랑은 모든 때와 장소를 포함하여 영원하다는 것을 깨달았다. 그리고 성녀는 교회의 모든 지체에 영적인 힘과 빛을 주는 '순수한 사랑'으로서 '교회의 심장'이 되고자 했다.42 이런 하느님의 사랑을 얻고자 하는 길, 이 길이 바로 신뢰와 위탁의 "작은 길"이다. 이 길은 성성에 나아가는 과정에서 인간이 자신의 노력에만 의존하지 않고 무엇보다 하느님의 자비와 은총에 기대는 것으로 성녀는 성성에 오르기 위한 "영적 엘리베이터"라고 불렀다.43

그리고 데레사가 "순수한 사랑의 가장 작은 행위는 다른 모든 사업을 한데 모은 것보다 교회에 더 유익하다"44라고 기억하는 것처럼, 하느님께 대한 이러한 순수한 사랑은 다른 이들과 온 교회로 가는 것이다. 데레사의 이러한 순수한 사랑의 움직임은 하느님을 향한 상승과 동시에 사람들을 향한 하향의 양면적인 움직임을 갖게 하여, 그녀 자신을 은총의 통로가 되게 한다.45 그리하여 신앙의 어두움 안에서 사랑을 살면서 죄인인 형제들에게 하느님의 용서를 얻어, 영혼들을 구하는 것이다.46 예수님께서 우리를 위해 용서를 얻어내고 당신의 생명을 우리에게 주시기 위해서 십자가상에서 성부로부터 분리됨을 느꼈던 것처럼, 데레사 또한 은총의 남용으로 인하여 신앙을 잃어버린 형제들에게 용서와 신앙을 얻어주기 위하여 보속의 영성 안에서 신앙의 시련을 받아들이고 있었다. 그리고 이러한 순수한 사랑 안에서 데레사는 성모님처럼 구원의 협조자가 되었다.

---

42 자서전 2, 3앞-뒤, 256-257.
43 자서전 3, 3앞, 276.
44 십자가의 성 요한, 『영혼의 노래』 29,2, 312-313.
45 자서전 2, 4뒤, 260-261.
46 자서전 3, 6뒤, 282-283.

III. 오늘날에 재발견하는 영적 가치

성녀 소화 데레사는 하느님을 향해 자신이 걸었던 길을 "작은 길"이라고 불렀다. 그리고 나중에 이것은 '영적 어린이의 길(영성)'로 불리기 시작했다. 왜냐면 작은 길이란 성성에 이르기 위하여 하느님의 사랑을 얻기 위한 신뢰와 위탁의 길인데, 성녀는 신뢰와 위탁을 어린이의 특징적인 덕으로 보았기 때문이다. 그리고 이 길을 설명하기 위해 성녀는 자주 상징적으로 어린이를 등장시켰다. 이는 매우 복음적인 상징이다. 마태복음 18장 1-4절에서도 제자들이 예수님께 "하늘나라에서는 누가 가장 큰 사람, 즉, 위대한 사람일까요?" 하고 물으니까 주님께서는 어린 아이 하나를 불러서 그들 가운데 세우시고는 "너희가 회개하여 어린이처럼 되지 않으면 결코 하늘나라에 들어가지 못하고, 또한 누구든지 이 어린이처럼 자신을 낮추는 이가 하늘나라에서 가장 큰 사람이다" 하고 대답하셨다. 그러니까 성녀 소화 데레사의 신뢰와 위탁의 작은 길은 어린이가 되는 길이고, 또 동시에 하늘나라에 들어가는 길이며, 하늘나라에서 가장 큰 사람이 되기 위한 길이라고 말할 수 있겠다.

왜 그럴까? 하느님 나라는 인간의 힘이나 노력으로 들어갈 수 있는 것이 아니다. 원죄로 인하여 인간이 선하다고 하는 것도 하느님 눈에는 많은 결함이 있기 때문이다. 그러므로 참으로 의로운 사람은 아무도 없으며, 우리 스스로는 하느님 나라에 들어갈 수 없다. 그러니까 우리는 우리 자신의 부족함을 인정하고 받아들이면서 어린 아이가 되어 우리의 구세주 예수님께 모든 것을 신뢰하고 위탁할 때, 우리는 예수님 안에서 예수님을 통해서 하늘나라에 들어갈 수 있는 것이다.

그리고 천국에서 가장 위대한 사람은 누구인가? 사랑이신 하느님(1요한 4,16)의 사랑에 가장 깊숙이 참여하는 그 사람일 것이다. 하느님의 사랑에 깊숙이 참여하게 해주는 그것을 우리는 "공로"라고 부른다. 그런데 소화 데레사는 전문적으로 신학을 배우지는 않았지만 영적 직관에 의해 공로가 무엇인지를 깊이 깨달았다. 성녀가 언니 셀리나에게 보낸 편지에 다음과 같이 썼다: "공로란 많이 행하고 많이 주는 데 있는 것이 아니라, 많이 받고 많이 사랑하는 데 있어."[47] 원죄로 인하여 우리가 행하는 선(善)이란 흠이 많기에 하느님과 일치하는 데 큰 힘을 발휘하지 못한다. 그러나 하느님으로부터 그 사랑을 받아 행할 때, 그 순수함으로 인해 우리를 하느님과 깊이 일치시키며 작은 일에도 큰 효과가 있는 것이다. 그래서 성녀는 모든 것을 하느님께 다 맡겨 드리며 '빈손'으로 하느님 앞에 나아가고자 했다. 그리고 내 것이 아니라 오직 하느님의 정의와 사랑으로 천국을 차지하고자 하는 신뢰와 위탁의 대담한 희망을 가졌다.[48] 그러므로 하느님의 사랑을 얻기 위한 신뢰와 위탁의 영적 어린이 영성은 하늘나라에서 가장 큰 사람이 되기 위한 길이기도 하다. 그리고 이 길을 걸었던 소화 데레사는 하느님의 사랑으로 큰 별이 되어 우리를 비추고 있다.

이렇게 '작은 길'은 우리를 하느님의 사랑으로 이끌며, 우리로 하여금 하느님의 자비로우신 사랑을 체험하게 하고 우리를 거룩하게 하기 때문에 교회가 인준하여 1997년 10월 19일 성녀를 교회 박사로 선포하였다. "영적 어린이의 영성"으로 불리는 이 작은 길은, 예수께서 성령을 받아 기쁨에 넘쳐 말씀하신 것처럼, 하늘나라의 신비를 지혜롭

---

47 편지 142, 217: 1893년 7월 6일.
48 기도 6, 2앞: 자서전, 359.

다는 사람들과 똑똑하다는 사람들에게는 감추시고 오히려 철부지 어린이들에게 나타내 보이시는 자비로우신 성부의 뜻에 매우 합당한 복음적인 길이다.

나가는 말

하느님과의 일치의 길로써 모든 것을 하느님의 자비하심에 전적으로 희망하며 신뢰를 두는 "작은 길"을 발견하기까지 데레사는 어려서부터 자신의 약함을 경험했고, 또한 기도의 메마름을 통하여 자신의 무능과 가난함을 체험하였다. 그리고 성녀는 겸손하게 자신의 작음과 불완전을 받아들였다. 그러나 성성(聖性)에로의 꿈을 접지 않고, 그 길을 찾던 중, 잠언 9,4와 이사야 66,12-13을 통하여 작은 자에게 자비로우신 예수님의 새로운 얼굴을 보게 되었고 하느님께 가는 신뢰와 위탁의 작은 길을 발견하게 되었다. 그리고 1895년 6월 9일, 삼위일체대축일에 하느님께서 우리에게 얼마나 당신의 사랑을 주고 싶어 하시는 지를 깊이 깨닫고 자신을 자비하신 하느님의 사랑에 희생제물로 봉헌하였으며, 그 이후로 성녀는 자신 안에서 정화하시며, 거룩하게 하시는 성령의 활동을 깊이 감지 할 수 있었다. 그리고 얼의 날음이란 탈혼의 은총도 받았다. 하느님께서는 데레사의 사랑이 더욱 순수하고 깨끗해져 교회와 영혼에 유익이 되게 하시고자 임송하기 전 병중에 있을 때, 18개월 동안 신앙의 어두운 밤을 거치게 하셨다. 이 또한 신비체험으로서 순수한 사랑을 통해 십자가에서 죽으신 예수님과 사랑의 일치를 이루게 하였다. 그리고 이 신앙의 어두운 밤 가운데서 데레사는 교회 안에서 불타는 심장이 되고자 평범한 일상 속에서 숨은 희생의 삶을 살아가며 끊임없이 신뢰와 위탁의 작은 길을 걸었으며, 신앙을 잃어버린 형제들을 위해 기도하면서 하느님의 자비와 사랑이 필요한 모든 사람과 연대하고자 했다. 이렇게 성녀는 하느님과 이웃에 대한 순수한 사랑을 일상의 "작은 것들"을 통해 표현함으로써 누구나 일상도(日常道)를 통해 성성에 나아가도록 가르쳤다.

또한 성녀는 자신의 자서전에 그의 생전에 몇 번 있었던 신비체험을 기술하지 않았다. 왜냐면 자신의 신뢰와 위탁의 작은 길이란 믿음, 희망, 사랑으로 사는 향주삼덕의 길이기 때문이다.49 그리고 작은 길의 모범으로서 성모님을 소개한다. 성모님은 예수님의 어머니요, 모든 성인의 여왕이시지만, 나자렛에서 가난하게 사셨으며, 어떠한 기적이나, 탈혼, 황홀함도 없이 신앙의 평범한 길을 걸으셨다. 왜냐면 이 땅에는 작은 자들이 대부분이기 때문이다.50 그리고 이 향주덕은 하느님 외의 모든 것으로부터 영혼을 보호하기에, 하느님과 영혼과의 합일을 안전하게 이끌어주는51 길이기도 하다.

---

49 Conrad De Meester, *Teresa di Lisieux*, Dinamica della fiducia: Genesi e struttura della 〈via dell'infanzia spirituale〉, trad. Maria Rosaria Del Genio (Milano: San Paolo, 1996), 335-343.

50 시 54,17: *Thérèse de Lisieux*, OEvres complètes, 754.

51 십자가의 성 요한/서울가르멜 여자 수도원 옮김, "잠언과 영적 권고", (서울: 가톨릭출판사, 2001), 15.

참고문헌

김희중. "얀센주의". 『한국가톨릭대사전』 8. 왜관: 분도출판사, 2003.
성면의 예수 아기 데레사/안응렬 역. 『성녀 소화 데레사 자서전』. 서울: 가톨릭출판사, 1998.
_____/앙드레 꽁브 엮음/부산 가르멜 여자 수도원 옮김. 『예수 아기의 성녀 데레사의 편지』. 왜관: 분도출판사, 1994.
스테파노 요셉 피아트/서울 여자 가르멜 수도원 옮김. 『예수 아기의 데레사를 성녀로 꽃피운 한 가정 이야기』. 서울: 성요셉 출판사, 1991.
십자가의 성 요한/방효익 역주. 『영혼의 노래』 가르멜 총서18. 서울: 기쁜소식, 2016.
_____/방효익 역주. 『어두운 밤』 가르멜 총서 20. 서울: 기쁜소식, 2016.
_____/서울 가르멜여자 수도원 옮김. 『잠언과 영적 권고』. 서울: 가톨릭출판사, 2001.
예수의 데레사/서울 가르멜 여자 수도원 옮김. 『천주 자비의 글(자서전)』. 왜관: 분도출판사, 2000.
_____/최민순 옮김. 『영혼의 성』/ 서울: 바오로딸, 2009.
예수 아기의 마리 외젠/대전 가르멜 여자 수도원 옮김. 『하느님의 사랑이 나와 함께 자랐습니다』. 서울: 가톨릭출판사, 1997.
예수의 아녜스/대전 가르멜수녀원 옮김. 『성녀 소화 데레사의 마지막 남긴 말씀(Novissima verba)』. 서울: 한국천주교중앙협의회, 1992.
조던 오먼/이홍근 옮김. 『영성신학』. 왜관: 분도출판사, 1997.
Conrad De Meester. *Teresa di Lisieux. Dinamica della fiducia: Genesi e struttura della <<via dell'infanzia spirituale>>*, trad. Maria Rosaria Del Genio, Milano: San Paolo, 1996.
Procès informatif ordinaire. Roma: Teresianum, 1973.
Thérèse de Lisieux. *OEvres complètes*. ed. Cerf et DDB, 1992.

성녀 소화 데레사의 연표와 작품

연표

1873년 1월 2일		프랑스의 알랑송에서 탄생
	1월 4일	성모 성당에서 영세
1877년 8월 28일		어머니 마르탱 부인의 별세
	11월 15일	가족들과 함께 리지외에 도착
1881년 10월 3일		수녀원 학교에 들어감
1882년 10월 2일		두 번째 엄마로 선택한 폴리나가 가르멜수녀원 입회
1883년 3월 25일		신경병에 걸림,
	5월 13일	성령강림 주일에 동정 성모의 미소를 보고 기적적으로 병이 나음
1884년 5월 8일		첫영성체,
	6월 14일	견진성사
1885년 5월 17-21일		영성체 갱신 준비 피정 동안에 '세심증'이 시작됨
1886년 10월 15일		큰 언니 마리아의 리지외 가르멜 입회
	10월 말	천국의 언니 오빠들의 전구로 세심증에서 벗어남
	12월 25일	자정 미사에서 완전한 회개의 은총을 받음
1887년 5월 29일		아버지에게 가르멜수녀원에 들어갈 허락을 받음
	7월	십자가의 예수 상본을 앞에서 영혼을 구하고자 하는 열망을 느낌
	11월 20일	교황 레오13세를 알현. 15세에 가르멜수녀원에 들어갈 허락을 청함,
	12월 28일,	위고냉 주교로부터 가르멜수녀원에 들어갈 허락을 받음
1888년 4월 9일		리지외 가르멜수녀원 입회
1889년 1월 10일		착복식.
	7월	성녀 막달레나 은수처에서 동정 성모와 결합하는 은혜를 받음. 고요의 기도가 일주일 간 계속됨
1890년 9월 8일		서원식.
	9월 24일	수건 받는 예식
1891년 10월 8-15일		프란치스코회의 알렉시스 프루 신부가 지도하는 피정에서 사랑과 신뢰의 길에 대한 확신을 갖음
1893년 2월 20일		예수의 아녜스 수녀가 원장으로 선출됨. 그 직후, 부수련장이 됨
1894년 7월 29일		아버지 마르탱씨의 별세.
	9월 14일	언니 셀리나의 리지외 가르멜수녀원 입회
	12월 말	예수의 아녜스 원장이 데레사에게 어린 시절의 추억을 쓰라고 명함

1895년 6월 9일		하느님의 인자하신 사랑에 자신을 희생 제물로 봉헌함
1895년 6월 14일		십자가의 길을 하다가 '사랑의 불화살'의 은혜를 받음
	10월 17일	신학생이고 장차 전교 신부가 될 벨리에르 신부의 영적 누이가 됨
1896년 1월 20일		첫 번째 자서전 원고를 예수의 아녜스 원장에게 넘김.
	3월 21일	곤자가의 마리아 수녀가 원장으로 선출됨. 데레사는 계속해서 수련자들을 돌봄.
	4월 2-3일	밤사이 첫 번째 각혈을 함.
	4월 5일	죽을 때까지 계속된 '신앙의 어두운 밤'에 들어감.
	5월 30일	외방전교회의 아돌프 룰랑 신부가 데레사의 두 번째 영적 형제가 됨
	9월 7-18일	데레사는 개인피정을 함. 이 피정 동안에 큰 빛을 받아 교회의 심장이 되고자 하는 자신의 성소를 발견
	9월 8일	두 번째 자서전 원고의 두 번째 부분을 작성
	9월 13일	두 번째 자서전 원고의 첫 번째 부분을 작성
1897년 4월 6일		예수의 아녜스 수녀가 데레사의 마지막 말을 적기 시작
	6월 3일	예수의 아녜스 수녀가 데레사가 자서전을 계속해서 쓰기를 청해서 곤자가의 마리아 원장은 데레사에게 그녀의 수도생활에 대해 계속 쓰기를 명함
	7월 8일	데레사는 자기 독방을 떠나 병실로 감
	7월 11일 전	세 번째 자서전의 원고를 마침
	9월 30일	저녁 7시 20분 경 사랑의 탈혼 중에 마지막 숨을 거둠
1923년 4월 29일		시복
1925년 5월 17일		시성
1997년 10월 19일		교회박사로 선포됨

작품

1877년 4월 4일-1897년 8월 27일, 『편지들』, 266편

1884년 6월 21일-1897년 9월 8일, 『기도들』, 21편

1893년 2월 2일-1897년 5월, 『시』, 54편

1894년 1월-1897년 2월, 『연극 대본』, 8편

1896년 1월 20일, 『자서전 원고 1』 - 예수의 아녜스 원장 수녀에게 보낸 글

1896년 9월 8-13일, 『자서전 원고 2』 - 성심의 마리아 수녀에게 보낸 편지

1897년 7월, 『자서전 원고 3』 - 곤자가의 마리아 원장 수녀에게 보낸 글

십자가의 불꽃으로 타오른 화해의 성녀, 에디트 슈타인

최우혁 미리암

에디트 슈타인(1891-1942)

들어가면서

지난 세기에 이루어낸 인간의 문명은 인간이 이루어낸 쾌거이기도 하지만, 발달된 과학을 기반으로 세계적인 규모의 전쟁을 통해서 집단 학살이 이어지고, 신의 존재를 부정하는 인간 이성의 활동이 끔찍한 파괴로 이어질 뿐이라는 것을 알려주었다. 아우슈비츠로 상징되는 그 파괴의 현장에서 에디트 슈타인은 유대인과 그리스도인, 죽이는 이와 죽임을 당하는 이의 이중 정체성을 자신 안에서 소화하고 가스실의 죽음을 마주하였다. 죽음을 넘어서는 영원한 생명을 증언하고 자신의 내면에서 이루어진 화해를 통해서 인류의 화해를 위해 노력한 그의 생애와 작품은 예수 그리스도의 이끄심을 온전히 따른 여성 신비가의 모습으로 21세기의 위기를 마주한 우리를 진정한 삶으로 안내할 것이다.[1]

I. 역사적 상황·생애

1891년 10월 12일, 유대교의 속죄의 날(Yom Kippur)에 독일 브레슬라비아의 유대인 가정에 7남매 중의 막내로 태어난 에디트 슈타인은 2살에 아버지를 여의고, 목재상을 하는 어머니의 사랑을 받으며 성장하였다. 하지만 10대 중반에 유대교 신앙을 거부하고 무신론자로 20대를 지나며, 심리적, 학문적, 영적 방황을 거듭하며 철학도로서 현

---

[1] 수자와 카오리/최경식 옮김, 『에디트 슈타인』(분도출판사, 1996). 풍부하고 정확한 자료들을 기반으로 저술된 에디트 슈타인의 전기로, 훌륭한 한국어로 번역되었다.

상학을 공부하며 영원한 진리를 향한 탐구를 이어갔다. 1921년 여름, 예수의 성녀 데레사가 쓴 자서전을 읽고 예수 그리스도를 결정적으로 받아들인 후, 1922년 1월 1일, 가톨릭교회에서 영세를 받고 가르멜의 수도자가 되기를 희망하였다. 하지만 어머니의 극한 반대에 부딪쳐 도미니코회 수녀들이 운영하는 여자고등학교에서 1923-1932년까지 가르치며, 토마스 아퀴나스의 철학과 신학에서 여성 교육론에 이르기까지 그리스도교 철학과 인간학을 주제로 연구하고 저술하였다.

1932년, 뮌스터의 초급사범대학에 초빙되었지만, 1933년 히틀러 정권에 의해 유대인의 공직활동 금지령이 발동되면서 모든 사회적 활동을 정리하고, 유대교 신앙을 가진 가족들의 반대를 무릅쓰고 1933년 10월 14일, 쾰른의 맨발 가르멜 수도회에 입회하였다. 1938년 10월 독일에서 유대인들을 겨냥한 대규모 테러인 "수정의 밤" 사건 이후에 12월 31일 나찌의 압력을 피해 네덜란드의 에히트(Echt)수녀원으로 옮겨서 수도생활을 이어갔다. 하지만 1942년 8월 2일 수도원에 들이닥친 비밀경찰 게슈타포에 의해 체포되어 고향인 브레슬라비아를 거쳐 아우슈비츠 지역으로 보내졌으며, 8월 9일 아우슈비츠 비르켄나우의 가스실에서 죽임을 당했다. 그리고 그의 죽음은 역설적으로 가톨릭교회에 의해 순교로 받아들여졌다.[2] 1998년 10월 11일, 요한 바오로 2세에 의해 시성되었으며, 1999년 10월 1일, 스웨덴의 브리지다 성녀, 이탈리아의 카타리나 성녀와 함께 유럽의 수호 성녀로 선포되었다.

---

[2] 쟝 드 파브레그/대구 가르멜 여자 수도원 옮김, 『성녀 에디트 슈타인』 (가톨릭 출판사, 2012). 철학자에서 봉쇄 가르멜회의 수도자로 전환되는 살아간 생애를 영성적 관심에서 저술한 전기이다.

II. 활동과 작품

1. 철학자와 교육자로서

10대 중반에 유대교 신앙과 학교교육을 거부한 에디트 슈타인은 프랑크프르트의 결혼한 언니의 집에서 조카들을 돌보며 산업화한 대도시의 삶을 목격하였다. 이후 검정고시로 고등학교 과정을 마치고 고향에서 대학에 들어갔지만 초기단계의 심리학을 다루는 인문학부의 수업에 만족하지 못하고 괴팅겐 대학에서 현상학을 가르치는 후설을 찾아서 본격적인 철학을 공부하게 되었다. 1914년 제1차 세계대전 동안에는 적십자에 지원하여 러시아와 국경을 마주한 지역에서 간호사로 종군하다가 병을 얻기도 하였으며, 확고한 애국심을 가진 독일인로서 후설의 엄격한 지도를 받고 1916년, "공감의 문제"[3]를 주제로 프라이브르그 대학에서 철학 박사학위를 받았다.

그리스도교인이 된 이후에, 예수회 철학자인 프리츠바라 신부(Erich Przywara, sj)의 권고로 토마스 아퀴나스의 진리론(Questiones disputatae De Veritate, 1256-1257)과 19세기 후반, 영국의 옥스포드 운동을 주도했던 헨리 뉴만 추기경의 대학교육에 관한 논문과 서간들을 독일어로 번역하면서[4] 가톨릭 철학의 세계를 알게 되었다. 슈파이어(Speyer)의 여학교에서 가르치면서 지낸 이 기간 동안 슈타인은 현상학적 방법론을 통하여 인식한 진리와는 달리 계시된 진리에 관한 가톨릭 철학의 전망을 수용하기에 이르게 되었다. 1929년, 스승인 후설의 70회 생일

---

[3] 『에디트 슈타인 전집』(ESGA) vol. 5.
[4] 『에디트 슈타인 전집』(ESGA) vol. 21-22.

을 맞아 기념논문집에 후설과 아퀴나스의 사상을 비교한 글에서 에디트 슈타인은 현상학적 관점에서 그리스도교 철학을 재조명하고 진리를 향한 두 길의 합류가 가능한 것을 밝힘으로써 성숙한 철학적 깊이를 보여주었다.5 또한 현상학의 방법으로 철학과 신학을 넘어서는 주제로 연구를 확대하여 1925년, 히틀러의 출현과 나찌즘에 관해 비판하는 『국가론』을 저술하였다.6

그리스도교 인간학과 신비신학의 합치점에 이른 그의 학문적 성숙함은 1936년에 그리스도교 인간학의 정점을 이루는 작품 『영원한 존재와 유한한 존재』7의 탄생으로 드러났다. 그가 이해한 신학적 인간의 존재론적 특징은 지속적으로 성장하는 인간으로서 마치 씨앗이 나무가 되듯, 가능성을 현실로 자신의 질적 전환을 이루어내는 것이 가능한 인간이며, 진리에 대답하는 인간, 영적인 강인함을 소유하여 고통 앞에서 포기하지 않는 인간이다. 내적인 강한 동기를 가지고 다른 모든 것을 희생하고 목표를 향해 나아가며, 주체성과 개별성의 자아의식이 강한 사람이다. 동시에 인간적 가치를 넘어서는 영적, 초월적, 가치 기준을 기반으로 철학하는 지성적 인간으로 지성으로 "사랑"을 이해할 수 있는 존재이다. 특별히 부록으로 집필한 『영혼의 성』은 당대의 철학자 마르틴 하이데거가 주장한 뿌리 없이 던져진 유한한 삶에 대한 철학적 사유와 비교하여 삼위일체의 신성에 뿌리를 내리고 시작된 인간의 영원한 삶을 살아낸 예수의 성녀 데레사의 영적 완성을 보여준 박월한 작품이다.

---

5 『에디트 슈타인 전집』(*ESGA*) vol. 9, 91-118; 119-142.
6 『에디트 슈타인 전집』(*ESGA*) vol. 7.
7 『에디트 슈타인 전집』(*ESGA*) vol. 11-12.

2. 여성신학자와 수도자로서

에디트 슈타인은 여성의 정체성을 기반으로 철학과 신학을 탐구했으며, 몸과 마음과 영혼으로 이루어진 인간됨의 본질을 분석하고, 나자렛의 마리아가 발설한 "말씀이 인간이 되게 하는 그 응답(루가1, 26-18)을 따라 인간의 진리를 완성해 나가는 Fiat(자발적 긍정에 의한 응답)의 삶을 살아갔다. "십자가의 데레사 베네딕타"라는 이름으로 가르멜의 수도자가 된 에디트 슈타인은 그리스도인-유대인, 여성-학자의 자기 정체성을 전제로 인간의 구조와 행동을 분석하고 "동기"의 기본 원리를 개인과 공동체의 관계 안에서 이해하려고 하였다. 특별히 "주체"의 문제는 순수한 "나"와 순수 의식, 의식현상의 방법론으로서의 현상학, 존재의 구조 등 주체적인 인간 신체에 관해 본질과 실존을 구분하여 정신현상학과 생체 심리적 측면으로 나누어 이해하였다. 심리적 요인들과 영적인 삶과의 관계에 주목하는 동시에 인간을 개별자로 이해하였는데, 이는 각각의 인간이 인식과 판단의 주체로서 다양한 공동체를 이루고 인간사회를 이루는 것을 반영한다.

모든 여성은 하느님의 어머니를 닮은 존재인 동시에, 그리스도의 신부이며, 성심의 제자이다. 여성의 이러한 모습은 여성의 고유한 소명에 일치하며, 그를 둘러싼 환경이나 외적인 활동과 무관하다. 이러한 존재적 특성은 여성이 온 생애를 통해서 완성해야 할 과제이다 (*ESGA* 13, 26).

에디트 슈타인의 전 생애를 통해서 가장 큰 영향을 준 이는 아빌라

의 예수의 성녀 데레사이다. 성녀의 자서전을 읽으면서 사백여년을 건너는 만남이 시작되었고 데레사를 만남으로써 그의 생애는 철학적이고 절대적인 진리를 탐구하는 것에서 살아있는 사람에서 완성되는 영원한 진리를 따르는 삶으로 전환되었다. 예수 그리스도에게서 인간은 신의 모습에서 시작되는 것과 그 인간의 가능성은 역사적 역동성 안에서 실현되는 것을 알게 된 것이다. 그 만남은 신비신학과 현상학의 만남을 의미할 뿐만 아니라, 맨발 가르멜회의 영성을 현대의 영성으로 이해할 수 있는 시작을 의미한다. 성녀 대레사의 자서전을 읽으면서 사백여년을 건너는 만남이 시작되었고 데레사를 만남으로써 에디트 슈타인의 생애는 철학적이고 절대적인 진리를 탐구하는 것에서 살아있는 사람에서 완성되는 영원한 진리를 따르는 삶으로 전환되었다.

맨발 가르멜회의 쾰른 수도원에서 에디트는 영적 어머니인 데레사의 세 작품을 각각 재해석하여 예수의 성녀 데레사를 현대의 언어로 재인식할 수 있는 계기를 마련하였다. 『자서전』(1562-1565), 『완덕의 길』(1566-1567), 『영혼의 성』(1577) 은 각각 『사랑에 응답하는 사랑, 예수의 데레사의 생애』(1934), 『교육과 수련의 스승 예수의 데레사』(1935), 『영혼의 성』(1936)으로, 세 작품 모두 현상학적 읽기와 분석을 통해 중세의 로망스처럼 간주되던 데레사의 작품에서 신과 인간이 만나는 단계와 양상, 그 영향력을 식별할 수 있도록 안내한다. 전형적인 여성성을 보여주는 예수의 성녀 데레사의 작품들은 에디트의 해석을 통해서 신비경험의 실체를 여성적 관점에서 드러내 보여준다. 특별히 "영적결혼"과 "영혼의 여성성" 개념을 통하여 예수 그리스도와 데레사의 만남에서 자유로운 두 주체인 신과 여성의 만남이 너-나의 관계 안에서 이루어지는 것에 주목했다.

> 여성의 진정한 전문성은 각각의 여성이 가진 영혼의 성향을 따르며, 영혼의 특성에 따라 구체적인 활동이 이루어진다. 이러한 여성성의 근본적 원리는 사랑이며, 이는 신적인 마음에서 솟아난다. 이 근원적인 사랑의 원리에 따르는 여성의 영혼은 전례와 성체를 받아들임으로 거룩한 신성의 중심과 일치할 때 그 근원의 원리를 실현하게 된다 (*ESGA* 13, 28).

마리아에 관한 에디트 슈타인의 작품들은 주로 가르멜의 수도자 십자가의 데레사 베네딕타의 입장에서 쓰여졌으며, 인간학적 관점과 함께 신심이 강한 신학적 관점이 어울어지고있다. 교회의 기도(1936), 평화의 어머니(1937), 성녀 아기 예수의 데레사의 미리암의 첫 서원에

즈음하여(1940), 십자가의 신학(1941-1942) 등이 그리스도교 여성성에 바탕하며 육체적, 정신적이고 영적인 차원에 함께 주의를 기울이는 그의 마리아론을 상징적으로 드러내 보인다. 에디트 슈타인은 그리스도교 인간론에서 인류의 새로운 역사을 열었을 뿐만 아니라 여성의 원형이며 인간의 보편성에 자리한 여성성의 이콘인 나자렛의 마리아에 이르게 되었다(루가 1, 26-38). 그는 마리아의 모습에서 그의 주체적인 결단과 응답인 Fiat에 주목한다. 말씀을 품어안는 주체, 공경받아 마땅한 하늘의 여왕이기 이전에 아들 예수의 제자들에 둘러 싸여 기도하는 주체이며, 성찬에 참여하는 주체로서의 모습이다. 선험적 대화의 한 주체인 여성으로서 마리아는 아버지 하느님에게 드리는 사랑의 응답을 통하여 구원의 새로운 역사를 위한 성령의 활동에 참여하며, 그 일치의 역동성 안에서 그리스도의 탄생이 이루어지는 것을 밝혀내었다. 그의 현상학은 그리스도교 인간학과 신비신학의 방법론이 된 것이다.

> 성모님의 모성은 모든 모성의 원형이다. 즉, 그녀처럼 모든 엄마들은 그 영혼의 모든 풍성함을 아이에게 전하기 위하여 그의 영혼으로부터 모성을 발휘하여야 한다. 깊은 사랑 안에서 신랑의 본질을 받아들였을 때, 그녀의 중개를 통하여 아이는 아버지의 특성을 따라 존재하게 될 것이다. 이 중재는 지속적으로 이루어진다. 부성을 존중하는 이러한 모성은 예수의 탄생에서도 모성과 더불어 인간의 차원이 아닌 부성이 작용하였음을 비교적 분명하게 볼 수 있다(*ESGA* 11-12, 432).

3. 십자가의 불꽃을 피워낸 순교자로서

1933년, 히틀러가 제 3제국을 세우자 에디트 슈타인은 곧 그 파시즘의 본질을 꿰뚫어 보고 독일의 미래와 유대인들의 운명에 관하여 깊이 걱정하기 시작하였다. 말뜻 그대로 히브리어 쇼아(Shoah)란 유대인 전체를 말살하려는 계획이었기 때문이었다. 위기를 인식한 에디트는 당시 교황이었던 비오 10세를 알현하고 상황의 긴박함을 알리려 시도했지만, 그의 학문적 명성과 관계없이 평신도로서는 이루기 어려운 계획이었다. 그는 지도 신부였던 보에른의 수도원장 발쩌 신부가 알현을 위해 로마에 가는 길에 밀봉한 편지를 바티칸에 전달했고 편지가 접수되었다는 확인서를 받는데 까지는 성공했다.

70년이 지난 2003년 2월 15일, 바티칸의 문서국에서 공개한 그의 편지(Arch. AA. EE. SS, Germania 643, 1092/33)는 히틀러의 제3제국에서 유대인들이 처한 상황에 대해 설명하고 예수 그리스도의 이름으로 유대인들을 구원해 줄 것을 호소하고 있다. 그는 비오 11세에게 나찌즘의 비인간적, 반유대적, 반그리스도적 성격을 지적하고, 예수가 십자가에 달린 1900년째인 그 희년에 가톨릭교회의 권위로 유대교와 화해할 것을 요청한다. 나아가 모든 그리스도인들이 예외없이 잔인한 전쟁에 말려들고 있음을 경고하며 그리스도인으로서 기도하는 것의 의미를 되묻는다. 그 일부를 소개한다.

몇 주 전부터 이곳 독일은 이웃사랑으로는 이해 될 수 없는 인간의 존엄성과 정의를 총체적으로 말살하는 일련의 사건에 직면했습니다.… 유대들인 뿐만 아니라, 독일 안의 또 전세계의 지각 있는 가톨릭 신자들 역시 그리스도의 이름을 악용하는 이 상황에 반대하는 교회의 목소리를 간절히 기다리고 있습니다….

매일 라디오를 통해서 대중을 포격하는 인종차별주의와 국가권력이란 이 우상은 과연 새로운 이단이 시작된 것을 의미하지 않습니까? 또한 유대 종족을 고발하고 수용소로 끌어가는 이 전쟁은 우리 주님과 성모님, 또 사도들의 그 거룩한 인성을 더럽히는 것이 아닙니까?…

이 상황은 십자가에서 그를 박해하는 이들을 위해 기도하시던 우리 구원자의 모습에 전적으로 반대되지 않습니까? 또한 평화와 화해를 이루어야 할 이 기쁨의 해를 더럽히는 얼룩이 되고 있지 않습니까? 교회의 자녀로서 작금의 독일에서 벌어지는 상황을 바라보는 우리 모두는 만약 이 상황에 대한 교회의 침묵이 더 지속될 경우 교회의 이미지 자체가 실추 될 것에 대해 깊이 염려하고 있습니다.

이 전쟁은 가톨릭 교회에 대해서는 유대교에 대한 것 보다는 은밀하고 덜 잔인한 모습으로 비춰지고 있습니다만, 오래지 않아 어떤 가톨릭 신자도 조직적으로 계획되는 이 전쟁의 소용돌이에서 휘말리지 않고 비껴갈 수 없게 될 것입니다.[8]

에디트는 1938년 종신서원을 하고, 1939년 성 토요일에 에히트의 수녀원에서 자신의 동족인 유대인과 또 지상의 평화를 위하여 속죄물로 자신을 봉헌할 허락을 청했다. 비극적인 전쟁의 송식과 세계의 평화를 기원하는 그의 유언에서 예수 그리스도의 십자가를 따르는

---

8 Archivio Vaticano, Arch. AA. EE. SS, Germania 643, 1092/33; E. Stein, Letteraal Pio XI, in *Corrieredella Sera* (19 febbraio 2003), 33.

바티칸 구속주 어머니성당의 모자이크

그의 영적 성숙을 볼 수 있다. 또한 1942년 맨발 가르멜회의 사부인 십자가의 요한 탄생 사백주년을 기념하기 위해서 집필한 『십자가의 학문』에서 그는 신비신학의 입장에서 시대의 밤을 지탱한하는 십자가를 재해석한다. 십자가에 달린 예수 그리스도의 신부인 에디트, 그에게 십자가는 부활을 향한 길일 뿐 아니라, 그 깊은 밤에 십자가를 지고 가는 신랑과 예수와 더불어 나누는 사랑은 아가서에서 만나는 지극한 사람의 실현이며, 그 십자가는 아가서의 생명의 나무를 의미했다.

그의 봉헌은 강제수용소로 부터 그와 언니 로사를 구하기 위해 네덜란드의 에히트에서 받아 들여져 아우슈비츠의 순교자로 마감되었다. 1942년7월 26일 네덜란드의 가톨릭 주교회의는 전 지역의 미사에서 독일 나치의 네덜란드 점령과 만행, 유대인들의 강제수용소행을 폭로하는 강론을 했고, 곧 그에 대한 보복으로 나치는 유대계 가톨릭 개종자 20명을 연행해서 아우슈비츠로 보냈다. 에디트 슈타인과 그의 언니 로사 슈타인은 그 에 함께 포함되어 8월 2일 연행되었고 8월 9일 가스실에서 사망한 것으로 추정되고 있다.

III. 영성의 성격

1. 공감의 영성

에디트 슈타인은 하느님을 친구로 그 신비를 경험한 데레사의 인격주의가 현대적 감각을 가진 영성임을, 신비경험은 복종이 아니라 신과 대등한 관계에서 만나는 인간의 자기 정체성을 바탕으로 이루어지는 것임을 인식하였다. 또한 요한의 십자가 신학은 죽음과 고통으로 점철되는 것이 아닌, 인간의 고통에 동반하는 신의 죽음을 통하여 부활과 영광에 동참하는 인간의 신비를 역설하는 신비의 지평을 드러나는 것을 확인하였다. 나아가 가르멜 영성의 뿌리인 성모신앙이 새로운 인간을 대표하는 나자렛의 마리아에게서 인간신비의 지평을 드러내는 인간학과 함께 완성될 수 있는 것을 드러내 보여주었다.

에디트 슈타인은 스승인 후설의 현상학의 방법을 따라서 인식론의 방법론으로서 "공감"에 주목한다. 현상학의 개념으로서 "공감"은 철학하는 주체의 지성을 기반으로 기억, 의지가 어우러지는 맥락에서 접근할 수 있는 철학적 개념이다. 그런데 에디트 슈타인은 진리를 향한 방법론으로서 공감의 문제를 다룬다. "공감"은 다른 사람의 입장 안으로 들어가서 그 상황을 이해하는 능력이라고 할 수 있는데, 주체로서의 상호 관계성(Inter-Subjective) 안에서 인간은 비로소 내가 누구인지 상대방이 누구인지를 알 수 있고 인격과 인격 사이에 관계를 맺을 수 있게 한다. 즉, 상대방을 또 다른 주체로 체험하는 동시에 상대방을 유일한 존재로 체험하게 된다.

나와 동일한 주체인 또 다른 "나"인 상대방과 내면적인 서로를 인식하고 관계를 맺을 때 "나"와 "너"는 인격적으로 대체될 수 없는 고유한 존재라는 것을 깨닫게 된다. 동시에 이 만남에서 인간 인격의 영적인 차원이 드러난다. 왜냐하면 상대방을 인식한다는 것 자체야 말로 내가 나로부터 나오는 것을 전제하기 때문이다. 인간은 자기 자신을 넘어서고 자기 자신으로부터 나올 때 비로소 자신과 통교하고 자신을 실현할 수 있다. 이렇게 고유하고 개별적인 존재인 각 사람은 "나"의 고유한 체험을 통해서 자신의 세계를 구성하고 자신의 고유한 가치를 드러낸다.

박사학위 논문 "공감의 문제"에서 에디트 슈타인은 'Fiat가 주체의 의지적 결정이 이루어지는 근거이며, 전적으로 주체의 의지에 의해 실행된다'고 해명한다. 따라서 진리를 인식하는 방법론으로서 현상학적 방법론에서 "선험적 존재"인 "나"는 자신의 고유함 안에서 공감의 활동을 통해서 관계 안의 개별자로서 존재한다. 즉, 보이는 현상의 내면을 분석하기 위해서 판단중지 epoché와 분석하는 대상을 그대로 보려는 공감의 방법론을 거론되는 것이다. 이 "공감"은 경험된 것을 공유하기 이전에 주체로서의 대상에 주목하고, 이 주체의 자율성과 자발성을 근거로 한 의지의 활동으로 가능성이 현실이 되는 것에 주목한다.

또한 그리스도교 인간학에 관한 대작인『영원한 존재와 유한한 존재』(*Endliches und ewiges Sein. Versuch eines Aufstiegs zum Sinn des Seins*) (*ESGA* 11-12)에서 Fiat는 어둔밤을 밝히는 신적인 빛을 따라 걷는 그리스도인의 삶에서 마지막 신비로 남아있는 어두움, 즉 자유로운 실천의 근본에 놓여있는 그 미지의 완결을 위한 헌신으로 이어지는 힘으로서, 창조주의 Fiat에서 비롯된 인간은 형식과 질료로 구성된 자신의 고유함을 갖는 열린 존재임을 인식하게 된다. 창조주는 자신의 Fiat로 인간을 창조하고, 그 인간이 창조주를 인식하도록 하였다. 즉, 인간은 순수인식 안에서 신을 읽어낼 수 있는 가능성을 자신의 본질적 고유함으로 갖는다.

2. 가르멜의 영성

에디트 슈타인의 전 생애를 통해서 가장 큰 영향을 준 이는 아빌라의 예수의 성녀 데레사이다. 성녀의 자서전을 읽으면서 데레사가 만난 그리스도를 만났다. 예수 그리스도에서 인간의 존재와 삶의 의미를 분명하게 인식하게 되었고, 그 진리는 언제나 현재에 실현될 수 있는 것을 인식하였다. 특별히『영혼의 성』은 당대의 철학자 마르틴 하이데거(Martin Heidegger)의『존재와 시간』에서 주장하듯이 인간이 던져신 실손석 한계를 가진 손재가 아니라, 신적 근거를 가진 존재로서 창조되어 죽음을 넘어서는 영원한 신적 지평을 가지고 살아가는 것을 철학적 관점에서 비교하였다.

예수의 성녀 데레사를 통해서 성숙해진 에디트 슈타인은 존재이며, 존재의 근거인 신을 인식하는 인간의 영적 공감의 뿌리를 〈아가〉에서 찾고, 그리스도교의 전통 안에서 "그리스도의 신부"로 재해석하기에 이르렀다. 나아가 스스로 "그리스도의 신부"의 정체성을 가지고, 골고다를 향해 십자가를 지고 걷는 그리스도와 함께 죽음까지 나아가며 어둔밤을 지새우는 것을 자신의 운명으로 받아들였다. 그가 인식한 그리스도교 인간학과 신비 신학 안에서 이루어진 그의 작업은 어두움을 뚫고 아침에 드러날 부활을 준비하는 죽음을 향한 준비였다. 예정된 죽음을 향해 함께 나아가는 신랑 예수와 신부 에디트는 아무도 깨어있지 않는 역사의 어두움 속에서 〈아가〉의 은밀한 사랑을 나누며, 그 사랑을 통해서 태어날 새로운 영적 인간의 탄생을 꿈꾸었다.

가르멜의 수도자로서 그가 겪은 고통스러운 경험들과 성찰은 그 자신의 영적 결혼에 이르는 준비가 되었다. 나자렛의 마리아를 거룩한 신부가 되도록 한 그 피아트(Fiat)의 영성으로 준비된 신부, 에디트 슈타인 십자가의 데레사 베네딕타는 그토록 그리던 가르멜의 그 달콤한 정원에 들어섰고, 오랜 준비를 통한 완성의 때에 이르렀다. 하느님 역시 오래 기다린 그 준비된 신부를 꽃이 가득한 정원으로 부르시고 완전한 결혼을 성사시킬 것이다.

Fiat voluntas tua! — Fiat mihi secundum verbum tuum.
당신의 뜻이 그대로 이루어지소서!—나에게서 당신의 뜻을 이루소서.

수도자로서 에디트 슈타인은 일상 안에서 기쁘게 그리스도의 신부가 되기로 결정했다. 그것은 그리스도의 생명으로 영혼을 채우는 것이고, 사랑으로 헌신하는 것이다. 자신의 바람을 십자가에 내려놓

에디트 슈타인 이콘

듯이 포기하고 순종하는 것이며, 여기에서 또 다른 정의가 실현된다. 즉, 약한 인간의 의지는 장님과 같아서 신적 의지에 자신을 온전히 맡길 때 비로소 제대로 길을 가게 되는 것이다.

3. 화해와 일치의 영성

유대인이며 그리스도인으로서 아우슈비츠의 순교에 이르기까지 에디트 슈타인은 그의 내적 여정 안에서 인간적인 성숙을 이루어나갔고 마침내 죽음을 넘어서는 부활의 지평을 획득하였다. 그는 마리아의 피아트(Fiat)를 토대로 자신이 경험한 잔혹한 현실과 그 안에서 만나는 신의 현존 앞에서 자신의 생애를 사랑에 불태웠다. 여성과 마리아에 대한 에디트 슈타인의 입장을 따라 그의 작품들을 시기에 따라 구분할 수 있는데, 각 시기마다 논제는 변하지만 그의 연구에서 기준은 언제나 현상학적 방법론을 따라 적용되는 것을 볼 수 있다. 즉, 보이는 현상에서 본질(essenza, eidos)을 이끌어냄으로써 그 의미와 가치의 원천을 밝혀내는 것이다.

따라서 에디트 슈타인의 현상학적 방법론을 통해서 마리아를 인식하는 것은 인간의 본질을 아는 것이고, 삶의 진리를 아는 것이다. 그 선험적 만남에서 자유로운 피조물의 지성을 지향하는 실존적 진리 앞에서 마리아는 그의 응답을 통하여 인간의 현실을 비춰볼 수 있는 평가의 기준이 된다. 나자렛의 마리아는 전 존재의 열림과 헌신을 통해서 본질적으로 열린 인간의 모습을 보여주었다. 그의 응답은 한 처음 인간의 창조에서 발설된 삼위의 일치에 대한 기억이며, 그 일치를 담아낸 인간 존재의 본질과 창조된 것의 아름다움을 함께 기억하는 것이다: 철학적 피아트(Fiat)가 삼위일체적 인간의 존재를 개방하고 화해를 이루는 피아트가 되었다.

그 젊은 미망인이 희생과 고통을 견디어야 할 때에 하늘에 계신 어머니의 자녀들에게 말하곤 했다. 그곳에서는 분명 십자가 아래 있는 고통의 성모님으로부터 전해오는 것들이 있으리라. 우리 역시 그 은혜의 신비를 바라볼 때, 마리아 스스로 십자가의 학문 안에서 일찍이 이루어낸 그의 보호 위에 자리할 수 있을 것이다. 누가 그 지혜로운 동정녀보다 더 그 본질과 그 가치의 중심을 꿰뚫을 수 있으랴(*ESGA* 18, 9).

유대인의 대학살을 목격하면서 에디트 슈타인은 그리스도 사건을 이루어낸 나자렛 마리아와 구약의 에스더 왕비처럼 유대인의 구원을 기도하고 노력하였다. 하지만 그에게 돌아온 응답은 십자가의 그리스도를 따라서 그 자신을 희생제물로 드리는 것이었다. 속죄의 날에 태어난 생일의 의미를 되새기며 에스더 왕비처럼 죽음을 각오한 그의 헌신은 역사 안에서 유대인과 그리스도인의 화해를 위한 제물이 되었다.

에디트 슈타인의 독일인으로서의 정체성은 나찌 독일에서 이방인인 유대인이 됨으로서 폐기 되었다. 그는 무신론자에서 그리스도 신앙을 받아들이면서 유대인으로서의 정체성을 재인식했을 뿐만 아니라, 침묵 속에서 자신을 봉헌하며 유대인 대학살에 대한 침묵에 질문을 던졌다. 이것이 바로 그리스도인으로서 십자가에 달린 예수와 동행하면서 아우슈비츠의 가스실에서 사라져간 그의 정체성이고, 침묵하는 다수에게 던지는 침묵의 외침이다. 그의 영적인 여정 안에서 분열과 배제의 모든 것들이 만나 화해를 이루었다.

초월을 공감하는 인간의 열린 가능성을 살아냈으며, 그 가능성을 토대로 이루어낼 수 있는 새로운 세상을 희망한, 사상과 삶이 함께 완성된 에디트 슈타인! 그를 21세기의 유럽의 수호성인으로 선포한 요한 바오로 2세의 희망이 근거 있음을 이해할 수 있다.

IV. 오늘날에 재발견하는 영성적 가치

하느님 앞에 선 인간은 그의 모습에 따라 지어진 자유로운 존재이며(Imago Dei), 그 자유를 바탕으로 신적인 부르심, 즉 소명에 대답할 수 있는 능력을 가진 존재이기도 하다. 이 소명을 예수 그리스도를 통하여 인식하는 이들을 그리스도인이라 하고, 그들이 구성한 집단을 교회라 할 때, 그리스도의 몸이며 또한 그의 신부(新婦)인 교회는 그 자신과 구성원들의 영적인 특성을 여성성으로 이해하는데, 이때 순결한 처녀이며 천상의 어머니이신 마리아는 영혼의 여성성과 그리스도의 신부인 교회를 동시에 드러내는 원형적 모델로서 교회의 모든 시대에 지극한 공경의 대상이 되어왔다.

나아가 여성성과 순결은 단지 여성과 수도자에게만 해당되는 덕목이 아니라 영적 결혼을 지향하고 하느님의 신비와 더불어 살아가려는 인간이면 누구나 갖추어야 할 영혼의 준비이며, 개별자로서 결단을 해야 하는 문제인 것을 조명할 것이다. 이는 인간의 인식과 활동이 현상학적 관점에서 조명하여 분석하고 식별하여 응답하여야 할 영성신학의 주제이기 때문이다.

하느님은 "우리 없이 창조를 이루셨지만, 우리 없이 구원을 이루기를 원하지 않으신다"는 표현은 거룩한 은총을 받아들이는 것뿐만 아니라, 각각의 모든 존재가 드러내는 동의와 협력에 의지한다는 것이다. 또한 동시에 은총과 우리의 합치에 근거한 구속자의 인간이 되심에 의지한다는 의미이다. … 이 모든 것은 동정녀의 피아트(Fiat) 안에서 이루어진 완전한 표현과 성취 안에서, 또한 하느님 나라의 확장과 자신과 이웃의 구원을 위하여 일하는 모든 활동 안에 이어지는 지속성 안에서 찾아볼 수 있다. 이렇듯 피조물의 자유와 은총의 협력을 통하여 그리스도의 몸이 이루어지는 것이다(*ESGA* 11-12, 440).

에디트 슈타인의 전 작품을 통해서 피아트(Fiat)는 그 적용의 범위와 의미의 폭을 확대하며 그의 사상적 전개를 관통하는 개념으로 자리하는 것을 볼 수 있는데, 예수 그리스도에서 드러나는 인간 존재의 신비에서 피아트는 그 철학적이고 신학적인 의미의 층을 완전하게 드러낸다. 즉, 나자렛의 마리아에게서 발설된 피아트는 에디트 슈타인의 길이 되었다: 한 여성의 응답을 통하여 말씀이 사람이 되었고, 그 신비는 죽음을 앞두고 간절히 기도하던 십자가 위의 예수의 피아트에서 완성되었다. 이렇듯 나자렛의 마리아가 발설한 피아트를 근간으로 에디트 슈타인의 여성과 마리아에 관한 작품을 읽을 때 관계의 신비로 이루어진 인간의 존재론적 신비가 드러난다.

> 사랑과 어머니의 보살핌이 필요한 곳 어디에서나, "모성"을 표현할 수 있으며 이는 여성성의 전체적인 특성을 대표한다. 그런데 이 모성은 가까운 범주의 인간적인 관계에만 한정되는 것이 아니라, 자비로운 성모의 예에서 보듯이 근심과 고통이 있는 곳 어디에나 이른다. 이는 세상 어디에서나 신적인 사랑에 뿌리를 내리고 발휘되어야 하는 힘이다(*ESGA* 13, 11).

따라서 에디트 슈타인의 영성은 피아트(Fiat)의 철학적 함의가 그리스도교 인간학의 지평 안에서 해명되는 현대적 사건으로서 그 자리를 매김할 수 있다. 즉, 자유로운 인격적 주체가 신적 존재와 소통함에 있어 개별자의 자유와 의지를 바탕으로 응답하는 그 자리에 바로 인간 실존의 진리가 있다. 이것은 진리의 빛 아래 나자렛의 마리아와 함께 말씀이 사람이 된 강생의 진리를 성찰하고 응답하는 것으로 신비신학의 핵심이라고 할 수 있다. 그 신비의 길은 일상 안에서 응답을 요청하고, 극적인 상황에서 죽음을 향한 헌신을 요청하기도 한다. 신앙인의 관점 Sensus fidelium은 바로 고통과 죽음을 포함하는 모든 가능성에 열린 존재로서 삼위일체와 맺는 역동성에 일치하는 삶을 사는 것이고, 죽음을 넘어서는 부활의 지평 안에서 고통의 현실을 살아내는 것이다.

에디트 슈타인 십자가의 베네딕타 연표

생애

1891년 10월 12일	유대교의 축제인 Kippur (속죄의 날) 독일의 Breslavia 에서 출생. Sigfried Stein 과 Augusta Courant 의 일곱 남매 중 막내딸로 출생.
1893년 7월 10일	아버지 Sigfried Stein 사망.
1906-1907년	중학교 자퇴, Amburgo의 언니 집에서 조카들을 돌봄. 십대의 방황기.
1908-1911년	Breslavia의 Viktoriaschule 고등학교에 입학.
1911년	Breslavia 의 대학에 진학, 역사, 심리학을 공부.. 대학의 친구들을 통하여 성서에 관해 처음으로 알게 됨.
1912년	대학 공부에서 지적 열망이 충족되지 않음. 심리적 방황기.
1913년 4월 18일	괴팅겐의 현상학자 Edmund Husserl 에게 배우기 위해 고향을 떠남. Hedwig Theodor Conrad Martius 부부, H. Lipps, M. Scheler A. Reinach, R. Ingarden 등을 만남. Max Scheler 의 강의를 통해 가톨릭 신앙에 접함.
1914년 8월 2일	제1차 세계대전 발발.
1915년 4월	적십자의 의료봉사대로 참전. Moravia 의 Mährusch-Weißkirchen 야전병원 전염병동에서 구월까지 일함.
1916년	"공감 (Einfühlung)의 문제" 를 주제로 Freiburg 대학에서 박사학위 취득. 1917년에 논문 출간.
7월	비어있는 성당에서 기도하는 여성을 발견하고 깊은 감명을 받음.
10월	스승인 E. Husserl 의 연구조수로 일하기 시작, 1921까지 계속됨.
1917년 11월	Adolph Reinach가 전쟁에서 전사, 미망인 Anna가 십자가의 신앙으로 위로받는 것을 보고 그리스도교와 십자가의 신비로운 힘에 놀람.
1919년	독일의 Weimar 공화국에서 여성참정권 실현.
1920 – 1921년	고향에서 철학과 현상학에 관해 여성들에게 가르침. 학문적 방황기.
1921년 여름	예수의 성녀 데레사 Teresa de Jesús 의 자서전을 읽고 하느님의 영원한 진리가 인간인 예수그리스도 안에서 실현된 것을 깨달음. 자습과 기도를 통하여 가톨릭에 입문.
1922년 1월 1일	Bad-Bergzabern의 San Martino 성당에서 Teresa-Hedwig란 이름으로 영세, 친구이자 동료 철학자인 개신교 신자 Hedwig Conrad Martius 가 대모.
2월 2일	Speyer 에서 Ludwig Sebastiano주교의 집전으로 견진. 영성지도 사제

	인 Can. Schwind 가 예수회 학자인 P. Enrich Przywara, SJ 를 소개.
1923년	Speye에서 1932년까지 도미니코회 수녀원의 여자고등학교에서 가르침. 수녀원의 기숙사에 머물며 그리스도교의 진리에 관해 철학적 연구를 계속
1925년	Przywara 신부가 가톨릭 철학에 관해 공부할 것을 권유. S. Tommaso d'Aquino 와 Card. John Henry Newman의 작품 번역을 시작.
1927년	Can. Schwind사망, Beuron Abbate Raffaele Walzer를 영성지도 사제로 맞음
1928년	사순절기에 Beuron의 분도회 수도원에서 피정, 여성에 관한 강연을 시작. S. Tommaso d'Aquino 성인의 작품 "진리에 관한 명제집" (Questionesdisputatae de Veritate) 을 번역.
1929년	스승 E. Husserl 의 70회 생일기념 논문집에 E. Husserl 의 현상학과 S. Tommaso d'Aquino 의 철학적 만남을 다룬 논문을 발표.
1930 – 1932년	유럽 각국을 순회하며 청소년교육, 여성교육, 신앙교육에 관해 강연.
1932년 4월	뮌스터의 고등사범학교에서 가르치며 여성교육에 관한 강연을 계속.
7월 12	파리의 토미즘학회에서 발표, Jacques Martain 등 신토미즘 철학자들과 교류
1933년 2월 25	대학의 출강을 포기, A. Hitler 장악으로 유대인의 독일내 공직참여 금지. 비오 11세에게 유대인을 구하기 위한 교황령을 호소하는 편지를 씀.
4월 30	(선한 목자의 주일) 뮌스터의 S. Lugerus 성당에서 13시간의 성체조배 후 자신의 여정이 가르멜에 이른 것을 깨달음. 이는 화해를 위한 십자가를 지는 것을 의미.
8월	가르멜 수도회 입회를 준비하기 위하여 Breslavia의 가족방문.
9월	자서전인 "유대인 가족으로 부터"의 집필 시작.
10월 14일	맨발의 가르멜 수도회의 쾰른 수도원에 입회.
1934년 4월 15일	Teresia Benedicta a Cruce 란 이름으로 수도복을 받음.
1935년 4월 21일	(부활) 첫서원. 관구장 P. Rauch Teodoro di S. Francesco 가 철학적 연구 활동을 계속하도록 요청, "영원한 존재와 유한한 존재"의 집필 시작.
1936년 9월 14일	서원 갱신의 순간에 Breslavia에서 어머니 사망, 서신왕래가 있었음.
9월	"영원한 존재와 유한한 존재" 집필 완료.
12월 24일	쾰른에서 언니 로사가 영세.
1938년 4월 21일	(성 금요일) 종신서원.
4월 27일	스승 Edmund Husserl 사망.
5월 1일	주교 Dr. Stockums 에게 검은 수도복을 받음.

	9월 9일	유대인 대학살의 서막인 "수정의 밤" 사건이 발생.
	12월 31일	네덜란드 Echt 의 가르멜수녀원으로 옮김.
1939년 3월 26일		(성 토요일) 평화를 위한 희생으로 자신을 봉헌할 수 있도록 청함.
	7월 9일	유언서 작성.
1940년 5월 10일		네덜란드가 Hitler의 수중에 떨어짐.
	여름	언니 Rosa Stein 이 Echt의 가르멜 수도원에 도착, 수부에서 일하게 됨.
1941년 여름		"하느님 인식의 길" (Dionigi Areopagita의 작품을 번역하고 해석)을 완성.
		십자가의 요한 성인 탄생 사백 주년을 맞아 "십자가의 신학" 집필 시작, 미완성.
	9월 1일	독일의 점령지에 거주하는 모든 유대인에게 "다윗의 별"을 달도록 강제됨.
1942년 4월		Edith 와 Rosa Stein 이 Hitler의 친위대 명부에 기록됨.
	7월 26일	네덜란드의 주교들이 독일 나치의 네덜란드 점령과 유대인을 비롯한 소수자들의 학살을 폭로하고 비판하는 사목서신을 발표함.
	7월 27일	네덜란드에 거주하는 가톨릭개종 유대인들에 대한 체포령이 떨어짐.
		장상들이 두 자매 Edith 와 Rosa의 스위스 피신을 주선했으나 성사되지 못함.
	8월 2일	Edith 와 Rosa Stein 이 나치 친위대에 연행되어 Auschwitz 로 향함.
	8월 9일	Auschwitz-Birkenau 의 가스실에서 사망 (추정) - 51세.
1962년 1월 4일		쾰른의 대주교 Card. Frings 에 의해 10년에 걸친 시복 준비.
1986년 2월 15일		로마의 시복위에서 순교자로서 시복할 것을 교황 바오로 2세에게 청함.
1987년 5월		교황 바오로 2세의 독일 방문중 쾰른에서 시복됨.
1998년 10월 11일		교황 바오로 2세에 의해 로마 베드로 성당에서 시성됨.
1999년 10월 1일		교황 바오로 2세에 의해 스웨덴의 Brigida 성녀, 시에나의 Caterina 성녀와 함께 유럽의 수호성인으로 선포됨.

작품

현상학과 인식론(1916 1925)

- 공감의 문제 (1914-1916 박사논문준비), 1917
- 동기의 기본원리에 관하여, 1917-1920
- 심리학과 정신과학, 1922
- 국가론, 1925
- 철학입문, 1931

그리스도교 철학(1926-1936)

- 내적 침묵의 여정, 1932
- 괴팅겐의 첫학기, 1933
- H. J. Newman 추기경의 대학교육론 등 작품 번역, 1925-1928
- S. Tommaso d'Aquino 의 진리에 관한 명제집 번역, 1928-1931
- 훗설의 현상학과 성 토마스의 철학의 만남, 1929
- 현상학의 의미, 1930-1932
- 성탄의 신비, 1931
- 인간의 인식구조와 인식의 문제, 1932-1933
- 마르틴 하이데거의 존재론적 철학, 1936
- 가능성과 현실성, 1930-1931
- 신앙에 관한 앎과 인식, 1932
- 여성교육론, 1932
- 인간 형성론, 1932-1933
- 신학적 인간론, 1933
- 영원한 존재와 유한한 존재, 1935-1936

그리스도교 신앙과 신비신학(1934-1942)

- 유대인 가족으로 부터, 1933-1935
- 쾰른의 가르멜을 향한 여정, 1938
- 유서, 1939년 7월 9일
- 사랑에 응답하는 사랑, 예수의 성녀 데레사의 생애, 1934
- 교육과 수련의 스승 예수의 성녀 데레사, 1935
- 영혼의 성, 1936
- 교회의 기도, 1936
- 한밤의 대화, 1941년 6월 13일
- 십자가 현양 1: Ave Crux, Spes unica, 1939년 9월 14일
- 십자가 현양 2: 어린양의 혼례, 1940년 9월 14일
- 십자가 현양 3: 십자가을 받들어 올림, 1941년 9월 14일
- 주의 공현축일, 1941년 1월 6일
- 동방박사 세 사람, 1942년 1월 6일
- 하느님 인식의 길, 1941
- 십자가 신학, 1941-1942

땅 끝까지 복음을 증거한 이본 퐁슬레와
AFI(국제가톨릭형제회)

윤석인 크리스티나

이본 퐁슬레(1906-1955)

들어가면서

벨기에는 작은 나라로 중국 선교에 지대한 관심을 갖고 13세기부터 17세기에 이르기까지 유명한 인물을 많이 배출해서 중국 선교 활동을 이미 여러 차례 시도한 국가이다. 1901년 빈센트 레브(Vincent Lebbe) 신부는 중국에 선교사를 파견하는 일에 여러 가지 많은 준비와 함께 적극적인 활약을 하고 있었고, 1920-30년대에는 레브 신부의 새로운 선교 방향이 프랑스, 독일 등 유럽에 큰 영향을 미치고 있었다. 그리고 천주교회 안에서는 이미 1926년 10월 28일에 6명의 중국인 주교들이 탄생되는 크나큰 사건들이 가톨릭 역사 안에서 일어나고 있었다.

이와 같은 시대적 환경과 흐름에 큰 힘을 얻은 이본 퐁슬레(Yvonne Poncelet)는 여성 평신도로서 교회 선교활동에 참가하기 위해 활동적인 젊은 여성 평신도 봉사단을 조직해서 꿈으로만 생각해오던 선교단체를 설립해 여성 친구 2명과 함께 반뇌(Banneux1) 성모 발현성지에서 공동생활을 시작했다. 그 목적은 평신도 지위 향상, 일반 여성의 지위 향상 그리고 여성 사목 활동에 대한 강조였으며, 가장 근본적인 이상과 목적은 세상 속의 누룩이 되어 땅 끝까지 복음을 전하는 일에 일생을 헌신하고 봉사하는 것이었다. 특히 인간의 자유와 정의와 평화를 누리지 못한 채 억압받고 소외된 가운데 세계 발전의 뒤안길에서 더욱 가난해진 사람들을 위한 인간 해방 운동에 적극적으로 동참하며, 이에 헌신하는 것이었다.

이러한 AFI의 이상과 목적은 좀 더 구체적이고 현실적인 차원에서, 복음 정신이 그대로 녹아있는 전·진·상의 영성에 뿌리를 두고 있다. 이는 전 희생(全犧牲): 온전한 희생/ 진 애인(眞愛人): 참다운 인간 사랑/ 상 희락(常喜樂): 끊임없는 기쁨을 의미한다. 이러한 전·진·상의 정신은 레브 신부가 그토록 열악하고 척박했던 시절, 온 생애를 중국 선교에 헌신하며 일생에 걸쳐 도달한 사목적 영성의 집약체라고 할 수 있다. 철저히 복음에 기초한 이러한 전·진·상의 영성을 혼신의 힘을 다해 '사랑의 불꽃'으로 살다간 이본 퐁슬레의 삶은 21세기 오늘날에도 여전히 평신도 선교 영성에 큰 영감을 불어넣어 주고 있고, 나아가 복음적 삶의 풍요롭고도 아름다운 증거가 되고 있다. 또한 이는 오늘을 살아가는 우리 그리스도인들에게 하느님의 자녀로서 어떻게 살아야 하는지에 대한 크나큰 자극과 도전이 되기에 충분하다고 본다. 이제 그러한 이본 퐁슬레의 영성과 또 그 뿌리라고 할 수 있는 전·진·상의 영성에 대해 좀 더 깊이 살펴보고자 한다.

I. 이본 퐁슬레의 생애와 AFI의 탄생

이본 퐁슬레(Yvonne Poncelet)는 1906년 11월 25일, 벨기에 리에즈(Liege)의 한 브르조아 가정에서 태어났다. 그의 오빠들은 법학을 전공했지만, 이본은 천성적으로 활동을 좋아하고 또 중요하게 생각해서 고등학교를 졸업한 후에도 진학을 포기한 채 교회의 여러 활동에 참여했다. 조기에 이본은 여성 연맹(Ligues de Femmes)에서 열심히 활동했고, 이어서 사회사업 기관과 연대 협조하면서 특별히 가톨릭 운동(Actions Catholiques)에 깊이 동참했다. 그리고 공장에 가서 직접 노동의 경험을 체험함으로써 일찍부터 노동자 세계에도 깊은 관심을 가졌다.

그 후 이본이 깊이 관여한 주 활동은 소년, 소녀 스카웃트 활동으로 그녀는 젊은 나이에 이미 소년단 초대 단장을 역임했다. 그 시대의 여성관으로 볼 때, 개방적이고 진취적인 그녀의 활동은 세인들의 비판도 적지 않았고, 교회의 선입견 등 어려움이 많았지만, 그녀는 열정적인 투지와 깊은 소명의식을 갖고 봉사의 본질적인 의미와 목적을 성실히 추진해 나갔다. 이본은 많은 어린 소년 소녀들이 평생에 간직할 좋은 추억과 삶의 가치관을 그들에게 활동을 통해 직접 지도했고, 자기 봉헌의 의미, 삶의 기쁨, 초자연적인 가치관 등은 그녀가 젊은이들에게 물려준 소중한 유산이었다. 1933년부터 이본은 소년단 간사를 역임했는데, 이러한 그의 관심과 활동력은 사회적인 경계선을 넘어서는 것이었다. 즉, 하느님께서는 이러한 풍요로운 인간적 경험을 통해서 그녀를 다른 새로운 사명의 어려움들을 극복해갈 수 있는 힘을 키워주려 준비시켰고, 그녀를 다른 특별한 성소로 부르고 계셨던 것이다. 얼마 전부터 이본은 이미 자신을 하느님께 봉헌하겠다는 뜻을 품고 있었는데, 이는 시간과 일만이 아니라, 자신의 전 존재를, 온 생애를 그분께 봉헌하여 선교사가 되겠다는 결심을 다짐하고 있었던 것이다.

이본은 교회의 우주성에 대해 남다를 정도의 민감한 시각과 시대적인 감각이 있는 여성이었고, 특히 교회에 봉사하는 모든 평신도 사도직의 중요성을 깨달은 선구자였다. 그녀는 반죽 속에 누룩이 되기 위해 부르심을 받은 그리스도인들은 모든 인종과 언어, 문화, 종교를 초월하여 인류를 하나로 모으기 위해 서로 협력해야 한다는 강한 의식을 갖고 있었다. 특히 레브 신부에게서 물려받은 선구자적인 통찰력과 토착화 정신으로 그녀는 새로 태어나는 아시아와 아프리카 교회 안에 평신도 사도직의 불을 지폈다.

1. 평신도선교회(ALM) 창설 ⇒ 현재 AFI(국제가톨릭형제회)

이본은 지역을 초월하고 국경을 초월하여 보다 보편적이고 우주적인 정신으로 활동하고 싶어 했다. 자신을 온전히 하느님께 봉헌하고픈 열망을 갖고 있던 이본은 1935년에 주님의 열렬한 사도였던 뱅상 레브 신부(P. Vincent Lebbe)의 지시에 따라 중국지방 교회에 봉사를 목적으로 하는 벨기에 외방선교회 SAM을 창설한 앙드레 볼랑 신부(Abbe Andre Boland)와의 운명적 만남을 갖게 된다. 그는 얼마 전 중국으로 귀환한 뱅상 레브 신부로부터 SAM과 같은 목적과 정신으로 중국에 가서 사제들의 일을 보완해 줄 여성 평신도들을 하루 속히 양성해서 파견해달라는 긴급한 부탁을 받아 놓고 있는 상태였다.

SAM의 선교 목표는 특별히 현지 주교에 소속된 교구사제로서 그 나라의 국적으로 귀환할 정도로 완전한 토착화를 통한 복음화를 지향하는 것이었다. 이러한 지향을 갖고 이본이 규합한 작은 여성 단체가 바로 '평신도 여성 선교회'(ALM)의 시초가 되었고, 이는 현재 AFI(국제 가톨릭형제회)의 전신이 되었다. 유럽 사제로서 중국 사제단을 위해 봉사하러 떠난다는 남성 사제단인 SAM의 활동도 과감한 태도로 보이던 그 시대에 하물며 여성 평신도들이 그렇게 머나 먼 미지의 뒤처지고 무섭고 미개인 나라로 알려져 있던 중국으로 떠난다는 것은 상상을 초월하는 것이었기에 이는 하나의 큰 용단이었고 혁명이었다. 이본은 그리스도교 평신도 사도직의 주창자로서, 특히 여성 평신도로서 어려운 개척의 길을 스스로 자처하고 나섰던 것이다. 1937년 말, 당시 세계적인 성지로 발돋움하고 있던 바뇌(Banneux)에서 '가난한 이들의 성모님', '모든 민족들의 성모님' 앞에 이본과 다른 두 회원이 첫 서약을 함으로써 공식적인 초대 ALM 회원들이 배출되었다. ALM 회원들은 복음정신에 대한 레브 신부님의 영성의 집약이라고 할 수 있는 온전한 자아 봉헌, 진정하고 완전한 이웃 사랑, 항구한 기쁨의 정신을 일생을 통해 평신도 독신자로서 교회 안에, 교회를 통해 하느님께 봉헌하기로 약속한 것이다.

그렇게 ALM(현재 AFI) 단체를 창설해서 이끌어 온지 만 20년이 되던 해인, 1955년 2월 13일, 이본 퐁슬레는 교황청 성성의 고위 성직자들을 만나기 위해 여느 때처럼 활짝 웃는 모습으로 부뤼셀 본부를 떠나 로마행 비행기에 탑승했다. 하지만 뜻하지 않은 비행기 추락 사고로 인해 그녀는 49세의 나이에 세상을 떠났다. 이 시기는 그동안 15개 국에서 모여든 200여 명의 AFI 회원들이 세계 각국에서 한참 활발하게 열심히 활동하고 있던 때였다.

II. 이본에 대한 증언과 서신들

이본에 대한 미국 회원 니나(Nina)의 증언

계속되는 많은 여행길에 틈틈이 회원들에게 써낸 서신들을 통해 우리는 그녀가 많은 여행을 하면서 얼마나 많은 것을 발견했고, 또 얼마나 많은 감동을 받았는지, 특히 세계 대전 이후, 대부분의 나라에서 겪고 있는 복구와 격동기의 고통들을 얼마나 가슴 깊이 껴안고 함께 괴로워했는지를 생생히 느끼게 된다. 그녀는 가는 곳마다 모든 사람들로부터 큰 환영을 받았다. 고위 성직자로부터 남녀 평범한 시민들, 비신자들에 이르기까지 모든 계층의 사람들이 그녀를 환영했고, 다시 만나기를 바랐다. 한번 방문한 나라는 그녀의 나라가 되었고 "그들 중 한 사람"이 된 듯 깊은 애정을 가지게 되었으니 중국에 귀화하여 "중국인 보다 더 중국을 사랑"할 정도로 몸소 토착화를 실천했던 레브 신부의 정신을 그대로 실천해 보이려 노력했던 충실한 딸의 모습을 엿볼 수가 있다(22).

이본이 나에게 남겨 준 가장 큰 인상은 그녀가 지닌 훌륭한 감수성이었다. 그녀는 AFI 회원 각자에 대해 개인적이고도 깊은 애정을 가지고 있었고, 온 마음을 다해 그들을 사랑했다. 그녀는 모든 회원들과 아주 광범위하게 서신 교환을 했는데, 진실로 그녀는 모든 사람들의 어머니였고 친구였다. 그녀는 회원들과 강도 있는 영성적인 면뿐 아니라 일상적인 현실 문제에 대해서도 진심으로 깊이 소통하고 있는 것 같았다. 각 회원에 대해 책임감을 깊이 통감할 뿐 아니라 각자에게 적합한 자리를 배려해 주려 고심하고 있었다. 각 회원의 성장을 도와 주기 위해 무엇인가 하려는 의지가 너무도 강했다. 정말 내가 그런 감수성 있는 사람을 만났다는 것은 큰 행운이었다. 그녀는 내가 만나 본 사람 중에서 아주 드물게 개방되어 있고 뛰어난 적응력과 함께 내적인 자유가 있는 사람이었다. 그녀는 다른 사람들의 성장에 대한 진실한 열망이 있었고, 그것을 그 본인의 주체성을 살려 자극해 줄 줄 아는 사람이었다. … 그녀에게서 나는 항상 너무나 많은 것을 배웠다. 그녀는 항상 편안하고 평화로운 집안 분위기를 조성해주었다. 이본의 평화는 진실한 평화였고, 그녀의 기쁨은 빛나는 기쁨이었다.

쟝 지블레 신부(이본의 사망 주기를 기념하여 지낸 미사 강론 요지에서)

"군중을 보시며 그분은 마음이 아팠다": 바로 이것이 내가 보기에 이본 퐁슬레의 모든 삶을 형성해 주었고, 그녀의 삶을 이끌어 왔다고 생각한다. 그녀는 희망을 보지 못하고 싸우던 그 순간에도 아브라함처럼 희망을 가지고 행동했다.

이본이 죠 윌매(Geo Wilmet)에게 보낸 편지에서

우리 각자는 비록 미약하고 초라할지라도, 그분처럼 위대한 예술가시라면, 우리 같은 하찮은 도구를 가지고도 모든 것을 훌륭하게 창

출해 내실 수 있다는 것을 믿도록 하자.

하느님 나라를 건설하기 위해 나의 사랑하는 딸들, 회원 여러분을 위해 무엇인가 할 수 있으리라는 확신은 수년간의 고민 끝에 얻어진 아주 크고 감미로운 은총의 기쁨이다…. 나처럼 아무 능력도 없는 사람에게 이와 같은 중책을 맡겨주셨으니 주님께서 분명히 나를 도와주실 것이고 모든 것이 그분의 뜻에 따라 이루어질 것이다…. 하지만 깨달음만으로는 충분치 않고 그 뜻을 따라 끝까지 살아야 할 것이다. 우리가 그분의 영광을 위하고, 우리가 형제들의 행복을 위하여 나 개인의 욕망을 버리고 오로지 그분만을 위하여, 그분이 원하시는 것이라면 무엇이든지 하겠다고 결심할 때 그분은 계속해서 우리를 도와주실 것이 확실하다.

나는 오늘 아침 성녀 소화 데레사의 글을 묵상했다: "나는 사는 것보다 죽는 것을 더 원하지는 않습니다. 다만 좋으신 하느님께서 나를 위해 선택해 주시기를 바랄 뿐입니다. 그분이 하시는 일이라면 나는 다 좋아합니다." 아무것도 바라고 싶지 않다. 여러 회원을 위해 능력 있다는 평을 받는 훌륭한 총장이 되는 것도 싫고 다만 그분이 원하시는 모든 것을 온 열정을 다해 사랑하고 싶을 뿐이다. 그분이 우리에게 생명을 주시고 확신을 갖게 해 주신다는 것을 믿고, 그분의 뜻에 따라 이 세상이 건설되고 그분의 영광과 모든 이의 행복이 실현되는 일에 몰두하고 나 자신을 헌신하고 싶을 뿐이다.

내가 지금 이 자리에 있는 것도 내가 신댁한 것이 아니라 그분이 원하신 것이라 믿는다. 그러니 그분은 내게 필요한 은총도 함께 주실 것이다. 죠에게도, 우리 모두에게도 필요한 은총을 내려주실 것이며, 무한한 사랑과 조건 없는 포기 안에 그분을 섬길 수 있는 기쁨과 감사의 은혜를 베풀어주실 것이다…. 그 어떤 어려움이나 고통, 이별이 있을지라도 우리는 그분의 것, 우리는 당신 아버지의 영광을 위하여 그분 임의로 사용하시는 도구라는 점을 항상 명심하자. 나는 주님의 성령이 늘 우리와 함께 계신다는 것을 굳게 믿고 있다. 내가 성령의 작은 미동에도 귀를 기울이고, 항구한 신뢰와 순수한 사랑으로 따를 수 있도록 기도해 주기 바란다.

중동에서: 쟈르카(Zarka)에 오신 주교님은 이런 말씀도 하셨다:

"이런 동화는 고통이 수반되는 것이긴 하지만 그것은 삶의 근원이고, 하느님의 사업은 가난과 몰이해, 투쟁, 고통으로 시작되는 사업입니다."

베트남에서:

지금이 매우 심각한 때라고 나는 봅니다. 세상의 구원자이신 주님과 함께, 이 세상 도처에 있는 우리 모든 형제들과 함께 최선을 다해 일치하는 가운데 강도 있는 삶을 살아갑시다…. 세상이 눈을 뜨게 하기 위해 우리는 무엇을 해야 할까요? 우선 복음에 따라 철저히 살도록 노력해야 한다고 나는 믿습니다. 모든 것을 세상의 관점에서 보지 말고 영원의 관점으로도 보아야 하고 희망 안에 살아야 할 것입니다. 영적인 덕성을 깨달아 모든 것을 위해, 모든 면에서 하느님께 의탁해야 한다고 믿습니다. 즉 믿음과 평온한 마음을 간직하되 무엇인가 가능한 것을 사랑으로 실천하고, 사람들이 좀 더 잘 살 수 있도록, 한 인격체로서 당당히 살아갈 수 있게 하되 특별히 초자연적인 가치관에 애착을 갖는 방향으로 모든 일을 이끌어 가야 하는 것입니다. 우리 각자가 어떤 상황에 처해 있는지 한번 살펴봅시다. 우리는 지금 무엇을 하고 있습니까? 우리가 지금 무슨 일을 할 수 있다고 생각합니까? 여러분의 일 팀에서 다시 잘 짚어보되 항상 본질로 되돌아 가 해야 할 것은 "복음을 실천하는 것"입니다. 우리는 과연 아주 깜깜한 어둠 속에서 희망 안에 살아가는 열광적인 사도들입니까? 우리는 순수한 우리의 신앙을, 선을 추구하는 이 열정을, 우주적인 생각과 사랑의 융합을 주위 사람들에게 전하고 있습니까?

그 신부님은(신학교 교장 신부님) AFI들이 할 수 있는 일에 관해서도 말씀하셨습니다:

모든 교육적인 면에서 가르쳐주는 일을 할 수 있다는 것입니다. 미에 대한 감각, 선에 대한 사랑을 일깨워주고, 이 민족이 지닌 특별한 덕성을 재발견케 해주며, 순수하고 강도 있는 복음적 삶 안에 그들의 행복을 위해 일할 수 있게 되기를 많이 기대하고 계셨습니다.

대만에서:

여기서도 우선으로 해야 할 일은 서로 일치를 이루는 것입니다. 상호간의 배려, 다양한 상황에 대한 이해, 용기를 북돋아 주는 말 한마디가 도움이 될 수 있는 때입니다. 많은 인내가 있어야 하겠고, 돌발적인 상황은 될 수 있으면 만들지 않는 게 좋을 것입니다. 기다리는 미덕을 쌓을 줄 알아야 하겠고, 여러 가지 예기치 않은 일에, 여러 변화에 순응할 줄도 알아야 하겠습니다…. 때로는 금식과 기도로써만 이 물리칠 수 있는 마귀들이 있다는 것을 여러분도 알고 있을 것입니다.

III. 이본 퐁슬레의 영성

자기희생과 애덕

온전한 포기 안에 하느님께 자신을 맡기고, 좋으신 그분 안에 깊은 희망으로 의탁할 뿐입니다. … 이 모든 것 앞에서 나는 베트남에서 느꼈던 것처럼 기도와 희생만이, 오로지 자기희생만이 교회가 당하는 이 공격 앞에 무엇인가 할 수 있을 것이라고 생각합니다. 물론 모든 것을 초월한 애덕이 있고 진정하고 헌신적인 사랑이 있습니다. 바로 이 애덕이 우리를 기도의 정신으로 이끌어 주고 보다 항구하고 보다 심오한 희생정신으로 이끌어 줄 것입니다. 인간적으로 볼 때, 해결점은 없습니다. 오지 하느님께서만이 우리를 다시 한 번 구해주실 수 있고, 그분의 사랑하는 아들 예수님과 그분의 어머니만이 우리를 구해 주실 수 있을 것입니다: "너희가 서로 사랑하면, 세상 사람들이 그것을 보고 너희가 내 제자라는 것을 알게 될 것이다"(요한 13,35). 증오와 거짓이 사람을 어디로 인도해 주는가를 볼 때, 아버지를 거슬러 아들이 대항하고, 가정이 파괴됨을 볼 때, 밀고와 인간의 이중성이 체계화된 것을 볼 때, 사람들은 역시 진리에 대한 존중과 애덕에 의한 명확하고 투명한 것에 대한 애정이 생기고, 진정한 일치를 통해서만

이 세상의 구원을 기대할 수 있다는 것을 깨닫게 됩니다. 거짓을 밝혀내는 것은 진리입니다. 증오를 물리치고 승리하는 것은 애덕입니다 (1954. 5. 30).

증거자:

　이 대림 기간 중, 우리는 주님께서 이 수천만 인구에게 찾아와 주시기를 끊임없이 간곡하게 기도드릴 것을 잊지 맙시다…. 아직 기쁜 복음의 소리를 전해 받지 못한 수많은 사람들이 짙은 어둠과 무거운 고뇌 속에 살고 있는 것을 보며 우리의 정신이 함께 괴로워하고, 우리의 마음이 함께 울어주기를 바랍니다….

　만일 우리가 고통 받고 우리의 삶을 증거 하도록 초대받았다면 그것은 큰 축복입니다. 그리스도께 속한 우리의 평화를 아무도 앗아갈 수 없습니다. 그리고 만일 우리가 그분의 증거자가 되기를 바라신다면, 그분은 우리가 기쁨 안에 있기 위해 필요한 은총을 내려 주실 것입니다…. 진정한 제자로서 그분을 성실히 따르는 것보다 더 큰 증거가 어디 있겠습니까? 빛을 보고 그분을 믿으며 따르는 사람들에게 있어 증거란 단죄하지 않고 이해하고 사랑하는 것, 그분처럼 자기 생명을 내어주는 것입니다. 흩어진 하느님의 자녀들을 한 가정으로 모아드리는 것입니다….

　우리 AFI 각자가 이 모든 상황에 굴하지 않고 승리하신 그리스도와 일치된 타오르는 불꽃이 되어 그가 지나는 곳 어디에나 정신과 마음을 정화시켜주고, 밝은 사랑의 불로 밝혀주게 되기를 간절히 기도

합니다. 이 그리스도의 완전한 헐벗음 앞에, 그분을 기다리고 있는 아버지께 곧장 인도해 주는 "Ad Finem[1] 앞에서 우리는 너무도 자주 아무 쓸데없는 잡다한 것에 집착한 채, 그분께 가지 못할 때가 많습니다. 몽땅 봉헌하고 나면 그 나머지는 덤으로 받게 된다는 주님의 말씀을 알지 못하는 사람들처럼 행동하고 있는 것은 아닌지요? 우리 선교사로서의 참 슬픔은 성인(聖人)이 되지 못하고 있다는 것 아니겠습니까? 우리의 슬픔은 하느님께서 원하시는 것만큼 파견된 자로서의 임무를 다하지 못하고 있다는 것, 그리스도를 통해 우리를 아버지의 사랑하는 자녀로 삼게 했던 그 엄청난 '소식', 그 '기쁜 소식'의 증인이 되지 못하고 있다는 것 아니겠습니까?(1950. 5. 22).

예수님께서는 "너희는 땅 끝까지 나의 증인이 될 것이다"라고 말씀하고 계십니다.

복음에 따라:

굳건하고 굽힐 줄 모르는 신앙은 예수님과 함께 하는 우리 관계의 기초가 되어야 합니다. 그분은 불가능의 주님이십니다. 그분 없이는 우리와 같은 성소는 한때 지나가는 열광에 불과합니다. 그분과 함께 하는 성소는 안전, 기쁨, 신뢰, 과감성입니다. 그리고 그러한 성소는 그분을 위해, 그분의 모든 것을 위해 과감히 투신하도록 도와 줄 것입니다. 여러분이 맡은 역할이 힘들고 험난하면 할수록, 여러분이 최선을 다해 가까이 접근하다가 지치게 되면 그럴수록 여러분은 이 불가

---

[1] Ad Finem: AFI의 표어로서 목적을 향해 곧장 날아가는 화살에 비유

능의 주님께 더욱더 깊이 신뢰해야 합니다….

겁낼 필요도 없고 두려워해서도 안 됩니다. "하늘과 땅이 사라질지라도 그리스도의 말씀은 사라지지 않을 것입니다." "그분은 세상 종말까지 당신의 교회와 함께 계실 것입니다." … 우리의 마지막 숨결까지 그리스도께서는 우리와 함께 하실 것입니다. 그분이 우리에게, 또는 우리 AFI 단체에 위탁하시는 일이 불가능한 일이라는 생각일랑 절대 하지 맙시다. 그분의 모든 원하심을 좋아함으로써 우리의 기쁨이 보다 완전해질 것입니다. 우리 자신의 비참을 보더라도 절대 동요하지 않도록 합시다. 그로써 그분은 우리를 더욱 사랑해 주시고, 당신의 은총으로 우리를 가득 채워 주실 것이기 때문입니다. 우리 주위에 악을 볼 때에도 동요되어서도 안 됩니다. 그로써 우리는 그처럼 좋으시고 자비로우신 주님께 가까이 가게 되고, 우리에게 생명을 주시기 위해 십자가의 수난과 죽음을 몸소 겪으셨던 구세주께 가까이 하게 될 것입니다(1951. 6. 6).

온전한 봉헌:

우리는 끊임없이 원천으로 되돌아가야 하고, 처음 시작할 때의 열광에 다시 불을 지펴야 합니다. 인간은 누구나 쉽사리 습관에 젖어들고 안주하려 하기 때문입니다. 아직도 하느님의 계시를 받지 못한 저 민족들의 울부짖는 소리를 짐북 시간에 살 늘어보십시오. 그들을 구원하고 싶어 하시는 그리스도, 그분을 목마르게 찾고 있는 갈증의 소리, "추수할 것은 많으나 일꾼이 적다"고 하시는 아버지의 호소를 들어보십시오. 모든 민족들의 이름으로 기도하십시오. 그들을 위해 자신을 희생하십시오. 특별히 말로만 사랑하지 말고 행동으로, 진리 안에 그들을 사랑하십시오. 하느님께서 여러분 자신을 온전히 봉헌하라고 당부하시는 그 부르심에 단순하게 응답할 수 있도록 준비하십시오. 선택의 은총은 큰 결실을 냅니다…. 그리스도께 대한 최고의 헌신적인 사랑과 그리스도 안에 우리 형제들에 대한 무한한 사랑을 통해서만이 우리는 자유롭게 전 인격체를 하느님께 드릴 수 있게 됩니다. 우리의 시간, 우리가 가시고 있는 것이나 우리의 독립, 우리의 자립을 드리는 것이 아니라 우리의 전 존재를 우리에게 있는 전부를 다 드려야 되는 것입니다(72-73).

다시 한 번 말하건대 그분의 사랑에 응답하게 하는 것은 그분의 은총입니다. 그분의 은총은 절대 실수하지 않습니다….

우리의 성소를 통해, 예수님의 사랑과 예수님 안에, 그분을 통한 형제에 대한 사랑이 우리의 온 삶을 차지하고 있어야 하고 또 그 삶을 가득 채워야 합니다. 이러한 형제적인 사랑은 하느님 사랑에 더욱 깊이 동참하기 때문에 모든 자연적 사랑보다 더 강력하게 피조물에 대한 사랑을 통해 인간을 재창조하게 합니다. 소화 데레사 성녀를 하느님께 봉헌된 사람들의 성소는 사랑하는데 있다고 말했습니다. 우리 자신은 아무것도 아니며 모든 것은 무상으로 주어지는 것이며, 하느님께서 전부이시고, 모든 것을 하실 수 있다는 확신에서 나오는 안정과 평온 속에서 우리 서로를 위해 하느님께 간구합시다(1952. 7. 3).

이끄심:

여러분이 우리의 사랑하는 구세주 그리스도께서 우리를 먼저 사랑해 주셨고, 우리를 찾아 주셨으며, "당신 종의 비천함을 돌보셨다"는 것을 항상 마음속에 새겨두기 바랍니다. 이 세상 안에서 활동하는 평신도 선교사로서 우리의 일생을 그분께 봉헌한 우리의 믿음이 흔들리지 않고 심오한 기쁨과 평화가 우리 마음에 가득하게 되기를 기도합니다….

진리 안에, 환상 없이 밝은 나날을 살아가십시오. 그분은 여러분이 자질을 갖추고 있기 때문에, 여러분이 다른 사람들보다 더 훌륭해서 선택하신 것이 아닙니다. 다만 여러분이 그분 마음에 드셨기 때문에 온전하고 영원하고 절대적인 선물로 봉헌하기 위해 선택하신 것입니다. 그것은 그분 사랑의 비밀입니다. 그러나 그분은 여러분을 부르시면서 그분의 '마음'이 원하시는 데 따라 있게 하시고, 그분의 뜻을 실현하게 하기 위해 여러분에게 필요한 모든 것을 주실 것입니다….

우리의 모든 고민, 두려움, 불안들은 항상 믿음이 부족한데서 오거나 잘못된 시각에서 오는 것입니다. 우리가 너무 자만에 빠져 있기 때문에 우리를 사랑하시는 그분께서 좀 더 겸손의 길로 인도해 주시려 시련을 보내주시는 경우도 있습니다. 우리는 우리의 취약함과 무능함 때문에 두려워하고 실망에 빠지는 때가 있는데 모든 것은, 절대적으로 모든 것은 하느님께로부터 오는 것임을 명심해 두십시오. "그분의 은총이 그것을 예고해 주시고 있고, 우리를 인도하고 우리와 동행해 주십니다." 우리가 할 일은 그분을 통해 이루어 주시도록 맡겨드리고 그분께 '예'하고 응답하는 것입니다. 그분의 단순한 뜻에 응하고, 사랑으로, 가장 훌륭한 주인을 섬긴다는 기쁨으로 순명하는 것입니다…. 우리는 하느님의 목장에서 풀을 뜯는 어린양들입니다. 그분은 우리의 목자, 그분은 어디로 우리를 이끌고 가시는지 아시는 주인이십니다(1952. 9. 14).

우리의 마음은 사랑과 감사로 가득 차 있어야 합니다. 그분이 우리에게 선물을 거저 주셨기 때문이지요. 물론 이 사명을 우리보다 훨씬 더 잘 실현할 수 있는 능력 있는 여성들이 많습니다. 하느님의 생각은 헤아릴 수 없이 깊습니다. 그분은 바로 우리의 약함을 통해서 그분의 위대하심과 그분의 좋으심을 드러내고자 하시며, 우리는 최선을 다해 노력하면서 그분을 따라 걸어가며 찬미할 수밖에 없습니다.

사랑의 불꽃:

진정한 겸손을 지닙시다. 모든 것은 하느님으로부터 오는 것이고, 모든 것은 하느님의 선물이라는 것을 생각과 마음과 행위로서 깨달읍시다…. 진정으로 확신 있는 작은 공동체를 형성합시다. 흥미를 잃고 축 쳐져 있는 공동체가 아니라 모든 것을 희생할 각오가 되어 있고, 주는 것에 기쁨을 느끼며, 본질적인 원인을 위해 고민하는 공동체, 사랑하는 공동체를 만들어 갑시다. 우리를 초월하고, 하늘에서만큼 완전하지는 않으나 그래도 이미 이 지상에서도 우리의 마음을 즐겁게 해주고 모두에게 평화를 안겨주는 절대적인 신념과 확신을 가지고 살아가는 공동체, 열정을 느낄 수 있는 공동체로 가꾸어 갑시다. 우리는 모든 사람들, 모든 일 안에서 늘 하느님을 발견함으로써 불의 영혼, 하느님의 사랑으로 타오르는 불꽃이 되어야 합니다. 레브 신부님이 우리에게 말씀해 주셨고 우리 단체의 특징이 되는 항구하고 심오한 기쁨의 원천이 바로 거기에 있습니다.

"보다 하찮은 일상적인 일들, 일상적인 의무들을 기쁨에서 비롯되는 사랑으로 조명하십시오. 미지근한 생활을 거부하고 보다 고결한 삶의 날개를 달고 일상을 살아가십시오. 그 모든 것은 이론이 아니라 실제가 되어야 합니다." 나는 여러분이 사랑의 날개를 달았으면 합니다. 자신을 내어주고 은총과 그리스도와의 일치 안에 인간의 수준을 초월하는, 우리가 가늠할 수 없는 깊은 평화와 기쁨을 발견케 해 주는 사랑의 날개를 달았으면 합니다(1949. 9. 24).

우리 자신의 무능력에 대한 의식은 우리가 가던 길을 멈추게 하거나 실망시키는 것이 아니라 오히려 솔직한 겸손 안에 모든 것을 하느님께 기다리고 우리 자신에게서는 전혀 아무것도 기대하지 않으면서 그분께 완전히 신뢰하면서 '믿음'과 '희망' 안에 살게 해줍니다(84).

하느님 자녀로서의 기쁨과 단순성이 우리 안에, 우리의 마음과 영혼을 가득 채워야 하겠습니다(1950. 5. 19).

정화(자기타도):

정화는 인간이 진정으로 자신의 뜻을 하느님의 뜻으로 받아드릴 때에만 비로소 소기의 목적을 달성할 수 있게 됩니다. 그리고 자기희생, 자기 사랑에 대한 죽음, 그리고 하느님께 봉사하고 그분의 나라를 위해 일하려는 모든 사람들에게 근본적인 것이라고 레브 신부님께서 강조하셨던 '자기 타도' 등, 모든 것이 결코 쉬운 것이 아니랍니다. 그것은 매일의 투쟁으로 조금씩 이루어지는 것입니다. 우리가 투쟁하는 교회의 지체로 살아 있는 한, 살아 계신 하느님을 직접 만나 뵙는 그 순간까지 끌어가야 할 싸움입니다. 우리가 우리 자신의 힘이 아닌 하느님의 은총을 받아 조금씩 보다 완전한 무사무욕의 경지에 이르기 위해서는 수많은 시련들을 겪어야 하고 또 그것은 필수적입니다. 그러나 조심합시다. 참으로 솔직하게 동의했다 해도, 그래서 우리 자신을 하느님께 내어드리는 "Ecce"와 "Fiat"[2]를 너그럽게 표명했다 해도 우리는 하느님의 일이 가능해지고 순조롭게 진행토록 하기 위해 사적으로 긍정적인 면에서 채찍질을 해야 합니다. 이를 항구하고 기쁜 마음으로 해야 합니다. 그 목적은 하느님의 역사가 우리 안에 실현되도록 하고, 우리가 진정한 증거를 해나갈 수 있도록 하기 위해서입니다…. 그분은 우리를 영원한 진복의 길로 인도해 주시고, "나"의 온전한 봉헌을 요구하시기 위해 우리로 하여금 당신 현존의 기쁨을 맛보게 하십니다. 그러한 위로는, "주님이 얼마나 좋으신지" 맛보게 하심으로써 우리의 영혼을 그분 안에 자리잡게 하려는 목적이 있습니다. 하지만 그러한 위로는 매일 기대할 수 없는 위로라는 것을 알아야 합니다…. 지상의 생명이 다하는 그날까지, 삶은 투쟁이 될 것이나 그 투쟁의 보상은 이루 헤아릴 수 없는 것이고, 또 그 투쟁은 우리만이 혼자 하는 투쟁도 아닐 것입니다. 우리는 온 교회와 더불어, 특히 그리스도의 어머니 성모 마리아와 함께 투쟁을 계속할 것입니다.

십자가:

"십자가 없는 날은 기쁨도 햇빛도 없는 날이다", 레브 신부와 함께

---

[2] 두 단어 모두 성모님의 절대적인 순명 "예"를 의미.

이 말을 할 수 있게 되기를 빕니다….

매일의 삶 안에 나타나는 크고 작은 십자가들을 용기 있게 받아들이십시오. 그 십자가들은 자신을 잊어버리고, 자신을 교정하며 인내하라고 여러분을 초대하는 것입니다. 좋지 않은 것에 대한 집착들이나 무익한 것에 대한 잡다한 집착들을 끊어버리면서 여러분의 마음을 고통 속에 휘어잡고 때로는 뒤흔들어 놓기도 하는 더 깊은 십자가들도 거부하지 말고 받아들이십시오. 그 고통들은 우리로 하여금 차츰 '유일한 필요성'으로 고착될 것입니다. 험악하고 가파른 십자가의 길에 서로 도와갑시다. 그 길을 용기와 사랑으로 오를 수 있도록 서로 손을 잡아줍시다….

항구한 기쁨:

여러분은 전적인 자아 봉헌과 진정한 사랑, 항구한 기쁨 안에 세상의 구원을 위해 일하는 파견자, 선교사들이 되어야 합니다(103).

시련을 통해 정화되고 유일하게 세상을 구원하실 수 있는 그분을 세상에 선포하는 단체의 이상에 열광된 AFI들, 동정 성모님의 보호 아래 서로 일치되어 있고 서로 신뢰하는 AFI들은 "부활의 증인"이 되기를 원한다. 따라서 AFI들은 항구한 기쁨 안에 살려고 노력한다.

어느 환경에서나 인내, 대기성, 기쁨은 AFI 회원에게 있어 필수적으로 지녀야 하는 품성입니다. 그리고 주님께 대한 봉사에서 이러한 기쁨, 대기성은 가장 아름다운 증거 중에 하나가 되지 않을는지요?

기쁨의 원천은 그리스도와 그분의 성령에 더욱더 친밀해지는 결합에 있습니다…. 참으로 솔직하고 기쁘게 감사드릴 줄 모르는 사람은 아무것도 알지 못하는 사람입니다. 그런 사람은 겨우 생명을 유지하고 있고 반쪽 숨을 쉬고 사는 사람이며, 인간의 가장 위대한 특권의 하나를 모르고 사는 사람입니다.

매일의 일상생활에서 부딪히는 모든 작은 것들에 이르기까지 항상 감사할 줄 아는 사람이 됩시다. 물, 빵, 비, 햇빛, 봉사, 우정, 동정 성모님, 생활한 하느님이 주시는 모든 선물에 대해 늘 감사하는 마음을 지니도록 합시다. 우리의 온 삶이 찬미가 되기를 바랍니다. 우리 중 누군가가 아직 이 완전한 기쁨을 누리지 못하고 있다 해서 문제 삼지 맙시다. 판단하지 맙시다. 오히려 많은 요령과 섬세함과 애정 어린 모성의 마음을 가지고 그 회원을 도와줍시다. 판단하거나 비난하면서, 창피를 주거나 질책하면서 기쁨을 돌려주는 것이 아닙니다…. 완전한 기쁨은 주님께서 우리 안에 자리를 잡으시고 거처를 정하시고 휴식을 취하시게 될 때 찬란하게 그 빛을 드러낼 것입니다(1954. 8. 1).

IV. AFI 영성의 뿌리: 전·진·상

레브 뱅상 신부와 전진상의 영성

AFI 영성의 핵심이라 할 수 있는 전·진·상은 일생동안 진실과 정의에 대한 열정으로 중국 선교 역사에 한 획을 긋고 거대한 주춧돌이 된 뱅상 레브 신부의 세 가지 영성수련의 원칙이다. 레브 신부는

4개의 수도 단체를 창설했는데, 이는 벨기에 외방 선교회(S.A.M.), 요한의 작은 형제회(C.S.J.B.), 데레사의 작은 자매회(C.S.T) 그리고 국제가톨릭형제회(A.F.I.)로서 레브 신부는 그의 영성인 전(全)·진(眞)·상(常)을 이 4개 단체의 기본정신으로 삼게 했다. 레브 신부는 자신의 영성의 바탕은 그리스도의 복음과 사도들의 가르침이고, 영성 생활의 원천은 성서라고 말하곤 했다. 특히 예수님의 산상설교, 즉 하느님 왕국에 대한 대헌장인 '참된 행복'을 영성의 가장 고귀한 신학으로 가르쳤다. 전진상의 특별한 의미는 바로 이러한 복음이 우리에게 요구하는 '철저한' 정신을 의미한다. 레브 신부는 부분적인 희생이나 자기중심으로 남을 사랑하는 것이나 일시적인 기쁨 같은 것은 악인이라 할지라도 다 할 수 있음으로 별로 놀랄 것도 없다고 했다. 그러나 '온전한' 희생, '진실한' 사랑, '끊임없는' 기쁨은 참된 그리스도의 정신을 지닐 때만이 가능하다고 말했다. 이를 좀 더 구체적으로 살펴보면 다음과 같다.

1) 전 희생(全犧牲): 온전한 자아 봉헌

자신을 위해서는 전혀 아무것도 간직하지 않고, 그리스도와 완전히 일치하여 살기 위 해 자신이 죽는 전적인 봉헌을 의미한다. 예수님께서는 자주 전 희생이 구원의 조건이라 고 말씀하셨다. 레브 신부가 의미하는 전 희생은 '남을 위해 자신을 포기한다'는 말이며, '전'(全)을 강조하였기 때문에 특히 '철저'해야 한다는 것을 뜻한다. 그래서 하느님께 대한 희생을 설명하실 때 '전 희생'이란 아무것도 바라지 않고 아무것도 기대하지 않으며, 하느님 외에는 아무것도 청하지 않음을 의미한다.

　인생의 목적은 하느님께 영광을 드리고 인간에게는 구원을 가져오도록 하는 데 있다. 전 희생은 결과적으로 진 애인과 상 희락을 얻는 좋은 조건으로, 전 희생을 통하지 않고서는 진 애인이나 상 희락을 절대로 얻을 수 없다. 상 희락은 남을 위해 자신을 희생한 결과로 얻어지는 것이며 아울러 어려움을 극복하고 목표를 향해 나갈 수 있는 힘이 된다. 즉, 사랑이 없는 희생은 무위에 지나지 않는다. 희생은 인간을 사랑하는 마음의 표현이고 인간을 사랑한다는 것은 기쁨의 근본이며 남을 돕는다는 것은 행복의 뿌리이다.

　열악하고 척박하기 그지없던 시절, 자신의 온 생애를 당시 미개하고 후진국이었던 중국선교에 쏟은 레브 신부의 삶은 '매 걸음마다 피 한방울씩 흘리는 생애이자 매 걸음마다 베푸신 사랑'이었음을 동시대인들은 전하고 있다.

2) 진 애인(眞愛人): 참다운 사랑

　이웃을 진실로 참되게 사랑한다는 것으로 단순히 이웃을 좋아한다는 것과는 전혀 다른 뜻이다. 참다운 사랑은 온전한 자아 봉헌을 철저히 실천한 후에 비로소 이루어지는 것으로, 이는 율법의 중심이며, 그리스도인의 표징이다.

　레브 신부는 참다운 사랑에 대해 다음과 같이 말하고 있다: "참다운 사랑이란 어느 곳에서 무슨 일을 하든지 남을 앞에 두고 자신은 뒤에 두는 것이며, 남을 참으로 편안하게 해주고 남에게 참다운 이익을 주는 것이다…. 우리 전체의 삶을 통해 우리는 언제 어디서나 참다운 사랑을 실천하도록 해야 하며 결코 다른 사람을 위해 자신을 희생할 기회를 놓쳐서는 안 된다."

레브 신부의 한 친한 친구였던 이요연이라는 한 노사제의 증언에 따르면, "레브 신부님은 마치 나방을 유인하는 밝은 등불과도 같다고 전하고 있다. 왜냐하면 그가 가는 곳마다 그와 접촉하는 모든 사람들, 우리 수사들이나 데레사회 수녀들, 안국 교구청 직원들, 교우들, 지방 유지들, 일반인들, 심지어는 죄수들조차도 그에게서 빛과 따뜻함을 느끼기 때문이었다. 그가 머문 안국이라는 곳은 토박한 모래 땅위에 세워진 작은 읍에 지나지 않았고 교통도 매우 불편하고 지리적으로 외진 곳이었지만 레브 신부가 그곳에 정착하자 신부님을 뵈러 각계각층의 수많은 사람들이 찾아오면서 갑자기 세계적으로 유명한 곳이 되었는데, 그들이 그분을 만자고자 한 이유는 바로 그의 '참다운 인간사랑' 때문이었다고 나는 믿는다."

3) 상 희락(常喜樂): 끊임없는 기쁨

항상 즐거워하고 언제나 기쁘게 생활하자는 것으로 때때로가 아니라 항상, 매일, 매 순간…. 이는 온전한 자아봉헌과 참다운 사랑을 죽는 날까지 실천하는데 반드시 필요한 덕목으로 그리스도를 따르면 언제나 얻게 되는 필연적인 결과로서, 우리는 이 방법을 이용하여 우리의 목표를 향해 나아가야 한다.

영성생활이란 주님의 삶을 사는 것이고 주님의 삶이란 행복하고 기쁜 생활을 말한다. 따라서 우리의 삶이 주님의 삶을 더욱 더 닮아가고, 더욱 가깝고 깊이 주님과 일치를 이루면 이룰수록 우리의 행복과 기쁨은 그만큼 더 커지게 된다. 상 희락은 하느님과 인간이 하나 되어 살아가는 사람에게서 볼 수 있다.

레브 신부는 인간이 지고의 선에 도달하면 다섯 가지를 얻게 되는데, 이는 결심, 조용함, 평화, 배려, 얻음 등이라고 보았다. 즉, 사람이 지고지선(至高至善)에 이르면 세속적 욕망이나 욕정 때문에 쉽게 마음이 어지러워지지 않고, 외적인 변화 때문에 쉽게 그 뜻을 굽히지 않는다. 실제로 어떤 힘도 그를 굽히게 할 수 없으며, 부(富)도 타락시킬 수 없는 경지에 이르게 되는 것이다. 레브 신부는 상 희락도 그와 유사하다고 보았다. 왜냐하면 상 희락의 근본 뜻도 감정적인 행복에 있는 것이 아니라 의지적으로 기뻐하고 사물을 긍정적으로 보는데 있으므로 역경에 부딪혔을 때도 이를 순순히 받아들이며 많은 어려움 가운데서도 흔들리지 않는 정신이 바로 상 희락이기 때문이다.

레브 신부는 상 희락에 대해 다음과 같이 이야기 하고 있다: "기뻐하는 것 자체는 덕행이 아니나 '항상 끊임없이' 기뻐하기 위해서는 참된 덕행과 깊은 수련이 필요하다. 그리스도께서는 우리가 박해받을 때 즐거워하고 기뻐하기를 원하신다(마태 5,11-12). 하지만 이는 깊은 영성수련을 하지 않고서는 결코 쉽게 이루어지는 것이 아니다."

기쁨에는 두 종류가 있는데, 그 하나는 감정적인 행복으로 이는 육체적 쾌락이나 감정적 기쁨, 또는 흥분에 기인하는 것일 수 있다. 다른 하나는 의지상의 낙관주의, 마음의 평정이나 평화 같은 것이다. 첫 번째 부류의 기쁨은 감정의 문제이며 때에 따라 오가는 것으로 완전히 인성의 지배 아래에 있는 것이 아니다. 그래서 '항상' 존재하는 것이 아니며, 수련의 일부도 아니다. 다른 하나는 의지의 작용이다. 그래서 역경 속에서도 조용히 평화를 유지할 수 있는 것이며 많은 불행조차도 우리를 절망에 빠뜨리지 못하는 것이다. 이런 부류의 기쁨은 인성의 지배 아래에 있으며 우리 영성 생활에서 갈고 닦아야 하는 것, 즉 우리의 영성과 덕행의 대상이다…. 또한 이는 일종의 초연한 시력을 이용하여 세상과 인간의 삶을(불행까지도) 생기 넘치는 눈으로 바라보는 것이다. 따라서 끊임없는 기쁨은 그저 소극적인 즐거움이 아니라 본성에서 야기되는 여러 장애물을 제거하고 난 다음 우리의 마음과 영혼을 하느님을 향해 열어 하느님의 뜻이 우리 안에서 완전히 활동하실 수 있게 하는 적극적인 기쁨인 것이다. 이런 식으로 볼 때 기쁨은 갈고 닦을 수 있는 것이며, 향상시킬 수 있는 것이다. 역경에 처해 있고 감정이 우울해 있다 할지라도 우리의 의지는 감정을 차분하게 안정시키고 조절할 수 있다. 의지는 얼굴에 미소를 짓게 할 수 있는데 이는 우리 감정의 우울함과 조급함을 없애주며 우리로 하여금 열정적으로 사물의 밝은 면을 보도록 도와준다. 이것이 곧 '끊임없는 기쁨'의 의미이며, 이러한 끊임없는 기쁨의 기초는 오직 하느님 안에서만이 존재하며, 그분은 완전한 기쁨이시기 때문에 우리에게 참된 평화와 기쁨을 주실 수 있다고 보았다.

> 마음으로 상 희락을 간직하고 얼굴에 항상 미소 짓는 사랑은 향기로운 꿀을 만드는 꿀벌과 같이 다른 사람을 행복하고 편안하게 해주며 어디를 가든지 환영을 받는다…. 행복하느냐, 불행하느냐, 아프냐, 건강하느냐, 잘 대우를 받느냐, 그렇지 않느냐는 우리의 기쁨과 상관이 없다. 즉 하느님께서 어떤 종류의 십자가를 얼마나 많이 주시느냐 하는 것과는 관계없이 우리 수도 회원들은 상 희락은 큰 덕이며, 훌륭하고 진정한 의미의 인내임을 잊어서는 안 된다. 이러한 덕을 갈고

닦을 때 가장 피해야 할 것은 찌푸린 얼굴과 남에게 용기를 잃게 하는 말이다…. 인간 생활에 어려움과 고통이 없을 수는 없다. 보통 사람들이 어려움을 당하면 항상 슬퍼하고 찌푸린 얼굴을 하고 있어 불행하게 보인다. 그들은 움츠러들고 희망을 잃으며 심지어 절망에 빠져들기도 한다. 그러나 상 희락의 정신을 간직하고 사는 사람들은 다르다. 그들은 의지로써 감정과 표정을 조절한다. 그들은 밝은 면을 보고 활기에 차 앞으로 나아가며, 어느 것에도 굴하지 않는 인내로 장애를 극복할 수 있는 것을 찾고 성공의 길을 찾아낸다. 성서에도 "마음이 즐거우면 앓던 병이 낫고 속에 걱정이 있으면 뼈도 마른다"고 했다 (잠언 17,22).

V. 땅 끝까지 복음의 증거자로: AFI의 성장

1. 초기 AFI 창설기(1937-1945) — ALM 시대

AFI의 전신이라 할 수 있는 평신도 선교회(ALM)는 1937년부터 점차 발전해서 특별히 아시아 중국 지역을 돕기 위해 헌신하고 있던 뱅상 레브 신부의 영성을 받아 그의 정신을 토대로 전진상(全眞常)의 영성을 모든 삶으로 받아들이고 따랐으며, 중국 민족의 복음화를 위해 중국문화, 사상을 연구하면서 시작되었다.

초창기에 특별히 강조한 것은 국제성, 개방성, 우주적 정신, 보편성으로 전문 직업을 통해 선교활동을 펼쳤으며, 소 공동체 생활을 통해서 복음적 삶을 실재로 증거 했다. 따라서 일생을 교회에 봉헌한 평신도 여성들로 구성된 회원들의 생활은 국적이 다른 회원들과 함께 살면서 상호 이해관계 속에서 배우며 생활했다. 또한 국제수련소를 통해 기초훈련 과정을 강조했으며, 다른 민족, 다양한 문화의 교류 등 특별히 언어(불어와 영어)를 강조함으로서 국제적으로 세상 속에서 그리스도를 증거 하는 삶을 살도록 요청받았다.

2. 초창기 ALM 시대의 정신과 영성

- ALM 회원은 모든 면에서 솔직한다.
- 그 어떤 일 앞에서도 미소 짓는다.
- 온전히 순명하는 것에 대해 기뻐한다.
- 자기 일을 조직할 줄 알며, 절대 중도에 그치지 않는다.
- 보다 잘 봉사하기 위해 자신의 건강을 지킨다.
- 진실하다. 하느님은 그의 힘이시다.
- 가난의 정신에 따라 살고, 절대 낭비하지 않는다.
- 이웃을 온전히 사랑한다.
- 다른 사람의 인격을 존중한다.
- 모든 상황에, 모든 사람에 대해 적응한다.
- 거짓 없이 단순하고, 목적을 향해 직진한다.
- 감사하는 마음을 지니고 감사한다는 말을 할 줄 안다.
- 자기가 사는 시대를 사랑하고 그 안에서 하느님의 작품을 본다.
- "일체"(一體)를 이룰 줄 안다.
- 선교지에서 무한정 교회에 봉사한다.
- 해당 교구 주교에게 온전히 순명한다.

- 앞을 내다보는 사람, 활동가이다.

3. 성장기(1946-1956)

이처럼 뱅상 레부 신부의 정신에 따라 1937년 시작한 평신도 선교회는 1947년 국제가톨릭형제회(AFI: Association Fraternelle Internationale)로 공식적인 단체를 창설하게 된다. AFI 국제가톨릭형제회는 단체의 우선적인 방향에 따라 유럽 국가 중심 회원으로 새로운 국제회원 양성에 전력했다. 유럽에서는 벨기에, 프랑스, 이탈리아, 독일, 스위스, 스페인, 영국 등이 참여했고, 아시아에서는 대만, 베트남, 인도, 한국과 일본 5개국이 참여했다. 중동 국가로는 암만, 레바논, 요르단, 이스라엘 이집트 등이 있고, 아메리카에서는 미국, 캐나다에서 대대적으로 출발했다. 그리고 아프리카에서는 콩고, 르완다, 부키나 파소 등에서 많은 회원들이 탄생했다.

첫 회원 파견은 1946-1951년 사이 11개국 회원으로 10개 팀을 구성해서 7개 국에 파견하여 활동했으며, 그 외에도 15건이 넘는 파견 요청을 받았고, 회원 수만도 97명이나 되었다. 1946년에는 아프리카 콩고 부카부(Bukabu), 콜웨이지(Kolwezi)에서 활동을 시작했고, 1947년에는 1940년 실패했던 중국 남경에 비로소 다시 활동이 이루어지고, 이어서 북경팀도 파견되었으나 공산화로 다시 철수해야 했다. 그리고 미국, 시카고와 캐나다 몬트리올로도 파견 되었다. 1950년에는 시카고 국제학생회관(Cross roads)에 합류해서 활발한 활동이 이루어졌고, 캐나다 몬트리올에도 국제학생회관(Carrefour)을 개설해서 운영했다.

1949년에는 중동지역에도 다시 회원들을 파견했는데, 주로 발벡크, 하이파, 베이루트, 자르카, 암만, 바씨르에서 활동했다. 아시아 지역에는 1949년 중국 공산화 철수 후 1954년 인도, 베트남을 비롯해 1956년에는 한국, 1957년 일본, 1958년에는 주로 대만에서 평신도 엘리트 양성을 중심으로 지도자 양성에 주력했다.

4. UFER(Union Fraternelle entre les Races et les Peuples): UN 인권자문기구 창설

이본 퐁슬레의 또 다른 업적으로는 다른 평신도 단체와 연대하여 이룩한 UFER로서 이는 인종이나 국가를 초월해서 인권문제로 인해 억울하게 침해당하고 있는 소수 개인이나 단체, 또는 한 나라 문제를 UN에 상정해 주는 중재 및 자문역할을 담당하는 자문기구를 UN 내에 창설한 것이었다. 이본은 AFI로서 UN의 범위 안에서 다른 여러 조직의 탄생에도 기여했다. 예를 들어 1952년 UNESCO, 1953년 ECOSOC, 1954년 UNICEF 등과 함께 하나의 자문기구로서 AFI는 그 회장직도 맡고 사무실도 부루셀에서 제네바로 옮겨, 본래의 창설목적에 헌신해왔다. 즉, 억압받고 있는 소수민족의 존엄성과 국제적 지위 향상을 위해 그리고 인류의 공동 유산을 모든 이가 나누어 받아야한다는 인권 정신을 단체 안에서 계속해서 상기시켜 주는 역할을 해오고 있다. 그리고 오늘날에도 그 책임을 맡고 사무실도 현재까지 AFI 본부 내에서 계속 운영하면서 인류의 인권문제에 협력하고 있으며, 현재도 UFER News를 영어로 발간하고 있다(www.ufer-international.org).

5. 국제회원 양성 3단계 프로그램

1단계(Juniorat)와 3단계(Probation) 수련은 국제수련소에서 1년 과정으로 실시했다.

2단계(Seniorat)는 1단계 이수 후 실제 활동체험 또는 전문 직업 준비로 개인에 따라 3개월에서 길게는 6.7년 간 개인에 따른 교육을 했으며, 내용은 신학, 신구약 성경, 전례, 윤리신학, 영성학, 교회사, 교회론, 공의회 문헌, 철학, 사회학, 심리학 등 일반 교양 과목 수강으로 학기당 20학점까지 이수했다.

생활 교육은 새벽 기상부터 취침까지 공동의 규칙 생활과 기도 생활, 영성적, 인성적인 생활에 중점을 두었다. 교육 초기에는 Scout 및 JOC 프로그램을 활용했으며, 2-3명씩 팀으로 생활했다. 영성 교육은 영적 규칙(Regle Spirituelle)을 철저하게 지킴으로서 생활에 밑거름이 되었다. 그리고 영적 의무는 매일 미사로 시작하여 매일 30분씩 이어지는 공동 아침·저녁기도가 있었다. 그 외에도 개인 묵상, 영적 독서, 묵주 및 성체 조배 등으로 수련은 철저했으며, 10년이 넘어서 철저한 사명의식과 함께 정식 회원이 될 수 있었다.

6. 그 이후

제2차 바티칸공의회는 전 세계 교회에 활동 방향과 운영체제를 완전히 전환한 공의회였다. AFI의 이상과 목적은 교회 헌장과 사목헌장으로 인간의 자유와 정의와 평화를 누리지 못하는 억압받고 소외된 사람들, 세계 발전의 뒤안길에서 더욱 가난해진 사람들을 위한 인간 해방운동에 적극적으로 동참하며, 이에 헌신하는 것이다. 복음에 뿌리를 둔 이러한 이상과 목적은 오늘날도 '땅 끝까지 복음을 전하라'는 주님의 계명 속에 세계 곳곳에서 세상속의 누룩이 되고 밀알이 되어 살고 있는 수많은 AFI 회원들의 헌신적인 봉사와 희생과 수고 속에 이루어지고 있다.

특히 유럽 국가의 회원들뿐만 아니라 아시아에서도 1956년 세 명의 회원이 한국에 진출해서 명동기숙사를 통해 한국 여성들의 지도력 양성을 위한 여성평신도 교육에 힘을 쏟으면서 본격적으로 시작이 되었다. 그 당시 해외에서 가난했던 한국교회를 위한 국제 구호금을 모금하는 활동과 함께 한국 AFI 선교를 위한 사도직 활동이 본격적으로 열리게 되었다.

나가는말

AFI는 공의회 정신으로 중앙 집권적 체계를 개선해서 지역 단위의 대표들로 국제운영위원회를 구성했다. 그리고 지역 자치제도를 도입해서 공동 운영체제로 변경했다. 회원들은 4명 이상의 Unit 제도로 재편성하여 누구나 참여할 수 있는 소그룹 형태로 단체 운영에 회원들이 직접 참여할 수 있게 되었다. 국제사무처는 단체 공용어로 불어와 영어를 사용하고 있으며, 이본 퐁슬레의 국제성과 우주성은 오늘날까지 단체의 중요한 정신으로 한층 더 강조되고 있다.

격동기 어려운 경험을 통해 제도를 개편하고 1970년 새로운 조직 방향으로 4명의 운영위원과 사무국을 새로운 변화에 적극적으로 응답하도록 하기 위해 스위스 제네바로 옮김으로서 국제성은 더욱 강조되었으며, 현재는 경제적 이유로 벨기에 브뤼셀에 위치하고 있다.

1970년도 다시 총회에서 4명의 운영위원제(Board of Directors) 제도로 결정하고―총회에서 회원자격 규정 변경으로 남성 회원 및 결혼 부부 회원도 받음으로서 획기적 변화를 가져왔으나 이 모든 변화는 국제성, 우주성, 문화의 다양성을 존중하는 이본의 정신에 부합해서 오늘날 더욱더 강조되고 있는 점이라고 볼 수 있겠다―, 교회는 하느님의 백성이라는 우주적이고 국제적인 방향과 단체의 우선적 방향의 골격의 유지는 창설자의 정신이 100년을 바라보는 오늘날에도 역사 안에서 중요한 핵심으로 요구되고 있고, 이는 오늘날 우리 사회에 더욱더 강조되고 있는 점이라고 볼 수 있다.

이본 퐁슬레는 AFI들에게 그 시대를 살아야 한다고 늘 강조했고, 따라서 AFI의 고유 정신에 따라 21세기의 새로운 시대, 새로운 사조에 부응하는 조직과 활동 방향을 모색해 나가면서 국제 사무처의 업무도 인터넷을 통해 분산 운영하는 방향을 모색하고 있다. 즉, 회원들 간의 생활이나 영성적 나눔 코너 및 각 분야별 활동(문화·종교간 대화, 물과 환경 문제, 이주민 문제, 노후의 삶 등)에 관한 네트워크 방식으로의 대체 방안을 모색하고 있다. 이처럼 더욱 신속하고 간편한 현대적인 인터넷 방식으로의 도입을 통해서 시대적인 전환에 노력하고 있다.

그동안 한국 AFI의 활동은 AFI 단체로서 공식적으로 한국교회 평신도 사도직 단체와의 관계가 과거의 비해서 거의 없다고 볼 수 있다. 물론 개인회원의 자격으로 일부분야에 참여하긴 했으나 매우 소극적이었고 이본의 정신으로 볼 때 반성해야 할 부분이라고 여겨진다. 특히 국제적인 면에서 아직도 한국 평신도 여성으로서의 활약이 미약하고 국제적이지 못하다는 안타까움이 있는 것 또한 사실이다. 개혁의 길은 험난하고 많은 고통이 따르지만 창설자의 선구자적 역할을 소명으로 믿고, AFI 80년의 혁신적 방향전환을 성공적으로 이루면서 2007년 AFI 70주년, 2017년 80주년을 기념하여 80주년기념에 발간되는 AFI 역사책은 이본 창설자의 정신이 앞으로도 그 시대의 복음화에 많은 역할을 할 것이라 믿고 특히 오늘날의 시대에 해외선교방향에 있어서 크나큰 영감과 자극이 될 수 있으리라고 본다. 그러한 과정 속에서 '땅 끝까지 복음을 전하라'는 AFI의 소명과 도전은 앞으로도 계속될 것이다.

참고문헌

국제가톨릭형제회/김정옥 편역.『Yvonne Poncelet 생애와 서간』. 국제가톨릭형제회, 1998.

_____. *The Spirit And Life of the Auxiliaries - Witness to the Risen Christ, Libre Rourge - Red Book*, 1952. AFI 서류-규약서, 223개, 조약서, 159의 영성 지도서 등, AFI 기본 영성 교의서(Dogma)임. 요한 15,14-5.

자크 르클레드/전경자 옮김.『멀리 울리는 뇌성』. 서울, 성바오로 출판사, 1993.

曹立珊.『뱅상레브 신부의 神修綱領』. 국제가톨릭형제회, 1990.

_____. "뱅상 레브 서간집, 초기문헌", 뱅상 레브 신부의 영성연구소.

일상을 거룩하게 산 평신도 여성, 잔나 베레타 몰라

김혜경 세레나

잔나 베레타 몰라(1922-1962)

들어가면서

성녀 잔나 베레타 몰라는 우리가 생각하는 기존의 '성인'이라는 개념으로는 접근할 수 없는 신세대, 신개념의 성녀다. 대단한 신비가도, 영성가도, 큰일을 실천한 행동가도 아니기 때문이다. 현재를 살아가는 대부분의 사람들과 전혀 다를 바 없는 평범한 그리스도인이었고, 결혼한 후에는 한 남성의 아내였고, 네 자녀의 어머니였다.

제2차 바티칸공의회 이후 가톨릭교회는 평신도의 '평범성'과 '세속성'에 의미를 부여했고, 하느님 백성으로서 평신도의 교회 안팎에서의 책임과 의무를 강조해왔다. 그 중에서도 가정의 중요성에 대해서는 2천 년 교회사의 여정에서 한 번도 강조하지 않은 적이 없었다. 20-21세기에 들어와 여러 가지 사회, 문화적인 요인으로 인해 가정의 가치가 하락하고, 그 중요성이 감소하는 것에 대해 우려의 목소리를 내왔다.

최근 10년 간, 전 세계는 소수자의 인권에 대한 관심을 부각시키면서 동성애 결혼은 물론 입양과 관련한 '동성애 가정의 합법화'에 대한 요청이 커지고 있다. 2014년 프랑스 파리에서는 동성애 가정의 합법화를 요구하는 대규모 시위가 있었고, 그 여파는 전 세계로 확산되어 일부 국가나 지역에서는 합법화가 이루어진 상황이다. 소수자에 대한 관심의 증대와 거기에서 핵심 쟁점인 입양의 문제를 동등하게 바라보며 그것이 마치 '인권의 실현'인 것처럼 부각되기에 이르렀다. 이에 파리시 일반 가정들이 모두 거리로 쏟아져 나와 '역차별'에 반대하는 시위를 하기도 했다. 한 남성과 한 여성이 이루는 '일반 가정'이 오히려 외면 받고 있는 듯한 분위기에 대한 역반응이었던 것이다.

잔나의 시성은 중세적인 관점에서는 도저히 불가능한 일대 사건이었다. 평범한 한 가정의 엄마가 성인이 되었기 때문이다. 가톨릭교회의 전향적이고 확장된 이런 시각은 평신도 그리스도인의 일상이 얼마나 위대한 것인지를 드러내는 신호탄이 되었다.

잔나를 통해 현대를 살아가는 사람들은 일상을 어떻게 살아야 하는지, 생명을 어떻게 지키고, 매순간을 소홀함 없이 주어진 모든 일을 진지하게, 품위를 유지하며 살아야 하는지를 배우게 된다. 그녀를 통해 그리스도인은 근면하고, 뜨겁고, 열심히 사는 존재라는 것을 말해주었다. 보통 사람들도 결혼을 하더라도 성녀가 될 수 있고, 평범한 삶이 곧 '성녀의 삶'이라는 것을 보여주었다. 일상을 소중하게 생각하고 열심히 살아가는 것이야말로 '거룩한 삶'임을 깨닫게 해주었다.

그러므로 이 글은 '가정'이라는 기초 공동체가 위협받고 있는 상황에서 평범한 그리스도인의 일상에 가치를 두며 성실하게 살다 일찍 세상을 떠난 20세기, 곧 우리 시대의 성녀 잔나 베레나 몰라의 생애와 활동, 영성의 특징과 오늘날 잔나를 산다는 것이 우리 그리스도인들에게 어떤 의미를 지니는지에 대해 잠시 생각해보자는 의미가 담겨 있다.

I. 1920년대 이탈리아의 사회적 배경과 잔나의 생애

세계역사에서 1917년은 러시아혁명으로 공산주의와 미국을 중심으로 한 민주주의로 갈라진 해였고, 가톨릭교회에서는 파티마에서 성모님이 발현했으며, 마르틴 루터가 종교개혁을 일으킨 지 400년(1517-1917)을 맞이하던 해였다.

세계 정세의 이런 흐름에 맞물려 이탈리아에서는 1919년부터 1920년대 초반을 '붉은 2년'(Biennio Rosso)이라 하여 사회주의 혁명의 도래를 기대하며 노동계를 중심으로 전투적인 파업과 운동이 조직화되었다. 그러나 정치 지도부인 사회당의 비협조와 강한 조직력의 부재와 자본가 계급의 유화정책 및 타협으로 노동운동은 실패로 끝나고 그 여파로 파시즘이 등장하기에 이르렀다.

이탈리아의 중공업 분야 산업이 집중되어 있는 북부지역에서 노동자 세력의 확대와 정치적인 권력 강화는 제1차 세계대전 이후 불어닥친 경제적인 위기와 함께 폭력과 무장봉기의 형태로 이어졌다. 식료품 상점의 약탈과 방화, 수많은 파업과 투쟁 등으로 이어져 혁명이 조직적이고 전국적인 차원에서 비조직적이고 국지적인 차원으로 이동되면서 이탈리아 노동운동의 비조직화와 정체성 문제가 대두되기에 이르렀다. 이런 혼란은 제2차 세계대전이 발발할 때까지 이어져 이탈리아는 실로 어렵고 힘든 시기를 보내야 했다. 이 시기에 잘 알려진 이탈리아 사회주의 사상들, 그람쉬(Antonio Gramsci, 1891-1937), 똘리아띠(Palmiro Togliatti, 1893-1964), 따스까(Angelo Tasca, 1892-1960), 떼라치니(Umberto Terraccini, 1895-1983) 등이 대거 출현하였다.

이렇게 정치·사회적인 격변기라고 할 수 있는 1922년 10월 4일, 아씨시의 성 프란치스코 대축일에 성녀 잔나 베레타 몰라는 태어났다. 이탈리아 밀라노(Milano)의 행정구역인 작은 마을 마젠타(Magenta)에서 알베르토(Alberto)와 마리아 베레타(Maria Beretta) 사이에서 열 세 자녀 중 열 번째 딸로 출생했다. 양친이 프란치스코수도회의 재속 회원이었고, 그래서 각별히 자녀들의 신앙교육에 신경을 썼던 만큼 잔나의 신앙도 어린 시절부터 돈독하게 성장할 수가 있었다. 잔나의 형제 중 두 명이 사제가 되었고, 둘은 엔지니어가 되었으며, 네 명이 의사, 한 명이 약사 그리고 한 명은 음악가가 되었는데, 하나같이 깊은 신심을 갖고 있었다.

잔나는 태어난 지 7일 만에 마젠타의 성 마르티노대성당에서 조반나 프란체스카라는 이름으로 세례를 받았다. 5세 되던 1928년에 첫 영성체를 했고, 2년 후에 베르가모 주교좌성당에서 견진성사를 받았다. 이탈리아인들이 밟는 전형적인 신앙의 여정을 따른 것이다. 그러나 잔나가 김나지움(우리의 중학교에 해당) 5학년에 재학 중이던 1937년에 큰언니 아말리아가 26세의 나이로 사망하고, 고등학교 재학시절인 1942년에 어머니가 55세의 나이로 일찍 세상을 떠났으며, 그 후 5개월도 안 되어 아버지까지 60세의 일기로 세상을 떠나면서 잔나의 신앙과 진로에 중대한 변화가 생기기 시작했다.

부모를 잃은 잔나의 형제들은 모두 마젠타의 조부모 집으로 이사했고, 거기에서 대학 진학을 앞둔 상황에서 잔나는 본당의 청년가톨릭 액션과 성 빈센트회에서 활발한 활동을 하며 지냈다. 그리고 그해 11월, 밀라노대학의 의학부 외과 과정에 진학하였다.

가톨릭 액션을 통해서 사도직 봉사에 참여하고 빈첸시오 아 바오로회의 회원으로 노인과 가난한 사람들을 돕는 자선 활동은 잔나의 삶을 신앙과 일치시키는 기능을 했다. 그런 가운데 파비아대학의 의학부로 편입하여 졸업했고, 외과 의사가 되었다. 그 시기에 카푸친수도회의 선교사로 브라질에서 활동을 하고 있던 오빠 알베르토 신부를 통해 선교사가 되고자 하였다. 오빠의 연락을 기다리는 동안, 잔나는 밀라노 행정구역인 메세로에 진료소를 개업하고(1950년), 2년 후에 밀라노대학에서 소아과 전문의 자격증을 취득하였다.

그러나 잔나의 건강은 그리 좋은 편이 못되었다. 고등학교를 졸업하고 대학 진학을 앞두고 1년간 쉬어야 할 정도로 허약했기 때문에 그녀의 영성 지도 신부는 선교사가 되는 것이 잔나의 길이 아니라는 확신을 심어주었고, 잔나는 편안한 마음으로 주님의 다른 부르심을 기다리기로 하였다.

의사로 활동하면서 잔나는 자신의 직업을 하느님께서 주신 하나의 '사명'이라고 생각했고, 자비롭고 편견 없는 모성적인 마음으로 가톨릭 액션에서 또래 젊은이들과 더불어 열심히 활동하기도 했다. 그런 중에도 계속해서 자신의 성소를 위해 기도했고, 그 안에서 하느님의 선물로 결혼 성소를 발견하고, 그것을 온전히 받아들이기로 결심하였다. 참된 그리스도인 가정을 만드는데 전적으로 투신하기로 한 것이다. 그리고 합당한 남편을 찾으려고 애썼다.

1954년 12월 8일, 원죄 없이 잉태되신 성모 마리아 대축일에 잔나는 안면이 있던 엔지니어 피에트로 몰라(Pietro Molla)와 정식으로 교제하기 시작했다. 그리고 5개월 후인 1955년 4월 11일, 공식적으로 약혼식을 하고, 다시 5개월이 지난 9월 24일에 마젠타의 성 마르티노대성당에서 결혼식을 올렸다. 잔나는 피에트로 몰라와 약혼을 하며 하느님께 감사와 찬미를 드렸고, 기쁘고 행복한 마음으로 기꺼이 한 남성의 아내가 되었다.

신혼집은 남편의 회사인 사파(Saffa)가 있는 폰테 누오보의 사택으로 정했다. 그곳에서 잔나는 1956년 11월에 피에르루이지(Pierluigi), 1957년 12월에 마리올리나(Mariolina), 1959년 7월에 라우라(Laura), 이렇게 세 자녀를 낳았다. 아내로서, 엄마로서, 또 전문직 여성으로서 잔나의 삶은 단순하면서도 대단히 역동적이었다. 아무리 바빠도 사회

봉사는 계속했고, 평정심을 잃지 않고 일상의 삶을 하느님의 뜻 안에서 조화롭게 실천하고자 노력하였다. 신앙을 중심에 둔 성(聖)가정을 이루면서 전문의로서 자기 역할을 열정적이고 조화롭게 수행해나갔다. 집 밖에서나 안에서나 그녀의 손에서 일감이 떠나는 일은 없었다.

1961년 9월, 넷째를 임신한 지 2개월이 되었을 때, 그녀는 아랫배에 극심한 통증을 느꼈다. 불길한 예감에 급히 밀라노 몬자에 있는 성 제라르도병원에서 정밀검사를 받았는데, 결과는 그녀의 자궁 안에서 태아와 종양이 함께 자라고 있는 것이 밝혀졌다. 악성 종양은 제거수술 외에 다른 방법이 없다는 것을 잘 아는 그녀였기에 그만큼 임신 상태를 지속하는 것 또한 어려울 수 있다는 것을 모를 리 없었다. 수술이 아기의 생명에 얼마나 큰 위험을 초래할지 누구보다 잘 알았기에 그녀는 마지막까지 태아의 생명을 지키기 위해 일체의 치료를 거부했고, 하느님의 섭리에 자신을 온전히 내어놓았다.

1962년 4월 21일 주일 아침, 아기는 무사히 태어났고, 잔나는 생명을 구하는데 성공하였다. 잔나 엠마누엘라가 태어난 것이다. 어린 잔나 엠마누엘라를 품에 안고 그녀는 하느님께 감사를 드렸다. 그러나 잔나는 아기가 태어날 때까지 7개월 간의 모든 고통이 무너지기 시작했고, 결국 아기가 태어난 지 일주일 만에 산후 패혈증으로 세상을 떠나고 말았다.

임신 중, 그녀는 종양으로 인해 자궁 안에 있는 태아가 혹여 고통을 안고 태어날까 걱정하며 하느님께서 그것만은 막아주시기를 간절히 기도했다.

출산을 앞두고 잔나는 남편 피에트로 몰라에게 간곡히 부탁했다. "만약 당신이 나와 태아 중에 하나만을 선택해야 한다면 주저하지 말고 아기를 선택하세요. 제발 아기를 살려주세요."잔나 엠마누엘라가 무사히 태어난 후, 산모를 살리기 위한 의료진들의 눈물겨운 노력이 시작되었다. 그럼에도 불구하고 아기가 태어난 지 일주일 뒤인 4월 28일 아침, 그녀는 말할 수 없는 고통과 슬픔 속에서 아기의 얼굴에 입을 맞추고 39살의 젊은 나이로 숨을 거두었다. 그녀는 힘겹게 숨을 몰아쉬며 "예수님, 사랑합니다. 예수님, 사랑합니다"라는 마지막 말을 남겼다. 그녀의 장례식은 깊은 슬픔과 신앙과 기도의 자리가 되었고, 그녀의 유해는 마젠타에서 4km 정도 떨어진 메세로 공동묘지에 묻혔다.

1973년 9월 23일, 복자 바오로 6세 교황은 순례객들과 함께한 삼종기도 전 훈화에서 "의식적인 희생으로 자신을 희생하여 딸에게 생명을 준 밀라노 교구의 젊은 엄마"라는 말로 그녀를 기억하며 그녀의 행동을 기렸다. 교황은 이 말씀으로 골고타산의 그리스도와 성체성사의 희생을 바라볼 것을 요청했다.

잔나 베레타 몰라는 1994년 4월 24일, '국제 가정의 해' 기념행사 중에 성 요한 바오로 2세 교황에 의해 시복되었고, 2004년 5월 16일 바티칸의 성 베드로 광장에서 같은 교황에 의해 성인품에 올랐다. 성 요한 바오로 2세 교황은 시성식 강론 중에 그녀를 "단순한 여성, 그러나 누구보다도 의미 있는 하느님 사랑의 메신저"라고 칭송하였다.

II. 잔나 베레타 몰라의 삶과 사랑

성가정은 혼자의 노력만으로 만들어질 수 있는 것이 아니다. 처녀가 잉태하여 돌에 맞아 죽어야 할 운명에 처한 성모 마리아 곁에는 그녀를 믿고 보호해 주었던 요셉이 있었듯이, 잔나가 아내로서, 어머니로서, 의사로서 수많은 활동을 할 수 있었던 배경에는 피에트로의 보이지 않는 격려와 숨은 노력이 있었을 것임은 충분히 짐작하고도 남는다.

피에트로는 1936년 밀라노 폴리텍대학교에서 기계 엔지니어로 졸업을 하고, 마젠타의 폰테 누오보에 센터를 둔 커다란 성냥공장 사파(Saffa)에 입사하였다. 그리고 입사한 지 약 2년 만에 부사장이 되어 일생동안 회사를 위해 헌신하며 노동의 분업화와 새로운 기술 개발에 주력함으로써 사향 산업인 성냥사업을 거듭된 성장 산업으로 발전시킨 성공한 기업인이었다.

그뿐 아니라, 결혼 전부터 당시 대부분의 이탈리아의 젊은이들이 큰 관심을 가지고 활동하던 정치와 사회 참여로 인해 한때 파시즘에 연루되었다는 오해를 받기도 했다. 그러나 사실 그는 정치보다는 종교 활동에 더 큰 관심을 두고 청년가톨릭 액션의 회원으로 열심히 일했고, 그 덕분에 파시즘 연루설에서도 벗어날 수가 있었다. 피에트로는 그 시절을 이렇게 회상한 바 있다. "저는 잔나에 비하면 교회에 한 일이 별로 없습니다. 회사 일을 많이 했다는 것은 인정합니다. 평생 일자리를 마련하기 위해 모든 노력을 아끼지 않았습니다. 그게 제 인생이었습니다.[1]

피에트로는 사파의 부사장으로서 막중한 책임과 수많은 업무와 잦은 해외 출장으로 가정에 집중할 수 없었음에도 불구하고, 그것이 이들 부부에게는 큰 문제가 되지 않을 만큼 그들의 사랑은 견고했다.

---

[1] 피에트로 몰라·엘리오 궤리에로/김혜경 옮김, 『성녀 잔나 베레타 몰라』(성바오로출판사, 2011), 37.

그 안에서 각자는 서로를 신뢰하며 주어진 환경에서 열심히 살았다. 피에트로의 무조건적인 지지와 격려는 잔나가 사회생활에서 어떤 동반자적인 삶을 살아야 하는지를 알려주는 하나의 이정표가 되었다. 가정생활에서 습득된 이타적인 사랑이 일상의 도처에서 매순간 발휘되었다고 할 수 있다. 구체적으로 그녀의 삶 속으로 들어가 보기로 하자.

1. 가정에서

피에트로는 잔나에 대해 "함께 살았던 세월 동안 잔나가 아무것도 하지 않고 가만히 있는 것을 한 번도 보지 못했습니다"고 회상한 바 있다. 사양길에 접어든 성냥 산업을 어떻게 하면 새로운 분야로 전환할 것인지가 가장 큰 관건이었고, 수많은 직원들을 의식하며 사회적 책임과 중압감에 힘들어하는 남편에게 잔나는 '기쁨을 주는 온화한 여인'이었다. 그리고 자상한 모성으로 '작은 보물들'(아이들)을 세심하게 살피고 챙기는 어머니였다. 잔나는 결혼 성소에서 즐거움을 느꼈고, 그 기쁨이 밖으로 발산되어 함께 살아가는 주변 이웃들에게 '친절한 사람'으로 각인되었다.

잔나는 결혼 전부터 "결혼성소는 열네 살에 약혼을 한다는 뜻이 아닙니다. 그것은 비상 신호일 뿐입니다. 그때부터 가정을 위해 준비를 해야 하는 것입니다. 사랑할 줄 모르는 사람은 이 길에 들어서서는 안 됩니다. 사랑한다는 것은 자신을 완전하게 하여 사랑받을 줄 아는 사람으로 만들고, 이기주의를 극복하고 자신을 내어줄 줄 아는 사람이 된다는 뜻입니다."[2]

그녀에게 결혼은 '성소'이고, '성사생활'의 연장이었다. 그녀가 결

1960년 여름. 쿠르 마요르에서 잔나와 피에트로, 피에르루이지, 마리올리나와 라우라

혼 전에 피에트로에게 보낸 편지에서 "저는 당신을 행복하게 해 드리고 싶고, 당신이 바라는 대로 친절하고 이해심 있고 장차 삶이 요구하는 희생에 준비가 되어 있는 사람이 되고 싶습니다"[3]는 말은 잔나의 이런 정신을 함축한다고 하겠다.

피에트로의 증언에 따르면 잔나는 '끝없는 집안일도 놀라울 만큼 계획적으로 해 나갔던' 사람이었다. 집은 언제나 정리되어 있었고, 남편과 자녀들의 식사는 반드시 잔나가 직접 챙겼다. 그녀는 최고의 요리사였으며, 가족은 물론 찾아오는 내·외국인 친구들에게까지 요리

---

2 Gianna Beretta · Pietro Molla, *Lettere, a cura di Elio Guerriero*, Edizioni San Paolo, 2012, 53.
3 같은 책 13: 1955년 2월 21일, 잔나가 피에트로에게 보낸 편지에서.

솜씨를 아낌없이 발휘하곤 했다. 휴식시간이면 수선할 물건들과 바느질 감을 안고 살았다. 어느 한 순간도 시간을 허투루 보내는 일이 없었다.[4]

2. 직장에서

잔나의 집안은 삼촌도 의사고, 두 오빠도 의과 대학으로 진학 한, 한 마디로 의사라는 직업이 낯설지 않은 집안이었다. 그렇다고 해서 잔나가 맹목적으로 그들의 뒤를 쫓아서 의과 대학을 선택한 것은 아니었다. 그녀가 보기에 의사라는 직업은 사람의 육체뿐 아니라 마음도 치료하는, 그리스도인의 선교 사명을 실천할 수 있는 최고의 직업이었다. 이웃을 향한 봉사를 제대로 실천할 수 있는 길이라고도 보았던 것이다. 그녀는 자신의 직업을 하나의 '사명' 내지는 '거룩한 임무'로 받아들였다. 그녀가 종종 했던 "환자의 몸을 만질 때, 우리는 예수님의 몸을 만지는 것입니다"[5]는 말은 진료소에서의 일을 거의 '성사적으로' 받아들이고 있다는 것을 의미한다.

메세로의 이남(Inam)진료소는 그녀를 주치의로 둔 환자들의 안식처기도 했지만, 주변 기초생활대상자들의 요구사항을 들어주고 소외된 가정들을 방문하여 치료해 주는 센터이기도 했다. 그녀에게 맡겨진 일 가운데 그녀가 특별히 더 마음을 썼던 것은 여성과 어린이, 노인과 가난한 사람들을 우선적으로 돌보는 일이었다. 그러다보니 이탈리아 모자보건 사업회에서 주관하는 지역 탁아소 보건 담당의와 어머니들을 위한 위생 자문관, 폰테 누오보 초등학교 보건의 등 사회적으로

---

4 피에트로 몰라 · 엘리오 궤리에로, 앞의 책, 83 참조.
5 같은 책, 90

맡은 임무가 계속해서 늘었지만, 하나같이 변함없는 사랑으로 최선을 다했다.

환자에게 병을 알려줄 때에는 존엄과 친절을 잃지 않았고, 환자들을 친구처럼, 때로는 엄마처럼, 큰언니처럼, 사려 깊은 여동생처럼 대했다. 그래서 모든 사람들은 그녀를 '폰테 누오보의 엄마'로 기억하고 있다.[6] 진정한 의사였기에 가장 인간적이고 가장 그리스도인다운 모습이 될 수가 있었다.

3. 사회봉사의 여정에서

잔나는 특별히 가톨릭 액션과 성빈센트회의 회원으로 매우 열정적으로 활동을 하였다. 가톨릭 액션의 모토이자 사도적 지침인 '파스'(PAS), 곧 기도(Preghiera), 활동(Azione), 헌신(Sacrificio)은 잔나의 삶의 모토가 되었다.[7] 잔나의 이런 삶의 세 가지 모토를 중심으로 그녀가 걸어간 사회봉사의 길을 살펴보기로 하자.

기도

잔나는 여러 가톨릭단체에서 봉사활동을 하며 가르치는 입장에 있었지만, 기도만큼은 하라고 가르치는 것이 아니라 그녀 자신이 '기도하는 사람'이 되었다. 그녀를 알고 그녀의 삶을 증언하는 이웃들은 그녀의 기도생활과 적극적인 신앙생활에 대해 한 목소리로 '모범적인

---

6 같은 책, 91 참조.
7 같은 책, 84-85 참조.

실천가'임을 강조하고 있다.8 그녀는 아무리 바빠도 매일 묵주기도와 미사 참례를 잊지 않았다. 남편 피에트로에게도 출장 중이라고 할지라도 가능한 한 매일 미사에 참여하도록 독려했고, 그래서 매일미사는 시공을 초월하여 이들 부부를 매 순간 연결시켜 준 매개체였다. 기도와 매일미사는 이들 부부의 일상이었던 것이다.

활동

잔나는 여성 가톨릭 액션 회장으로 활동하며 '사랑의 실천'을 최우선으로 두었다. 가정에서나 진료소에서나 그 외, 그녀가 속한 어느 곳에서도 가톨릭 액션 회원으로서 정체성을 잃지 않았고, 만나는 모든 사람을 '하느님의 선물'로 대했다. 그녀에게는 '사람'이 가장 소중한 존재였고, 매 순간 '지금 이곳'에서 만나는 사람에게 집중했다. 마젠타의 노인과 가난한 사람들을 방문하여 무료진료와 함께 집안 청소와 음식까지 만들어주고 돌아온 것은 바로 그 순간에 만난 사람에 대한 그녀 방식의 예의였다. 이런 정신은 그녀가 의사라는 직업을 선택한 데서도 잘 드러난다. 그 시절에 쓴 메모장에는 "의사는 사제들이 하지 못하는 몫을 합니다. 사제가 예수님의 몸을 만지듯이 의사는 환자들의 육체 안에 있는 예수님을 만지는 것입니다. 그들은 우리 의사들을 통해 예수님을 볼 수 있습니다"9고 적혀 있었다.

---

8 https://www.youtube.com/watch?v=PbYfHUkVK0s.
9 「평화신문」, 2004년 1월 4일자.

헌신

잔나의 삶에서 드러나는 부분은 남편, 자녀들 그리고 이웃들을 향한 사랑의 기능적인 차원이다. 모든 일을 '기꺼이' 능동적으로 자진해서 했고, 자신을 내어주는 것을 아까워하지 않았다. 더욱이 성격이 활달하고 적극적이어서 무슨 일이건 하다가 마는 일이 없었다. 자기에게 맡겨진 임무는 끝까지 완수하는 책임감 있는 사람이었다. 언제든지 사랑을 위해서는 자기를 희생할 준비가 되어 있는 사람이었기에 누군가 그 일을 해야 한다면 언제든 자진해서 나섰다.

III. 잔나 영성의 특징: 일상을 거룩하게 사는 것

잔나의 일생은 짧지만, 가장 충만하고 강력했다고 할 수 있다. 친구를 만나 춤을 추고, 여행을 즐기고 그림을 그리며, 알프스를 도보로 여행하기도 하고, 음악회와 연극 관람을 즐기는 등 20세기 대부분의 사람들이 일상적으로 하던 생활과 크게 다르지 않았다. 골방에서 끊임없이 기도생활에만 몰두하던 그런 인물이 아니었다. 가정을 중심으로 직장과 본당 그리고 사회의 다양한 관계들이 밀도 있게 짜여 있었다.10

피에트로와 함께 가꾼 부부만의 세계가 있었고, 그들이 세상에서 가장 아끼던 '세 보물'인 자녀들이 있었다. 가족과 함께 하는 순간은 잔나가 누렸던 어떤 행복한 순간들보다도 소중했다. 그렇기에 잔나가

---

10 피에트로 몰라 · 엘리오 궤리에로, 앞의 책, 82 참조.

죽음을 앞둔 마지막 순간까지 가장 괴로워했던 것은 '아내 없는 남편'과 '엄마 없는 자식들'을 남겨둔 채 죽어야 한다는 사실이었다.

기쁨과 희망, 삶의 희열과 열정, 고통과 번뇌, 갈등과 좌절이 교차되는 일상생활에서 잔나는 현대를 살아가는 우리와 마찬가지로 언제나 선택의 기로에 서야했다. 그녀가 어떤 것을 선택하며 살았는지, 그것이 현대생활에서 어떤 의미를 지니는지에 대해 살펴보면 그리스도인으로서 삶의 기준을 어디에다 두고 살아야 하는지, 시사하는 바가 많다.

1. 모든 것을 하느님을 위해

프란치스코회의 재속 회원이었던 부모님 아래서 잔나는 프란치스코수도회의 영성을 바탕으로 신앙교육을 받고 성장하였다. 근면함과 성실함, 가난과 형제애를 바탕으로 한 프란치스코회의 영성은 그녀가 일생 신앙인다운 삶을 사는데 중요한 기준이 되었다. 어린 나이에 세례와 견진성사를 받고, 열다섯 살에 영신수련 피정에서 '모든 것을 예수님을 위해' 살기로 결심하였다.

기도와 봉사활동을 꾸준히 하는 가운데 그녀는 이렇게 말하곤 했다.

말을 잘하는 것만으로는 부족합니다. 우리는 그리스도 신앙의 위대함과 아름다움을 보여주는 산증인이 되어야 합니다.[11]

---

[11] The Word Among Us 편집부, "죽음을 넘는 생명의 선택-잔나 베레타 몰라 성녀 (1922~1962, 2004. 5. 16 시성)",「말씀지기」8월호, (가톨릭출판사, 2004).

잔나가 말하는 '산증인'은 부당한 현실을 보고도 기도와 침묵으로 일관하는 것이 아니라, 때로는 목소리를 높이고 능동적인 활동을 통해 그리스도인으로서의 사명을 다하는 것이다. 그녀는 1948년 선거를 앞두고 기독교 민주당에 가입하여 그 동안 파시즘 치하에서 시달리던 이탈리아에 새로운 정치적인 부흥을 촉구하는 활동을 하였다. "우리는 사회, 가정, 정치 등 노력이 필요한 모든 분야에 몸을 담아야 합니다. 열심히 일하십시오. 음침하고 위협적인 온갖 악의 세력들이 뭉치고 있습니다. 선의 세력이 모두 뭉쳐서 하나의 장벽을 만들어 '너희는 이곳을 지나가지 못한다'고 말해 주어야 합니다"[12]고 하였다.

그녀는 또 낙태를 경험했거나 생각하는 여성들에게 생명의 소중함을 전해주고 심리적인 치료를 권하기도 하였다. 아기에게나 산모에게나 육체적이고 정신적인 의사가 되어 주려고 노력하였다. 그녀의 삶 속에서 드러나는 '생명의 지킴이'로서 사명은 모든 생명의 근원이신 하느님을 잊지 않는 것이고, 그분의 뜻을 사는 길이었다. 그녀가 참여하는 전례와 신심활동은 의사로서 어머니로서 생명을 소중하게 여기는 것과 결코 무관할 수 없는 일이었다. 이에 피에트로는 "그녀는 내게 사람답게 사는 새로운 본보기가 되었습니다"고 고백하였다. 사실 가장 가까이에 있는 남편으로부터 이런 찬사를 듣기란 쉽지 않다. 잔나가 어떤 삶을 살았는지를 잘 대변한다고 할 수 있다.

그러므로 잔나의 삶에서 드러나는 내적, 외적인 사회활동은 모두 '예수님을 위해, 하느님을 위해' 온 몸으로 느리는 찬미의 기도였고, 간절한 청원기도였던 것이다.

---

12 http://blog.naver.com/daomingsse/memo/80166797647.

2. 삶을 충만하게 사는 사람

잔나는 언제나 긍정적이고 낙천적인 성격의 소유자였다. 어떤 어려움에 처하더라도 그것을 전화위복으로 삼으며 더 나은 발전의 토대로 삼았다. 피에트로는 이렇게 고백하였다. "내가 성녀와 살고 있는 줄 미처 깨닫지 못했습니다."[13] 그만큼 그녀는 평범하게 살았다.

사실 '성녀'는 멀리 있는 환상의 대상도 형이상학적인 존재도 아니다. 잔나에게서 드러나는 성덕은 자상하고 친절한 미소, 생기 있고 발랄한 세련미, 순간을 기쁨과 즐거움으로 채울 줄 아는 재치, 삶에 대한 열정과 감사할 줄 아는 마음, 수준 높은 패션 감각과 요리 솜씨 등을 포괄한다. 매력적이고 호감 가는 사람이 되어 삶을 통해 그리스도를 증언하는 것이다. 마치 성덕과는 전혀 상관없어 보이는 것들을 통해 하느님을 향한 사랑, 이웃을 향한 헌신적인 삶을 드러내는 것이다.

잔나는 현세를 고통의 바다로 생각하고 오로지 하늘나라만을 추구한 신비주의자가 결코 아니었다. 하느님께서 우리에게 무상으로 주시는 매 순간을 감사하고 기뻐하며 즐거워했던 평범한 그리스도인 여성이었다. 그러면서도 이 세상에 얽매이지 않고, 자유롭게 살았던 사람이었다. 그래서 요한 바오로 2세는 그녀를 시성하는 자리에서 "보통 그리스도인으로서의 높은 수준의 사람"[14]이라고 말했던 것이다.

잔나의 언니는 그녀를 이렇게 회상하였다. "그녀(잔나)의 성덕은 비단 최후에 보여 준 지극히 고결한 행위에만 있는 것이 아닙니다. 어떤 상황에서건 날마다 주님의 뜻을 실천하고자 노력한 연장선상에 있

---

13 피에트로 몰라 · 엘리오 궤리에로, 앞의 책, 124 참조.
14 The Word Among Us 편집부, 앞의 글.

는 것입니다. 그녀가 최후에 그런 결단을 내릴 수 있었던 힘은 한평생 이어진 성스러운 삶의 결실이었습니다."

3. 삶의 질을 높이는 사람

잔나는 또한 주어진 환경에서 삶을 적극적으로 누리면서도 그리스도인으로서 품위를 잃지 않았던 현대적인 성인이었다. 알프스에서 가까운 지역에 살았기에 산을 좋아했고, 스키를 즐겼으며, 자연 속에서 맑고 깨끗한 하늘과 하얀 눈을 만끽하며 하느님을 찬미하였다. 자연과의 만남이 얼마나 행복한지, 그 안에서 역동적인 관상가가 된다고 고백하기도 했다.[15]

그녀는 어디에 있건 삶의 한복판에서 주어진 시간을 적극적으로 받아들이고, 그 순간에 충실하고자 노력하였다. 그녀의 삶에 대한 진지한 자세와 일관성 있는 태도는 강한 인품으로 드러났고, 사람들은 그녀를 호감과 신뢰를 가지고 바라보았다. 전문 직업인으로서 존경받을 만하게 행동했고, 여성적인 감각과 우아함과 품위와 매력을 잃지 않았다. 혼자 있어도 경망스럽게 행동하는 일이 없었고, 그녀가 머물다 간 곳이면 어디건 신앙의 경건함이 남아 있었다.

동시에 잔나는 자녀들을 교육할 때도 결코 매를 드는 일이 없었다. 그녀에게 아이는 하느님의 선물이었기에, 그 선물이 부서질까 혹여 상처 입을까 소중하게 다루고 존중했다. 교육자는 매를 들기보다 끝까지 설득할 수 있어야 한다고 보았다. 이런 자세는 가정에서는 물론

---

15 피에트로 몰라·엘리오 궤리에로, 앞의책, 43-45 편지글에서 인용.

그녀가 가는 곳이면 어디서건 일관성 있게 나타났다. 분노로 품위를 잃는 법도 그녀가 만나는 사회적 약자들의 삶의 질도 떨어질 리가 없었다.

4. 진솔한 그리스도인

잔나는 아내, 엄마 그리고 의사라는 직분을 감격스런 소명으로 받아들인 여성이었다. 그녀에게 남편은 든든한 지원군이었고, 아이들은 기쁨이고 자랑이었으며, 진료실에서 만나는 사람들은 하느님께서 보내주시는 선물이었다. 일상의 사소한 모든 것들을 커다란 소명이라고 생각했고, 스쳐지나가는 사람들조차 하느님의 전령사들이라고 생각했다.

그녀는 힘 있는 사람들에게는 정의를 호소했고, 낙태로 고통 속에 있는 젊은 여성이나 스스로 죄인이라고 고백하며 힘들어 하는 사람들에게는 자비를 실천했다. 변장하거나 위선적인 그리스도인을 싫어하며, 그 자신 그렇게 되지 않으려고 노력하였다.

그녀에 대한 인정은 그녀가 사망하던 해인 1962년, 밀라노시에서 수여한 '위대한 시민상'으로 드러났고, 사망 1주기를 맞아 교회의 허락 하에서 그녀의 성덕을 기리기 위해 자발적으로 제작된 팸플릿에서도 잘 드러났다. 팸플릿을 만든 사람은 잔나의 마지막 일주일을 가까이에서 지켜보았던 마렐라 신부였다. 이것은 밀라노시와 교회가 평신도의 존재에 대해 인정한다는 것을 의미했다. 당시 밀라노의 대주교였던 몬티니 추기경은 얼마 후에 바오로 6세 교황이 되어 잔나의 시복 과정을 지켜보았다.

2천 년 교회사의 여정에서 평범한 한 가정의 여성이 특별한 활동을 해서가 아니라, 단지 일상을 충실하게 살았다는 것만으로 성녀가 된 사례는 없었다. 1994년 UN총회가 선포한 제44차 '세계 가정의 해'(International Year of the Family)를 기념하여, 그해 4월 24일, 성 요한 바오로 2세 교황은 잔나 베레타 몰라를 복자로 선포하며 '아름다운 모범'이라고 하였다. 밀라노의 대주교 마르티니 추기경도 잔나의 첫 신심 미사(그해 4월 30일, 토요일)에서 "탁월한 여성, 삶을 사랑한 여성, 어머니, 의사, 전형적인 전문직 여성이 생명 존엄의 신비를 손상시키지 않으려고 자신의 생명을 내어줌"[16]이라고 새겨진 시복 기념 메달을 선물로 나누어주었다.

이 모든 것은 잔나가 신앙을 삶으로 증거하며, 진실한 그리스도인으로 살았기 때문이다. 그녀에게 신앙이란 실천해야 하는 것이지 말로 선포해야 하는 것이 아니었다.

IV. 오늘날 잔나를 산다는 것은

프란치스코 교황은 『복음의 기쁨』에서 그리스도인이 일상에서 어떻게 살아야 하는지, 그것이 선교 사명에 어떤 영향을 미치는지에 대해 말했다. 변장한 그리스도인, 위선적인 그리스도인, 회칠한 무덤, 조문객의 얼굴 등으로 묘사되는 그리스도인의 모습을 경계하며 교회가 성장하는 것은 개종 강요가 아니라 그리스도인의 '매력'[17] 때문이

---

16 같은 책, 136.
17 『복음의 기쁨』, 14항 참조.

라고 강조하였다.

'매력'은 인간의 마음을 열어주는 힘이다. 그 힘은 밖에서 안으로 향하는 것이 아니라, 안에서 밖으로 향한다. 생명의 화살표와 같다. 매력은 자신만의 삶의 가치와 재미를 가진 사람에게서 배어나오는 빛이고 향기다. 개성으로 표현되는 '색'보다도 강한 것이 '빛'이다. 강한 개성이나 독특한 아름다움은 얼마든지 다른 것으로 대체될 수 있지만, 빛은 대체되기 어렵다. 예쁘기만 한 것은 대체되기 쉽지만, 내부에서 발산되는 매력적인 사람은 빛이 나기 때문에 대체되기가 힘들다.

이런 점에서 잔나는 일상 속에서 그리스도인의 매력을 발산하며 살았던 사람이라고 할 수 있다. 잔나를 보면서 오늘날 그리스도인이 따라 걸을 수 있는 길에는 어떤 것이 있을지 다음과 같이 정리해 보았다.

1. 그리스도인은 뜨겁게 사는 존재

잔나의 남편 피에트로는 물론 그녀를 아는 주변 사람들은 하나같이 그녀의 '근면함'에 대해서 말하였다. 일각에서는 롬마르디아 사람의 성격이라며, 20세기 롬바르디아 출신의 교황들을 그 사례로 들기도 하였다. 비오 11세, 요한 23세, 바오로 6세 교황이 롬바르디아 출신들로, 그들은 자기표현에 있어서는 단순하고 겸손했으나 행동은 매우 단호했다는 것이다. 그런 면에서 잔나도 롬바르디아 사람이고, 암브로시오 성인의 도시 밀라노 교구의 신자였다는 점을 강조하기도 했다.[18]

---

18 피에트로 몰라 · 엘리오 궤리에로, 앞의 책, 142-143.

잔나의 일상생활은 근면함과 성실함의 연속이었고, 신앙과 결코 분리되지 않은 삶이었다. 매일 미사를 거르지 않으려고 노력했고, 성체 조배 안에서 예수님과 마주하며 침묵의 시간을 가졌으며, 매일 묵주기도를 바쳤다. 아무리 바쁜 일상이라도 틈을 내어 몇 분씩 머물고 묵상한 시간은 그녀에게 매우 소중하게 작용하였다. 매 순간을 강도 높게 집중하기 위해서는 그 만큼의 '침묵'이 필요했던 것이다.

잔나의 결혼생활도 여느 가정과 마찬가지로 많은 어려움과 난관이 있었다. 성장괘도에 있는 회사의 부사장인 남편을 내조하면서, 회사 일에 몰두하고 있는 남편과는 달리 혼자 자녀들을 돌보며, 그녀 역시 전문 직업인으로서 갖는 고뇌가 있었다. 혼자서 수많은 어려움을 극복해야 했고, 혼자 결정하고 추진해야 했던 일들도 있었다. 그럼에도 불구하고 그것이 그녀의 삶에서 크게 부각되지 않은 것은 그만큼 그것을 가정의 위협으로 생각하고 문제 삼지 않았다는 뜻일 것이다.

그녀에게 예수님은 믿음의 대상일 뿐 아니라 짧고 굵은 인생을 살며 인류를 구원으로 이끄신 삶의 모델이기도 했다. 잔나는 종종 '그리스도인은 미지근하게, 주어진 일을 하는 둥 마는 둥 하는 사람이 아니라, 참으로 뜨겁게 사는 존재'라고 말하곤 했다. 그녀가 가졌던 예수님의 제자라는 의식은 모든 어려움을 긍정적으로 바라보고 구원의 수단으로 생각하게 하였다.

그녀의 생애를 보며 어떤 이들은 숨이 막힐 정도로 많은 일을 했기 때문에 일찍 세상을 능겼다고 할 수도 있을 것이다. 그러니 오늘날 맞벌이 주부들의 일상을 들여다보면, 결코 잔나보다 일을 적게 하지 않는다는 사실을 알게 된다. 새벽부터 잠자리에 들 때까지, 더욱이 가사에 소극적인 한국의 남편들까지 돌보면서 한 시도 쉴 틈 없이 혼자만

너무도 바쁘다. 그런 점에서 잔나는 현대 직장 맘들의 모델이 아닐 수 없다. 신앙을 기반으로 정말 많은 일을 한 사람이었고, 그녀의 손에서 가족 구성원들의 생명과 활력이 쏟아져 나왔으며, 사회가 더욱 긍정적으로 발전하였다.

그녀는 삶에 대한 열정이 있었고, 매 순간을 의미 있게 보내고자 하였다. 잔나가 인생의 마지막 순간에 행한 영웅적인 선택은 최후의 돌발적인 선택이 아니라, 그녀가 온 생애를 통해 끊임없이 보여주고 증거 했던 하느님 은총에 대한 감사였고, 여자로서, 엄마로서 모든 상황에서 살았던 삶의 방식이었다. 그것을 최종적으로 보여준 것이다.

2. 단순한 카리스마를 사는 존재

잔나의 모범은 우리가 살고 있는 혼란스런 이 시대에 희망의 징표가 된다. 그녀의 삶을 통해 우리 가정들은 사회를 쇄신하고 더 좋게 만드는데 기여할 수 있을 것이다. 그 중에서도 특별히 세상의 모든 부모들이 나름대로 영웅적인 삶을 산다는 것이다. 많은 겸손한 이들, 알려지지 않은 사람들의 일상적인 신앙이 얼마나 영웅적인지, 그것이 우리 사회와 국가를 얼마나 튼튼하게 지탱하고 있는지를 확인시켜 주는 것이다.

그리스도인의 평범함은 우리가 살아가는 삶의 현장이고, 믿음의 실재다. 그리스도인이 복음에 충실한 삶을 살 때, 주님께서는 그것을 거룩하게 승화시켜 주신다는 것이다. 잔나가 성인이 되었다는 것은 평신도의 성덕에 대한 확실한 초대이고, 복음에 충실한 단순한 카리스마가 얼마나 귀중한 가치인지를 인정하는 것을 의미한다. 그런 점에서 마르티니 추기경이 기록한 것처럼 잔나는 20세기를 온전히 드러내는 인물이고, "성소를 산다는 것, 가정생활을 한다는 것은 주님의 부르심에 기꺼이 응답하는 것을 의미"한다.

'화려한 싱글의 삶'을 선택하는 오늘날의 많은 처녀, 총각들은 "성녀 잔나 베레타 몰라가 보여준 모범에 따라, 우리 시대의 사람들이 거룩한 부르심에 대한 응답으로 순수하고 정숙하며 결실이 가득한 부부 사랑을 다시 발견할 수 있기를 바랍니다"[19]는 성 요한 바오로 2세 교황의 말에 잠시 귀를 기울일 필요가 있지 않을까?

3. 현실감 있는 미(美)와 성덕을 갖춘 존재

잔나의 메시지는 한 가정의 엄마의 메시지다. 삶의 희열과 사랑의 메시지다. 단순하지만 완전하고 영속적인 현재에 대한 깊이 있는 메시지다.

잔나가 약혼 후에 거의 모든 편지에서 피에트로에게 했던 "제가 어떻게 하면 당신이 행복한지 말씀해 주세요"[20]라는 말은 결코 추상적인 다짐이 아니었다. 잔나가 지향하는 것이 피에트로를 행복하게 해주려고 하는데 있었다면, 피에트로 역시 그녀를 행복하게 해주는 것 외에 다른 것이 있을 수 없었을 것이다. 서로 상대방을 행복하게 해주고 싶다는 열망이 있었고, 서로를 향한 이런 솔직하고 강력한 사랑 고백이 있었기에 가정생활이라는 현실에 직면해서도 흔들림 없이 이 려움을 극복해 나갈 수가 있었을 것이다.

---

19 2004년 5월 16일, 교황 요한 바오로 2세가 잔나 베레타 몰라의 시성식에서 한 말씀
20 피에트로 몰라 · 엘리오 궤리에로, 앞의 책, 96.

구체적이고 적극적인 잔나의 이런 삶의 자세는 잔나의 삶을 투명하게 해 주었고, 피에트로에게는 "이웃과의 관계에서도 가면을 벗고, 있는 그대로 대하도록 도와주는 것이 되었다."21 잔나는 결코 의미심장한 메시지를 남기거나 말을 안 해도 알아주기를 바라는 인물이 아니었다. 그녀의 솔직한 태도는 불필요한 오해를 불러일으켜 시간을 낭비하는 일이 없게 했다. 그녀는 추상적인 말이나 행동보다는, 지극히 현실을 사는 존재였다.

그녀가 피에트로와 함께 한 7년간(1955~1962)의 결혼생활은 많은 우여곡절을 겪은 시기기도 했다. 피에트로는 사업차 해외 출장이 잦았고, 잔나는 애틋한 마음으로 언제나 남편을 그리워했으며, 세 자녀가 가져다주는 세 가지 문제를 비롯하여 혼자 힘으로는 감당하기 어려운 측면이 많이 있었다. 전문직 직업여성으로서 직면해야 하는 문제들도 있었다. 남편의 도움이 절실하던 시기에 남편은 그녀의 곁에 없었다.22 그럴 때, 잔나는 혼인성사 때 자신이 한 서약을 떠올리며 그 약속을 충실히 지키기 위해 최선을 다했다. 그녀는 하느님과 타인을 위해 자신을 고스란히 내어놓을 때 비로소 온전한 자아실현을 할 수 있다는 것을 알았다.

이런 점에서 잔나는 현실적인 많은 문제를 안고 살아가고 있는 많은 현대인에게 커다란 '희망의 문턱'이 되고, 그래서 그녀의 이름은 여성의 집, 생명의 전화 센터, 가정문제 상담소 등에 붙여지고 있는 것이다.23

---

21 같은 책, 70.
22 https://www.youtube.com/watch?v=PbYfHUkVK0s.
23 피에트로 몰라 · 엘리오 궤리에로, 앞의 책, 157.

나가는 말

오늘날 우리는 여러 면에서 '가정'의 의미에 대해 다시 생각해야 하는 상황에 직면해 있다. 혈연 중심의 가족 구조가 한부모가정, 조손가정, 재혼가정, 다문화가정 등으로 확대되면서 다양한 상황들로부터 도전받고 있다. 날마다 달라지고 있는 이런 가정의 개념과 가치들은 마치 혈연 중심의 전통적인 가정을 옛날이야기로 치부하는 것 같기도 하다.

이런 상황에서 성녀 잔나에 관한 이야기는 21세기 모순된 시대에도 여전히 가정의 사회적 기능과 그 구성원들의 역할에 대해서 생각하게 하는 아름다운 사례라고 할 수 있다. 잔나를 성녀로 만들어준 것은 남편 피에트로와 자녀들이었다. 그들이 있었기에 잔나는 행복했고, 기꺼이 생명을 바칠 수가 있었다. 그녀의 아내로서 엄마로서의 삶은 비단 그녀에게만 국한된 이야기가 아니라는 의미다.

그리스도를 중심으로 한 가정생활은 오늘날의 수많은 그리스도인 가정의 모델이 될 것이다. 그러므로 남성은 잔나와 같은 성녀 아내, 혹은 엄마를 기대한다면 적어도 피에트로와 같은 근면하고 책임감 있는 남편, 자녀들의 목소리에 귀를 기울이고 아낌없는 사랑으로 가정을 든든하게 지탱할 줄 아는 아빠가 되어야 할 것이고, 잔나를 본받고자 하는 여성은 그녀의 절제된 삶 속에서, 빛나는 충만함 속에서, 그리스도교 영성의 핵심을 볼 줄 알아야 할 것이나.

바로 일상을 거룩하게 사는 것이야말로 가장 영웅적인 삶이라는 것을!

참고문헌

로마노 펜나/성염 옮김. 『다르소의 바오로』. 서울, 성바오로, 1997

_____/작은형제회 옮김. 『프란치스칸 삶과 사상: 성녀 클라라에 관한 초기 문헌들』. 프란치스칸 사상연구소 제3호, 1993.

_____/작은 형제회·이재성·오상선 옮김. 『아씨시 성녀 클라라 전기와 시성조사 증언록』. 재속프란치스코 한국 국가형제회 출판부, 2003.

_____. 『아씨시 프란치스코와 클라라의 글』. 프란치스코 출판사, 2014.

안셀름 그린/정하돈 옮김. 『하늘은 네 안에서부터: 오늘 우리에게도 들려오는 사막 교부들의 지혜』. 서울, 분도출판사, 1999.

_____· Jesus Alvarez Gomez/강운자 옮김. 『수도생활 역사』 II(*Jesus Alvarez Gomez*). 서울: 성바오로, 2002.

안젤라 터크월스/김미정 옮김. 『그릿 Grit』. 서울, 비지니스북스, 2016.

Beha, Marie, O.S.C.. "Mirror, Mirror, on the Wall..." In *The Cord* 52.4(2001): 176-183.

Benet A. Fonk, OFM.. *To Cling With All Her Heart to Him: The Spirituality of St. Clare of Assisi.* Quincy: Franciscan Press, 1996.

Carney, Margaret, O.S.F. *The First Woman: Clare of Assisi & Her Form of Life.* Quincy; Franciscan Press, 1993.

Eberthard Arnold. *Inner Land: A Guide into the Heart of the Gospel*, 2nd ed. Farmington: The Plough Publishing House, 1999.

Edith A. Van den Goorbergh O.S.C, & Theodore H. Zweerman O.F.M.. *Light Shining Through A Veil: On Saint Clare's Letters to Saint Agnes of Prague.* Peeters, 2000.

Gloria Hutchson. *Clare of Assisi: The Anchord Soul.* St. Anthony Messenger Press, 1982.

Heo, Clara, SFMA. "The Loving Relationship of Clare with Her Mother", In *The Cord*, 53.4 (2003): 207-212.

_____. *Clare of Assisi: A Study of Her Loving Relationships in Light, Unpublished Master's Thesis.* Elms College, 2003.

Julien, Danielle, FMIC. "Clare's Model of Leadership". In *The Cord*, 50.4(2001): 184-198.

Mary Francis Hone, O.S.C.. "Clare's Palm Sunday Consecration: The Following of Christ", In

The presentation given by the author on Palm Sunday Eve, March 26, 1994 at St. Anthony's Shrine, Boston, MA.

Michael W. Blastic, O.F.M. Conv.. "Clare of Assisi: The Eucharist and John 13", In Clare Centenary Series: *Clare of Assisi: Investigations*. Vol. VII, St. Bonaventure, NY: The Franciscan Institute, 1993.

Mueller, Joan. *Clare's Letters to Agnes: Texts and Sources*. St. Bonaventure, NY: The Franciscan Institute Press, 2001, 1.

Peterson, Ingrid J.. *Clare of Assisi: A Biographical Study*. Quincy: Franciscan Press, 1993.

R. J. Armstrong O.F.M. Cap. ed. and trans.. *Clare of Assisi: Early Documents*. St. Bonaventure: Franciscan Institute Publications, 1993.

Timothy J. Ofm Conv./호명환 옮김. "이미지(형상)와 시각(Image and Vision): 아시시의 클라라가 쓴 편지글들에 나타나는 시각적 인식작용으로서의 관상", 『프란치스칸 삶과 사상』 19 (2002).

성녀 잔나 베레타 몰라 연표

1922년 10월 4일	마젠타(밀라노) 친조부의 집에서 출생. 부친 알베르토와 모친 마리아 데 미켈리 사이의 열 세 자녀 중 열 번째로 태어남. 양친은 모두 프란치스코 3회원(재속회원)이었음.
1922년 10월 11일	마젠타의 성 마르티노 대성당에서 조반나 프란체스카라는 이름으로 세례를 받음.
1922-1924년 10월	밀라노 리소르지멘토 광장 10번 가에서 살았고, 양친은 피아베 가에 있는 카푸친회 성당에 다님.
1925년	가족이 베르가모의 보르고 카날레로 이사함.
1928년 4월 4일	성녀 그라타 인테르 비테스(inter vites, '온 생애'라는 뜻) 본당에서 5세에 첫영성체를 함.
1928년	초등학교 입학. 콜레 아페르토 초등학교에서 1-2학년을 다니고, 사제세(Sagesse) 수녀회에서 운영하는 학교에서 3학년을, 수도르노가에 있던 카노시안 수녀회 재단 학교에서 4-5학년을 다님.
1930년 6월 9일	베르가모 주교좌 성당에서 견진성사를 받음.
1933년	베르가모의 '바울로 사르피' 공립 학교 김나시움 1학년에 입학.
1937년 1월 22일	큰 언니 아말리아가 26세의 나이로 사망함.
1937년	가족이 제노바 퀸토로 이사함. 도로시아회 재단 학교에서 김나시움 5학년을 마침.
1938년 3월 16-18일	도로시아회에서 예수회의 미켈레 아베다노 신부가 지도한 영성수련을 받음.
1938-1939년	부모님의 결정에 따라 고등학교에 진학 전에 건강을 위해 1년간 휴양.
1939년 10월	리도 디 알바로(제노바)에 있는 도로시아회 인문 고등학교에 입학.
1941년 10월	가족 모두 베르가모로 이사해, 산타 비질리오의 외가에서 생활함. 제노바 폭격으로 심장병을 앓고 있던 어머니가 큰 충격을 받음.
1941년 11월	고등학교를 마치기 위해 제노바로 옴.
1942년 4월 29일	어머니가 55세의 나이로 별세함.
1942년 6월	고등학교 졸업.
1942년 7월	가족들이 있는 베르가모로 다시 돌아옴.
1942년 9월 10일	아버지가 60세의 나이로 별세함.
1942년 10월	모든 형제자매가 마젠타의 조부모의 집으로 돌아옴. 본당 가톨릭 액션과 성 빈센트 회에서 활동함.
1942년 11월	밀라노 대학 의학부 외과 입학.
1945년	파비아 대학 의학부로 편입.
1949년 11월 30일	파비아 대학에서 외과의사로 졸업. 의사이자 카푸친회 선교사(브

	라질)인 오빠 알베르토 신부의 편지가 잔나에게 선교사의 꿈을 심어줌.
1950년 6월 20일	밀라노 의사협회에 정회원으로 등록.
1950년 7월 1일	메세로(밀라노)에 진료소 개업.
1952년 7월 7일	밀라노 대학 소아과 전문의 자격증 취득. 일상생활에서 홀로 극복해 나가야 할 일들을 적어 보낸 오빠 알베르토 신부의 편지를 통해 잔나는 선교사가 되어 그라자우로 가서 오빠를 도와야겠다는 염원을 품게 됨. 그러나 그녀의 건강은 좋은 편이 못 되었고, 영성지도 신부는 그 길이 잔나의 길이 아니라는 확신을 심어줌. 잔나는 편안한 마음으로 주님께서 주실 징표를 기다림.
1954년 12월 8일	엔지니어 피에트로 몰라와 처음 정식으로 만남.
1955년 4월 11일	공식적으로 약혼식을 함.
1955년 9월 24일	마젠타의 성 마르티노 대성당에서 결혼식을 함. 마젠타의 폰테 누오보에 있는 사파(Saffa) 사택으로 이사함.
1956년 11월 19일	집에서 첫아들 피에르루이지를 낳음.
1957년 12월 11일	첫딸 마리아지타(마리올리나)를 낳음.
1959년 7월 15일	둘째 딸 라우라를 낳음.
1961년 9월 6일	임신 2개월이 지날 무렵 몬자(밀라노)의 성 제라르도 병원에서 자궁종양 제거 수술을 권했지만 태아의 생명을 염려해 반대함.
1962년 4월 20일	몬자의 성 제라르도 병원 산부인과 입원.
1962년 4월 21일	셋째 딸 잔나 엠마누엘라를 낳음.
1962년 4월 28일	폰테 누오보에서 오전 8시 산후 패혈증으로 세상을 떠남.
1962년 4월 30일	폰테 누오보에서 장례미사를 거행하고, 메세로의 캄포 산토(공동묘지) 내 소성당에 묻힘.
1964년 2월 12일	마리올리나가 급성 사구체염으로 사망(당시 6세)
1965년	마리올리나를 메세로의 캄포 산토 내 가족묘로 이장함.
1972년 11월 6일	밀라노의 대교구 조반니 콜롬보 추기경과 롬바르디아 주교단의 호의로 하느님의 종 잔나 베레타 몰라의 시복절차를 추진하기로 결정, 잔나의 활동자료와 정보 요청.
1978년 4월 11일	조반니 콜롬보 추기경과 16명의 롬바르디아 주교단이 교황 바오로 6세께 '하느님의 종'의 시복절차를 소개하고 신청.
1978년 4월 27일	밀라노 대교구청, 수집된 정보와 활동 자료들을 시성성(Congregatio de Causis Sanctorum)에 제출.
1980년 2월 8일	시성성이 밀라노의 대주교에게 시복절차 추진 교령 반포를 허락.
1980년 3월 15일	교황 요한 바오로 2세의 교령 반포 재승인.
1986년 3월 21일	밀라노에서 카를로 마리아 마르티니 추기경이 인증절차 미사거행.
1991년 7월 6일	교황 요한 바오로2세가 '하느님의 종'의 성덕을 승인하는 교령에서

	명함으로써 잔나는 가경자가 됨.
2004년 5월 16일	로마의 성 베드로 광장에서 교황 요한 바오로 2세에 의해 잔나 베레타 몰라가 성녀로 선포됨.

* 연표는 피에트로 몰라, 엘리오 궤리에로/김혜경 옮김, 『성녀 잔나 베레타 몰라』(성바오로출판사, 2011), 164-170쪽의 내용을 발췌 인용.

글쓴이 알림 (가나다 순)

강영옥 루시아
평신도. 스위스 프리부르그 대학교 신학석사, 문학 박사(교의신학 전공)
현재 서강대, 가톨릭대, 수도자 신학원에서 강의
여성과 가족, 인성교육에 관한 주제들을 가톨릭신학과 연계하여 연구
논문: "고통에 대한 그리스도교의 이해"(서강대학교 종교학과 신학전공),
저서: 『사회적 모성리더십』(2014)

강운자 루실라
성 도미니코 선교 수녀회 소속 수도자, 한국관구장
스페인 살라망카 대학교 수도생활신학 석사
논문: "성 토마스 아퀴나스 사상에서 관상한 것을 전하라"(살라망카대학교 석사)
번역서: 『수도생활역사』(2001, 번역서), 『수도생활신학』(2007, 번역서)

김혜경 세레나
평신도. 선교신학 박사(로마 교황청립 우르바노 대학교)
한국학중앙연구원 가톨릭 동아시아 연구단 연구교수, 서강대 대우교수, 대구가톨릭대 인성교육원 강의전담교수 역임.
저서: 『세상을 향한 선교』, 『예수회의 적응주의 선교』, 『일곱 언덕으로 떠나는 로마 이야기』, 『인류의 꽃이 된 도시 피렌체』, 『한류로 신학하기』(공저), 『세월호 이후 신학』(공저), 『종교와 정의』(공저) 등.
번역서: 『선교학 사전』, 『성녀 잔나 베레타 몰라』, 『사랑만이 우리를 구원할 수 있습니다.』 등 20여 편, 다수의 논문

박경미 마리 소피아
노틀담 수녀회 소속 수도자
현 한국천주교 대구교구 상인본당 소속
논문: 에큐메니칼 시대의 마리아론적 교회론 전망 -여성신학적 관점에서(서강

대학교 신학대학원 석사)

안은경 세레나
평신도. 번역가, 중앙대 영어교육학, 영문학과 학 – 석사, 서강대학교 신학대학원 석사, (전) 대학강사, (현) 영어강사
논문: "참된 페미니즘을 위한 비판적 성찰과 21c 현대여성학의 새로운 비전 모색" – 소화 데레사의 '사랑의 작은길'의 영성을 바탕으로(서강대학교 신학대학원 석사), "불완전한 인간의 내면 조건 연구: Nathaniel Hawthorne의 단편작품을 통해(중앙대학교 영문학 석사)
번역서:『여성과 그리스도교 2권』(2009),『하느님의 등불, 성녀 필립핀 뒤셴』(2013),『필리핀 뒤셴의 영성』(2015)

유정원 로사
평신도. 서강대학교 종교학 학.석사, 가톨릭대학교 종교학 박사 현재 가톨릭 대학교 종교학과에서 강의
논문: "종교 사회와 생태 위기 시대의 그리스도 이해"(가톨릭대학교 종교학 전공)
저서:『종교신학의 이해』,『40대여 숲으로 가자』,『김수환 추기경 연구 1-2』,『상생과 희망의 영성: 여성, 우리가 희망이다』등(공저)
번역서:『여성신학 개론: 신학, 그 막힘과 트임』(공역),『여성과 그리스도교 1』(공역),『여성과 그리스도교 3』,『종교신학입문』,『예수와 또다른 이름들』,『오늘의 예수』,『그리스도를 위한 나그네: 골롬반의 생애와 친서들』등

윤석인 크리스티나
평신도. 국제가톨릭형제회 회원(AFI)
연세대학교 사회복지학 박사. 국제 스카우트 세계 훈련강사로 활동. 대한적십자사에서 국제부 과장으로 근무하며 성수대교·삼풍백화점 붕괴 현장에서 구호 활동을 지휘. 서울 카리타스 자원봉사센터에서 자원봉사 지원자들을 양성하는 교육자로서 10여 년 간 활동.

이명인 소화 데레사
전교가르멜 수녀회 소속 수도자. 시인

정인숙 젬마
평신도. 신학 박사(영성 전공). 서강대학교에서 교양신학 강의(1999-2009), 현재 서울가톨릭교리신학원에서 영성신학 강의(2004-)

논문: "소화 데레사의 부모들에서 만나는 영성"(로마 그레고리안대학교)

최우혁 미리암
평신도. 서강대학교 종교학과 학·석사, 로마 데레사신학대학 석사, 신학박사 (마리아론 전공). 현재 서강대, 가톨릭대에서 강의

논문: "에디트 슈타인의 사상과 작품 안에서 드러나는 마리아론"(로마 교황청립 마리아대학교), "에디트 슈타인의 신학적 인간학에서 Fiat와 Theotokos의 관계", "에디트 슈타인 신비주의 현상학 - 예수의 데레사의 〈영혼의 성〉 분석을 중심으로", "초월적 신비체험과 공감의 현상학: 예수의 데레사와 텐진 빠모의 신비체험을 중심으로"

번역서: 『이놈의 경제가 사람 잡네』

최혜영 엘리사벳
성심수녀회 소속 수도자, 가톨릭대학교 종교학과 교수, 한국가톨릭여성연구원 전 대표, 문학 박사(서강대학교 종교학과 신약성서학 전공)

저서: 『하느님 내 입시울을 열어주소서- 신약성서의 기도문 연구』(1999), 『도전받는 가정공동체』(공저, 2006), 『미래를 여는 가정공동체』(공저, 2008), 『상생과 희망의 영성』(공저, 2016).

허귀희 글라라
아시시 프란치스코 전교수녀회 소속 수도자. 문학 박사(가톨릭대학교 종교학과 성서신학박사). 현재 예수회 센터에서 성경을 강의하고 있다.

논문: "아씨시의 글라라. 빛 안에서 그녀의의 사랑의 관계에 대한 연구"(미국 엘름스대학 신학석사), "소명의 관점에서 본 루카 1-2장의 마리아의 모성 연구"(가톨릭대학교 성서신학 박사), Clara Heo, "The Loving Relationship of Clare with Her Mother" in *The Cord* 53, 4(2003): 207-212.

이 시대에 다시 만난 여성 신비가들

2018년 9월 10일 초판 1쇄 인쇄
2018년 9월 13일 초판 1쇄 발행

지은이 ǀ 강영옥 강운자 김혜경 박경미 안은경 유정원
       윤석인 이명인 정인숙 최우혁 최혜영 허귀희
엮은이 ǀ 가톨릭여성신학회
펴낸이 ǀ 김영호
펴낸곳 ǀ 도서출판 동연
등 록 ǀ 제1-1383호(1992. 6. 12)
주 소 ǀ 서울시 마포구 월드컵로 163-3
전 화 ǀ (02)335-2630
전 송 ǀ (02)335-2640
이메일 ǀ yh4321@gmail.com

Copyright ⓒ 가톨릭여성신학회, 2018

이 책은 저작권법에 따라 보호받는 저작물이므로
무단 전재와 복제를 금합니다.
잘못된 책은 바꾸어드립니다.
책값은 뒤표지에 있습니다.

ISBN 978-89-6447-424-2 03200